区域国别史丛书

区域国别史丛书

俄国史

(第三卷)

[俄] 瓦·奥·克柳切夫斯基 著

左少兴 徐天新 谢有实 张蓉初 译

张蓉初 校

В. О. Ключевский

СОЧИНЕНИЯ

ТОМ III

КУРС РУССКОЙ ИСТОРИИ

ЧАСТЬ III

Гос. Изд. Политической Литературы

Москва 1957г.

根据苏联国家政治书籍出版社莫斯科1957年版译出

目　录

第四十一讲 1

对俄国历史第四时期的看法——这一时期的主要事实——这些事实的相互关系中明显暴露的矛盾——外交政策对国内生活的影响——第四时期的事件进程与这种影响的联系——国家和社会政治意识——动乱时期的开始——王朝的结束——沙皇费奥多尔和鲍里斯·戈都诺夫——动乱的起因；僭位问题

第四十二讲 26

社会各阶级依次卷入动乱——沙皇鲍里斯和大贵族——伪德米特里一世和大贵族——沙皇瓦西里和大贵族阶级——沙皇瓦西里的宣誓文告及其意义——中层大贵族和首都服役贵族——1610年2月4日条约和1610年8月17日莫斯科条约——两个条约的比较——外省服役贵族和1611年6月30日缙绅会议的决定——下层阶级卷入动乱之中

第四十三讲 48

动乱的原因——王朝方面的原因：世袭王朝对国家的看法——对选举产生的沙皇的看法——社会政治方面的原因：国家的赋役制度——社会纷争——动乱过程中僭位称王的意义——几点结论——第二支民军和把波兰人逐出莫斯科——米哈伊尔当选——米哈伊尔成功的原因

第四十四讲 66

动乱的直接后果——新的政治概念——这些概念在动乱中的表现——执政阶级成员的更迭——门第制的解体——最高权力的

重新组合——沙皇和大贵族阶级——大贵族杜马和缙绅会议——最高权力的简化——1681年大贵族的企图——缙绅会议的成员和作用的变化——经济的破坏状况——动乱以后的社会情绪

第四十五讲 91

动乱之后莫斯科国的国际地位——新王朝对外政策方面的任务——立陶宛与波兰合并时的西部罗斯——行政管理和等级关系中的变化——城市和马格德堡法——卢布林合并——合并的后果——草原乌克兰的移民——哥萨克的起源——小俄罗斯哥萨克——查坡罗什

第四十六讲 111

小俄罗斯哥萨克的道德品质——哥萨克对宗教信仰和民族性的维护——哥萨克人中间的对立——小俄罗斯问题——波罗的海问题和东方问题——莫斯科国对欧洲的关系——17世纪莫斯科对外政策的作用

第四十七讲 129

17世纪莫斯科国内部生活的摇摆——两类新措施——立法的趋势和对新法律汇编的需求——1648年的莫斯科叛乱和它对《法典》的态度——1648年7月16日关于制定《法典》的决定和决定的实施——《法典》的书面资料来源——会议代表参与《法典》编纂——编纂的方法——《法典》的意义——新的思想——新颁布的条文

第四十八讲 148

政府的困境——地方管理的集中化——督军和固巴行政区长官——地方自治机构的命运——区级军区——中央管理机关的集中化——计算事务衙门和机要事务衙门——社会的集中化——基本阶级和过渡阶级——等级的形成——服役人员——工商区居民；使抵押人重新缴纳工商税

第四十九讲 163

私人占有者土地上的农民——决定他们处境的条件——古

罗斯的奴仆——契约奴仆制的起源——1597 年的四月敕令——院外仆人——农奴合同的出现——它的起源——它的条件——《1649 年法典》规定的农奴地位——农民的家产——农奴的纳税义务——《法典》执行时期农奴同奴仆的区别

第五十讲 188

主人和农奴——农奴制和缙绅会议——17 世纪缙绅会议的社会成分——它的人数——选举——会议的进程及会议的政治性质——会议不稳定的条件——商人阶级对缙绅会议的想法——会议代表制的瓦解——17 世纪的缙绅会议做出了什么——对前论的概述

第五十一讲 214

各种现象之间的联系——军队和财政——固定税额的收入：间接税、直接税——贡赋钱和代役钱，驿站钱，赎俘钱，射击军税——登记册——无定额的税收——经验和改革——盐税和烟草垄断——信贷铜币和 1662 年莫斯科暴动——住人的切特维尔季——农户税和人口登记册——直接税的等级分摊制——财政和地方机构——院外仆人的赋税——人民劳动力在国家各种势力之间的分配——特别税——1680 年收支预算表

第五十二讲 239

国内事务的状况令人不满——不满的原因——不满的表现——人民造反——文献记载中反映出的不满——И. А. 赫沃罗斯季宁公爵——尼康宗主教——格里哥里·科托希欣——尤里·克里尚尼奇

第五十三讲 258

西方影响——其开始——它何以在 17 世纪开始？——两种外来影响的相遇和其不同之处——俄国社会思想生活中的两种倾向——西方影响的渐进过程——外国制团队——工厂——关于船队的打算——关于国民经济的思想——德意志人的新居留地——欧洲的舒适——剧院——关于科学知识的思想——其最早的传播

者——基辅学者在莫斯科的著作——学校教育的萌芽——家庭教育——西·波洛茨基

第五十四讲 283
　　反对西方影响的开始——反新科学的抗议——教会分裂——分裂起因的记述——双方各自怎样解释分裂的起因——宗教仪式和文本的力量——其心理基础——罗斯和拜占庭——全世界教会思想的黯然失色——传说和科学——民族教会的自负——国家的新措施——宗主教尼康

第五十五讲 301
　　俄国教会在尼康担任宗主教时的状况——尼康的全世界教会的主张——他的革新活动——尼康用什么来促使教会分裂？——对天主教的恐惧心理——对早期旧教徒的赞美——对上面所述的简评——人民心理上的旧教因素——教会分裂和教育——教会分裂对西方影响的促进作用

第五十六讲 322
　　沙皇阿列克谢·米哈伊洛维奇——费奥多尔·米哈伊洛维奇·勒季谢夫

第五十七讲 338
　　阿法纳西·拉夫连季耶维奇·奥尔金-纳肖金

第五十八讲 357
　　瓦西里·戈利琴公爵——改革的准备和改革的纲领

评述 370
注释 382
人名索引 434
地名索引 447

第四十一讲

对俄国历史第四时期的看法——这一时期的主要事实——这些事实的相互关系中明显暴露的矛盾——外交政策对国内生活的影响——第四时期的事件进程与这种影响的联系——国家和社会政治意识——动乱时期的开始——王朝的结束——沙皇费奥多尔和鲍里斯·戈都诺夫——动乱的起因；僭位问题

第四时期[1] 我们已经讲过了我国历史上第四时期以前的时期。第四时期是我们在整个历史进程中所要研究的最后一个时期。我所指的第四时期是从17世纪初起到亚历山大二世皇帝即位这一时期（1613—1855年）。可以把新王朝第一位沙皇登基那年作为这一时期的起点。僭称王的动乱时期是两个相邻时期之间的过渡时间，因为它与前一时期在其原因上有联系，而在其结果上又与后一时期相联系。

对我们来说，第四时期[2]具有特别重要的意义。这不单是一个历史时期，而是整整一个时代。在这整个时代中发生了一系列重要事件。这些事件构成我国生活中现代结构的深刻基础。的确，这个基础在瓦解，但还没有被取代。我再重复一句，这不是我国历史上的时期之一，而是我国一部完整的近代史。在这二百五十年内形成的种种概念和关系中，我们看到了与我们现在的思想意识有联系的早期思想萌芽，我们观察到曾经是我这样年龄的人对社会的最初印象的那些制度的开端。在研究这一时期的现象时，你会感到，愈往前走，你就愈加进入一个自传式的领域，愈加接近于研究你自己，研究自己的精神世界，而这个精神世界同我们祖国的过去是多么密切地联系着。所有这一切都要求我们聚精会神，并在预防我们的思想为种种偏爱所左右。如果我们在各个方面都要成为真心实意的真理探求者，那么当我们想要衡量自己的历史发展和测定自己的社会成熟程度时，我们就不至于把自己弄得迷惑不解了[2]。

主要事实 现在我来列举这一时期的种种现象[3]；但是，我们首先还是要回顾一下已研究过的我国历史上的前几个世纪，简明扼要地想象一下这个历史的进程。我们已经知道，16世纪结束之前，我国出现的政治生活形式是在与居民的地理分布情况紧密联系的情况下形成的。莫斯科国是俄罗斯居民建立的。俄罗斯居民聚居在东欧平原的中央部分，在这一平原的水文地理的枢纽地区，在伏尔加河上游地区，在这里组成了大俄罗斯部落。在卡利达氏族统治下的莫斯科国内，大俄罗斯部落又联合成一个政治上的部族。莫斯科国君在莫斯科大贵族的协助下治理这个联合起来的大俄罗斯。这些大贵族来自古老的莫斯科大贵族氏族，来自过去的封邑王公及其大贵族。国家制度越来越坚决地过渡到赋税，在社会各阶级间强行摊派各种专门的国家赋役的基础之上。但是在这种横征暴敛的情况下，曾经作为国家主要生产力的农民劳动，虽从法律上说仍然是自由的，但事实上大部分农民已处于一种依附土地所有者的债务关系中，正是这种依附关系使大部分人有降到合法农奴地位的危险。

在我国历史上，从17世纪20年代起，接连不断地发生了一系列新的事件，正是这些事件使后一时期与前一时期有着明显的不同。首先，一个新王朝统治着莫斯科；其次，这个王朝的活动范围越来越扩大。在这以前，它只局限于大俄罗斯部落最初定居的疆域之内，现在却远远越出这个范围，逐渐扩及整个俄罗斯平原，既扩大到这个平原的地理疆界，又几乎到处扩展到了有俄罗斯居民定居的边陲地区。小罗斯、白罗斯、最后还有新俄罗斯，都逐渐归入俄罗斯国家的版图。新俄罗斯是经过在南部罗斯草原殖民而形成的新的俄罗斯边区。国家的疆土从白海和波罗的海的海岸延伸到黑海和里海，扩展到乌拉尔山和高加索山脉以后，在南方又远远越过高加索山脉，在东方远达乌拉尔和里海之外。同时，国家的内部结构也发生了重大的变化：一个新兴的执政阶级形成了并同新王朝携手前进。旧的大贵族阶级逐渐解体，它的世系逐渐衰落，在经济上逐渐穷困。而随着这个阶级的消失，那些从前由于惯例而保持最高权力的政治关系也逐渐衰败下去。新兴阶级——服役贵族阶级——取代了原先的大贵族阶级而领导社会，服役贵族阶级是由过去的京官和各省服役人员组成，在这个阶级的五花八门、形形色色的人群之中，夹杂着逐渐零落的昔日的大贵族。然而，过去奠定的政治制度的基础——即在各阶级中征收赋税，逐渐固定下来，使社会各阶级变成一个个等级；在彼得大帝统治时期，这个基础更加扩大，由于加在一些阶级身上的新的沉重负担而使得大量累积起来的专门赋役更趋复杂。在这种把人民的精力不断绷紧的状态中，农民劳动的自由也就彻底丧失：因为地主的农民逐渐沦为农奴，正是这种农奴地位逐渐变成加在这一阶级身上的新的专门的国家赋役。但是，人民的劳动虽然在政治上受到束缚，但在经济上却扩大了范围：过去是在农业上开发国家，而现在增加了对工业的开发；除了仍然是国家主要生产力的农业之外，在国民经济中，加工工业、制造工业的作用日益增长，它们使得直到那时尚未触动的国家自然财富得以发掘出来。

这些事实的相互关系 我们将研究的这一时期中表现出来的新的主要事实是：新王朝、国土新边界、以新执政阶级为首的新社会制度、新国民经济结构。这些事实的相互关系可能使人感到困惑不解。在这些新的事实中，可以极容易地一眼看出两个平行的趋向：（一）到19世纪中叶，国家向外领土扩张与国内人民的自由发展呈反比；（二）劳动阶级的政治地位同他们在经济上的劳动生产率也呈反比，即这种劳动的生产率愈高[3]，它的自由就愈少。第二个过程中所展现的国民经济对人民的社会制度的关系[4*]，同我们习以为常的关于人民劳动的生产率和劳动自由有联系的观念是相矛盾的。我们习惯于认为，奴隶劳动不可能同自由劳动在力量上相等，如果劳动阶级的法律地位受到损害，劳动能力就不可能发挥出来。这种经济上的矛盾还由于政治上的矛盾而日趋尖锐。在我们把各族人民的心理状态和个别人的生活加以对比时，习惯于认为：随着群众的活动（也正如个人活动一样）的加强，随着活动场所的扩大，群众中（也正如某些人中）会提高对自身力量的认识，而这种认识是政治自由感的源泉。

然而我国历史上出现的国家领土的扩张给国家权力对社会关系施加的影响，并不证明上述看法是正确的：因为随着我国疆土的扩大和人民对外力量的增长，人民的内部自由却越来越受到限制。人民的活动所处的紧张状态压抑了人民的力量；由征服而扩大了活动范围，政权的规模也扩大了，但是人民精神方面的上升力量却减弱了。新俄国的对外成就很像一只鸟在飞翔，旋风把它托起来，抛向天空，它凭借的并非自己两翼的力量。同上面谈到的两个矛盾都有联系的是第三个矛盾。我现在谈的是莫斯科大贵族阶级被服役贵族阶级吞没的情况。取消门第制的1682年法律确认了这一吞没，正式使两个服役阶级在服役方面处于平等地位。大贵族阶级（有门第的贵族集团）曾经是统治阶级。门第制的取消是管理民主化道路上的第一步。但这一运动的进程并不就此止步，因为继第一步之后接着而来的是第二步、第三步……。在彼得大帝时代,旧的"出身世家"的莫斯科贵族阶级由社会各个阶层得到补充,甚至从外国人中,从担任各种官职的人员(不仅有"白色"免税者,而且有"黑色"纳税者),甚至还由因功擢升的奴仆来补充:1722年官职等级表给这些"非贵族出身的人"敞开了进入"最好的上层贵族集团"的供职大门。本来可以预期,统治阶级的这一彻底的社会大换班将导致社会的民主平等。但是执政阶级虽然在家族世系上较卑微,可是在政治上却飞黄腾达:那些变得高贵的非贵族出身的人获得了旧的名门世袭大贵族阶级不曾有过的个人权利和社会权利。服役领地成了贵族的私人财产,农民成了他们的农奴;在彼得三世时期,取消了这一等级的强制性服役;在叶卡捷琳娜二世时期,这一等级取得了拥有等级自治权的新的集团体制的地位,它可广泛参与地方管理和审判,有权向最高当局"呈递报告和申诉书";在尼古拉一世时期,这一特权又扩大了,贵族会议有权向当局报告当地社会所有阶级的需求;在获得等级特权的同时,等级的政治力量也增长了。早在17世纪,在这一等级取得这样一些成果的同时,莫斯科政府就开始依靠服役贵族来治理社会,而在18世纪,这一贵族阶级却试图借助政府来管理社会了。贵族阶级原想在政治原则的幌子下来掌权,然而政治原则却按自己的方式走得很远:在19世纪,贵族阶级是输送官吏的最有成果的基地,而到19世纪中叶,管理俄国的既非贵族集团,又非民主派,而是官僚们,即一批在社会集团以外活动并失去一切社会面貌的各种不同出身的自然人[4a],他们只是通过升官晋级才联结在一起。这样一来,伴随管理民主化进程而来的是社会不平等和社会分裂的加强[4*]。由于统治阶级同被统治群众在道德上的异化,这种社会不平等就更为加剧。据说,文化会使人们接近,使社会平等。但是我国的情况不完全如此。同西欧日益频繁的交往给我国带来了各种思想、风气、知识和文化，但是这股潮流从社会上层滑过，同时以多多少少谨小慎微的、毫无效果的局部改革沉淀到底层。教育成了贵族老爷们的等级垄断物，没有受过教育的老百姓在未受教育之前触及这个垄断物，对于国家来说，不是没有危险的。17世纪结束前，打算在莫斯科建立大学——我国第一所最高学府——的人们，认为大学的门可以向"任何官级、职位、年龄的人"无条件地敞开。150年过去了，在尼古拉一世时期，原来只负责改革任务的科楚别依伯爵秘密委员会，却就一件自杀案件（自杀者是一位学绘画的家仆）发表了果断的意见：认为让农奴身份的人进入"这样的学校"是有害的，因为"他们在这些学校里养成与他们的地位不相称的生活方式、思维方式和理解的习惯"。

上述三个充满了这样一些矛盾的过程概括了这一时期的全部重要现象[5*]。这三个过程不是异常现象，也不是历史规律性的否定，因此我们最好把它们叫作历史的自相矛盾，历史生活法则的例外现象，是各种条件的地方特殊风格的产物。但是，这种风格一经形成，在其未来的活动中就要服从人类生活的普遍规律，正如神经系统紊乱的机体按照有机生命的普遍规则起着作用，它只产生与其紊乱状态相适应的不正常现象[5a]。

外交政策和国内生活 要解释我国近代历史的这些自相矛盾的现象，必须从国家的需求和人民满足这些需求的手段之间的关系中去寻找。当一个欧洲国家面临新的艰巨任务时，它就在本国人民中间找寻新的手段，而且也常常找到这些手段，因为欧洲人民过着正常的按部就班的生活，自由地工作和思考，同时不需特别费力就把早已准备好的自己劳动和思想的丰硕成果贡献出来支援国家——这丰富的劳动产品表现为增多的赋税，丰硕的思想产品表现为经过训练、能干和办事认真的国务活动家。整个问题在于：在这样的人民中，文化工作是由不受国家约束的单个人士和私人团体的不知不觉的，但却是协调一致的努力来进行的，而且往往赶在国家需要的前面。在我国，问题正好相反。当沙皇米哈伊尔统治这个破烂不堪的王国时，他通过缙绅会议请求全国的帮助，他在拥立他为沙皇的缙绅会议的代表中有许多忠心耿耿和顺从的臣民，但在他们中间他却找不到合适的助手，也找不到富裕的纳税人。这时产生了这样的想法：必须培养这两类人并获得培养人才的资金，如何在那些富有人才和钱财的地方既得到人才又搞到钱财[56]？于是莫斯科的商人对政府谈到外国人的优点，因为这些外国人能把自己的工艺、技能教给贫穷的俄罗斯人，使他们得到"温饱"，挣得薪金。从那时候起，一个千篇一律的现象不止一次地反复出现。国家陷入日益艰难的困境之中；通常对这些困难毫无预见也无从预防的政府，开始在社会上寻找解救它的主张和人才，但是由于这两者都没有找到，不得已，政府才转向西方，因为它看到了西方培养各种人才和主张的古老而复杂的文化工具。于是沙皇政府匆忙从西方请来了会在我国搞出某种类似东西的工匠和学者，仓促修建工厂，开办学校，把学生塞进了学校。但是国家的需要是迫不及待的，等不到被塞进学校的学生把课本学完，它不得不（比如说）用原料，用破坏人民的衣食温饱和限制社会自由的强制性的牺牲来满足自己那种需要。国家的要求把人民的力量绷得紧紧的，没有提高它，而只是使它消耗殆尽，因为教育是依照官家的需要，而不是根据国内的需求，所以结出的果实是干瘪的、冻坏了的。而这种对教育的猝发性狂热在成长的几代人中间只产生了苦闷和对科学的反感，就像反感服民兵役那样。国民教育具有一种政府订货的性质或者官家按规定提供一些年轻人接受训练的性质。开办了一些费用昂贵的贵族士官学校、工程学校、贵族女子和市民女子教育社团、艺术学院、古典中学，在一些贵族老爷家的温室里培植热带植物,但是二百年内却没有开办过一所完全为人民的普通学校或农业学校[5ʙ]。在四五代人的时间里,新的欧化的俄罗斯是一个近卫军军营、政府办公厅和贵族老爷庄园的俄罗斯:贵族老爷庄园把自己的子弟通过在不太高明的学校或遥远外地的寄宿学校中轻轻松松的镀层金就送进近卫军军营或政府机关,然后当他们从这些地方出来时一个个都是穿上制服或礼服的退役军官或退职文官了。由于国家用这种方式从居民中培养所需的经纪人,所以它就在社会上造成一种对科学抱粗鄙的实用主义的态度,把科学看作升官发财的途径;与此同时,国家从上层阶级(主要是贵族)中培养出新的服役阶层——这个阶层在等级上和官职上的优越感和偏见,特别在服役时营私舞弊方面,与广大人民是格格不入的[5г]。于是发生了这样的事情:国家疆域的扩大搞得人力物力过分紧张,甚至消耗殆尽;国家政权加强了,但人民的自觉性并没有提高;一些新的比较民主的因素渗入管理机构,而社会成员之间的不平等和分歧却尖锐化了;新的生产领域使国民经济的劳动复杂化,然而富裕起来的不是人民,而是官家和某些企业主;与此同时,国家疆土的扩大使劳动阶级在政治上备受歧视和屈辱[5д]。所有这些不公正的做法都有一个共同的根源——就是国家的对外政策和人民的内部发展呈现出一种不自然的关系。由于国家加速对外扩张,人民的力量在自身发展过程中落后于国家面临的任务,人民的精神活动赶不上国家的物质活动[5e]。国家膨胀了,而人民却瘦弱了[5ж][5*]。

事件的总进程 在任何其他国家的历史上,国家的国际地位未必对其内部制度起更重要的影响,而在我国历史上没有一个时期,像我们现在所论述的时期那样这种影响表现得如此明显。我们可以回顾一下15—16世纪莫斯科国对外政策的主要任务及其产生,它们同我国过去命运的联系。我国历史的第一时期，在外部敌人的压力下，各个不同的部落和分散的居民好歹集结成某个整体，开始形成俄罗斯部族。第二时期，在鞑靼和立陶宛这两个外敌加强打击的情况下，俄罗斯部族分成了两支：大俄罗斯和小俄罗斯，而此后每一支都经历了自己的特殊发展过程。大俄罗斯一支在伏尔加河上游的森林中保存了自己的力量并在同严酷的自然界和外敌的旷日持久的斗争中发展了这种力量。因此大俄罗斯一支能够结合成一个相当稳定的有战斗力的国家。第三时期，把大俄罗斯统一起来的这个国家提出了恢复整个罗斯的政治统一和民族统一的任务。这个任务的提出和着手解决（仅仅是着手而已）曾经是莫斯科旧王朝历代君主的主要事业。我们已经知道了人民为这项事业耗费的精力以及到16世纪末期在这方面所取得的成就。在朝着这一目的努力的过程中，在莫斯科国内，社会已经习惯于那一沉重的政治组织（我们在上一时期中研究过这个组织）。17世纪[6]，在动乱时期中损失某些领土之后，对外斗争就更为艰巨了；同时社会制度也发生了变化。在同波兰和瑞典进行战争的重压之下，以往那些还保留某些特征（如劳动和迁徙自由）的具有独自的经济地位和不同官级的人，被合成为一些大的等级，而大部分农村居民则处于农奴地位。彼得一世时期，国家制度的主要发条被拧得紧紧的：按等级征收的专门赋税比17世纪更重了。彼得在过去的等级负担之上再加上新的，比过去更沉重的负担——这就是服兵役和纳税。他把这些义务扩大到那些一直不承担国家负担的阶级身上，分摊到那些"自由人"和奴仆身上。这样就在立法上产生了一个共同赋役（如果不是所有等级的，那也是许多等级的赋役）的含混的主张，这个主张在以后的发展演变中预示着社会制度上的重大变化。在同一时期，国家的对外政策也发生了转变。迄今为止，国家在西部地区的战争本质上是防御性

14 的，目的在于收复那些不久前被夺去的地方或者被认为自古以来就属于它的地方。从波尔塔瓦战役起，战争就具有了进攻性质，目的在于巩固彼得为俄国在东欧取得的优势，或者像俄国外交家冠冕堂皇地说的那样，在于保持欧洲的均势。自从国家转上这条贪得无厌的道路时起，就开始要人民付出比过去沉重几倍的代价。如果彼得没有大力提高俄国的生产力，人民是承担不了他们在欧洲不得不扮演的那种角色所付出的代价的。彼得大帝以后，国内生活中出现了一个新的情况[6]。在这位改革者身后的那些不够格的男女继承人的统治下，王位开始动摇起来，于是那些继承者在社会上，首先在贵族中寻求支持。为报答这种支持，立法机关开始坚持不懈地主张推行一种专门等级法来代替彼得时期一闪而过的所有等级必须服役的主张。贵族得到了解放，免去了最沉重的强制性的服役，而且不仅保持了自己原有的权利，还获得了广泛的新权利。高级商贾也分得了一点儿这种实惠。这样一来，当局所能让出的全部好处和实惠都尽为社会上层所得，而社会下层只落得个沉重的负担和贫穷的生活。假如人民耐心地忍受了这样的制度，那么俄国就会脱离欧洲国家的行列。但是从18世纪中叶起，人民群众中出现了一种令人不安的具有特殊性质的骚动。17世纪曾充满了种种叛乱，当时它们的矛头都指向政府、大贵族、督军和官吏。现在这些叛乱则具有社会色彩，它矛头指向老爷们。普加乔夫起义是在合法旗帜下发动的，它具有合法政权反对叶卡捷琳娜伙同贵族合谋进行篡权的思想。当大地在脚下颤抖的时候，根据叶卡捷琳娜二世的倡议，统治圈子里突然冒出了一种使社会平等和缓和农奴制的主张。人们愁眉苦脸，胆战心惊，反复咀嚼着同样一些计划，一个朝代接一个朝代把问题拖延下去，到19世纪中叶，用缺乏毅力的改良意图（这种意图并不能为当局的赫赫尊号辩护）把事情搞到了这样的地步：解决这个问题已成为自发的必然要求,尤其是在塞瓦斯托波尔战役冲击了停滞不前的社会意识的时候。因此,我们可以把第四时期事件的进程描述如下:随着对外防御性斗争的紧张程度不断加强,落在社会不同阶级身上的国家特种义务更复杂了;同时随着防御性斗争变成进攻性斗争,社会的上层阶级就被免除它们所承担的特种义务,代之以等级特权,而义务也就统统落到了社会下层阶级身上;但是随着人民对这种不平等地位的不满情绪的增长,政府也就开始考虑对社会作出一种比较公正的安排。我们现在要极力记住上述提要,第四时期的重要意义和解释这一时期最重要现象的关键就在其中;这个提要将作为我们的一个公式——研究第四时期就在于揭示这个公式。

政治意识的提高 第四时期各种现象的排列顺序以及它们之间的相互关系就是这个样子[7*]。俄国社会中政治意识的提高,在这些现象中揭示的政治概念的变动,都同这一顺序紧密联系着[7a]。到16世纪末,莫斯科国家已走上正轨,国家生活的一般形式和统治工具已经具备:它有最高当局、立法机构、中央和地方管理机关、日益增多的衙署官吏、愈来愈细的社会划分、军队,甚至还产生了有关人民代表制的模糊主张,只是国家的各种职责还不清楚,各机构本身只是形式而已。要使这些机构顺利开动起来,还必须有内容,必须具备有助于各机构的人员透彻了解这些机构的意义和使命的观念,最后还必须具有指导这些机构活动的法规和风尚。所有这一切并不是一下子就具备的,而是要靠紧张的思考,通过艰辛的、有时甚至是痛苦的经验才能搞出来。当旧王朝逐渐衰亡时,莫斯科的国家机构已经具备;但是莫斯科的国家意识是否具备了呢?是否能够根据国家的任务和为了人民的福利在国家机构中展开活动呢?比如说,让我们对当时莫斯科人的政治意识作一个统计,并为此在这一意识上附上尽可能简单的国家定义，以便看着，根据国家的本质和任务，这些莫斯科人对国家制度的基本要素理解的程度如何。这些基本要素是：最高当局、人民、法律和共同福利。正如我们在第二十六讲谈到的，莫斯科国的最高当局在称号上和在一些传说中获得了几个拔高了的尊号；但这不是政治上的特权，多半是类似全罗斯的君主这样的庄严光环或外交赞誉。在日常生活和习以为常的概念和关系中，旧的封邑制准则仍占主导地位。这种准则是在历史上形成的最高当局的实际基础。这种封邑制准则还在于：莫斯科君主的国家被认为是君主的世袭领地，是祖传的产业。僵硬的思维方式使事件进程带来的政治新概念屈服于这个习以为常的准则。莫斯科把大俄罗斯统一，这在社会意识中产生了人民的俄罗斯国家的思想。这种思想在本质上虽然否定世袭领地制，但是它却以过去世袭领地的公式表现出来，因为这个公式不是使人把全罗斯的君主理解为罗斯人民的最高统治者，而是把他看作世袭的主人，是罗斯国家的土地拥有者。"自古以来，整个罗斯国家从朕之远祖起，乃朕之世袭领地"——伊凡三世就是这样强调的。政治上的思维活动落后于疆土扩展和王朝的野心，它把对封邑制的偏见变成政治上的误解；而当时人们的意识中，在这种反常现象的影响下，国家制度的其他因素变形了，因为这种反常现象把沙皇和世袭大贵族这两个不可调和的特性联结在最高当局这个实体中。照当时的理解，关于人民的思想还没有同关于国家的思想融合起来。国家不是看作由最高当局治理下的人民联盟，而是看成君主的产业，组成这个产业的是居住在君主世袭领地疆域内的各阶级居民连同他们的各项经济收益。因此，作为国家目标的人民的福利就服从于土地主人的王朝利益。而且法律本身也具有经济法令的性质，它是由莫斯科河畔克里姆林庄园颁布的，它规定下属管理机关（主要是地区管理机关）的

活动办法，但尤其是规定居民履行各种国家义务的办法。直到 17
世纪，我们在莫斯科的立法文件中，没有见到可以认为是确定最
高当局的制度和权利以及规定国民基本权利和义务的基本法的法
令[7⁶]。因此，国家制度的基本因素同与这些因素的本质相适应的
概念还不一致。国家结构的形式是由历史上人民生活的自发规律
形成的，它们还来不及充实相应的内容就大大超过了以这些形式
活动的人们已有的政治意识。我们研究的这一时期的最大意义就
在于：观察在社会意识中人们所欠缺的构成政治制度灵魂的概念是
如何形成的，这些概念又如何灌注到这些形式中，人们使之生机勃
勃和哺育的国家躯干是如何逐渐变成国家机体的。到那时我所阐述
的自相矛盾的现象将失去其明显的不合理性，从而可以从历史上来
获得解释[7*]。

这些就是我们要研究的一系列事实和要解决的一系列问题。我
们将从新王朝在莫斯科统治时开始，来观察上面列举的新时期的种
种事实。

动乱的开始 但是在新王朝统治之前，莫斯科国经历了一次动
摇它最深厚基础的可怕的震撼[8*]。这次大震撼首先并且令人痛苦
地推动了新概念的传播，这些新概念就是那已消亡的旧王朝所不具
备的国家制度。这次大震撼是在 17 世纪初年发生的，在我国历史编
纂学上名之曰动乱，或者照科托希欣的说法，叫作动乱时期[8ª]。经
历过这一艰苦时期的俄罗斯人把这次震撼及其随后几年称之为"莫
斯科国家的浩劫"。旧王朝最后一位沙皇费奥多尔·伊凡诺维奇死后
就立即显露出了动乱的征兆。至 1613 年年初聚集在莫斯科的缙绅
会议代表把新王朝的始祖米哈伊尔沙皇拥上王位时止，动乱才停下
来。这就是说，在我国历史上可以把 1598 年到 1613 年这十四五年
称为动乱时期；当时特罗伊茨基-谢尔基耶夫寺院总管（波兰人围

困三一寺院的故事作者）巴里津·奥弗拉米也认为俄罗斯国在这一时期是14个年头的"大骚乱"[8б]。在开始研究第四时期之前，先应该谈谈这次震撼的起因和意义。这次动乱，或者如当时外国人所形容的，这个"莫斯科悲剧"（tragoedia moscovitica），是从何而来的呢[8в]。下面就是这一悲剧的情节。

王朝的终结 约在雷帝伊凡·瓦西里耶维奇死前两年多（1581年），在一个令人不快的时刻（当时像这样的时刻经常降临伊凡雷帝头上），他把自己的儿媳打了一顿。原因是这样的：她正怀着孕，在她公公进入她的房间时她穿着太随便了。正如此事发生后三个月来到莫斯科的耶稣会士安东尼·波塞文（他正好赶上这件事，知道其过程）所说的那样，这个儿媳妇的穿着确实随便（simplici veste induta）[8г]。这位被打的女人的丈夫就是王位继承人伊凡王子。他为自己受到屈辱的妻子申辩，这时发怒的父亲用铁制的权杖朝自己儿子头上猛地一击，王子当场丧命。伊凡雷帝因儿子之死痛苦得几乎发了狂，他整夜整夜疯疯癫癫地哀号，从床上跳起来，他想退位，剃度为僧；但是，不管怎样，由于这一不幸事件，伊凡雷帝的第二个儿子——费奥多尔王子成了王位继承人[8д]。

沙皇费奥多尔 莫斯科旧王朝的最后一位沙皇费奥多尔在这个王朝的历史上是个大有教益的现象。建立莫斯科国的卡利达家族有一个显著的特点，就是善于处理自己的日常事务，但这个家族的毛病是世世代代过分操心世俗之事；而当这个家族衰落时，又显露出完全摒弃世俗一切的种种迹象。这个家族在费奥多尔当沙皇的时候衰亡了。按当时人的说法，费奥多尔·伊凡诺维奇一辈子都在摆脱尘世的浮华和凡人俗事，想的只是天堂的事情。波兰使节萨彼加这样描写费奥多尔："沙皇个子矮小，身材瘦弱，声音轻微，甚至带有卑躬屈节的声调。他面容憨厚，但智力贫乏，或者，正如我所听见和我本人所发现的,他没有任何智慧,因为当他坐在王位上接见外国使节时,总是不停地微笑着,一会儿欣赏自己的帝王权杖,一会儿又鉴赏作为帝王象征的金球。"当时还有一个瑞典人,名叫彼得列伊,他在描写莫斯科国(1608—1611年)的记述中也指出:沙皇费奥多尔一生下来就几乎失去悟性,他只是从宗教的事物中获得满足,他经常去教堂敲钟,做礼拜[8e]。因此他父亲曾伤心地申斥他,说他像一个教堂工友的儿子,而不像沙皇的儿子[8*]。这些评语[9*]无疑有某些夸张之处,使人感到有讽刺的味道。当时俄罗斯人的思想是笃信上帝和崇敬王位的,它试图把沙皇费奥多尔塑造成一个它所熟悉和爱戴的苦修苦行的特殊形象。我们知道,在古罗斯,为了耶稣基督而装疯卖傻具有多么重要的意义,享有何等的荣誉。疯疯癫癫的自得其乐的人丢开尘世的一切荣华富贵,不仅放弃肉体上的,而且也放弃精神上的安逸和诱惑,放弃光荣的地位、声誉、爱戴和亲友们的依恋。不仅如此,他还向这些荣华富贵和各种诱惑挑战:他像一个行乞的无处栖身的人一样,衣衫褴褛,头发蓬松,赤脚在大街上行走;他的行为举止不像正常人,而像一个变态的人,说话不成体统,对通行的礼仪礼节他嗤之以鼻,对于那些无知之徒来说,他在力求成为一个被嘲笑的对象,同时他又似乎在嘲弄人们喜爱和珍视的富贵荣华和嘲弄那些喜爱和珍视富贵荣华的人们本身。古罗斯把谦逊到自我蔑视的地步看作是将有关谦虚灵魂(天国是属于他们的)会获得幸福的金科玉律付诸实施。这种灵魂的谦虚体现在装疯卖傻者身上的就是通行的世俗良知,就是以生动的形象"正面"揭露人们的贪欲和各种丑行;这种灵魂的谦虚在社会上享有极大的权利,享有充分的言论自由:这个世界的强者——显贵和沙皇,甚至伊凡雷帝本人,都要耐心地倾听大街上怡然自得的流浪者那些讥讽谩骂的狂言,同时却不敢动这些人一根汗毛。当时的俄罗斯人赋予沙皇费奥多尔的正是这样一个常见的和人们喜爱的形象，在他们眼里，这是一个在王位上怡然自得的人，是那些谦虚的灵魂之一。这些人需要的是天国，而不是地上的王国；教会喜欢把这些人画入教堂的圣徒列像之中，用以斥责俄罗斯人的卑劣念头和罪恶图谋。当时接近宫廷的卡迪列夫-罗斯托夫斯基公爵对沙皇费奥多尔作了这样的评价："他从呱呱坠地时起就怡然自得，无牵无挂，只关心灵魂的得救。"按当时另一位人士的说法，在沙皇费奥多尔身上出家为僧和登位为王两者不可分地交织在一起，相得益彰。费奥多尔被人叫作"圣洁沙皇"，天生就配当圣者，天生就配戴天赐的皇冠。总之，用卡拉姆津的话说，沙皇费奥多尔在修道小室或穴洞中比在王位上更适得其所[9a]。如今，沙皇费奥多尔已成为文艺创作的对象，例如，阿列克谢·托尔斯泰伯爵创作的戏剧三部曲的第二部悲剧就是专写他的。在这部作品中对沙皇费奥多尔的描写很接近于他在古罗斯的形象；显然，作者是根据古罗斯编年史上他的圣像描绘出这位怡然自得的沙皇的肖像的。在这幅画像上用细腻的线条画出的肖像倾向于温厚的戏谑，这是古罗斯圣徒用它来缓和对自己的严峻揭露的。但是，阿列克谢·托尔斯泰在自己的作品中，透过当时人们在沙皇费奥多尔身上深刻感受的那种对上帝的外露的虔诚，揭示出了道德上的悟性：这是一个有预见的随随便便的人，他善于用无意识的、神秘的大彻大悟去理解那些最伟大的智者永远也不明白的事物。一听到有关党派的纷争，鲍里斯·戈都诺夫的拥护者和舒伊斯基公爵的支持者之间的敌对，他就忧心忡忡；他很想活到人人都拥护一个罗斯的那个日子，很想让所有敌对的人彼此讲和；他对戈都诺夫怀疑全国有可能和解激烈地反驳说：

不，决不！

鲍里斯，你不明白这点！
你要安邦治国，那就请便吧！
你太热衷于这件事，而我却非常懂得
要了解人的心灵。
在另一个地方他又对戈都诺夫说：
我算个什么沙皇？在所有的事情上
不难把我弄得糊糊涂涂，使我受骗上当，
但只有一件事骗不了我：
当我应该在黑与白之间加以选择时
——我是不会受骗的。

　　不应该忽视当时的或后来的作家从借鉴的角度或者诗意地描写历史人物时的历史背景。费奥多尔还是王子的时候，是在亚历山大罗夫村沙皇直辖军胡作非为和森严可怖的环境中长大成人的。每天一大早，村子里舒托夫修道院的院长就把费奥多尔派到钟楼上去敲晨祷钟。由于费奥多尔的母亲安娜斯塔西娅·罗曼诺夫娜早年就开始闹病，他在出生时体质非常孱弱，后来他成了一个失去母亲的孩子。他在沙皇直辖区恶劣不堪的环境中成长，长大后是一个身材矮小、面色苍白的年轻人；他很容易患水肿病，由于过早的腿脚无力，走起路来步履蹒跚，老态龙钟。当费奥多尔32岁时，一位在1588—1589年见过他的英国大使弗莱彻就是这样描写这位沙皇的[96]。眼见王朝就在费奥多尔身上逐渐衰亡下去，但费奥多尔的脸上总是挂着笑容，那是毫无生气的微笑。他那忧郁的笑容就好像在祈求怜悯和宽恕，保护**自己不**受父亲那变幻莫测的暴怒所伤害。久而久之，特别在长兄可怕的死去之后，王子脸上那种故意做作的可怜表情，由于习惯成自然，便变成一个不由自主的机械的脸谱。他就是带着这个脸谱登上王位的。在父亲的压抑下他失去了自己的意志,永远保持一副备受压抑的俯首听命的机械般的表情。他在位时寻找到一个主宰他意志的人,这就是聪明的内兄戈都诺夫,此人小心谨慎地出现在费奥多尔那狂暴的父亲的位置上[9*]。

鲍里斯·戈都诺夫 伊凡雷帝临终时[10]郑重地承认自己那位"浑身上下温顺恭谦"的继承人是个没有能力管理国家的人,于是委任了一个执政委员会,也可以说,一个由几位近臣显贵组成的摄政委员会来协助费奥多尔[10]。伊凡雷帝死后的最初时期[11*],这些摄政者中最有势力的是沙皇费奥多尔的亲舅父尼基塔·罗曼诺维奇·尤里耶夫;但这位舅父不久就得重病而亡。这就给沙皇的另一位监护人、内兄鲍里斯·戈都诺夫执掌朝政扫清了道路。他利用沙皇的性格,在当皇后的妹妹的支持下,逐渐把其他摄政排除在国事之外,而自己则以妹夫的名义开始统治国家。人们很少把他叫作总理大臣;他像一个独裁者,或者,也可以说,一个共同执政者。照科托希欣的说法,沙皇在所有事务上让他成为凌驾于自己国家之上的统治者,而自己则完全置身于"谦恭和祈祷"[11a]。因此鲍里斯对沙皇和对各种事务的影响是巨大的。按前面提到的那位卡迪列夫-罗斯托夫斯基公爵的话说,鲍里斯·戈都诺夫攫取的权力是如此之大,"以致沙皇本人在各方面对他都必须言听计从"[11*]。鲍里斯享受帝王的尊荣,他在自己的府邸里以一个真正统治者的威严和豪华排场接见外国使臣,"他受到人们的崇敬不亚于沙皇陛下"[12]。他聪明机智而又小心谨慎地进行着统治[13*],而费奥多尔在位的十四年,对国家来说则是摆脱沙皇直辖制的暴虐和恐怖活动以后的喘息时间。同一位当代人写道:上天对自己的子民大发慈悲,恩赐他们一个平安无事的年月,使得沙皇能够平平静静、安安逸逸地君临天下,所有信奉东正教的善男信女开始安居乐业。打败瑞典人的一场战争并没有破坏这种普遍的情绪。但是在莫斯科开始流传一些最令人提心吊胆的谣言[13a]：伊凡雷帝死后还留下一个最小的儿子德米特里，按照莫斯科历代君主的古老习俗，父亲给德米特里一块小小的封邑，即乌格里奇城和一个县。在费奥多尔统治初期，为了预防宫廷的倾轧和动荡，这位王子同外戚纳吉伊家族一起被送出了莫斯科。在莫斯科就有人说，这位七岁的德米特里是伊凡雷帝正式结婚的第五位妻子（不算未正式结婚的女人）的儿子，因此，从教会法的观点来看，他作为王子的合法性是有问题的，但他又长得很像他那位直辖制时期的父亲，因此，这位王子面临着那些接近王位图谋王位的人的巨大威胁，因为沙皇费奥多尔很可能无嗣而终。终于好像要证实这些流言蜚语似的，1591年在莫斯科流传着一条消息：据说，封邑王公德米特里在光天化日之下在乌格里奇被人杀死，还说凶手被奋起的市民当场打死，结果在侦讯时就没有人可以提供证词。一个以瓦西里·伊凡诺维奇·舒伊斯基公爵为首的调查委员会被派到乌格里奇去。舒伊斯基是戈都诺夫的一个秘密对手和竞争者。委员会处理这一案件时稀里糊涂，或者敷衍塞责，它只对一些枝节小事仔仔细细地一问再问，忘记调查一些最重要的情节，没有阐明证词中的种种矛盾。总之，这个委员会把案情弄得一塌糊涂。起初这个委员会力图使自己和别人相信：王子不是被人杀的，而是他在同孩子们玩刀子时因癫痫病发作摔倒在刀口上，结果自己抹了脖子。所以乌格里奇人因擅自处死那些臆想的凶手而受到了严厉惩罚。宗主教约夫是戈都诺夫的一个朋友，两年前在戈都诺夫的支持下被提升到宗主教的高位。约夫收到调查委员会的这样一份报告之后当众宣布：王子的死亡是上帝的裁决。这个案件就此告一段落。1598年1月沙皇费奥多尔驾崩。卡利达王朝没有任何人能接费奥多尔空出的王位。人们向死者的寡妻、皇后伊利娜宣誓效忠，但她却剃度出家了。23

因此，王朝就不干不净地消亡了，消亡得不明不白。缙绅会议在宗主教约夫的主持下推举执政者鲍里斯·戈都诺夫为沙皇。

鲍里斯登上王位　鲍里斯在王位上仍像以前沙皇费奥多尔在世时站在王位旁边一样，聪明机智而又小心谨慎地治理着国家。按出身来说，鲍里斯·戈都诺夫属于大贵族，但不是首屈一指的大贵族世家。戈都诺夫家族是莫斯科古老的重要的大贵族世家中较低的一支。这个大贵族世家来自卡利达时期由金帐汗国迁移到莫斯科国家来的鞑靼贵族切塔。这个大贵族世家中最长的一支是萨布罗夫家族，他们在莫斯科国家大贵族阶级中占有非常显赫的地位；而戈都诺夫家族只是不久前，即伊凡雷帝统治时期才发迹的。看来沙皇直辖制对戈都诺夫家族的上升帮了不少忙。在沙皇直辖制时期，鲍里斯·戈都诺夫是伊凡雷帝多次结婚中一次婚礼上的男主婚人；同时他本人又成了直辖军首领马柳塔·斯库拉托夫-别利斯基的女婿，而王子费奥多尔娶了鲍里斯的妹妹之后，就更加巩固了他在宫廷中的地位。在直辖制建立以前，在大贵族杜马中我们没有见到戈都诺夫家族的人，他们只是从1573年起才出现在大贵族杜马中。但是从伊凡雷帝去世后他们大批地涌进杜马，而且全都获得了大贵族和廷臣的重要称号。然而在直辖军的花名册上却没有鲍里斯本人的名字，因此他在社会上没有遭到白眼。因为社会舆论把直辖军人看作是被社会排除在外的人，"排除的人"一词是当时人在玩弄"除去"（опричь）和"除外"（кроме）这两个同义词时尖酸刻薄地挖苦这些直辖军的。鲍里斯·戈都诺夫开始统治时取得了很大成就，甚至是辉煌的成就。他即位后采取的第一批措施赢得了普遍赞扬。当时一些善于辞令的人用华丽的辞藻来描写他，说他以自己的内外政策"对各族人民表现出非常通情达理的贤明公正"。他们在他身上经常发现"大仁大智"，称他是说话动听的、极有建树的和为自己国家日夜操劳的十全十美的男子汉大丈夫[13б]。这些人对沙皇鲍里斯的仪表和个人品质作了狂热的赞颂,他们写道:"沙皇御前会议上没有一个人像他那样仪表堂堂,才智出众。"但是他们也惊讶地发现,这是罗斯第一个没念多少书的君主,"他从少年时起就不知道书本上的学问,因为他大字不识几个"。但是,这些人一方面认为他在仪表和智慧方面出类拔萃,在国内赢得很多赞誉,他心明眼亮,宽宏大度,爱护穷人,但在军事上并不在行,而且他们在他身上还找到某些缺点:他有不少美德,如果嫉妒和凶狠没有使这些美德黯然失色的话,那么他就能同古代沙皇媲美了[13в]。鲍里斯受到的指责是:酷爱揽权,偏听偏信那些诽谤者的谗言,不分青红皂白地迫害被诽谤的人。因此他受到了报应。沙皇鲍里斯认为自己缺少军事才能,但他又不相信自己的督军们;他采取优柔寡断、模棱两可的对外政策,没有利用波兰同瑞典两国间激烈的敌对情绪,而这事本来会使他有机会同瑞典结盟从波兰人那里取得利沃尼亚的。他把主要注意力都集中在建立国内秩序上,照三一寺院总管巴里津·奥弗拉米的话说,集中在"整顿国内的一切必要事务"上。巴里津指出,在鲍里斯·戈都诺夫统治的最初两年,俄罗斯是繁荣昌盛的。沙皇特别关心那些穷人和乞丐,对他们乐善好施,但他残酷地追究恶人,他用这样的手段赢得了良好声誉,受到"万民拥戴"。在建立国家内部秩序方面他表现了非凡的勇气。我在第三十七讲阐述16世纪农民史时曾指出:关于鲍里斯·戈都诺夫确定农民的农奴地位的主张乃属我国历史神话之列。相反,鲍里斯打算采取旨在增加农民自由和福利的措施[13г];看来,他准备过一道敕令,为地主的利益确切规定过农民的义务和代役租。可是这条法律直到农奴解放为止俄国历代政府都没能定下来[13*]。

关于鲍里斯的流言蜚语 鲍里斯·戈都诺夫就这样开始了统

治。但是，尽管他有多年执政的经验，有登基之后对所有阶级慷慨施舍的恩典，有令人惊讶的治国才能，但他的声望还是不牢固的。鲍里斯属于那些时运不济者之列，因为这些人既使人产生好感，同时又使人产生反感，因为这些人以自己明显可见的智慧和才能使人产生好感，同时又以自己心灵和良心上不显形的但可以感觉出来的缺点使人产生反感。鲍里斯善于引起人们的惊讶和感激之情，但却引不起人们对他的信任；人们总是怀疑他两面三刀和狡猾阴险，认为他什么事都干得出来。无疑，戈都诺夫经历过的伊凡雷帝时代那令人恐怖的磨炼，在他身上打下了难以磨灭的可悲的烙印。还在沙皇费奥多尔时期，很多人就对鲍里斯形成了这样的看法：把他看作一个聪明能干的人，对什么事都有办法，在任何精神状态不佳时不会止步。正如一些不偏不倚的细心观察家（其中有书吏伊凡·季莫费耶夫，他写了有关动乱时代的有趣札记）在描写鲍里斯时，往往从严厉的斥责直接转到热情的称颂，他们感到困惑不解的只是鲍里斯做好事的一切品德是从哪里来的，是天赋的呢还是刚强意志的产物，而这种意志在未到一定火候之前善于巧妙地戴上任何假面具。这位"奴才王"（奴才出身的沙皇）使这些人觉得他是个难以捉摸的善与恶的混合物，在这个赌徒身上良心的天平经常在摇摆[14]。有这样的看法并不含有怀疑和非难，民间的议论并不愿意把这些看法同他的名字联系起来[15*]。他既把克里木汗骗到莫斯科来，又整死了好沙皇费奥多尔及其女儿——鲍里斯的亲外甥女费多西娅，甚至还毒死了自己的亲妹妹皇后亚历山德拉；一位几乎被人遗忘的伊凡雷帝的傀儡，曾被伊凡封为全国沙皇的谢苗·别克布拉托维奇晚年双目失明，他的两眼也是这个鲍里斯·戈都诺夫弄瞎的；在德米特里王子被杀后不久，戈都诺夫就趁势放火把莫斯科烧毁，目的是转移沙皇和首都各界对乌格里奇暴行的注意。鲍里斯·戈都诺夫成了各种司空见惯的政治诽谤的牺牲品。如果不是他，那还有谁去杀死德米特里王子呢？传说就是这样不胫而走，而且这一次不是毫无原因的。一张张看不见的嘴把这个对鲍里斯致命的传说在世上传开。据说，在这桩见不得人的勾当中他并不是清白的，他暗遣刺客到王子那里去，以便为自己即位铺平道路[15a]。当代的编年史家谈到鲍里斯参与这件事，当然是根据各种流言蜚语和猜测才这么说的。显然他们没有也不可能有直接的罪证材料，因为在这类情形下有权势的人能够而且也善于销赃灭迹，把真情掩饰得不露蛛丝马迹。但是在编年史的叙述中，不像乌格里奇调查委员会报告那样充满牵强附会的言辞和矛盾百出，编年史家正确地理解鲍里斯及其支持者在沙皇费奥多尔时期的困难处境。这种处境促使他们去杀人以便自己不被他人所杀。假如乌格里奇的王子登基，那么纳吉伊家族就饶不了戈都诺夫家族。鲍里斯根据自己的处境透彻地了解到，慢慢朝着王位台阶爬去的人不乐意也不会成为宽宏大量的人[15*]。编年史家不过只对一些人提出某种怀疑——这是一种不经心的坦率，他们笔下的鲍里斯就是以这种不经心的坦率态度来行事的。编年史家不仅把直接和实际参与这一勾当的责任归咎于执政者，而且甚至认为，似乎就是他出的主意。毒害王子的企图失败、同亲人和心腹开会商议干掉德米特里的其他手段、第一次派遣刺客未能得逞、鲍里斯因遭到失败而忧伤、答应执行鲍里斯意图的克列什宁对他的安慰——所有这些都是细节，没有这些，那些惯于搞阴谋诡计的人似乎也能对付过去。完全仰仗鲍里斯鼻息的克里什宁是一手制造乌格里奇罪行的指挥者。他做起事来是那么干练，所以没有必要点明一切，只要简单暗示一下，默默地打个有力的手势，就能一清二楚[16]。无论如何，很难设想不经鲍里斯同意会干出这件事来。这件事是由某一只热衷效劳的手安排的，这只手猜到了鲍里斯的秘密心

计,很想为他干出一件称心的事来,而且这样做也更有力地保障
了鲍里斯所支持的那一派的地位。七年——鲍里斯治理下平安无事
的七年过去了。时间开始从鲍里斯的脸上抹去了乌格里奇的污点。
但是随着沙皇费奥多尔的逝世,人民中疑虑重重的谣传又活跃起
来[17*]。一些流言蜚语不胫而走,说选鲍里斯接王位是不干不净
的,还说戈都诺夫毒死了沙皇费奥多尔之后用狡猾的警察手段夺取
了王位。民间传说把这些手段夸张成一整套有组织的行动。派代理
人到莫斯科的各个地区和所有城市去,甚至还派出了各个寺院的僧
人去怂恿人民请求鲍里斯君临"天下";甚至孀居的皇后也热心帮
助自己的兄长,秘密用钱和用种种许愿唆使射击军军官采取有利于
鲍里斯的行动;莫斯科的警察以反抗必遭重罚相威胁,驱使人民前
往诺沃杰维奇寺院去叩请已剃度出家的皇后求她的兄长即位;大批
警官监督着人民要他们号啕大哭和泪流满面地叩头劝进;许多人流
不出泪来,只好把唾沫抹在自己的眼睛上,以免吃警官的棍子;当
皇后走到修道小室窗前欣赏万民的祈求和哭泣的时候,按照室内发
出的信号,全体人民要匍匐地上;对那些来不及或不愿这样做的
人,警官就从后面拳击他的脖子,强使他叩头至地,大家站起来后,
还要像狼一样嗥嗥大叫;由于这样嚎叫,一些叫喊者因使劲过度而
面红耳赤,肝胆俱裂;因为喊声太大人们不得不堵上耳朵[17a];嚎
叫这样反反复复地进行了许多次。人民表忠心的赤诚场面使皇后大
受感动,最后她同意了自己的哥哥登上沙皇宝座。这些叙述可能有
所夸张,但它们的苦涩味却尖锐地表现出戈都诺夫及其支持者极力
在社会上造成的情况达到了何等残酷的程度。最后,于 1604 年,
传出一个最骇人听闻的消息[17б][17*]。在莫斯科,三年来人们悄悄
谈到一个自称是德米特里王子的神秘人物[18]。现在又一个令人震
惊的消息不胫而走:戈都诺夫的代理人在乌格里奇搞错了——他们

杀死的是一个冒名顶替的小孩，而真正的王子还活着，他正从立陶宛来接受祖先的王位。俄罗斯人的脑袋在听到这些传说时被弄得糊里糊涂，于是动乱时代开始了。沙皇鲍里斯被僭称王的成功弄得惊惶失措，终于于1605年春去世。而这位僭称王在莫斯科即位后不久就被人杀了。

僭位问题　动乱时代就这样经过准备之后开始了。正如你们见到的，引起动乱的原因有两个：用秘密的暴力手段使旧王朝中断，然后以第一个僭称王为代表的旧王朝人为地复辟。用秘密的暴力手段中断旧王朝是造成动乱的第一个推动力。当然，王朝的中断在一个君主政体的国家历史上是件不幸的事；但是，任何地方王朝的中断都不像我国那样带来如此破坏性的后果。一个王朝灭亡之后，另一个王朝接着出现，而秩序就恢复了；在这种情况下，通常不会出现僭称王，或者人们对僭称王不予以理睬，结果这些僭称王就自然而然地销声匿迹了。但在我国由于第一个伪德米特里开始时颇为顺利，因而僭位问题就成了国家的慢性病：从这时起几乎一直延续到18世纪末，难得有一个朝代没有僭位者的。在彼得时期，由于缺少这样一个僭称王，于是人民的传说就把一位真正的沙皇变成了僭位者。这样一来，无论是王朝的覆灭，也无论是僭称王的出现，它们本身都不能作为动乱的充分原因；还存在着某些别的条件，正是这些条件才使这些事变具有如此破坏性的力量。必须在引起动乱的外部理由中寻找动乱的真正原因[18]。

第四十二讲

社会各阶级依次卷入动乱——沙皇鲍里斯和大贵族——伪德米特里一世和大贵族——沙皇瓦西里和大贵族阶级——沙皇瓦西里的宣誓文告及其意义——中层大贵族和首都服役贵族——1610年2月4日条约和1610年8月17日莫斯科条约——两个条约的比较——外省服役贵族和1611年6月30日缙绅会议的决定——下层阶级卷入动乱之中

在按事件的发展顺序和内部联系概述动乱时代的各种事件时[1]，动乱的潜在原因就能揭示出来。动乱时代的一个最显著的特点就是：俄罗斯社会各阶级都依次卷进了动乱之中。这些阶级组成当时的俄罗斯社会，它们的依次出现就像它们在国内所起的相对作用排列在社会的各级官阶上一样。阶梯的顶端是大贵族阶级，动乱就是由这个阶级开的头[1]。

沙皇鲍里斯 沙皇鲍里斯是通过缙绅会议选举的合法途径登上王位的[2*]。无论按个人品德还是按政治功绩，他都能成为新王朝的奠基人。但是在伊凡雷帝统治下饱经忧患的大贵族们现在从自己的同伙中推举出一位沙皇来统治，他们就不愿再安于在旧王朝时期保持其政治作用的那种普通惯例了。他们期待从鲍里斯那儿得到对这种作用的更加确实可靠的保证，即期待用一种正式文件来限制他的权力。正如由18世纪史学家塔季谢夫的文稿[2a]传诸后世的一则报道所说的那样，大贵族们"让他按照规定的文告向全国吻十字架宣誓"。鲍里斯以自己常有的口是心非的态度行事,他清楚地知道,大贵族们在默默地等待着,但是他既不想让步,又不想直接拒绝,于是他搞了一出坚决拒绝接受授予的权力的喜剧。这出喜剧只是一个花招,目的在于避开授予这种权力时附加的条件。大贵族们沉默不语,他们等待着戈都诺夫自己同他们谈这些条件,谈他宣誓的事;但是鲍里斯不言不语,拒绝接受权力,他希望缙绅会议无条件地把他选为沙皇[26]。鲍里斯沉默的时间比大贵族们更长,结果无条件地被选上了[2*]。这是戈都诺夫的一大错误[3*],为此他和他全家付出了沉重的代价。他立即向大贵族们提出了一个非常虚伪的有关自己权力的决定。他必须牢牢抓住自己是举国上下一致选出的沙皇的作用,同时他又极力按照杜撰出来的遗嘱上的指示同旧王朝相衔接。缙绅会议的决定大胆地使人相信,似乎伊凡雷帝在把自己的儿子费奥多尔托付给鲍里斯时说过:"在费奥多尔死后把这王国托付给你",好像伊凡雷帝已经预见到了德米特里王子会夭折和费奥多尔会无嗣而终似的。沙皇费奥多尔临终时好像也"把自己的王国托付给"同一个鲍里斯·戈都诺夫[3a]。所有这些杜撰出来的说法都是那位审订缙绅会议决定的宗主教约夫的苦心经营的结果。

鲍里斯并非莫斯科国有继承权的世袭领主,而是民选的沙皇,因而他开了具有新的国家意义的特殊沙皇的先例。为了不致被人耻笑和仇视,他必须以另一种方式来表现自己,而不应该摹拟那灭亡了的王朝及其封邑时期的习惯和偏见。以舒伊斯基家族王公们为首的大贵族反对选鲍里斯为沙皇,按编年史家的话说,他们担心"人们和他们自己会遭到他的迫害"[36]。必须消除这种顾虑和担心;大贵族集团有一个时候似乎也在等待这一点。后来当上沙皇的瓦西里·舒伊斯基的一个支持者(此人曾经按他的指示写作)发现,大贵族们、留里克家族的王公们、在家谱世系上属过去莫斯科沙皇的直系亲属以及这些沙皇的当之无愧的继承者们，不愿从本家族中选出一位沙皇，而把这件事交给人民去决定，因为即使不从本家族中选出一位沙皇，他们在以往沙皇统治的时代，不仅在罗斯，而且在遥远的一些邦国中，也是伟大而光荣的〔3B〕。但是这种伟大和光荣必须不受那些既不承认伟大者，又不承认光荣者的独断专行的侵犯，而要保障这一点只有限制选举产生的沙皇的权力。大贵族们所期待的也正是这一点。

鲍里斯必须在这一事态中采取主动，同时把缙绅会议从一个无关重要的安排职位的会议变成常设的人民代表会议。正如我们在第四十讲所见到的，人民代表会议的设想早在伊凡雷帝时代在莫斯科人的社会意识中就已经逐渐传开。而且鲍里斯本人就要求过召开这样的会议，以便使自己成为一个全民选出的沙皇。这本来会使持反对立场的大贵族们迁就他，同时——谁知道呢？——也会防止落到他和他的全家以及整个俄罗斯头上的灾难，从而使他成为新王朝的开创人。但是在缺乏政治意识的情况下，这个"诡计多端的人"聪明反被聪明误〔3*〕。当大贵族们眼看自己的希望落空，新沙皇也像伊凡雷帝那样喜欢专制独裁，于是他们便决定采取秘密行动来反对他〔4*〕。

当时的俄罗斯人把鲍里斯的不幸直接解释为是由全罗斯国家官吏的不满所造成的，因为对他的全部积怨都来自这些官员〔4a〕。鲍里斯察觉到大贵族们暗中不满，于是采取措施以防受他们阴谋诡计的暗算：他组织了一个复杂的秘密警察监视网，那些告发自己主人的大贵族家的奴仆和从牢狱中放出来的小偷在监视中起了主要作用。这些小偷在莫斯科的大街小巷串来串去，偷听人们对沙皇谈了些什么，同时把每个说话不小心的人抓起来〔4*〕。告密和诬陷很快成了可怕的社会瘟疫〔5*〕。各个阶级的人，甚至神职人员，都彼此告发，家庭成员之间害怕相互谈话；一提沙皇的名字就令人心惊肉跳，因为凭这点就能让密探把人送进牢狱。随着告密而来的是罢官贬职、刑讯拷问、判处死刑、毁家荡产。按当时人们的话说："任何国君统治下都不曾有这样的灾难。"鲍里斯对以罗曼诺夫家族为首的有势力的大贵族集团更是凶狠残忍，因为他对罗曼诺夫家族，也像对沙皇费奥多尔的堂兄弟一样，把他们看作是自己的竞争对手和怀有贰心的人[5a]。尼基塔家五兄弟，他们的亲友连同妻儿子女、姐妹、侄子统统被流放到国家的偏远角落，而尼基塔家的老大，未来的宗主教菲拉列特，这时也像他妻子一样，被削发出家。鲍里斯简直发疯了，他想知道人们私下在想些什么，又想看到别人的内心深处，还想主宰别人的心灵。他向全国各地颁发了一篇特别祈祷文，家家户户进餐时都要为沙皇及其家人祝福，宣读这篇祈祷文[56]。当你读到这篇虚伪和自我吹嘘的祈祷文时，你会深深地感到惋惜：一个人，即使是沙皇，会神经质到这种地步。鲍里斯用所有这些手段使自己落到令人憎恨的境地。有悠久历史的豪门大贵族不得不躲藏于客栈、庄园中或者陷身于遥远的囹圄之中。并非名门出身的戈都诺夫家族及其同伙从隙缝中爬出来，占有了豪门大贵族原来的地位，他们像一伙贪婪的强盗一样把王位团团围住，把宫廷挤得满满的。鲍里斯的亲族成了朝廷的文武大臣，而他本人就是他们的魁首。这个由缙绅会议选出的人变成了一个心眼狭小的靠警察统治的懦夫。鲍里斯在宫中深居简出，很少像从前的沙皇那样，走到人民中去亲自接待请愿者。他怀疑所有的人，受着对往事的回忆和惊吓的折磨，按当时一位驻莫斯科的外国人的中肯的说法，鲍里斯的表现就像一个担心随时会被抓住的小偷一样，害怕所有的人[5B]。

伪德米特里一世 在特别受到鲍里斯迫害的、以罗曼诺夫家族为首的大贵族的巢穴中，显然搞一个僭王的想法已经酝酿成熟。波兰人受到指责，说是他们暗中搞出了这个僭王；可是他只是在波兰的炉子里烤熟，而发酵则是在莫斯科。无怪乎鲍里斯一听到伪德米特里出现的消息就直截了当地对大贵族们说，这是他们的杰作，是他们捧出这个僭王来的[5г]。这个在鲍里斯死后登上莫斯科宝座的闻所未闻的某人，引起了人们海外奇谈般的兴趣。尽管学者们竭尽全力想解开这个谜，但此人直到如今仍然是个不解之谜。长期以来占统治地位的意见来自鲍里斯本人，据他说此人是加利奇一个小贵族的儿子，叫尤里·奥特列皮耶夫，僧名是格里戈里。我不再讲这个人的奇特经历了，因为你们已经非常清楚。我只提这样一件事：此人在大贵族罗曼诺夫家里和切尔卡斯基公爵家里当过奴仆，后来他出家为僧，由于他识字并能编写赞美莫斯科显灵者的颂辞，被送到宗主教那儿当了录事。在这里，不知因为什么缘故一次他突然说了这么一句话：他大概会在莫斯科当沙皇。因说此话他本该在一个远方的寺院里默默度过一生，但某些有势力的人物掩护了他，就在罗曼诺夫大贵族集团遭贬黜时他逃到了立陶宛。这位在波兰被叫作德米特里王子的人承认，他受到也遭到了戈都诺夫迫害的大书隶瓦西里·谢尔卡洛夫的庇护[5д]。很难说第一个僭王是这个叫德米特里的人呢还是另外某人，不过后者的可能性较小。但是对我们来说，重要的不是僭王的身份，而是他的面目，他所起的作用。在莫斯科历代君主的宝座上，他是一个前所未有的现象。他是一个年轻人，个子中等偏矮，其貌不扬，头发浅红色，动作不灵巧，面部表情忧郁沉思，他的外表完全不反映他的精神本质——天赋聪慧，思维敏捷，正是这种智慧在大贵族杜马中他轻易地解决了不少最困难的问题；他性格活泼、热情，正是这种性格在危险时刻使他的勇气达到了大胆无畏的地步；他极易受各种偏爱的事物的影响；他擅长辞令，显示出各个方面的知识。他完全改变了以往莫斯科历代君主的古板的生活方式和他们对人们采取的高压手段。他破坏了莫斯科自古以来祖宗传下来的神圣惯例，他午饭后不睡眠，不沐浴，同所有的人打交道时纯朴憨厚，不拘礼节，不摆沙皇架子。很快他就表现出自己是一位精力充沛的治国能人；他毫无残忍之心，对每件事都亲自过问，每天都到大贵族杜马去，他亲自训练军队。他以自己为人处世的方式赢得了人民广泛而强烈的好感，尽管在莫斯科也曾有人对他产生怀疑，公开揭露他冒名僭位。他的一位最好的、最忠诚的仆人巴斯曼诺夫一次偶然地向外国人坦白说：沙皇不是伊凡雷帝的儿子，但是人民之所以承认他为沙皇，是因为人民已向他宣誓效忠，还因为现在找不到更好的沙皇[5e]。但是伪德米特里本人对自己的看法却完全不同：他言谈举止就像一位合法的、天生的沙皇，完全相信自己是出生帝王之家；与他非常接近的人中谁也没有在他脸上发现对此有丝毫疑虑的痕迹。他确信全国对他的看法也正是如此。他把散播流言蜚语，说他是僭王的舒伊斯基家族王公的案件——一桩有关他本人的案件——交给全国去审判，并为此召开了缙绅会议。这是首次接近于人民代表制类型的会议，有从各级官吏或各个等级中选出的代表参加[5*]。伪德米特里把这次会议宣判的死刑决定改为流放，但不久就把流放者召回并恢复了他们的大贵族地位。一个承认自己是骗子并窃取了政权的沙皇未必会采取这样冒险的和轻率的行动；而在类似情况下，鲍里斯·戈都诺夫大概会在刑讯室中对身陷囹圄的人严加惩罚，然后在牢中把他们一个个整死。但是伪德米特里怎样形成对自己的这种看法，这既是历史上的一个谜，也是心理上的一个谜。但是无论如何，他在王位上是待不住了，因为他辜负了大贵族们的期望。他不想成为大贵族们手中的工具，他过于擅自行动；他将自己独特的政治计划，在对外政策方面甚至是非常大胆而广泛的计划加以发挥,他张罗着把以东正教俄国为首的所有天主教国家发动起来去反对土耳其人和鞑靼人。他经常警告自己在杜马中的顾问,说他们孤陋寡闻,学识浅薄,他们必须到国外去接受教育;但他这样说的时候是很客气的,并不使人受窘。对于出身名门望族的大贵族来说,最令人恼火的是那些伪装的、非名门出身的沙皇亲属的接近王位,以及沙皇对外国人,特别是对天主教徒的偏爱。在大贵族杜马中,同姆斯季斯拉夫斯基家族的一位公爵、舒伊斯基家族的两位公爵和戈利琴家族的一位公爵平起平坐的,有拥有大贵族称号的某个纳吉伊家族的五个人,而在廷臣中有三个过去的主事。更使那些大贵族(不只他们,还有全体莫斯科人)感到恼火的是那些专横跋扈、纵酒作乐的波兰人,他们是新沙皇让其充斥莫斯科的。曾在动乱时期积极参加莫斯科各种活动的波兰统帅若尔凯夫斯基在其笔记中记述了在克拉科夫发生的小小的一幕。这场"戏"有声有色地描绘了莫斯科的情况。在1606年之初,伪德米特里派使臣别佐勃拉佐夫去克拉科夫通知波兰国王新沙皇在莫斯科登基。别佐勃拉佐夫证明了自己的使臣身份之后向首相使了个眼色,示意他希望同首相单独面谈,他把舒伊斯基家族和戈利琴家族的公爵们授予他的使命告知了被指定接见他的这位波兰地主。他埋怨波兰国王让一个出身低贱、举止轻率、心地残忍、放荡挥霍的人做了他们的沙皇,并说他不善于以礼对待大贵族,他没有资格待在莫斯科的王位上;莫斯科的大贵族不知如何才能摆脱这个家伙,他们宁愿接受波兰王子弗拉基斯拉夫为自己的沙皇[53]。显然,莫斯科的显贵们已经想出了某种办法来反对伪德米特里,他们只是担心波兰国王会袒护自己安插的人。伪德米特里因自己的习惯和举止,特别是对待各种礼仪的轻率态度,以及所下的命令和个别的行动,再加以与国外的种种交往等等,在莫斯科社会的不同阶层中引起许多非难和不满,虽然在首都以外的人民群众中他的声望尚未明显下降。

导致伪德米特里垮台的主要原因是另一个。大贵族们制定反对僭王的阴谋诡计的头目瓦西里·舒伊斯基公爵说出了这个原因。起义前夕在阴谋者出席的会议上,他公开声称:他之所以承认伪德米特里为沙皇只是为了摆脱戈都诺夫[5H]。大贵族需要一个僭王是为了先推翻戈都诺夫,然后再搞掉僭王,以便为他们之中的一个人登上王位开辟道路。他们正是这样干的,不过彼此有所分工。罗曼诺夫家族集团干了前一件事,以瓦西里·舒伊斯基公爵为首的有爵位的集团干了后一件事。这两个大贵族集团都把僭王看作自己手中的傀儡,先让他在王位上待一定时间,然后把他甩到角落里。但是这些阴谋家如果不欺骗就不能指望起义会成功。他们因波兰人而特别抱怨僭王;但大贵族不打算发动人民起来既反对伪德米特里,同时又反对波兰人,而是分化这两者。1606年5月17日他们带领人民来到克里姆林宫,大声叫喊着"波兰人要杀大贵族和君主了"。他们的目的是以保护为名把伪德米特里包围起来,然后把他杀掉。

瓦西里·舒伊斯基 在僭位的沙皇之后登上王位的是瓦西里·伊凡诺维奇·舒伊斯基公爵,一个专搞阴谋的沙皇。这是一个五十四岁的接近老年的大贵族,他个头不高,外貌平常,视力不济,但他相当聪明,不过与其说聪明,不如说比较狡猾。他是一个十足的口蜜腹剑的人;他历经风霜,也见过断头台,只是因为他鬼鬼祟祟地反对过的僭王的仁慈宽大,他才没有尝到断头台的滋味。舒伊斯基是个非常喜欢造谣诽谤的人,但他却非常害怕巫师[5K]。他在全国公布一大批文告开始了自己的统治,但在每个文告中至少包含一个谎言。例如,在他宣过誓的一个文告中他写道:"他真心诚意地宣誓:不经有自己的大贵族参与审理的真正法庭的审判,他不把任何人判处死刑。"事实上，正如我们下面将要看到的那样，他吻着十字架时说的完全不是这么一回事。在另一个以大贵族和各级官吏的名义写的文告中我们读到：在推翻格里什卡·奥特列皮耶夫之后，宗教会议、大贵族和所有的人选出了"全莫斯科国"的君主，选出了瓦西里·伊凡诺维奇公爵为全罗斯的专制君主[5п]。文告清楚说明会议选出沙皇，但是并没有进行这样的选举。的确，在推翻僭王之后，大贵族们曾想同全国进行商议并从各城市将各种各样的人召集到莫斯科来，以便"根据建议选出一个人人爱戴的君主"。但是瓦西里公爵害怕各城市、各省派来的选举人，于是他自作主张，不召开缙绅会议。有爵位的大贵族集团中少数拥护他的人在小圈子内承认他为沙皇，一大群被他发动起来反对僭王和波兰人的忠于他的莫斯科人，在红场上大肆吹捧他；但照编年史家的看法，甚至在莫斯科也有很多人并不知道此事。在第三个文告中，新沙皇[5M]以自己的名义不惜用假的、伪造的波兰文件谈到僭王意欲杀死全部大贵族，而让信奉东正教的全体农民改信路德派新教和天主教。然而瓦西里公爵的统治毕竟是我国政治历史上的一个时代[5*]。他在登基的时候限制了自己的权力，并在颁发到各地的即位宣誓文告中，正式阐明了这种限制条件。

瓦西里·舒伊斯基的宣誓文告 文告[6]非常简短，含糊不清，给人一种匆忙草率写成的印象。沙皇在文告的结尾向全体信奉东正教的基督徒提出了一个总的誓约；立誓"通过真正的、正义的法庭"，按照法律，而非擅自审判他们。在阐述这一文告时，这个条件多少被弄得支离破碎了。关于判处罪犯死刑和没收其财产的重罪案件，沙皇应当"同自己的大贵族们"，即大贵族杜马共同审理。与此同时，对没有参与犯罪活动的罪犯的兄弟和家属，则应放弃没收他们财产的权利。随后沙皇接着写道："朕决不听取诬告，而是坚决用各种侦讯手段侦查罪证并当面对质",对诬告应视对被诬告者强加的罪责惩处。这里所谈的似乎是没有杜马参与只沙皇一人决断的较小的罪行,而且比较确切地规定了真正法庭的概念。这样一来,显然文告就区分了两类最高法庭:沙皇同杜马组成的法庭和沙皇个人的法庭。文告最后是一个别出心裁的条件:沙皇"不得无故贬黜其臣属"。君主采取罢官贬职等做法就经常落到那些因某种原因使他不满的服役人员的头上。除了被贬谪以外,还有同被贬黜者的过失或者同君主的不满相适应的措施:被剥夺公职,暂时革出宫廷,离开"明察秋毫的君主",贬官或降职,甚至还有财产方面的惩罚——剥夺封地或城内的住宅[6]。在这里君主的行动已经不是司法的权力,而是实施惩罚的权力,这种权力维护着职务的利益和供职制度。作为国君的主宰意志的表现,贬谪并不需要说明理由,按旧莫斯科时代的人道主义标准,这种贬谪很快就具有野蛮的专横形式,因为它从纪律措施变成了刑事惩处:在伊凡雷帝时期,被怀疑没有忠于职守而被贬谪的人,可能被送上断头台。沙皇瓦西里曾大胆起誓(当然后来他并没有履行誓约):只有根据案情,对确有罪行的人才加以贬谪,而为审查罪行就必须建立特殊的惩罚机构。

宣誓文告的性质和来源　正如你们见到的,这种文告是非常片面的[7]。沙皇瓦西里根据这种文告所承担的全部责任,仅仅在于使臣民的人身和财产的安全不受来自上面的肆虐迫害。但是他承担的责任不直接涉及国家制度的共同基础,甚至既不改变也不更确切地规定沙皇和最高执政机关的作用、权限和相互关系。沙皇的权力受大贵族会议的限制,过去沙皇政权同大贵族会议一起采取行动;但是这一限制只在审判案件中对个别人时才对沙皇有约束力[7]。然而[8*],宣誓文告的来源比其内容更为复杂,因为它有一段秘史。一位编年史家说,沙皇瓦西里在宣布自己为沙皇之后立即到了圣母升天

38 大教堂并在那里开始发表演说（这是自古以来几百年内莫斯科国不曾有过的）。他说："我谨向全国宣誓：没有缙绅会议参与，我绝不对任何人干任何坏事。"大贵族和所有的人劝沙皇不要宣誓，因为这在莫斯科国是没有先例的；可是他谁的话也不听。瓦西里的这一举动在大贵族看来，是一次革命行动，因为沙皇号召参与沙皇法庭审判的不是大贵族杜马——这个自古以来在审理案件和管理事务方面历代君主的助手，而是缙绅会议，——一个不久前成立的、间或被召集起来讨论国家生活中紧迫问题的机构。人们在沙皇的这一举动中看到了一个前所未有的新鲜事物，即试图用缙绅会议来代替大贵族杜马，把国家生活的重心从大贵族圈子移到人民代表制中去。借助缙绅会议来登基，沙皇曾经有些担心，但现在他却拿定主意同它一起执掌朝政。但是沙皇瓦西里知道他做了什么。在反对僭王的起义发生的前夕，他在同伙面前保证"根据全体会议"同他们一起执掌朝政；因为他是豪门大贵族集团推荐给全国的，所以他是大贵族的沙皇，是属于这个集团的，他不得不仰人鼻息。因为自己的权力不是正统的，所以他自然要谋求全国的支持，并希望在缙绅会议中找到与大贵族杜马相抗衡的力量。他在全国面前宣誓保证不经缙绅会议同意不得惩罚任何人的时候，就打算摆脱大贵族的监督，成为全国的沙皇，用不习惯于限制他权力的机构来限制自己的权力，也就是说，使自己的权力摆脱一切真正的限制。照所颁布的那种形式的宣誓文告来看，它是沙皇同大贵族搞交易的产物。根据事先暗中商妥的协议，在立法、管理和审判等一切事务中，沙皇同大贵族分享自己的权力。大贵族既然保住了自己对抗缙绅会议的杜马，所以就不再坚持要把他们从沙皇那儿赢得的全部让步公之于世。因为从大贵族方面来说，向整个社会显示他们如何拔掉那只老公鸡的毛是很不明智的。宣誓文告有力表明了大贵族杜马只作为沙皇在最高审判事务中的全权助手的作用,同时上层大贵族集团所要的也仅此而已。在整个 16 世纪,大贵族集团作为执政阶级同历代君主分享权力,但是这个集团中的一些人,在伊凡雷帝和鲍里斯的统治时期,也曾吃了最高当局专横暴戾的不少苦头。现在,大贵族利用这个机会,急忙消除这个专横暴戾,以使每个人(即他们自己)受到保护,防止经历过的灾难再度降临,同时让沙皇承担责任召请大贵族杜马参与政治审判;他们确信,根据惯例,今后国家的执政权仍然会在自己手中。

宣誓文告的政治意义 沙皇瓦西里的宣誓文告虽然不够完善,但它在莫斯科的国家法中却是一个前所未有的新文件:这是在正式限制最高权力基础上建立国家制度的最初尝试。在这个权力结构中加入了一个因素,或者确切些说,一个完全改变最高权力的性质和结构的文件。沙皇瓦西里限制了自己的权力,不仅如此,他还用吻十字架宣誓来确认对自己权力的限制,因此他不仅是推举出来的沙皇,而且也是宣过誓的沙皇。誓言在实质上否定了过去王朝的沙皇所拥有的个人权力——这种权力是由君主个人的封邑关系而形成的:难道一家之主还向自己的家仆和食客宣誓吗?与此同时,沙皇瓦西里放弃了最明显地表明沙皇个人权力的三大特权,这就是:(一)"无罪贬谪",即毋须有充分依据沙皇个人可擅自使人失去宠信;(二)没收未参与罪行的罪犯家属和亲属财产——由于放弃这条法规,家族为亲属在政治上受株连的古老制度被废除;(三)警察特别侦讯审判,即根据告密,利用严刑拷问和诬陷不实之词,不作当面对质,不要证人证词,不要正常程序所需的其他手段的一种审判方式。这些特权当年构成莫斯科君主权力的主要内容,这个内容用伊凡三世和伊凡四世这祖孙两人的话来说,即朕欲赐谁以公国谁将得之(伊凡三世语);恩赐自己的奴仆和处死自己奴仆皆随朕意(伊凡四世语)。瓦西里·舒伊斯基信誓旦旦地放弃这些特权,从而使自己从一个奴仆的君主变成了一个依法治理臣民的合法沙皇[8a][8*]。

统治阶级的第二阶层加入动乱 但是作为执政阶级的大贵族阶级[9],在动乱时期不是同心同德地一致行动的。它分裂成为两个阶层:从头等豪门显贵中明显地分出一个中层大贵族集团,附属于这个集团的是首都的服役贵族和衙门官吏、主事。统治阶级中这个第二阶层从瓦西里即位时起就积极参与动乱。在这一阶层内部还制订了有关国家组织结构的另一个计划。这个计划也是以限制最高权力为基础的,但与瓦西里沙皇的宣誓文告相比,比它所包含的政治关系要广泛得多。说明这个计划的文件是在下列情况下拟订的[9]。很少有人对瓦西里沙皇感到满意[10],不满的重要原因正如当代人所说的那样,是瓦西里·舒伊斯基即位的方式不合体统:他依赖选他出来的大贵族圈子,而这个圈子的大贵族像戏弄小孩一样玩弄了他。现任沙皇使人不满,因此,又需要来一个僭王,因为僭位的做法成了俄国政治思想上的,体现各种社会不满情绪的一个一成不变的形式。关于伪德米特里一世获救的传说,即第二个僭王的传说,从瓦西里即位之初就已传开,然而当时还没有过第二个伪德米特里。还在1606年,谢维尔斯克地区和以普季夫里、土拉和梁赞为首的奥卡河以南的城市都纷纷起义反对瓦西里。叛乱分子在莫斯科城下被沙皇军队打败之后躲藏在土拉城,然后从那里向波兰地主姆尼什克的炮制俄罗斯僭王的工场请求给他们派一个随便什么样的叫德米特里王子的人到他们那儿去。伪德米特里二世终于找到了。1608年夏,伪德米特里在波兰—立陶宛军队和哥萨克部队的支持下驻扎到莫斯科郊外的土希诺村。他把自己那双强盗的手伸进了莫斯科国的心脏地区,即奥卡河和伏尔加河之间的地区[10]。国际关系使莫斯科国事件的发展更加复杂化。[11]我曾经提到过瑞典和波兰之间的敌对关系,这两国的结仇是因选举产生的波兰国王西基兹蒙德三世被他的叔叔卡尔九世夺取了瑞典国王位继承权而引起的。因为第二个僭王受到波兰政府不公开的,但却是相当明显的支持,所以瓦西里沙皇就求助于卡尔九世来对付土希诺的军队。沙皇的侄子斯科平-舒伊斯基公爵进行谈判的结果是派遣德拉加尔迪将军统帅下的瑞典支援部队,瓦西里沙皇为此不得不同瑞典结成永久同盟来反对波兰并作出其他重大让步。西基兹蒙德以公开同莫斯科决裂来回击这一直接的挑衅,并于1609年秋包围了斯摩棱斯克[11]。在土希诺营垒中有许多波兰人[12],他们在土希诺营垒的盖特曼罗任斯基公爵的统率下为僭王效力。由于受到自己的盟友波兰人的歧视和侮辱,僭位的微不足道的沙皇穿着农民的衣服,坐在一辆粪车上,从把他困在土希诺的严密监视下逃出来,潜到卡卢加城。在这以后,罗任斯基才同波兰国王达成一项协议,波兰国王把他的波兰将士召到斯摩棱斯克他的营地去。土希诺的俄罗斯人被迫仿照波兰人的榜样,也选派使节去同西基兹蒙德谈判有关推举他的儿子弗拉基斯拉夫到莫斯科登位的事。使节团的成员是:大贵族米·格·萨尔蒂科夫、几个当京官的贵族和六个莫斯科衙门的大书隶。在这个使节团内我们没有见到一个豪门贵族的名字,但大多数是名门望族出身的人。虽然这些人出于个人的功名利禄或者因为普遍的动乱而投身到这个叛乱的、半俄罗斯人半波兰人的土希诺营垒,但他们却承担着莫斯科国——整个俄罗斯的代表者的作用。从这些人来说,这是一种篡权行为,这种行为使他们没有任何权利得到全国承认的那种虚构的全权。但是这并不使他们的事业失去历史意义。同波兰人周旋,熟悉波兰人爱好自由的思想、风尚,扩大了这些俄罗斯冒险家的政治视野;他们向波兰国王提出选他的儿子为沙皇的条件是:不仅保持莫斯科国人民自古以来就有的权利和自由,而且增加他们不曾享受过的新的权利和自由。然而正是这种以异国自由的景象来诱惑莫斯科人的交往,加深了他们那种与自由俱来的宗教的和民族的危机感。萨尔蒂科夫在波兰国王面前谈到保持东正教时竟然哭了起来。这双重的动机表现在一些预防措施上,土希诺的使节极力用这些预防措施来确保自己的祖国不受从外面请来的异教、异族政权的侵犯。

1610年2月4日条约 在动乱时期的任何文件中,没有一个像米·萨尔蒂科夫及其伙伴同西基兹蒙德国王签订的条约那样,俄罗斯的政治思想达到这样紧张的程度〔12〕。1610年2月4日,在斯摩棱斯克城下签订的这个条约〔13*〕阐明了土希诺全权代表承认弗拉季斯拉夫王子为莫斯科沙皇的条件〔13a〕。这个政治文件是一个相当详尽的国家组织结构的计划。第一,文件表述了莫斯科全体人民和某些阶级的权利和特权;第二,文件规定了最高管理制度。条约首先保证俄罗斯东正教不受干预,然后确定全体人民的权利和其中某些阶级的权利。在这一条约中,保障臣民人身自由不受当局任意侵犯的权利,规定得比沙皇瓦西里的宣誓文告还要全面得多。可以说,从前在我国如此不显眼的个人权利的思想,在2月4日的条约中第一次表现出具有某种确定的轮廓。所有的人都应依法审判,任何人不经审判不受惩处。条约强有力地坚持这一条件,再次要求没有找到罪证和未经法庭"与全体大贵族"审判,不得惩办任何人。可见,不经审判和侦讯就加以惩处的惯例曾经是国家机体上一个特别严重的痼疾,而人们曾经想尽办法使当局彻底摆脱这个疾病。根据条约,正如根据沙皇瓦西里的宣誓文告一样,政治犯的无辜兄弟、妻子儿女不为他的罪行受到株连,他们的财产也不被没收。涉及个人权利的另外两个条件以其崭新的内容使人惊讶,这就是:官职高者无罪不得贬谪,官职低者有功应得提升;莫斯科国家的每个人可以自由去其他基督教国家求学和从事研究，君主不得因此剥夺他们的财产。甚至一度出现了关于宽容异教、信仰自由的思想。条约使波兰国王和王子承担责任：不得强使人从信希腊教改宗罗马天主教和其他任何教，因为信仰是上天所赐，所以既不能用暴力使人误入歧途，也不能因信仰而排挤他人，俄罗斯人应自由信奉俄罗斯的教，而波兰人应自由信奉波兰的教。在规定等级的权利时，土希诺的使节表现出来的自由思想和公正态度较少。条约规定了神职人员、杜马官员、衙门官吏、京城和各城市的服役贵族、大贵族子弟以及一部分商贾的权利和特权，并可根据功劳扩大这些权利和特权。但波兰国王不准"庄稼人"从俄罗斯迁移到立陶宛或从立陶宛迁移到俄罗斯，也不准他们在有各种官职的俄罗斯人之间，即土地占有者之间转来转去。奴仆对主人仍然处于从前的依附地位，君主不给他们自由。我们已经说过，条约规定了最高管理当局的体制。君主同两个机构——缙绅会议和大贵族杜马——分享自己的权力。由于整个大贵族杜马都成了缙绅会议的成员，所以缙绅会议在2月4日条约的莫斯科文本（我们现在要谈的）中又叫作大贵族和全国的杜马。条约首次分开了这两个机构的政治权限。缙绅会议的作用由两个职能所决定：第一，"大贵族和全国"负责修改和补充审判惯例和莫斯科法典，由君主认可。当时用来指导莫斯科司法职能的审判惯例和莫斯科法典，具有基本法的效力。这就是说，条约赋予了缙绅会议立法的权威。缙绅会议还拥有提出立法倡议的权利；如果宗主教同宗教会议、大贵族杜马和各级官吏就条约中没有规定的事项求见君主时，君主应会同宗教会议、大贵族、全国一起"按照莫斯科国的惯例"解决所提出的各种问题。大贵族杜马拥有立法权：君主同它一起进行日常的立法工作，颁布一般的法规。有关捐税、服役人员的俸禄、他们的服役领地和世袭领地等问题，由君主会同大贵族和杜马成员一起解决；不经杜马同意，君主不得在过去历代君主规定的捐税以外增加新的赋税和作出任何改变。杜马还拥有最高审判权：未经侦讯和全体大贵族参与审判，君主不得惩办任何人，不得剥夺任何人的官爵，不得派遣任何人进行搜查，不得贬谪任何人的官职。在这里，条约坚定重申，所有这些事项，也正如有关死者无嗣其身后继承权事项一样，君主应根据大贵族和杜马成员的决定和建议加以处理，不经杜马同意和大贵族决定，君主不得擅自处理。

1610年8月17日莫斯科条约 2月4日的条约是一个党派或者是一个阶级搞出来的，甚至是几个中等阶级——主要是首都服役贵族和主事的官吏们搞出来的。但是事件的进程使这一条约具有更加广泛的意义。沙皇瓦西里的侄子斯科平-舒伊斯基公爵带着瑞典的支援部队把土希诺人从北方几个城市逐走并在1610年3月开进了莫斯科。年轻有为的督军是人民心中盼望已久的那位年老无嗣的叔叔的继承人。但是他却突然死了。沙皇派到斯摩棱斯克去同波兰国王西基兹蒙德作战的沙皇军队，在克卢申附近被波军统帅若尔凯夫斯基所击败。就在那个时候，以扎哈尔·利雅普诺夫为首的服役贵族推翻了沙皇瓦西里，把他剃度为僧。于是莫斯科就向作为临时政府的大贵族杜马宣誓效忠。大贵族杜马必须在两个竞争王位的人之间进行选择，一个是正向莫斯科进军的若尔凯夫斯基要求承认的弗拉季斯拉夫王子，另一个竞争者是僭王，他也正向首都挺进，打算把莫斯科的老百姓争取到自己一边。莫斯科的大贵族因为害怕土希诺贼，遂按照波兰国王在斯摩棱斯克的条件同波军统帅若尔凯夫斯基达成协议。但是1610年8月17日莫斯科向弗拉季斯拉夫王子宣誓效忠的条约不是2月4日条约的翻版[136]。新条约的大部分条款其文字非常接近原来的条约，但有些条款压缩了或者扩大了，另一些则被删去或者加以补充。这些增增减减是特别有意思的。豪门大贵族删去了按功提升非名门出身者的条款，并且代之以新的条件，其目的是"使莫斯科王公和大贵族世家的成员在国内和尊荣方面不受来到这里的外乡人排挤和贬低"。最高级的大贵族集团还删去了莫斯科人有权到别的基督教国家去学科学的条款，因为莫斯科的显贵认为这种权利对于世代相传的国内制度是非常危险的。掌权的显贵与服役的中等阶级相比，与其最接近的机关人员相比，知识水平最低，这是那些高踞于底层现实之上的社会集团的命运。2月4日条约是一个完整的立宪君主制的基本法律。它既规定最高当局的结构体制，又规定臣民的基本权利，同时它又是一个十分保守的法律，它按照莫斯科国自古以来的惯例固执地维护那些古老习俗，就像以往历代君主统治时期一样。当人们感到他们借以立身处世的惯例从脚下滑开的时候，他们就紧紧抓住成文法[13*]。萨尔蒂科夫及其同伴比那些名门大贵族更痛切地感到了所发生的变革，由于缺乏政治法规和由于最高当局的武断专横，他们比豪门大贵族更能容忍。而那些经历的变革和同外乡人的冲突，促使他们产生一种找寻手段对抗这种种弊端的想法，并且使他们的政治认识更广泛和更清晰。他们力求用意识到旧惯例意义的新的成文法来巩固那动摇中的旧惯例。

外省服役贵族和1611年6月30日缙绅会议的决定　追随于首都高层和中层服役贵族之后[14*]，一般的外省服役贵族也卷入了动乱之中。从瓦西里·舒伊斯基即位时起，他们之参加动乱就日渐明显。奥卡河以南和塞维尔斯克地区的各城市（即与草原毗邻的南方各县）的服役贵族最先行动起来。草原附近生活的动荡不安和充满危险，培养了当地贵族们的勇敢的战斗精神。这场骚动是由普季夫里、温纽夫、卡希拉、土拉、梁赞等城市的服役贵族发动的。还在

1606年，遥远的普季夫里城的督军沙霍夫斯基公爵——一个非名门世家出身的但受过封爵的人——首先揭竿而起。他的起义受到梁赞大贵族世家的后裔——后来的普通服役贵族利雅普诺夫家族、松布洛夫家族的支持。梁赞城的服役贵族普罗科菲·利雅普诺夫是一个坚定、傲慢和有一股猛劲的人，他是这个半草原地区勇敢的服役贵族集团中的一位真正的代表。他比其他人更早地感觉到风向已经变了，他的手在头脑还未及思考前就已经采取行动。当斯科平-舒伊斯基公爵刚刚向莫斯科进军，而他的叔叔瓦西里·舒伊斯基沙皇还在世的时候，普罗科菲就派人祝贺斯科平为沙皇，并以此损害这个侄子在叔叔——沙皇——的宫廷中的地位。普罗科菲的同伙松布洛夫早在1609年就在莫斯科起义反对沙皇。暴乱的人群大喊大叫，说沙皇是傻瓜，是骗子、酒徒和色鬼；还说他们造反是为自己的弟兄、为服役贵族和大贵族子弟报仇雪恨，因为这些人似乎被沙皇和那些助纣为虐的更大的大贵族推到水里淹死或者打死了。这就是说，这是一场下层服役贵族反对豪门显贵的起义〔14a〕。1610年7月，普罗科菲的兄弟扎哈尔带领一群支持者（全都是普通服役贵族），把沙皇推翻；然而神职人员和大贵族却反对他们。外省服役贵族的政治意图不十分明朗。他们曾经同神职人员一起把鲍里斯·戈都诺夫选上王位以刺激大贵族显贵，竭力帮助这位由大贵族出身但不袒护大贵族的沙皇，并同他们步调一致地起义反对纯粹大贵族出身的沙皇瓦西里·舒伊斯基。他们有意先把斯科平-舒伊斯基拥上王位，然后再拥立戈利琴公爵〔14*〕。有一份文件多少揭露了这个阶级的政治情绪〔15*〕。莫斯科的大贵族政府向弗拉季斯拉夫宣誓效忠之后派了一个使团前往西基兹蒙德处，请求他的儿子当沙皇，因害怕同情第二个僭王的莫斯科平民百姓的反对，还把若尔凯夫斯基的军队调入首都。1610年末，土希诺贼的死解放了大家的手脚，掀起了一场强有力的反对波兰的人民运动。为了把外国人赶出去，一些城市互通信息协商联合起来。最先起来的当然是普罗科菲·利雅普诺夫和他的梁赞城。但是在汇集起来的民军接近莫斯科之前，波兰人已经同莫斯科人厮杀起来，并且纵火焚烧了首都（1611年3月）。民军把波兰人盘踞的未被烧毁的克里姆林宫和中国城团团围住，选出了一个由三人组成的临时政府，其中两人是哥萨克首领——特鲁别茨科伊公爵和扎鲁茨基公爵，另外一人就是服役贵族首领普罗科菲·利雅普诺夫。1611年6月30日作出一项决定，由"三首领"进行领导[15a]。民军的主力来自各省的服役人员，他们用从城乡纳税人那儿征收的钱财武装起来并得到供应。这项决定是在这一贵族营垒中作出的，但它却被称之为"全国"的决定，而"三首领"似乎也是由"全国"选出的。因此，一个阶级的人——服役贵族民军，就可以宣布自己是"全国"的、全民的代表。决定中的政治主张不很清楚，然而等级的要求却很明显。选出的"三首领"负责"建设国家和处理全国事务及军务"，但是根据决定，没有营垒中的全体会议的参与，这个"三首领"是什么重大的事也不能做的。因为全体会议是发号施令的最高权力机构，它的权限比缙绅会议按2月4日条约所规定的要广泛得多。6月30日决定全是有关维护服役人员的利益的。这项决定调节他们之间的土地关系和服役关系，同时决定还谈到他们的服役领地和世袭领地，至于提到农民和家仆，那只是为了规定逃亡者和动乱时期被带走的人应该回到他们原来的主人那儿去。民军在莫斯科城郊驻扎了两个多月，他们虽然对解救莫斯科没有作出任何重大贡献，但他们却表现出是这块土地的全权主人。可是当利雅普诺夫弄得自己的盟友哥萨克人痛恨他的时候，贵族营垒却不能保护自己的首领，他被哥萨克人的马刀轻易地驱赶得四处逃窜。

下层阶级加入动乱 末了，随着外省服役人员之后并紧跟着他们卷入叛乱的还有"住户们"，纳税的和不纳税的平民百姓。这些阶级和外省贵族并肩行动，后来又同他们分道扬镳，既反对大贵族阶级，又敌视服役贵族。南方服役贵族起义的首领是沙霍夫斯科伊公爵。按当时编年史家的说法，他"生来就是个出谋策划的人"。他把一个非贵族出身的买卖人作为自己的助手。这个人就是鲍洛特尼科夫，一个勇敢的、历经沧桑的人，大贵族家的奴仆；他曾被鞑靼人俘虏，在土耳其服过苦役，后来作为第二个僭王的代理人回到了祖国；当时这个僭王尚未出现，还在炮制之中[15б]。鲍洛特尼科夫把服役贵族掀起的运动带入他出身的社会之中。他从贫苦市民、无家可归的哥萨克人、逃亡的农民和奴仆——即社会结构底层的各阶层——中招募人员，组成自己的战斗队，率领他们去反对总督、老爷和一切有财有势的人。鲍洛特尼科夫在南方县份起义贵族的支持下，率领自己拼凑起来的战斗队进抵莫斯科城下，一再击溃沙皇的军队。但就在这里，暂时联合起来的各敌对阶级因争吵而很快发生了分裂。鲍洛特尼科夫不顾一切地采取行动，从他营垒里向莫斯科散发传单，号召奴仆们杀死自己的主人，为此他们将得到被杀者的妻子和财产作为奖赏，还号召他们杀死和抢掠商人；答应给小偷和骗子授以督军、大贵族的头衔，给他们各种荣誉和产业[15в]。普罗科菲·利雅普诺夫和其他服役贵族领袖看清了他们在同什么人打交道和这个人的队伍是由哪些人组成的之后，就抛开了他，转到沙皇瓦西里一边。这样一来，他们就使沙皇军队得以击败鲍洛特尼科夫所拼凑的部队。鲍洛特尼科夫阵亡，但是他的尝试到处都获得反响：农民、奴仆、伏尔加河沿岸的异族人——所有逃亡者和贫苦人到处起来拥戴僭王。这些阶级的发难延长了动乱时期，使得动乱具有了另一种性质[15*]。在此以前，这是一场政治斗争，一场为统治方式、为国家体制结构的论争，但是当社会的下层都行动起来之后，动乱就变成了一场社会斗争，一场下层阶级消灭上层阶级的搏斗。波兰王子弗拉季斯拉夫之作为沙皇候选人获得某种成功，是由于下层阶级参与了动乱[16*]，因为有特权的人之所以勉强同意接受这位波兰王子，是要使平民百姓的沙皇候选人——土希诺贼不爬上宝座。波兰地主于1610年在斯摩棱斯克城下的御前会议上说，现在莫斯科国的普通老百姓都行动起来了，起来反对大贵族，几乎把全部权力掌握在自己手中。当时到处出现尖锐的社会分裂，所有重要城市都变成社会下层同上层之间斗争的舞台；当时的人证明，"良民"、富裕公民到处在说，与其被奴仆所杀或终身不得自由而在他们那里受苦，不如效忠于波兰王子为佳。各城市的穷人同农民一起投奔土希诺贼，指望他解脱他们的一切苦难[16ª]。这些阶级的政治意图一点也不明确，未必可以设想他们会有某种类似政治主张的东西。他们在动乱时期所追求的不是某种新的国家制度，不是为自己等级的衣食温饱，而是摆脱自己的困难处境，寻求个人的好处。奴仆之所以起来是为了摆脱受奴役的地位，想成为自由的哥萨克；农民起来是为了摆脱把他们拴在地主那里的义务，摆脱农民承担的赋税；而市民起来则是为了摆脱他们承担的市民赋税并成为服役人员或衙役小吏。鲍洛特尼科夫号召所有想获得自由、荣誉和财富的人站到自己的旗帜下来。这些人的真正沙皇就是土希诺贼，而在那些善良的公民眼里，这位沙皇却是各种不成体统和无法无天行为的化身。

　　动乱时期的整个过程就是这样。现在我们再来研究一下动乱的各种最主要的原因和接踵而来的种种后果[16*]。

第四十三讲

> 动乱的原因——王朝方面的原因：世袭王朝对国家的看法——对选举产生的沙皇的看法——社会政治方面的原因：国家的赋役制度——社会纷争——动乱过程中僭位称王的意义——几点结论——第二支民军和把波兰人逐出莫斯科——米哈伊尔当选——米哈伊尔成功的原因

要说明动乱的原因就意味着要指出引起动乱的形势和使动乱长期延续的条件。我们早已知道引起动乱的形势：这就是用暴力秘密地使旧王朝中断，然后以僭王身份人为地恢复旧王朝。但是无论导致动乱的这些理由或动乱的深刻内因，它们之所以产生作用只是因为它们是出现在一块肥沃的土壤上，这块土壤是经过伊凡雷帝和费奥多尔时期的统治者鲍里斯·戈都诺夫精心（尽管是预测不周地）努力开垦出来的。这是一种令人痛心的、充满着隐约疑虑的社会情绪，它由沙皇直辖制的赤裸裸的胡作非为和戈都诺夫的见不得人的阴谋诡计所造成。

动乱的过程 在动乱的过程中揭示出了动乱的原因[1]。动乱是由于偶然事件——王朝的中断所引起的。一个家庭的绝嗣，一个家族的消亡，无论是暴力的或是自然的，几乎都是我们每天可以见到的现象；但是在个人生活中这种现象极少引起注意，然而当整整一个王朝覆灭的时候却是另一回事了。在我国16世纪末，这样的事件导致政治斗争和社会斗争，最初是政治斗争——为统治方式的斗争，然后是社会斗争——社会各阶级的纷争。政治思想冲突总是伴随着经济财产的斗争。沙皇频繁地更迭，莫斯科社会各个不同阶层既是支持沙皇的力量，也是支持争夺王位的觊觎者的力量。每个阶级都在寻找自己的沙皇或者推举自己的候选人登上王位。这些沙皇和候选沙皇只不过是几面旗帜；在这几面旗帜下俄罗斯社会中不同的政治主张，后来是不同的阶级，互相拼斗。动乱是以大贵族集团的贵族阶级的阴谋诡计开始的，他们起义反对新沙皇们的无限权力。把动乱继续下去的是首都近卫军服役贵族的政治图谋，他们为军官们的政治自由而武装起来反对豪门显贵搞寡头政治的计谋。随首都服役贵族之后起来的是外省的普通服役贵族，他们希望成为国家的主宰。他们又把那些为自身利益即为了搞无政府主义起来反对一切国家制度的地方的非服役阶级吸引到自己一边。动乱时期的每一个阶段都有哥萨克帮和波兰帮的干预，他们是在混乱的国家里靠打家劫舍过着轻松生活的，来自顿河、第聂伯河、维斯瓦河一带的莫斯科国和波兰王国的社会渣滓。在动乱的初期，大贵族集团企图以新的国家制度的名义把行将分崩离析的社会各阶级联合起来；但是这个制度不符合社会其他阶级的愿望。于是就产生了这样的尝试——以个人的名义来防止一场灾难，人为地恢复那刚刚消亡的王朝，因为唯有这个王朝曾经抑制过社会各个不同阶级之间的仇恨并使它们的不可调和的利益协调一致。僭位称王的做法是摆脱这些因不可调和的利益而相互斗争的一个出路。当这个尝试未获成功，甚至第二次也未能成功时，显然，任何政治联系，任何政治利益这时都不复存在了，本来为了这种政治利益是可以预防社会的分裂的。但是社会并没有分裂，只是国家制度摇摇欲坠罢了。当社会制度的政治纽带被扭断之后，仍然保留了民族和宗教的牢固联系；正是后者才挽救了社会。哥萨克军团和波兰军队缓慢地、但是逐步地使那些被他们弄得家破人亡的居民醒悟过来，终于使社会各敌对阶级联合起来；但这种联合不是为某种国家制度，而是为受到哥萨克人和波兰人威胁的民族的、宗教的和一般市民的安全。这样一来，由于全国社会各阶级争吵而造成的动乱终因整个社会同干预内讧的反国家的和异族的两股外来势力做斗争而停了下来[1]。

国家——世袭领地 我们看到，在动乱过程中有两个很明显的使动乱得以延续的情况，这就是僭位称王和社会纷争。这两个情况指出了应该在什么地方寻找动乱的主要原因。我业已（第四十一讲）指出在莫斯科政治意识中有一种误解：作为人民联盟的国家除了自己的人民以外不属于任何人；但是莫斯科国君主和莫斯科罗斯人民都把莫斯科国看作王朝的世袭领地，而莫斯科国则是从这块领地上成长起来的。我认为这种对国家采取王朝世袭领地的看法是动乱的基本原因之一。刚才指出的误解是同远远落后于人民生活中自发活动的政治理解力的普遍贫乏和准备不足有关的。我再重复一下已经说过的，在普遍的意识中，莫斯科国仍然是被从最初的封邑制的角度去理解的[2]，它被理解成莫斯科君主的产业，被理解为在三个世纪中开创、扩大并巩固它的卡利达族的家族私有财产[2]。事实上莫斯科国是大俄罗斯人民的联盟，甚至人们心目中曾经有过把整个罗斯国家看作某个整体的想法；但是这种想法并没有上升到人民就是国家联盟的思想上去。土地主人的意志和利益仍然是这一联盟的实际联系。还必须补充一句：这样一种以世袭封地制的观点来看国家，不是莫斯科历代君主的王朝奢望，而只是从封邑时期起继承下来的当时政治思想的一个范畴而已。当时我国对国家除了从世袭领地的角度、从某个王朝的君主的角度来理解以外，没有别的理解。如果对一个普通的莫斯科人讲：君主的权力同时也是君主的职责和职务，当君主统治人民时就在为国效力，为共同的福利效力；

这样说似乎是概念的混乱,思维的错乱。由此可以明白,当时莫斯科人是如何设想君主和人民对国家的关系的。他们觉得[3],他们居住的莫斯科国就是莫斯科君主的国家,并不是莫斯科人民或俄罗斯人民的国家。对他们来说,国家和人民并非不可分离的概念,国家和某个王朝的君主才是不可分离的;他们能够想象的是,可以有没有人民的君主,而不能有没有君主的国家。这种看法在莫斯科人民的政治生活中表现得特别突出。当那些由于国家利益的思想而同政府有联系的臣民们看到这个政府没有保卫国家利益时,就会对执政当局心怀不满,就会起来反对它。那些由于暂时的有条件的好处才同主人相联系的仆人和食客,当他们见到并未从主人那里得到好处时,他们就会离开主人的家。而臣民起来反对当局,却并不离开这个国家,因为他们不认为这个国家是异国;相反仆人或食客对主人不满,就不再留在他家,因为他们不认为这个家是自己的。莫斯科国的人民对待主人就像不满的仆人和食客一样,而不像不顺从的公民对待政府。他们往往对统治他们的当局的所作所为满腹牢骚,但当旧王朝存在的时候,人民的不满一次也没有达到起来反对该政权本身的程度。莫斯科人民搞出了一个特殊的政治抗议形式:不能同现存制度和睦相处的人们不是起来反对它,而是离开它,"各走各的路",从这个国家逃亡出去。莫斯科人似乎感到自己是这个国家中的外来户,是偶然地临时住在别人家里的人。当他们觉得无法生活下去时,他们认为可以逃离这个使人难堪的房东,但却不习惯于这样的想法:可以起来反对这个房东或者在他的家里作出别的安排。因此,联结莫斯科国全部关系的枢纽不是关于人民利益的想法,而是某个王朝的头面人物,而且只能在这一王朝君主的统治下国家制度才被承认[3]。所以当王朝终止,从而国家不属于任何人的时候,人们就惘然若失,不再明白他们自己是些什么人,在什么地方，于是就纷纷扰扰，处于无政府状态。他们甚至似乎感到是身不由己的无政府主义者，由于某种义务（令人伤心的然而又不可避免的义务），因此，必须造反，因为没有什么人可服从的了。

选举产生的沙皇 不得不由缙绅会议来选举沙皇。但是由于缙绅会议选沙皇一事是标新立异的，人们并不认为它是证明新的国家政权正确的足够证据，缙绅会议反而引起了怀疑和惊恐。缙绅会议关于推选鲍里斯·戈都诺夫的决定，预料到人们的异议，在谈到选举人时说："让我们同这些选举沙皇的人分道扬镳吧，因为沙皇是他们自己给自己安排的。"[4]缙绅会议的文件把这么说的人称为没有理性的人，该受诅咒的人。1611年一份流传很广的抨击性小册子（正如文章的作者在一次奇怪的梦幻中被告知的一样）说道：上帝会亲自指定人来主宰俄罗斯国家；如果有人按自己的意志选出沙皇，那么"这个沙皇的日子就长不了"[5]。在整个动乱时期，人们不习惯有关推选沙皇的想法。他们认为，选举出来的沙皇不是沙皇，只有出身卡利达家族的后裔，天生的、世传的君主才是真正合法的沙皇。人们用各种各样的方式——在法律方面任意杜撰，在皇族谱系方面牵强附会，在修辞方面夸夸其谈——极力把选出的沙皇同卡利达族挂钩。鲍里斯·戈都诺夫当选为沙皇后，僧侣和人民隆重地把他当作世袭沙皇来朝贺，祝"他在自己君主的世袭领地上长命富贵"。而瓦西里·舒伊斯基虽然形式上限制了自己的权力，但在正式文件中，仍如历代天生的莫斯科君主一样，自称"专制君主"。由于这种僵化的思维方式，在领导集团中出现的被选举出来的沙皇登基为皇一事，在人民群众看来，并不是一种政治需要（虽然是可悲的需要），而是某种类似破坏自然法则的东西：因为选举产生沙皇，正如选举一位父亲或母亲一样，太不像话了。这就是为什么普通人的简单想法既不能把鲍里斯·戈都诺夫，也不能把瓦西里·舒伊斯基，更不用说波兰王子弗拉季斯拉夫，置于"真正的"沙皇的概念之中的原因。人们一方面把他们看作篡位者，而同时在一个出身不明的老奸巨猾者身上出现的一点儿天生沙皇的幻影，又使这些王朝正统主义者的良心得到安慰并产生了信任感。只是在找到了一个可以与消亡的王朝通过血缘关系（哪怕是间接的）联系起来的沙皇之后，动乱才停了下来。沙皇米哈伊尔所以能登上王位，与其说是因为他是全国民选的沙皇，不如说是因为他是前王朝最后一个沙皇的表侄。对人民的选举——作为最高权力的充分的合法的源泉——持怀疑态度，是孕育动乱的一个相当重要的条件。这种怀疑渊源于社会意识中根深蒂固的一个信念，这就是，源泉应该只是某一王朝的世袭继承制。因此，不习惯于选举产生沙皇的思想，可以认为是动乱的一个派生的原因——这是由上述的基本原因派生出来的。

国家的赋役制度 我们已经指出社会纷争是动乱时期鲜明地表现出来的特征之一。这种纷争的根源在于莫斯科国家制度的赋税性质，而这也就是动乱的另一个基本原因。在任何一个合法建立的国家制度中，合法性的基础之一就是必须有公民个人的或等级的权利和义务之间适当的协调。在这方面，16世纪莫斯科国的特点是：不同时间和不同性质的社会政治关系杂七杂八地混在一起。莫斯科国内既没有自由的和享有充分权利的个人，也没有自由的和自主的等级。但是社会并不像东方的专制国家那样代表不分彼此的人群。在那里，大家的平等是建立在普遍无权的基础之上。社会分裂了，分成早在封邑时期已经形成的阶级。当时这些阶级只在民事方面才有意义：这就是按行业区分的经济状况。现在这些阶级具有了政治性质，因为在各阶级之间以专门的、与它们的行业相适应的国家所规定的赋役来区分。这还不是等级，而只是普通的服役级别，用莫斯科国家的公职用语来说，叫作官级。这些官级所承担的国家职务，对所有的人来说并不相同：担任某一职务的阶级享有或多或少发号施令的权利；对另一些阶级来说，它们的服务只是服从命令、执行命令的义务。一个阶级担当治国的任务，另一些阶级作为最高管理当局的工具或者去服军役，而再一些阶级则承担各种纳税义务。对国家服役分别作出不同的规定造成了各个不同阶级在国家和社会方面的不平等。受上层践踏的下层理所当然承受着最沉的重担，他们当然深受其苦。但是最高执政阶级因国家职务使自己有可能指挥别的阶级，所以它认为没有必要直接用法律来保障自己的政治特权。这个阶级的掌权并非由于它有这么做的权利，而是由于自古以来实行的惯例：这是这个阶级的世传的职业。一般来说，莫斯科[6]立法的目的在于直接或间接地规定和分配国家的义务，但它却既不规定也不保障任何个人的或等级的权利；一个人或一个阶级在国家中的地位只取决于其所尽的义务。在这一立法中类似等级权利的东西不是别的，而是作为认真履行义务的辅助手段的个人好处。这些好处给予一些阶级，可并非给予这些阶级的全体成员，而是按它们地位的特殊条件给予一些地方社团。某个城市社团或农民村社常在税收方面获得减轻或在法院获得豁免，但在立法中却尚未见到有人要求规定城乡居民共同的等级法。地方的等级自治本身及其选出的权力机构是建立在义务及与义务相关的责任的同一原则之上的，如果是个人负责，则与其头领有关，或者是社会负责，则由整个村社担当；正如我们见到的那样，地方等级自治机关是中央集权的一个驯服工具。个人或等级的局部利益由法律保障。在莫斯科的国家制度中，赋役原则占统治地位，它给个人或等级的局部利益留下的只是极小的地盘，而且把这些局部利益作为国家需要的牺牲品[6]。这就是说，莫斯科国内个人的或等级的权利和其义务之间的关系并不协调。人们在外来危险的压力下,由于个性和社会精神的不发展,对沉重的规章制度也就好歹习以为常了。伊凡雷帝的统治使社会深切感到国家制度的这一缺陷。沙皇的专横暴戾、无故处决、罢官贬职和没收财产,不仅使上层阶级,而且也使人民群众怨声载道,引起"普天下对沙皇的不满和仇恨",于是社会产生一种模糊的、胆怯要求:从法律上保障人身和财产不受当局随心所欲的任意处置。

社会纷争 假如创建这个国家的王朝不中断的话,上述要求和对国家制度普遍的沉重感,本身并不能导致国家发生如此深刻的震动。王朝是国家大厦拱顶上的一个光轮;随着王朝消失,维系全部政治关系的纽带也就断裂了。从前人们因屈从于熟悉的主人的意志而耐心忍受着的东西,现在,当主人不再存在时,就再也无法忍受了。在主事伊凡·季莫费耶夫的笔记中我们读到一则有插图的寓言,说一个有财有势者的寡妇,她因没有孩子,亡夫的房子被他的一个出身"奴隶地位"而且非常专横任性的女仆所侵占。作者通过这样一个无依无靠寡妇的形象展现出国家在失去"天经地义"的沙皇主人之后的景象[7]。当时社会各阶级为减轻自己在国内的困难处境,都带着自己特殊的要求和渴望纷纷行动起来。只是社会上层的行动不像社会下层那样蓬勃高涨[8*]。上层阶级力图通过立法的途径,甚至靠牺牲下层来巩固和扩大自己的等级权利;而在下层阶级中则看不到等级的利益,也看不到为整个阶级获取权利或减轻沉重负担的意图。在下层阶级中,每个人都自行其是,都急于摆脱使他们陷入困境的严酷的和不平等的征税制度,急于转到另一种较好的境遇中去,或者用掠夺手段从富人那儿捞点东西。观察敏锐的当代人特别指出社会下层力求向上突破并从那里冲击上层人物,这就是动乱的最鲜明的征兆。观察敏锐的当代人之一,寺院的总管巴里津·奥弗拉米写道:这时每个人都力图向上爬,奴隶想成为主人,不自由的人向自由跃进，当兵的打算成为大贵族，但极有头脑的人却被那些为所欲为的人看得一钱不值，常被他们"看成朽木粪土"，却不敢对他们说出半个不字。来自上下两方面的如此对立的意图一经相遇，就不可避免地导致残酷的阶级仇恨。这种仇恨是动乱的派生原因，它是由第二个基本原因引起的。观察敏锐的当代人把社会秩序遭到破坏的起因归咎于社会的上层、上层阶级，首先是那些掌握权力的非世袭的新人物，虽然伊凡雷帝用自己的直辖制在这方面作出了一个令人鼓舞的榜样。这些观察家狠狠指责沙皇鲍里斯打算改革地方制度和刷新国务管理的目空一切的意图，指责他为了挑拨离间把那些出身卑微的人鼓动起来反对上层，而这些人不能胜任政务，目不识丁，几乎不会在公文上签名，只会用战战栗栗的手，犹如用别人的手一样，慢吞吞地在纸上拖延时间。这样鲍里斯就在显贵和富有经验的人中间激起了仇恨。在他以后的其他几个伪沙皇也是这样干的。然而观察家们在指责这些时，却怀着遗憾的心情缅怀过去的几个天生的君主，认为他们知道应该赐予哪个家族以哪种荣誉和为什么赐予，而"对出身卑微的人却什么也不给"[8a]。沙皇鲍里斯用建立告密制度鼓动奴仆反对主人，用罢官贬职把被贬大贵族的大批家仆驱赶到大街上，使这些人四处抢劫，从而使社会更加混乱。沙皇瓦西里也双手播下了社会动乱的种子，他用一纸敕令加强农民的依附关系，之后又用其他一些敕令限制主人对奴仆的控制。上层卖力地促使政府加剧社会的纷争，据巴里津·奥弗拉米证实，在沙皇费奥多尔时期，达官贵人，特别是那些来自统治者戈都诺夫的亲属和支持者中间的达官贵人，以及仿效他们的其他人，满怀奴役他人的强烈情绪，力求采取一切手段，对一切人软硬兼施，使其受自己奴役。但是三年（1601—1604年）饥荒时期到来了，主人不希望也不能供养那些被抓回来的家仆，于是不给任何证明就把他们赶出了自己的家门。当这些饥饿的奴仆受雇于另外的主人时，原来的主人又追究他们的逃跑和出走。

僭位为王 社会关系的混乱，社会的涣散在政府和社会采取的不明智的行动方式（它是如此可悲地得到自然本身的支持）中，暴露了出来，而且在王朝中断之后很难用一般的统治手段来加以调整。动乱的第二个原因就是社会政治的原因。它同第一个原因即王朝方面的原因有力地（虽然是间接地）联系在一起，使动乱得以延续下去，并把第一个原因的作用激化了。这表现在几个僭王取得的成就上面，所以也可以把僭位为王看作是动乱的派生原因，是由上面两个基本原因共同作用而产生的原因。何以能够产生僭位为王这种想法——这个问题不含有任何人民心理上的疑难。围绕德米特里王子之死而出现的令人不解的事引起几种互相矛盾的解释。人们的想象力从这些解释中选出最合自己心意的；人们最希望的是有一个良好的结局：希望王子仍然活着，并消除令人沉痛的、使未来蒙上阴影的不明不白的情况。正如在类似情况中常有的那样，人们会本能地相信：恶行未能得逞，这次上天在捍卫人间的真理并准备惩罚恶人。沙皇鲍里斯及其家属的骇人听闻的命运，在惶惑的人们眼里，惊人地公开揭示了上帝的这一永恒真理，这大大有助于僭位称王的成功。道义感获得政治感的支持。这种政治感既是本能的，又是人民群众按其本能所能接受的。僭位称王是摆脱由于旧王朝中断而引起的不可调和的利益斗争的最方便的出路，因为行将分崩离析的社会各成员之间已不可做到有机的、自愿的协调一致，而僭位称王的做法机械地、强制性地把这些社会成员联合在原来已习惯的、但是伪造的政权之下。

几点结论 可以这样解释动乱的起因。人民的沉痛情绪，因伊凡雷帝的统治引起的普遍不满以及因鲍里斯·戈都诺夫的治理而加重了的这种不满,是动乱的根源。王朝的中断和随之而来的以僭王身份人为地恢复旧王朝的企图,成了引起动乱的借口。必须承认动乱的根本原因是人民关于旧王朝对莫斯科国的关系所持的看法,因为这种看法妨碍人民去适应推选沙皇的思想,然后是国家制度本身及其沉重的赋税原则以及造成社会不和的国家赋役的分担不均。第一个原因引起并支持这样一种需要——恢复已消亡的皇族,而这一需要保证了僭位称王的成功;第二个原因把王朝内部的倾轧变成了社会政治的混乱。还有促成动乱发生的其他情况:沙皇费奥多尔之后领导国家的统治者的行动方式,大贵族阶级要求立宪的意图(这种意图与莫斯科最高当局的性质及人民对当局的看法背道而驰),当时观察者们所描述的社会道德水平的低下,鲍里斯统治时期大贵族们的被贬谪,饥荒和瘟疫,还有地区之间的不睦,哥萨克人的干预。但是所有这一切并非原因,只是动乱的征兆,或者是孕育动乱(但不是产生动乱)的条件,最后,或者是动乱引起的后果[8*]。

动乱是在我国历史上两个毗连时期交替之际出现的[9]。在原因上它与前一时期相连,在其后果上又与后一时期相连。成为新王朝的创始人的沙皇登位才使动乱结束;这是动乱的第一个直接后果。

第二支民军 1611年末,莫斯科国家呈现出一幅明显的劫后景象。波兰人占领了斯摩棱斯克,波兰军队把莫斯科付之一炬,并坚守在未焚毁的克里姆林宫和中国城内。瑞典人占领了诺夫哥罗德,并提出了他们的一个王子作为莫斯科王位的候选人。一个叫西多尔卡的第三个伪德米特里,代替被杀的第二个伪德米特里,坐镇普斯科夫;随着利雅普诺夫的逝世,第一支贵族民军在莫斯科城下土崩瓦解了。这时全国仍然没有政府。当波兰人占领了由姆斯季斯拉夫斯基公爵为首的大贵族们所困守的克里姆林宫之后,瓦西里·舒伊斯基被推翻后领导政府的大贵族杜马也就不复存在。国家失去了自己的中心，开始分解为若干组成部分；差不多每个城市都单独行动，与其他城市只是互通信息。国家变成了某种不成形的动荡不定的联邦。但从1611年年底起，在政治势力丧失元气之后，宗教势力和民族势力开始觉醒，它们要去拯救正在衰亡的国家。修士大司祭季奥尼西和总管巴里津·奥弗拉米从三一寺发出的号召书促使下诺夫哥罗德人在他们的村长、屠宰商库兹马·米宁领导下起来抗战。一些没有工作和薪饷，而且常常还有无领地的服役人员、城市服役贵族和大贵族子弟为响应下诺夫哥罗德人的号召而结集起来。米宁给他们找了一位领袖，即德米特里·米哈伊洛维奇·波尧尔斯基公爵[9]。这样就组成了反抗波兰人的第二支民军[10]。从战斗力来说，它不如第一支民军，尽管由于下诺夫哥罗德市市民和闻风而来的其他城市市民以自我牺牲精神收集了大量钱财，而使它装备精良。民军用了约四个月准备就绪，约半年时间开向莫斯科；一路之上，一群群服役人员请求接纳他们为国家效力。特鲁别茨科伊公爵的哥萨克部队，第一次民军的残余部队，正驻扎在莫斯科附近。对全国贵族队伍来说，哥萨克人比波兰人还可怕。贵族队伍对特鲁别茨科伊公爵的建议回答说："我们决不同哥萨克人站在一起。"但不久他们就开始明白，没有哥萨克人的支援会一事无成。他们驻扎在莫斯科城下的三个月中，因没有哥萨克人的参与，什么重大的事也没有干出来。波尧尔斯基公爵的队伍中有四十几位当长官的，而且全都有世袭名门的服役职称，但是只有两人干出了几件大事，这两个人却又不是服役人员，而是僧人巴里津·奥弗拉米和屠宰商库兹马·米宁。前者应波尧尔斯基公爵的请求在关键时刻说服了哥萨克人支持服役贵族，而后者请波尧尔斯基公爵拨给他三四个连队。他用这支队伍成功地攻击了波兰统帅霍特凯维奇为给困守克里姆林宫挨饿的自己人运送食品的一支人数不多的部队。米宁的大胆攻击鼓舞了贵族民军的士气，迫使波军统帅后退，而后撤的路线正好是哥萨克人给安排好的。1612年10月哥萨克人攻占了中国城，但民军对突袭克里姆林宫却举棋不定；那里的一小撮饿到吃人地步的波兰人自己投降了。当时波兰国王西基兹蒙德正率部向莫斯科挺进，想把莫斯科城收归波兰人所有；不是莫斯科督军们，而是哥萨克头领们把波兰国王西基兹蒙德从沃洛科拉姆斯克赶了出去，并迫使他不得不撤回老家。在这里，贵族民军再次表明自己在动乱时期的成事不足，而这种事本来就应该是他们那个等级的职业和对国家承担的义务[10]。

米哈伊尔被选为沙皇 全国贵族民军和哥萨克民军的首领——波尧尔斯基公爵和特鲁别茨科伊大公——向全国各城市散发了文告[11]，号召宗教当局和由全体官吏中选出的代表到首都来参加缙绅会议并选举君主。1613年年初，全国各地选出的代表开始聚集到莫斯科。我们会看到，这是第一次有市民甚至有村民参加的公认的各等级出席的缙绅会议。当选举人集合之后，规定了一个三天的斋戒期。俄罗斯国家的代表们想在完成这样一件重大的事情之前借助这一斋戒期洗净身上的动乱时期的罪恶。斋戒期结束后会议开始。提交会议的第一个问题是：是否从外国皇室中选举沙皇。代表们否决了这一提案并且决定：无论是波兰王子还是瑞典王子，也无论是信仰新教还是来自任何非东正教国家的人都不得像选"马林金的儿子"那样选到莫斯科国家的王位上去。这一决定粉碎了那些主张拥立波兰王子弗拉季斯拉夫的人的企图。但要选出一位本国的天经地义的俄罗斯君主也不是一件轻易的事[11]。接近这一时期的文献没有用明快的调子描述这件事在会议上的讨论情况[12]。没有一个一致的意见。人心非常激动，每个人都按自己的想法干，每个人都为自己支持的人说话。一些人抬出这个人，另一些人又推举那个人，众说纷纭；他们想了又想，该选谁好；他们在一些名门家族中挑来选去，但对谁也未能取得一致意见，这样就失去了许多时间。许多达官贵人，甚至不是达官贵人的人，都收买选举人，馈赠礼物，封官许愿。在选出米哈伊尔之后，会议代表请求米哈伊尔的业已削发为尼的母亲为自己的儿子登上王位祈祷祝福。会议代表受到指责，说莫斯科的人们"感到非常沮丧"，代表回答说：现在莫斯科的人们"已受到了惩罚"，接受了教训，明白过来了，联合起来了。但是会议上的阴谋诡计、尔虞我诈和纷扰争执没有使会议代表们所说的好心的话得到证实。会议在名门出身的追求王位的人中间分裂成几个派别。在稍后的消息报道中指出，竞争王位者中有戈利琴、姆斯季斯拉夫斯基、沃罗登斯基、特鲁别茨科伊、米·费·罗曼诺夫等公爵。波尧尔斯基公爵从出身和个人性格来说是不大出名的。据说他也正竞争王位，花了不少的钱去钻营活动。瓦西里·戈利琴大公爵按才能和豪门出身来说是一个最有影响的候选人，但他被波兰人俘虏过；姆斯季斯拉夫斯基公爵被否决了；其余几位公爵中没有人可供挑选。莫斯科国摆脱了可怕的动乱，但却没有英雄人物；它是被那些善良的、平凡的人从灾难中拯救出来的。波尧尔斯基公爵不是鲍里斯·戈都诺夫，而米哈伊尔·罗曼诺夫也不是斯科平-舒伊斯基公爵。在缺少真正力量的情况下就只得靠偏见和阴谋诡计来解决问题了。同时，当会议分裂成几个党派，不知该选谁的时候，会议突然收到一封封的"书信"，一封封来自贵族、大商人，来自谢维尔斯克地区各城市，甚至来自哥萨克人的拥戴米哈伊尔的劝进书[12]；结果哥萨克人使问题得以解决。因为哥萨克人眼见贵族队伍软弱无力，于是在被他们解放的莫斯科城内胡作非为，想干什么就干什么，并不因为有特鲁别茨科伊、波尧尔斯基和米宁的临时政府而稍加收敛。但是在选举沙皇的问题上哥萨克人表明自己是爱国主义者，他们坚决反对外国人来当沙皇，同时明确指出，他们"反复衡量过"真正的俄罗斯的候选人——其中一位是小孩，即土希诺贼的儿子，另一位是米哈伊尔·罗曼诺夫。米哈伊尔的父亲菲拉列特曾经是两个僭王的帮手，被第一个僭王授予大主教职位，在第二个僭王的莫斯科城郊营垒中被宣布为宗主教。当然，僭位称王的主要支柱哥萨克人愿意看到他们土希诺沙皇的儿子或者土希诺宗主教的儿子登上莫斯科王位。然而把贼的儿子推出来竞选是轻率的，这样做多半是出于哥萨克人的礼貌，所以在缙绅会议上否决这个候选人时，哥萨克人也就不坚持了。米哈伊尔当时还是一个16岁的孩子，他本人没有任何突出的地方[13]，他对王位的指望也不可能很大。但是，像贵族和哥萨克这样彼此敌对的势力，对他的看法却是一致的。这种意想不到的一致在会议上也反映了出来[13]。在党派斗争赤热化的时候[14*]，某个来自加利奇（第一个僭王就来自此地）的贵族，在会议上提出一份书面意见，他声言：米哈伊尔·罗曼诺夫在亲属关系上同过去的沙皇最为接近，所以必须选他为沙皇。会议的许多参加者反对米哈伊尔，尽管他早就被认为是候选人了，尽管宗主教盖尔莫根也指出他是沙皇瓦西里·舒伊斯基的理想的继承人。从加利奇来的那位贵族的书面意见使许多人火冒三丈。他们发出了愤怒的声音：是谁提出这份书面意见的，从什么地方来的？这时，从选举人的行列中站出一个顿河哥萨克的头领来，他走到桌子边，也把一份书面意见往桌上一放。"头领，你提的是个什么意见？"——德米特里·波尧尔斯基问他。头领回答说："关于真命天子米哈伊尔·费奥多罗维奇。"这位哥萨克头领似乎就把问题解决了。正如某个历史学家所写的："会议宣读了头领的书面意见后取得了大家的一致同意。"[14a] 米哈伊尔被宣布为沙皇。但这只是拟定会议候选人的一次预选而已。然后直接提交全国作最后决定。

把一些可靠的人秘密派到许多城市去询问人民的意见，了解人们愿意谁当莫斯科国的君主。人民原来是有相当准备的。派去的人回来报告说，所有的人，从小孩到大人，都有一个共同想法：米哈伊尔·罗曼诺夫应当君主，除他以外，不要任何人。这种秘密警察式的查询，很可能还带有宣传鼓动，这对会议来说，仿佛成了一次投赞成票的全民表决。1613年2月21日，是东正教的星期天，也是斋戒期的第一个星期日，定在这隆重的日子里进行最后选举[14^6]。每个官员都提出一份个人的书面意见，在所有的书面意见中只写上一个名字：米哈伊尔·费奥多罗维奇。当时有几位神职人员和一位大贵族被派到红场上去。那里人山人海，他们在高台之上还没有来得及问愿意选谁为沙皇时，大伙就高声喊叫起来："米哈伊尔·费奥多罗维奇。"[14*]

罗曼诺夫家族 会议选举米哈伊尔一事就这样准备就绪[15]，他的当选是在会议上和人民中采取了一系列辅助手段才获成功的。这些手段是：选举前有人数众多的罗曼诺夫家族的亲属参加的宣传鼓动、哥萨克势力施加的压力、在人民群众中进行的秘密查询、首都群众在红场上的大喊大叫[15]。然而所有这些竞选手段之所以奏效，还是因为社会对这一家族的支持。米哈伊尔被抬出来不是因为他个人的品德，也不是因为宣传鼓动的声势，而是因为他的家族的声望。他属于大贵族世家，大概是当时莫斯科上流社会中最受人爱戴的世家了[16*]。罗曼诺夫家族是古老的大贵族世家科什金家族中不久前分出的一支。很久以前还在伊凡·达尼洛维奇·卡利达大公时期，据家谱所记，在莫斯科有一个称作安德烈·伊凡诺维奇·科贝拉的显贵人物从"普鲁西地方"来到了莫斯科，他成了莫斯科宫廷中的著名大贵族。正如我们的编年史所记载的，从他的第五个儿子费奥多尔·科什卡起就有"科什金家族"之称。这个家族在14

世纪和 15 世纪的莫斯科宫廷中是赫赫有名的,这是唯一没有受爵的大贵族世家。这个家族从 15 世纪中叶起涌向莫斯科宫廷新受爵的仆从的洪流中没有沉沦下去。在舒伊斯基家族、沃洛登斯基家族、姆斯季斯拉夫斯基家族的公爵们中间,科什金家族能够稳稳地站在大贵族们的前列。16 世纪初,从科什卡的孙子扎哈里繁衍下来的大贵族罗曼·尤里耶维奇·扎哈里英在宫廷中占有显赫地位。他成为这一家族的新支——罗曼诺夫家族的鼻祖。罗曼的儿子尼基塔是皇后安娜斯塔西娅的亲兄弟。他是 16 世纪时身后在人民中唯一留下好名声的莫斯科大贵族。民间壮士歌还提到他的名字,有关伊凡雷帝的歌谣中把他描写成一个在人民和暴躁的沙皇之间的心地善良的调解人。尼基塔的 6 个儿子中最杰出的是大儿子费奥多尔。这是个非常善良和蔼的大贵族,是个衣冠楚楚、勤学好问的人。当时住在莫斯科的英国人霍尔塞在自己的回忆录中写道:这个大贵族很想学会拉丁语,在他的请求下,霍尔塞给他编了一部拉丁语法,在语法中用俄语字母拼写拉丁词语[16a]。罗曼诺夫家族由于他们个人品德出众而赢得很好的声誉;在生性多疑的戈都诺夫的统治时期,尼基塔的子孙们遭到了迫害,这无疑使他们的声誉更甚。巴里津·奥弗拉米甚至把这一迫害归之于上帝用大动乱惩罚俄罗斯大地上的那些罪孽。由于同沙皇瓦西里结仇和同土希诺营垒有关系,罗曼诺夫家族受到第二个伪德米特里的庇护并在哥萨克人的营寨中赢得了好名声。这一家族在动乱时期的这种双重遭遇,使米哈伊尔在缙绅和哥萨克人中间得到了双重支持。但在会议选举时对米哈伊尔最有利的是罗曼诺夫家族同前朝有亲属关系。在动乱过程中,俄罗斯人民多次选举新沙皇均遭失败,现在选中的这个人,哪怕有一丁点儿同前朝王室有关系,那俄罗斯人民也会觉得这种挑选是踏实可靠的。人们不把沙皇米哈伊尔看作会议选出的人,而是看作沙皇费奥多尔的表侄,天经地义的世袭沙皇。当时的年代纪直截了当地说:人们请求米哈伊尔登基为王是"因为他在亲属关系上有沙皇征兆"。无怪乎巴里津·奥弗拉米把米哈伊尔称之为"早在降世之前就由上帝选定的人",主事伊凡·季莫费耶夫在连绵不断的世袭沙皇的谱系中把米哈伊尔直接排在沙皇费奥多尔·伊凡诺维奇的后面,而对戈都诺夫、舒伊斯基以及所有僭位的王一概置之不理。沙皇米哈伊尔本人在其诏书中把伊凡雷帝叫作自己的姑爷爷[16^6]1。当时流行着这样一个传说,似乎沙皇费奥多尔临死时口头嘱咐把王位交给自己的表兄弟费奥多尔——米哈伊尔的父亲。很难说这一传说对选出米哈伊尔有多少帮助。但是当时还有一个使大贵族不能处之泰然的有利于米哈伊尔的优越条件,这个条件一定使主持选举的大贵族们屈从了。有传闻,好像弗·伊·谢列麦杰夫写信给在波兰的戈利琴公爵说:"据说米沙·罗曼诺夫年轻,还不明事理,他对我们会很随和的。"[16^B]谢列麦杰夫当然知道,王位不会使米哈伊尔失去成熟起来的能力,而他的年轻也不会是永远不变的。但他的另外一些品质令人信服地表明,这位表侄在智力贫乏和体质羸弱方面将是另一个表叔,他将成为一个善良温顺的沙皇,在他的统治下,大贵族们在伊凡雷帝和鲍里斯·戈都诺夫统治时期遭受的那些苦难不会重演。人们要选出的不是一个最有才干的人,而是最合心意的人。这样一来,就出现了一位结束动乱年代的新王朝的始祖[16*]。

---

1 原文为дедушка,意为"祖父、外祖父、姑爷爷"等。沙皇米哈伊尔的姑奶奶安娜斯塔西娅·罗曼诺夫娜是沙皇伊凡雷帝的元配。——译者

第四十四讲

动乱的直接后果——新的政治概念——这些概念在动乱中的表现——执政阶级成员的更迭——门第制的解体——最高权力的重新组合——沙皇和大贵族阶级——大贵族杜马和缙绅会议——最高权力的简化——1681年大贵族的企图——缙绅会议的成员和作用的变化——经济的破坏状况——动乱以后的社会情绪

现在我们来研究动乱的直接后果[1]。新王朝的第一位沙皇必须在这些后果所形成的政治局面和道德状况中采取行动。莫斯科国所经历的14个狂风暴雨般的年头，并非无影无踪地过去了。从米哈伊尔即位的最初时刻起，这些后果就显露出来，它们来自全国局势中因动乱所造成的两大变动：第一，16世纪莫斯科国的制度赖以维持的政治传统和旧的习惯中断了；第二，动乱使国家同邻国处于这样一种关系：这种关系要求国家比16世纪时更加集中人民力量去进行对外斗争。由此，即由这两大变动，引出了后来在莫斯科人的社会意识中固定下来的许多新的政治概念，以及构成17世纪我国历史基本内容的一系列新的政治事实，现在我们就来研究这些政治概念和事实。

新的政治概念 莫斯科国的人们，从动乱时期所受到的震撼中，首先得出了极其丰富的新的政治概念，这些概念是他们的祖辈——16世纪的人所不知道的。这是那动荡的年代留下的令人伤感的教益，因为这些年代夺去了人们的富足生活与安宁，代替它们的是给了人们各种体验和想法。正如暴风雨时刻，树上的叶子都翻了过来一样，动乱时期在人民生活中建筑物的正面被摧毁了，结果背面暴露了出来。习惯于见到生活正面的人们在看到背面的东西时，不由得再三思索。人们开始思考，他们至今见到的远非全貌。这正是政治沉思的开端。它的最好的然而又是艰难的历程就是人民的大转变。这可以说明一个常见的现象——在社会大动荡之时和之后的时期从政治上进行思考的活动加强了。在动乱的持续过程中，大量进入莫斯科人头脑中的概念深刻改变了我们已经熟悉的社会对君主和国家的旧的习以为常的观点。16世纪的莫斯科人并不把自己的君主看作人民利益的维护者，而是看作莫斯科国家领土上的主人，把他们自己则看作是暂时居住在这块土地上的外来人，看作是一种政治上的偶然情况。君主的个人意志是国家生活的唯一推动力，而这位君主的个人的或王朝的利益则是国家生活的唯一目的。因为有君主，所以人们就见不到国家和人民了。动乱动摇了这个根深蒂固的观念。在这些艰苦的年代里，莫斯科国的人们不止一次地被号召去为自己选一位君主；而在另一些年代里，这个国家却没有君主，听任社会自然发展。从17世纪初期起，莫斯科人经历了这样一些情况，见到了这样一些现象，这些在他们的父辈时都被认为是不可能的、不可思议的事。人们眼见不受人民拥护的沙皇一个个倒台了；他们也看到，没有君主，但国家并没有瓦解，而是积聚起力量，给自己选出一位新的沙皇。16世纪的人连想都没有想到过有可能出现这样的局面和现象[1]。从前在人民意识中国家的存在仅仅是由于有君主的存在，国家在君主身上体现出来并由他独揽一切[2]。在动乱时期有时没有君主或者人们不知道谁是君主，于是从前不可分离的概念就开始自行分开了。莫斯科国这几个字眼在动乱时期的文告中对大家来说是一个明白易懂的用语。它不仅是某种可以理解的东西，而且在没有君主时也是实际存在的。因为有君主其人才产生了国家的思想，而这一国家的思想在同有关君主的观念分离时便开始同有关人民的概念合流。就在动乱时期的文告中，我们经常见到用"莫斯科国的人们"这一提法代替"全罗斯的君主沙皇和大公"。我们见到，莫斯科人的意识曾经很难适应关于选举沙皇的思想，其原因是没有想到在必要时人民的意志可以是合法的最高权力取之不尽的源泉，而人们之所以不理解这一点则是由于缺乏人民是一股政治力量的想法[2]。从对沙皇的关系来说，他的全体臣民都被看作奴仆，看作他的家仆，或者被认为是孤儿，是生活在沙皇土地上的举目无亲、无家可归的人。奴仆和孤儿的政治意愿会是什么样子？这种政治意愿怎么能成为君权神授的源泉呢？动乱第一次深深触动了这一长期不变的政治意识，使人民痛切地感到，在人民生活自发进程突然而严峻地提出的任务面前，人民的头脑落后到了什么程度。在动乱时期[3*]，听其自然发展的社会不得不学会独立地、自觉地行事，同时社会上开始出现这样一种想法：这个社会、人民，并非像莫斯科的人们所习惯感觉的那样，是一种政治上的偶然性，是外来人，是在某个国家滞留的临时户；然而王朝却是不折不扣的政治上的偶然性，因为沙皇费奥多尔死后的15年内曾经进行过4次建立新王朝的尝试，而且都失败了，只有第5次才取得了成功。现在除了君主的意志之外，另一股政治力量，即引起动乱的人民的意志，有时不止一次地出现并且取而代之。它表现在缙绅会议的决定中，在大声喊叫沙皇瓦西里·舒伊斯基名字的莫斯科人群中，以及在起来反对土希诺贼和波兰人的城市选出的代表出席的大会上。因此，在莫斯科的社会意识中，如果君主是主人的想法不逐渐向后倒退，那么它就会被君主是民选的这一新政治思想而弄得复杂起来。这样,国家制度的几个基本力量的排列次序——君主、国家和人民——就会在人民意识中颠倒过来,形成另一种对比关系。正如从前因为有君主而看不到国家和人民,只能想象没有人民的君主,而不能想象没有君主的国家一样;现在的人们根据经验确信,国家至少在某个时间内可以没有君主,但无论君主还是国家都不可能没有人民。当时描写动乱时期的政论家巴里津·奥弗拉米、伊凡·季莫费耶夫和其他一些佚名作者,对于这些概念的排列次序采取另一种否定的态度。他们认为苦难的根子是社会缺少一个强大的堡垒,不会联合起来反对那些有权势的违法乱纪分子。当鲍里斯·戈都诺夫无法无天,迫害支撑国土的伟大柱石时,所有"最高贵的人士"却麻木不仁,像鱼一样默不作声。当年在以色列没有一个坚强的汉子,谁也不敢向统治者说出真话[3a]。由于社会的这种姑息纵容,用巴里津·奥弗拉米的话来说,由于"整个社会的极端沉默",全国受到了惩罚[3*]。

这些政治概念的表现 的确[4],在1613年的缙绅会议上,在一片混乱和纷扰之中,一种旧的习以为常的关于"真命"沙皇的思想占了上风,米哈伊尔之所以被选为沙皇应归功于此。会议出席人所代表的人民智慧不能应付新的局面,宁肯复古,回到从前那种"整个社会极端沉默"的状态——这是倒退的标志。下面我们将不只一次地看到,人民生活中自发的浊流用淤泥把社会意识的局部坑洼填平了。但在社会某些人士中,关于全民积极而有条不紊地参加全国事务的必要性的思想,在整个动乱时期有时表现得非常强烈[4]。如果深入研究这一思想的本质和作用[5*],同时想到人们领会新的政治概念是多么困难,那么可以预见,这样的转折在人们意识中不可能毫无痕迹。在动乱时期的某些现象中也暴露出了这一转折发生作用的痕迹。1609年,造反的梁赞贵族松布洛夫在莫斯科广场上召集了一群人，他要求大贵族推翻瓦西里。但在人群中却有人驳斥造反者说："虽然沙皇不合你们的心意，但是没有大贵族和全民会议的决定，就不能把他从王位上赶下来。"这就是说，以大贵族为首的全民会议被认为是唯一的解决这类重大问题的全权机构。一个个新的政府承认并支持这种观点，即全民意志解决根本政治问题的作用。广场上那些审慎的市民对造反者说出了这种想法，沙皇瓦西里本人也表明过这种想法。当松布洛夫同他那一伙人冲进王宫，沙皇会见他们时说："你们这些违背誓约的人，为什么这样嚷嚷和无礼地来到我这里？如果你们要杀死我，那我准备去死；如果你们要把我赶下王位，在全体大贵族和各级官吏没有集会之前你们是办不到的。不论全国作出什么样的决定，我都准备按决定行事。"在这个曾经多次被号召去解决许多重大国务问题的社会上，似乎出现了这样的想法：照章组成的全民缙绅会议不仅有权选举沙皇，而且有时还有权审判沙皇[5a]。这样一种想法至少以沙皇瓦西里·舒伊斯基政府的名义正式表达了出来。在他即位之初，某个沃尔康斯基公爵被派往波兰向波兰政府说明杀死第一个僭王和屠杀忠于他的波兰人的理由。这个使节根据授予他的正式训令对波兰国王和地主说："莫斯科国人以正义的法庭进行审判，有权惩处犯有罪恶和渎神罪行的伪德米特里这样的沙皇。"格里戈里·沃尔康斯基公爵还采取了更大胆的步骤，对波兰政府发挥了他接受的那一训令的观点，他补充说："虽然现在又有了一个真正的嫡系世传君主德米特里王子，但如果人们不愿他统治国家，那么凭借武力是不能把他扶上王位的[56]。"如果16世纪的政治自由派安德烈·米哈伊洛维奇·库尔勃斯基公爵本人听到了这种政治上的异端邪说，他一定会怒发冲冠[5*]。

统治阶级 动乱时期的种种事件[6]不仅在社会意识中产生了新的政治概念，而且改变了第一个王朝历代沙皇依靠的执政阶级的组织成分。这种改变有力地促使这些新的政治概念取得成功。历代莫斯科君主依靠组织严密、渗透贵族精神和习惯于拿权的大贵族阶级治理自己的国家。大贵族阶级的政治作用并非由直接法律加以保障,而是靠古老的执政习惯来维持的[6]。但这种习惯是由两个间接的支柱来加以维系的[7*]:1550年法典的一项条款肯定了大贵族杜马的立法权威,在杜马中大贵族占绝对优势[7a];另一方面,门第制使管理机构中职务的任命服从于家族世系关系,这就有力地把大贵族显贵推到了上层。一个支柱维持大贵族集团作为最高执政机构;另一个支柱维持大贵族集团作为执政阶级[7*]。在米哈伊尔统治时期[8*],这个阶级中家世最显赫的大贵族代表人物之一伊·米·沃罗登斯基公爵,是这样来描写从前大贵族集团的执政地位的:"过去我们经常遭到历代君主的贬谪,但他们从不剥夺我们的执政权力,在全国我们受到各种各样的约束,但君主们并不把我们贬辱为贱民。"[8a]这个大贵族是想说,大贵族阶级中某些人有时因从前君主的专横暴戾而深受其害,但这些专制君主并不剥夺这个阶级的执政作用,也不重用那些贫寒卑微的贱民。沃罗登斯基公爵很好地表达了在这个阶级中某些人无权无势时它仍然具有的执政的力量。这个曾在国内握有大权的阶级,从动乱时期一开始就土崩瓦解了,虽然这种情况早在伊凡雷帝时期就已开始。大贵族集团的严密的门第等级次序越来越不时兴了,一些出身低贱的新人闯到出缺的位置上,他们没有掌权的习惯,既没有世家的传统,也缺少政治上的素养。在新王朝的沙皇周围,已见不到从前经常占有高官显位的世家豪门了。在沙皇米哈伊尔和阿列克谢时期,既没有库尔勃斯基家族的,也没有霍尔姆斯基家族的,更没有米库林斯基家族和平科夫家族的公爵们;不久,姆斯季斯拉夫斯基家族和沃罗登斯基家族也退出了舞台。1627年大贵族和杜马官员的名单中我们只见到最后一位舒伊斯基公爵的名字，暂时还没有见到一个戈利琴家族的公爵的名字。同样在上层也没有见到无爵位的属古老的莫斯科大贵族世家：图奇科夫家族、切里亚德宁家族已经不见了，萨布罗夫家族、戈都诺夫家族也衰落了。占据这些家族位置的全是新家族的人，在16世纪时人们不知道或者很少知道他们，他们是斯特列什涅夫家族、纳雷什金家族、米洛斯拉夫斯基家族、洛普欣家族、波波雷金家族、雅兹科夫家族、恰达耶夫家族、契利科夫家族、托尔斯泰家族、希特雷伊家族等等；在有爵位的人中，则是普罗佐罗夫斯基家族、莫萨利斯基家族、多尔戈鲁基家族、乌鲁索夫家族的诸公爵；而从前那些豪门望族中只有一些卑微的旁系保存了下来。无论本国人还是外国人都觉察到了执政阶级的组成人员中的这种变化。在米哈伊尔统治初期，旧的莫斯科大贵族的遗老遗少抱怨说：在动乱时期许多出身卑贱的人、买卖人和年轻的大贵族子弟（即出身低下的外省服役贵族），都浮到上面来了，那些偶然成为沙皇或者追求沙皇宝座的人给这些人封官授爵，把他们提升为侍臣、杜马贵族和杜马主事。1615年同莫斯科使臣谈判的波兰专员们当面挖苦莫斯科的大贵族说：现在莫斯科是按罪孽来行事：那些头脑简单的庄稼汉、牧师子弟和粗俗不堪的屠夫超越许多王公贵族世家，蜂拥而来去执掌他们力不胜任的国家大事和地方事务。这些政治新贵在新王朝中愈来愈大胆地向上爬，甚至钻进了大贵族杜马，因此这个杜马也就越来越寒酸，越来越不是大贵族的了[86]。这些人是18世纪国务活动家的前辈和先驱者。18世纪的人一针见血地把这些人叫作"夤缘得宠"人物，"赶上机会的"人。所以，我要说，前朝的君主们是借助整个执政阶级来治理国家的，而17世纪的君主开始借助夤缘浮到上层来的某些人进行统治。这些在掌权方面名不见经传的新人成了动乱时期渗入莫斯科社会意识中那些新政治概念的体现者和传播者[8*]。

门第制的解体 如此众多的新人进入显赫的统治圈内[9*]，搅乱了门第制的种种关系。正如我们在第二十七讲中已经见到的，门第制把豪门贵族显贵安置在个人和世家的封闭圈内，这个圈子在门第之争中扩大为各种官职和各个家族世系的复杂的关系网[9a]。有两位竞争对手因为不知道彼此之间是怎样一种关系，在确定与自己有关的家世门第时，把那些排在第三位、第四位、第五位的人，都算入自己那一支；如果其中一位竞争对手由于疏忽大意或争执不力而失算的话，那么他就提及排在第三位至第五位的家族的荣誉；这些人之所以被扯进这件事来是为了避开外界侵犯他们的荣誉。在一种场合，德·米·波尧尔斯基公爵曾不得不屈居鲍·萨尔蒂科夫之下，因为杜马中有人经常这么考虑：波尧尔斯基是罗莫丹诺夫斯基公爵的亲属和与这位公爵相同的人，他俩都是出身于斯塔罗杜勃斯基家族，而罗莫丹诺夫斯基总是排在米·萨尔蒂科夫之下，而米·萨尔蒂科夫在本家中又低于鲍·萨尔蒂科夫，因此，波尧尔斯基按自己的家族地位低于鲍·萨尔蒂科夫。新贵们把这个链条冲断了，同时把与之不相称的环节插入这个链条之中。这些新贵因有直接的功绩或借口为国效劳，钻进了旧的世家显贵的行列中；但是门第制并不承认功劳。为国效劳同门第制有什么关系呢？门第制只承认有后裔世系表的家族祖先和供职级别的履历表。门第制有自己的渊源——家族的荣誉。但这些新人不愿意放弃自己的功劳和业绩。在莫斯科国的历史上，哪一个时期也没有像米哈伊尔朝代那样，充满了对门第等级的纷争。新权贵中最著名的人物是德·米·波尧尔斯基公爵，他本人承受了由此产生的各种冲突的全部重担。他把哥萨克贼和波兰敌寇从莫斯科国驱逐出去是徒劳的，他从非名门出身的侍臣受赏成为大贵族，获得了"大片世袭领地"也无济于事，因为在任何情况下他总是受人挑剔，人们总反反复复地说这一件事：波尧尔斯基家族的人不属高贵等级，除担任城市市长和司法行政区的官长以外，没有担任过显要的职务，过去也没有到过任何地方。当别人在鲍·萨尔蒂科夫面前数落波尧尔斯基之后，后者没有表示任何异议，但是他却不服从沙皇的敕令和大贵族的决议。于是萨尔蒂科夫对他起诉，控告他寡廉鲜耻。这位祖国的拯救者立即被"押送"到那微不足道但却是出身世袭名门的一个竞争对手那儿去。他经受了侮辱性的仪式，人们大张旗鼓地羞辱他，把他从皇宫徒步押解到竞争对手宅邸的台阶前。还有一个叫塔季谢夫的人，因为对这位波尧尔斯基叩头叩得过分了，结果被鞭打了一顿，也被押送到公爵那儿。

门第制的解体是因门第同功勋的冲突而开始的，接着是否定作为门第制基础的门第本身。功勋和因功获得高官并不给人贵族身份。门第制的一条基本规则是君主因职务赏赐银钱和服役领地，而不是赐以"显赫门第"。当门第等级之争搞得非常激烈以致只有极少的职位任命不经争执和违抗而行得通的时候，政府想出了一个办法来消除因职位而产生的弊端：开始任命非名门出身的人担任那些一直由名门出身的人所占有的职位，有些地方他们职务相等，谁也不突出。但是非名门出身的人在取得了名门出身者的职位之后就马上以为自己是赏赐为名门出身的人了，而且这些人彼此之间争权夺位并不亚于名门出身的显贵。他们甚至同那些真正名门出身的人也争权夺位。因此他们常被剥夺官职，投入牢狱，遭到鞭刑；但是他们并不甘心。一次，一位杜马书隶和一位大贵族，因审理那些无端的争吵毫无结果而苦恼，他们发火了，就在大贵族杜马开会之际，亲手用棍子痛打了一个吵吵嚷嚷、出身低微的好抬杠的人，一边还说："你叩头求饶也活该，你应该知道自己的分寸。"[96]但是出身卑微者的这种小纠葛是由当时的一些情况引起的。动乱把服役世家重新来了一个大排队，使一些世家晋升，让一些世家下降。服役官衔本身在门第制中的意义不大，它不使人成为世袭名门的人，但名门出身的人总是被提升到作为世袭名门标志的高官显位上。在动乱时期任职并升到高官显位的小人物试图把世袭制的特征变成世袭制的源泉，他们开始习惯于这样一种想法：君主把高官显位赏赐给出身卑微的人，同时也就使他具有名门贵族的身份。这种想法正是否定门第制的基础，是动乱时期产生的新的政治概念。当时有一位门第没落的老军人也明确地表达了这一想法，在关于地位的一场争论中他对自己的一位名门出身的竞争对手说：大大小小都靠君主的俸禄过活。正是这种想法导致1682年门第制的废除。后来这种想法成了彼得大帝1722年的官级表的基础，而且它极大地促进了有官职的贵族官僚集团吞掉旧的大贵族集团[9*]。

沙皇和大贵族阶级　动乱时期在社会意识中形成的新的政治概念[10]，对新王朝的国家制度起着直接明显的作用，即对高级管理机构运作中的最高权力的安排发生作用。然而，这里发生的变化只是动乱时期表现出来的那些意图的延续和完成而已[10]。我不止一次地重复说，君主和整个大贵族阶级的相互关系是由实际生活和习惯确立而不是依法确定的，它取决于机遇或专断；而且[11]在主人家里，在作为主人的莫斯科君主和作为仆人的大贵族之间，只能谈服役的条件，不能谈家务管理的制度[11]。在王朝中断之后[12]，这些家庭关系不可避免地转到政治基础上去：对于从本国人或外国人中选出的沙皇来说，国家不可能再是世袭领地了，而且那些作为大管家的大贵族们还很想参与国家的管理[12]。还在[13]动乱时期，大贵族和服役贵族上层几次试图建立一种同沙皇签订以书面条约为基础的国家制度，即以正式限制最高权力为基础的国家制度。在瓦西里·舒伊斯基统治时期和 1610 年 2 月 4 日萨尔蒂科夫签订的条约中，我们见到过这样的意图。这些意图是因旧王朝中断而引起莫斯科政治传统中断的结果。现在，在动乱结束之后，大贵族们不想放弃实现这种意图的努力[13]。相反[14]，大贵族阶级在从伊凡雷帝和戈都诺夫时期经受的政治刺激的情况下，这一意图燃烧到炽热的程度。米哈伊尔的父亲菲拉列特宗主教获悉在莫斯科召开选举会议的消息后，从波兰囚禁地给莫斯科写了一封信，他说：恢复过去那些沙皇的权力意味着使祖国遭到彻底毁灭的危险，他宁愿死在波兰人的监牢中也不愿自由地成为这种不幸的见证人。他并不怀疑，在他回到自己祖国（在国内后来他待在具有君主权力和君主尊号的儿子身边）之后，他本人将不得不考虑自己那股立宪热情[14]。在米哈伊尔统治时期发生了某种符合这种热情的事件[15]。在莫斯科人的社会意识中这一新的企图后来不知为什么被时间从国家制度上吹掉了。来自各方面的材料都揭露了这个企图[15]。当时有个普斯科夫人谈到这一热情[16*]，他写了一部关于动乱时期和米哈伊尔朝代的纪事。纪事的作者愤怒地指出：在选出米哈伊尔之后，大贵族在罗斯国家是如何专权逞威的，他们既不把沙皇放在眼里，也不害怕他。这位普斯科夫人还补充说：在米哈伊尔登位时，大贵族强迫沙皇吻十字架宣誓——不得因任何罪行处死达官贵人和大贵族家的任何人，只能把他们送进监狱[16a]。一个晚一辈的人，外交事务衙门的录事格里戈里·科托希欣把这一情况表述得更加确切。1664 年他从俄罗斯逃到国外，在瑞典他写了一部描写莫斯科国的著作。他离开莫斯科之后，新王朝第二代君主即位后又过了 19 年，他还能根据个人的回忆或根据未被忘却的传说记起米哈伊尔整个时代。他在记述中把沙皇米哈伊尔同那些旧王朝中断后不是按继承法，而是通过民选登上王位的君主相提并论。照科托希欣的看法，所有这些选举产生的沙皇登上王位时权力都受到了限制。他们承担的义务即"从他们那里取得的书面保证",照科托希欣的话说,都在于"这些沙皇应该温和善良,应不感情冲动;不经审判和不问原由不得处死任何人;无论什么事须得与大贵族和杜马官吏共同商议,不得背着他们秘密地和公开地做任何事情"。科托希欣在谈到沙皇米哈伊尔时还说:虽然他署名时自称专制君主,但不经大贵族会议同意他什么事也干不成[16⁶]。18世纪流传的一条消息也证实了这一点。当时俄国历史学家塔季谢夫利用现在尚不为人所知的历史文件,根据最高层人士的事于1730年编写了一本不大的历史政治见闻录,其中他证实沙皇米哈伊尔虽然被选为沙皇是"全民选举",即堂堂正正的会议选举产生的,但他即位时也接受了和沙皇瓦西里·舒伊斯基接受过的同样的约书。由于约书,沙皇米哈伊尔什么事也做不成,但他乐于清闲,也就是说,把全部政务都交给了大贵族[16*]。但是同一个塔季谢夫在分析彼得一世时住在俄国的瑞典人斯特拉连伯格关于这个约书的报道时,在另一篇文章中却断然怀疑存在这样的约书,而且还说,关于这事他既没有文字根据,也没有口头根据[17]。斯特拉连伯格在1730年出版的一本记述俄国的书中利用了俄国社会仍记忆犹新的关于17世纪的各种回忆和叙述[18]。由此他才知道,沙皇米哈伊尔在即位时应该交出一份书面誓约:遵守和保持东正教的信仰;忘记过去那些家族的旧仇宿怨;不得擅自颁布新法律,也不得擅自改变旧法律;不得擅自宣布战争和缔结和约;要依法律规定的程序处理重大诉讼案件;最后,要把自己家族的世袭领地交给亲属或并入王室领地[18]。沙皇米哈伊尔的宣誓文告并未传下来,在当时的官方文件中也看不出他承担的义务[19]。在缙绅会议确认米哈伊尔当选的一份内容详尽的批准书和一份人们向他宣誓的约书中,我们可以看到描写新沙皇权力的三个特征:(一)他被选为沙皇是因为他是旧王朝最后一位沙皇费奥多尔的表侄;(二)会议不仅向它选出的沙皇宣誓,而且也向未来的皇后及其子女宣誓,因为它把自己选出的人看作祖传的君主(如果不是嫡传的君主的话);(三)服役人员起誓:无论君主命令谁担任什么职务,"绝对服从君主的任何调遣"。限制米哈伊尔权力这一事实本身可能令人怀疑,但从米哈伊尔同代人那里传出的有关此事的传说流传持续了一百多年。一些模糊的迹象帮助我们猜测究竟是怎么回事。普斯科夫的一部记事特别令人信服。这部记事还在流行的传闻未来得及编入故事,成为政治逸闻之前就描写了这件事。米哈伊尔统治的最初五年,即他父亲从波兰的囚禁地回国之前,整个宫廷全由罗曼诺夫家族的亲属、萨尔蒂科夫家族、切尔卡斯基家族、西茨基家族、李可夫家族、舍列麦杰夫家族掌管。但是当时大贵族戈利琴兄弟以及库拉金、沃罗登斯基还健在,他们曾经强使自己的同伙沙皇瓦西里·舒伊斯基接受宣誓文告,后来他们以姆斯季斯拉夫斯基为首承认波兰王子弗拉季斯拉夫。这些人对罗曼诺夫家族来说是不无危险的。如果不同他们分享成果的话,他们能够造成新的动乱。于是对于米哈伊尔的支持者来说,偶然地或者亏心地取得的权力却是一块骨头,为了这块骨头他们一有机会就准备彼此撕咬。双方的共同利益在于保护自己不再遭受过去遭到的种种不幸,当时沙皇或宠臣以沙皇名义曾像对付奴仆那样迫害大贵族。于是在缙绅会议的幕后就进行了一场秘密的宫廷交易,这种交易就像被戈都诺夫所粉碎的,而在舒伊斯基时期搞成了的那样,它的目的首先在于保证大贵族的人身安全,不受沙皇专横暴戾之害。用这类誓约把精神不振的米哈伊尔加以束缚是不值得的,特别是在米哈伊尔的母亲,女修士马尔法的协助下就更不值得了,因为马尔法是个任性的阴谋家,她把儿子牢牢控制在自己手中。很难断定当时米哈伊尔是否签署了一份誓约，普斯科夫的那部纪事没提誓约，只说有过宣誓这回事。米哈伊尔统治的初年证实了有关这样一次交易的见解。当时有人见到并谈论过掌权的那些人在国内如何为所欲为[19]，他们"瞧不起"自己的君主，而这位君主对自己的亲信的种种行为只得睁只眼闭只眼[20]。因此可以理解：既然誓约存在，为什么不把它公之于世。从瓦西里·舒伊斯基时起，人们把权力受到限制的、选举产生的沙皇看作是一个派别的沙皇，是大贵族寡头的工具。现在，在缙绅会议的面前，要把这样一个极端派别性的文件公布出来是极不恰当的。秘密限制权力，不管怎样，当然不会妨碍米哈伊尔保持专制君主的尊号，甚至也不妨碍他在新定做的沙皇玉玺上首次把这个尊号刻上去。

大贵族杜马和缙绅会议 大贵族杜马曾经是暗中勾结一起的统治集团的最高执政机构。但在米哈伊尔统治时期，这个杜马就不再是沙皇治下的唯一的最高执政机构了，因为同它并列的还有另一个最高执政机构，即缙绅会议[21]。下面我们将看到，缙绅会议在组织成员上是怎样变化的，怎样成为一个真正的代表会议。米哈伊尔的统治是政府同缙绅会议加强工作的一个时期。无论以前或后来，由莫斯科国各级官吏中选出的人员，从来没有这样频繁地集合在一起开会。几乎内外政策的每个重大问题都迫使政府要求全国的支持。从文件上可以知道，米哈伊尔统治的全部时期召开了近十次缙绅会议。更为重要的是，这时缙绅会议的权限比它从前具有的权限要广泛得多，甚至萨尔蒂科夫签订的条约也没有授予它这样广泛的权限。现在缙绅会议审议从前只有大贵族杜马才管的一些大事：即管理国家机构的日常事务，例如税收问题，根据萨尔蒂科夫签订的条约，过去这类问题是由沙皇同杜马一起决定的[21]。这意味着，缙绅会议直接进入了大贵族杜马的事务范围。但是从沙皇被选举出来的最初时刻起，缙绅会议对他就处于一种特殊的关系。在选举产生的新沙皇到达莫斯科之前，以大贵族为首的缙绅会议，作为临时政府，在国内主宰一切。可是它不向自己选举的人规定条件，而是恰恰相反。在谈判时从沙皇方面，更确切些说，是从沙皇的指导人方面，愈来愈坚定地发出一个命令式的调子："朕登基为王乃应尔等请求，非出自朕之本愿。尔等选朕为全国之君主，曾自愿向朕宣誓效忠，承诺为朕效力，向朕直陈，和朕同心同德。如今到处抢劫杀戮，无法无天，实令朕忧心如焚。为此尔等应为朕分忧，务使全国秩序井然。"这些话有时是"非常愤慨，声泪俱下"地对会议代表说出来的。对谈判也使用了同样的调子：尔等既亲自请朕为王，那尔等就应给朕各种统治手段，而不应将一切不必要的麻烦来加重朕的负担：建制会议（对沙皇来说1613年的选举会议就是这样的建制会议）不知怎样变成了一个执行会议，它对它授予权力的那个人负责。当我们思考上述种种说法时，根据一种说法就可以肯定：沙皇米哈伊尔的权力受到许多义务的约束，就像曾经加在沙皇瓦西里·舒伊斯基权力之上的那些义务一样，后者的权力受到大贵族杜马的限制[22]。但是在动乱之后，当需要恢复国家秩序时，杜马每走一步便遇到它自身不能对付的困难，因此它不得不求援于缙绅会议。动乱时期全国人民直接参加了政府活动，但在动乱结束之后，这种活动不可能立即停下来。由人民的意志、全国会议选出的沙皇，当然应该在人民和全国代表的协助下治理国家。如果大贵族杜马限制沙皇的权力，那么缙绅会议在帮助杜马的同时使杜马本身也受到抑制，成为杜马的对立物。因此，动乱时期产生的政治概念和政治需要在动乱停止之后并没有烟消云散，在它们的作用下，沙皇的政权便成了一个很复杂的、附有条件的、搞交易的结构。这个权力结构具有双重性，就其渊源和组织成分来看，它甚至是模棱两可的[22]。它的实际渊源是会议选举制，但它是在亲属继承制的政治借口的掩饰下出现的。这个权力结构根据秘密条约同通过大贵族杜马掌权的最高执政阶级相联系；但在公开场合，在人民面前，在官方文书中它是专制权力，但这是从模糊不清的意义上说的，与其说从法律的意义上讲，不如说是按封官赐爵的意义上讲的，它甚至并不妨碍瓦西里·舒伊斯基在庄严的文告中使用专制君主的尊号。因此，新沙皇的权力含有两个平行的语义双关的意思：从渊源上说，它既是继承的，又是选举的；从结构上说，它既是有限制的，又是专制的。

最高权力的简化 最高权力的这种安排不可能是彻底的，牢固的，因为它只能在被动乱搞得提心吊胆、惊惶不安的人们的相互矛盾的利益和关系尚未平静下来的时候才得以维持。这种状况在莫斯科国的历史上是一个偶然的插曲。最高权力逐渐简化，它内部包含的各种成分逐渐互相同化和吞没。沙皇米哈伊尔接受的政治义务，就所能判断的程度来看，在他统治时期内一直是有效的。君主的父亲获释归来后，被提升到宗主教和第二君主的职位。他用铁腕执掌大权，而且总是不照顾大贵族的面子；但是在菲拉列特生命结束之前，国家事务一直由两位君主在大贵族杜马和缙绅会议的参与下进行管理。这种[23]双重政权是家族概念和政治见解搅在一起的结果。父亲觉得成为自己儿子的普通臣民是难为情的，而儿子却经常需要一位摄政者的协助。这个职位授予具有第二君主封号的父亲是最自然不过的了。人们借助辩证法容忍了最高权力不可分享的思想。在同一个门第制的情况下，两个君主谁大谁小的问题是这样来解决的：陛下如何，那么陛下的父亲也如何，他们身为君主的尊严和权力是不可分割的。[23]沙皇米哈伊尔没有留下也不可能留下遗诏，原因是可以理解的[24*]。在新王朝，国家不再是君主的世袭领地的情况下，从前按法律移交权力的方式——下遗诏，已失去了效力；但是又没有王位继承法，所以阿列克谢也像自己的父亲一样，登上王位的方式同前朝历代沙皇所采取的方式不同。例如，他是按两种法律上的权利根据——没有遗诏的继承制和会议选举制——接受权力的。1613年，全国曾向米哈伊尔和他未来的子嗣宣誓效忠。沙皇阿列克谢作为他父亲的继承人登上王位，他的同时代人称他为"天生的"，即世袭的沙皇。但是缙绅会议曾三次被召集来推举沙皇（如推举费奥多尔、鲍里斯和米哈伊尔）。由会议选举以取代遗诏的做法成了公认的先例。现在第四次又采用这同一做法，以使这种情况成为一个常规，一种制度。1613年由会议誓约确立的依法继承制只能由缙绅会议的选举制加以确认。当时的人们证实，在米哈伊尔死后，召开了一次有一定规格的缙绅会议，选举米哈伊尔的16岁的儿子为沙皇并向他宣誓效忠。有一个外国人名奥列阿利，是霍尔施坦的大使，他在描写莫斯科国的记述中写道：沙皇阿列克谢是在所有大贵族、显赫绅士和全体人民一致同意下登上王位的[24ª]。上面提到过的莫斯科的录事科托希欣曾把召开会议选举沙皇阿列克谢的情形谈得很清楚。他写道：在米哈伊尔去世之后，把他的儿子"推上"沙皇宝座的是教会、大贵族、服役贵族、大贵族子弟、客商、商人和各级官吏，以及平民百姓（大概像1613年那样在广场上就选举沙皇一事不分青红皂白地被询问的京城老百姓）。但是儿子并没有重新承担其父米哈伊尔所承担的那些义务。同一个科托希欣在另一个地方指出："当今沙皇被人们推选到王位上，但他并没有立下任何字据，而从前的沙皇是作出书面保证的。人们之所以不要他立字具保，是因为他们把他看作非常平和的人，因此他署名时以专制君主自居，并且按自己的意志来治理国家"[246]。但是缙绅会议并不限制最高权力，只有大贵族才能要阿列克谢立字保证。这就是说，在1645年，再次搞幕后交易活动也是可能的，但人们认为这没有必要。大贵族们不愿在他登基时用任何义务来束缚他，而沙皇阿列克谢也没有辜负大贵族的信赖。他没有充分行使自己的全部权力，他与这个大贵族阶级和睦相处。而在沙皇阿列克谢必须与之打交道的新一代大贵族中间，引起1613年幕后政治交易的动乱时期的那些政治趋向也已烟消云散。同时正当政治义务（新王朝就是在这些政治义务的重压下开始活动的）的痕迹悄悄地消失时，沙皇阿列克谢企图把选举会议变成一种普通的象征性的仪式。1674年9月1日，大约在沙皇阿列克谢去世前一年半时，在莫斯科红场上，在高级教会人士、杜马官员和当时驻莫斯科的外国公使在场的情况下，沙皇庄严地向人民宣告：长子为王位继承人。这种向人民庄严宣告继承人的做法是沙皇用来在自己死后移交权力给儿子的一种形式，也是使费奥多尔登基为王具有合法形式的唯一举动，而1613年会议的决定并没有把米哈伊尔的孙子费奥多尔列为继承人。但是这种贸然移交权力的方式虽有人民在场并得到他们默许，却并不牢靠。在阿列克谢的儿子费奥多尔死后，没有留下直接继承人，不得已重又进行了一次积极的选举活动，但是选举的形式简化了，确切些说，是被歪曲了。1682年4月费奥多尔刚一闭眼，来向沙皇遗体告别的宗主教、高级僧侣和大贵族，聚集在宫廷的一间大厅里开始考虑阿列克谢还留下的另外两个儿子中谁该成为新沙皇的问题。他们决定，这个问题应交由莫斯科国的各级官吏来解决。宗主教在高级僧侣和大贵族的陪同下立即从宫廷的台阶上命令各级官吏来宫廷集合；他还从宫廷的台阶上向聚集在那里的人发表演说，提出上述问题。10岁的小王子彼得越过其智力贫乏的哥哥伊凡被宣布为王。虽然意见不完全一致，但表决时多数票赞成彼得。宗主教对站在宫廷台阶上的高级僧侣和大贵族也提出同一个问题，他们也赞成彼得为王。在这以后宗主教就去祝福彼得即位。我把这些细节详细地向你们讲述是为了说明，当时在莫斯科这样一件大事是如何简单地进行的。显然，在这个平常的集会上既没有选派的代表参加，也没有经会议协商，一群因沙皇去世而来到克里姆林宫的不同官级的人就这样把问题解决了。显然，在这一时刻以宗主教为首决定国家命运的这些人既没有任何法律的观念，也没有任何有关缙绅会议的观念，更没有关于国家的观念；或者他们认为在这样的情况下这些观念纯属多余。但是索菲娅公主一派在对付最高当局的这种做法时，于1682年5月15日发动了射击军暴动，暴动之后，射击军迫使最高当局匆匆忙忙搞了一出滑稽可笑的会议丑剧：把两个王子都选出来登上王位[24B]。我们在这第二次革命性的选举文告中还读到：国家的全体官员叩请"两兄弟都登基为王，共同实行专制统治，以使全民安居乐业。"[24*]

1681年大贵族的意图 我们仔细研究了新王朝前三朝最高权力的配置是如何变化的，第三位沙皇死后这些变化引起了怎样的结果。这个世纪之初各统治阶级更为关心根本法的制定，关心最高执政当局的立宪体制；而在这个世纪结束时，国家却依然没有任何根本法，没有调整就绪的最高执政当局，甚至连王位继承法都没有。由于没有制定这样的根本法的力量，因此人们就要不断躲避宫廷的阴谋、缙绅会议的象征性的开会和弄虚作假，最后，还要躲避武装暴乱。但是大贵族并没有放弃自己的政治传统。1681年年底，当取消门第制的问题被提出，即提出大贵族阶级政治作用的基础之一遭破坏的问题时，大贵族不动声色地作了一次挽救自己地位的尝试[25]。当他们看到自己自古以来统治国家中央的希望破灭时，他们就试图在外省巩固自己的地位，制定一个把国家分成几个大的历史地区的计划，而且把曾经是独立的几个国家也包括在内。从现有的莫斯科显贵的代表中任命永世的、不能撤换的、终身的地方长官到这些地区去。于是一些拥有全权的地方统治者，如喀山王国或者西伯利亚等王国的"大贵族和王公总督"，就这样出现了。沙皇费奥多尔同意了这个贵族式的地方分权的管理计划，但是当计划草案送到宗主教那里接受祝福时，却被宗主教破坏了，他指出，这个计划会使国家遭到某种危险[26]。

17世纪的缙绅会议　缙绅会议的成员和作用的变化是动乱时期最重大的后果之一[27*]。一些负责官员、中央和地方管理机关人员被召去参加16世纪的缙绅会议。但是早在1598年和1605年显然已有从"普通"人中选出的代表出席缙绅会议的情况。动乱时期造成了一些条件，使得选出的代表在人数上比负责官员占有绝对优势，从而赋予缙绅会议以真正的代表会议的性质。当时许多情况迫使社会直接参与各种社会事务，而政府本身也吸引整个社会参与这些活动，政府向人民发出号召和训令，要他们给以协助并坚定地信奉东正教。在会议的大殿中政府向全国人民宣读夹有一些怪论的有关时局的抨击性文章。一些从前很少为人知道的用语——如全国会议、全国缙绅会议、全民大会、由米尔组成的牢固的杜马——成了表达支配社会意识的新概念的流行语。在这些概念中，深深铭刻在社会意识中的是这样的思想："全国会议"选举君主。这一思想扩大开来，扩展到所有全国性的事务中；人们认为，对任何一种全国性的事务都必须召开"强有力的全体会议"；为此各个城市都设立了代表大会，在城内从全体官吏中选出"优秀人士"参加。当国家在沙皇瓦西里和伪德米特里二世这两个竞争者之间开始分裂的时候，一种关于国家统一和完整的思想被唤起，人们想起在封邑时代的种种灾难[27a]。如果没有各级官吏中选出的代表参与就决定不了任何大事。1610年宗主教菲拉列特和瓦·瓦·戈利琴大公爵的使团到波兰国王西基兹蒙德那儿去时,作为随从陪同去的有从各级官吏中选出的一千多人。波尧尔斯基公爵在去莫斯科的路上还向沿路各城市散发文告,号召各级官吏中选出的代表加入自己的阵营。人们希望在采取事关国家大局的每一个行动时,尽可能有全国的代表参加,并且以他们出席会议的实际行动来证实:事情是公开地、直接地进行的,而不是像马柳塔·斯库拉托夫、鲍里斯·戈都诺夫和瓦西里·舒伊斯基等人所作所为的那样,策划见不得人的密谋来反对人民。现在人们把他们的这种行动方式看作罗斯大地蒙受种种灾难的根源。这就是说,选举产生的缙绅会议的成员结构,早在1613年选举沙皇的会议召开之前,就已由既已取得的经验在社会意识中概略地形成,可以认为1613年的选举会议是真正人民代表制的第一次实实在在的经验。大贵族们和第二支民军的首领在解放莫斯科之后,号召由各级官吏中选出的"坚强而有智慧的"优秀人士参加缙绅会议和选举君主,同时并不排除市镇和县属居民、各省城的工商市民以及农民参加会议。我们在16世纪的缙绅会议上没有见到工商市民和农民这两个阶级的代表人物。民军的首领们想把动乱时期锲入人们头脑中的全民会议(照当时文件的说法是"普天下大会"或"全体世俗大会")的思想不折不扣地加以实现。随着会议成员的变化,会议的作用也改变了。16世纪时,政府曾召开负责官吏的会议,以便从会议成员中找出执行会议决定或沙皇敕令的负责人。第二支民军的首领们向各城市发布了地区文告。文告说:没有君主,国将不国。我们已经看到,1613年选举会议完成了选举沙皇这项建制工作之后,已立即变成执行委员会;在常设政府成立之前,该委员会一直按新选出的沙皇旨意和要求为整顿国事采取了各项预备措施。政府刚一组成,就将另外的任务派给了会议。1619年,为整顿国事,决定把从各城市各级官吏中选出的"善良而聪颖的人士"召到莫斯科来，因为这些人会诉说他们所蒙受的屈辱、迫害和破产；沙皇在听取了他们关于所受穷困、迫害、破产以及各种匮乏的禀报之后，将根据同自己的父亲（宗主教）商议的结果，对国事作通盘考虑，"以便在各个方面把国家治理得更好"。因此，选出的代表就可以以禀报的形式提出立法措施，而最高管理机构保留解决所提出的问题的权利。缙绅会议从人民意志的体现者变为人民的申诉和愿望的表达者，当然，这不是一回事。当我们进一步研究17世纪的各种现象时，我们将有机会看到，在上述两种变化的基础上，缙绅会议的结构、活动和命运是如何定下来的。

经济的破坏状况 动乱时期造成的上述种种后果、新政治概念与执政阶级的焕然一新的成员，以及最高权力的重新配置与缙绅会议的新性质，所有这些显然促使国家和社会富有成果地向前发展，并使新王朝拥有大量旧王朝所没有的精神和政治上的行动手段。但是在意识和制度上的这种陡然转折总是带有一种危险性：即人们能否很好地利用这些手段，是否会因新的手段而给自己造成新的困难？动乱的后果显示出旧的政治传统被动乱造成的暴力打开了缺口，国家的惯例被破坏，而那些掌握与这种转折相适应的大量新政治概念的人，在这些使他们脱离旧惯例的新概念本身还没有变为坚定不移的习惯之前，走起路来不免步履蹒跚。可以从17世纪末最高权力的配置如何大翻个的事实中看到，这一危险严重地威胁着莫斯科国家。动乱的其他许多十分有害的后果大大加深了这一危险[27*]。动乱时期的风暴严重地破坏了人民的经济和俄国社会的道德情操[28*]。国家被弄得非常贫穷。在米哈伊尔即位后不久来到莫斯科的外国人给我们描绘了一幅可怕的图景：大小村落十室九空或被焚毁殆尽，在被抛弃的茅屋里堆满了没有掩埋的尸体（1615年）[28a]。尸体发出的恶臭使得那些冬天过路的人不得不在冰天雪地里过夜。那些在动乱中幸存下来的人四处逃难,各奔东西。国内秩序整个土崩瓦解,人与人的一切关系全搞乱了。要恢复秩序,把四散逃离的人聚拢起来,把他们安置在原来居住的地方,让他们摆脱动乱导致的流离失所而过人的正常生活,需要持续地努力。从沙皇米哈伊尔时代保存下来的不少按县份编排的服役人员花名册,即贵族仕宦名册和土地清册,即税务册,鲜明地描绘了新王朝的第一个朝代莫斯科国和人民在经济上的破坏情况。首先可以看到作为国家税收主要来源的农业人口的变化。从16世纪的税册来看,根据拥有财产的多少农民已分化为两个阶级,即原来意义上的农民和赤贫农。所谓赤贫农同样是农民,不过是贫穷的农民,较之原来意义上的农民,他们耕种的地段较少或者耕种一些完全没有开垦的土地,只拥有宅旁园地。16世纪时农民在人数上比赤贫农多得多。根据米哈伊尔时的税册来看,动乱以后出现了另一种比例关系,一些地方赤贫农同农民在人数上成了反比例:前者同后者相等或者甚至大大超过后者。例如,在别列夫县、姆增斯克县和叶列茨县,1622年县级服役人员的土地上有1 187名农民和2 563名赤贫农。这就是说,动乱时期使大量农民抛弃了耕地或者减少了耕地[28*]。赤贫农的增加是田园荒芜和抛弃耕地日渐增多的特征,而当时税册中记载的梁赞县一个行政区,1616年服役领地上荒地比耕地就多21倍,这并非独一无二的例子。寺院总管巴里津·奥弗拉米是一位很好的寺院管事,他非常清楚国内的经济状况,在他的记载中,我们看到了证实这种田园荒芜状况的很有意思的材料。他写道:在沙皇鲍里斯统治的三年歉收期间,许多人家的粮仓里堆积了早已装满的谷物,打谷场上码满了一堆堆的谷垛和麦捆。在14年的动乱岁月中,在那"耕耘、播种、收割被搅得一塌糊涂,一切人随时都受到刀枪斧钺威胁"的日子里,自家人和别家的人都靠这些陈粮度日〔29〕。这个报道证实了动乱之前农业的发展和粮食销路的不广,以及动乱时期农业的衰落。与农业衰落的同时还发生了农村人口在经济结构上的变化。农业的衰落不可避免地大大影响到私人土地占有制,首先影响到外省服役贵族的经济地位。我想列举一些材料,不是为了怀念过去,而是为了证实碰运气弄来的、摘自1622年贵族仕宦名册的不同县份的几份材料,因为当时经济破坏的痕迹已经消除。服役阶级适于军职的程度取决于他们领地的收入,取决于他们世袭领地和服役领地上农民的人数和富裕程度。少数县份的服役贵族有世袭领地,大多数服役贵族靠服役领地的收入过日子。例如,别列夫县,世袭领地占整个县内贵族私有土地的四分之一,土拉县——占五分之一强,姆增斯克县——占十七分之一,叶列茨县——占一百五十七分之一,在特维尔县,甚至在被选为代表的人,即省内服役贵族中最富裕的阶层那里也占四分之一。各县贵族的服役领地一般都很小,居民人数很少:土拉县一个中等服役领地有135俄亩耕地,叶列茨县——124俄亩,别列夫县——150俄亩,姆增斯克县——168俄亩。这四个县的纳税的庄稼人即农民和赤贫农平均每两人合120俄亩的服役领地,即每人60俄亩。但是请不要以为所有这些耕地都是由农民和赤贫农真正耕作的,只有极小部分是耕种的,而且即使这一小部分也不全都由他们耕种。特维尔县一家富裕的被选为代表的服役贵族有900俄亩世袭领地和服役领地,其中只有95俄亩已耕种;这95俄亩中地主让自己的家仆耕种了20俄亩,其余75俄亩由居住在19家农户中的28个农民和赤贫农户使用。结果每家农户按整数算平均只有4.6俄亩。由农民耕种大量土地是相当少有的现象。在叶列茨县和上述其他南方几个县,有许多服役贵族根本没有土地;也有一些独院小地主没有农民和赤贫农,只有宅旁园地;还有一些连宅旁园地都没有的

"空头服役领地户"。例如，在叶列茨县，878个服役贵族和大贵族子弟中有133人无地，有296个独院小地主和"空头服役领地户"。

89 一些服役贵族抛弃自己的世袭领地和服役领地去当哥萨克或者到大贵族家去当契约奴仆，到寺院去当佣人，或者，照贵族仕宦名册的记载，一些服役贵族辗转于下流小酒馆之间。服役地产愈减少，给服役人员提高薪俸金额的必要性就愈加紧迫，以使他们能从事服军役的活动。薪俸金额的提高使农民承担的土地税增加了，因为这些土地税是按耕地面积摊派的，农民由于不能忍受日益增加的沉重赋税而缩小自己的耕地面积，以便少交税金。这样一来，国库就逐渐陷于拮据的境地。

社会情绪 最后[30]，政府的内部困难还由于人民情绪的深刻变化而加剧了。新王朝不得不同另一个社会——远远不同于以往历代沙皇所治理的那个社会——打交道了。动乱时期那些令人提心吊胆的事对这个社会在政治上的改善产生了破坏性的影响。从新王朝统治时起，在整个17世纪中，各种社会地位的人都大声抱怨自己的苦难、贫困、破产，抱怨当局滥用权力，甚至抱怨使他们从前遭受苦难的原因，而在过去他们对此是沉默忍耐的。不满情绪到17世纪末，成了人民群众情绪中压倒一切的主调。人民经历了动乱时期的风暴，变得比从前更爱感情用事，更加容易激动了。他们失去了从前那种政治上的忍耐力，而16世纪的外国观察家对这种忍耐力曾是非常惊讶的。人民已经远远不是从前那种政府手中的百依百顺的驯服工具了。这一变化在我们过去在莫斯科国生活中未曾见过的一种现象中表现了出来，即在我国历史上，17世纪是一个人民造反的时代。这个现象之所以比较意外，是因为它在这些沙皇的朝代中出现时，显然，他们无法以自己的个人品质和行为方式来解释这一现象[30]。

第四十五讲

动乱之后莫斯科国的国际地位——新王朝对外政策方面的任务——立陶宛与波兰合并时的西部罗斯——行政管理和等级关系中的变化——城市和马格德堡法——卢布林合并——合并的后果——草原乌克兰的移民——哥萨克的起源——小俄罗斯哥萨克——查坡罗什

我已讲述在国家和社会内部生活中所暴露出来的动乱时期的后果。现在，根据同样的史料，我们来研究另一个方面的问题，即动乱之后国家所建立的对外关系。

对外政策的任务 由于动乱时期的影响，国家的外部[1]国际环境发生了根本变化，陷入了空前的困境。旧王朝在延续一个半世纪中一直推行着一种对外政策方针，即采取攻势，虽然缓慢，但却不断扩大本国的疆域，集结罗斯领土的分散部分。当大俄罗斯的政治统一刚一完成，对外政策的下一步任务便立刻明确起来。大公伊凡三世在吞并最后一批坚守独立的罗斯米尔的时候，就在同波兰的斗争中宣称，在没有收复被邻国割占的罗斯领土的全部剩余部分以前，在没有结集整个民族之前，统一的大俄罗斯决不放下武器。他的孙子沙皇伊凡，力图把俄罗斯国家的疆域扩张到被敌对的外族所占领的俄罗斯平原的自然地理疆界。这样，对外政策的两项任务：完成俄罗斯民族的政治统一和把国家疆域扩大到俄罗斯平原的边界便提到日程上来。旧王朝不论哪项任务，不管是民族的还是领土的，都没有解决；然而，在这条道路上却取得了一定成绩。雷帝的祖父和父亲夺回了斯摩棱斯克和谢维尔斯克领土，从而抵达第聂伯河。雷帝本人开始调转方向，占领了伏尔加河中、下游，把国家的东疆扩张到乌拉尔和里海。他向西的推进收效甚少。他本想从这边夺取利沃尼亚，把国界推进到波罗的海，即到达作为平原自然边界的波罗的海东岸。然而，他没能占领整个西德维纳河[1]流域，而且在同巴托里的斗争中他还丧失了沿芬兰湾和拉多加湖的一些罗斯古城：雅姆（雅姆堡）、科波利耶、科列拉（凯克斯哥尔姆）和伊凡哥罗德。他的儿子，沙皇费奥多尔，在同瑞典人重新开战（1590—1595年）后，收复了他父亲的失地并在芬兰湾沿岸站住了脚，控制了大诺夫哥罗德的古老沃季行政区及其所属城镇。动乱时期曾使莫斯科国再次撤离了它在16世纪占据的西部阵地。波兰人从它手中夺走了斯摩棱斯克和谢维尔斯克领土，切断了莫斯科与第聂伯河的联系，而瑞典人又把它排挤出波罗的海沿岸。新王朝的第一个沙皇被迫将斯托尔鲍沃和约（1617年）所指定的一些城镇以及奥列舍克（士吕塞利堡）割让给瑞典；根据杰乌里诺协定（1618年），把斯摩棱斯克和谢维尔斯克领土割让给了波兰。莫斯科不得不再一次远远撤离梦寐以求的西部疆界[1]。新[2*]王朝开始得很不体面：它不但放弃了旧王朝的民族事业，而且还丧失了许多从旧王朝那里继承下来的遗产。国家外部环境的恶化，还由于自动乱时期以来邻国对它采取了蔑视态度。莫斯科大贵族在1612年给各城镇的地方文书中写道：“敌对者从四面八方冲击莫斯科国，我们受到了周围所有君主的侮辱和谴责”[2a]。新王朝应该比以往更加鼓起人民的力量以挽回损失：这是它的民族天职，也是它保住王位的条件。新王朝从

---

1 今称道格瓦河。——译者

头一个朝代起就进行一系列战争，其目的是要捍卫住它所占有的或夺回已丧失的东西[2*]。人民的[3]紧张状态的加剧，还由于这些战争由原来的防御性质不知不觉地，不管莫斯科政客们的主观意志如何，变成了进攻性的，成为旧王朝统一政策的直接延续，变成了为夺取当时莫斯科国尚未控制的这样一些俄罗斯领土的斗争。当时在东欧形成的国际关系，不允许莫斯科在最初失利之后有喘息之机和准备下一步行动[3]。在[4]1654年，起来反对波兰的小俄罗斯投靠在莫斯科君主的保护之下，这就导致国家同波兰重新开战。这样，就出现一个新问题——小俄罗斯问题，莫斯科同波兰立陶宛王国以往纠缠不清的斯摩棱斯克和谢维尔斯克领土的旧账更加复杂化的问题[4]。小俄罗斯问题是自17世纪中叶以来莫斯科对外政策的出发点。这个问题使我们关注西部罗斯的历史。但是，我所涉及的西部罗斯的历史，仅限于说明这个问题产生的条件。这些条件在引起这个问题的事件一开始就暴露了出来。1648年，小俄罗斯的注册军中百人长博格丹·赫麦尼茨基发动查坡罗什反对波兰立陶宛王国。小俄罗斯农民一致支持他，他们奋起反对自己的统治者，即波兰的和波兰化的俄罗斯地主。注册哥萨克也投到博格丹这方面来，并形成一支强大力量。赫麦尼茨基率领这支队伍，大约经过五、六个月，几乎占据了整个小俄罗斯。波兰立陶宛王国是什么，小俄罗斯在其中占据何等地位，波兰地主在小俄罗斯是怎样出现的，小俄罗斯哥萨克是怎样兴起的，以及乌克兰农民为什么加入小俄罗斯哥萨克起义——这些就是要弄清1648年小俄罗斯运动的根源而要阐明的问题。

西部罗斯 重新统一西部罗斯问题[5]是17世纪莫斯科对外政策的最艰难的事情。这个问题，由于14世纪末波兰地主和立陶宛大公雅盖洛的政治交易使西部罗斯的各种困难逐渐发展而更加错综复杂起来。由于1386年的这次交易，立陶宛大公同波兰女王雅德维佳结婚取得了波兰王位。这种交易是建立在对双方都有好处的基础上的：雅盖洛希望在成为国王和带领整个民族信奉天主教后，从波兰和教皇那里得到支持以反对危险的条顿骑士团；而波兰人则企图通过雅盖洛来控制立陶宛，特别是西部罗斯、沃伦、波多利亚和乌克兰的军队和资源。因此，立陶宛和波兰两个相邻国家便结成了王朝联盟。这是两个没有共同性的、甚至是敌对国家的机械联合，与其说这是建立在相互利益一致基础上的政治行动，不如说这是蓄意创造彼此争执的外交阴谋[5]。尽管如此，但这一事件却引起西部罗斯情况的重要变化。立陶宛王公们对西部罗斯的征服，使立陶宛处于俄罗斯的影响之下。在15世纪初，并入立陶宛公国的俄罗斯地区有波多利亚、沃伦、基辅、谢维尔斯克、斯摩棱斯克以及其他一些地方，无论按面积，还是按人口，都大大超过了征服这些地方的立陶宛国家。按民族及其文化构成，把这个立陶宛—俄罗斯公国称为罗斯公国比叫作立陶宛国更为恰当。俄罗斯语言、俄罗斯法律、俄罗斯风俗连同东正教，已经在半开化的异教徒的立陶宛传播了近一百年。在较为发达的俄罗斯民族的优势影响下，这两个合并起来的民族在文化上的接近进行得如此顺利，以致可以料想再过两三代，即到16世纪初，立陶宛同西部罗斯社会会完全融合。自从立陶宛同波兰联合，俄罗斯在立陶宛公国的影响开始受到经各种途径渗透到那里去的波兰影响的排挤。途径之一是决定两个联盟国家共同事务的议会：立陶宛—俄罗斯的达官贵人在这里会晤波兰地主时，就熟悉了他们在波兰占统治地位的政治概念和制度；另一方面，波兰的影响是通过立陶宛大公们的所谓特权赐与状的办法进入立陶宛—罗斯的，而且在立陶宛建立了在波兰推行的同样的管理制度，同样的等级权利及其关系。通过这些途径的渗透，波兰的影响深刻地改变了并入立陶宛公国的罗斯地区的行政管理机构和社会风气。

行政管理 根据古代氏族法,掌管这些地区的罗斯王公们,如同11、12世纪时自己的祖先一样,受立陶宛大公统治,承诺效忠于立陶宛大公并为自己的领地缴纳贡赋,而立陶宛大公则把他们的公国作为有继承权的世袭领地,或者有时作为临时领地赐给他们,"而这完全取决于自己主子的意志"。王公们的古代氏族世袭领地就这样地被破坏了。到16世纪初,他们便成为服役的世袭领地主,成为该公国的真正私有主,并同最显贵的俄罗斯大贵族和立陶宛达官贵人一道组成拥有土地的贵族阶级,如同波兰贵族一样,甚至更有势力。这一贵族阶级的成员,即地主,组织政府议会,又称立陶宛大公的拉达,它有力地限制了大公的权力。根据大公亚历山大1492年的特权法典的规定,不经拉达地主的同意,立陶宛君主不能同外国来往,不能颁布和更改法律,不能支配国家的收入和支出,不能任命官职;国王要承认拉达的意见对自己的约束力,即使他不同意他们的意见,但"为了自己的和共同的利益",也要把这些意见付诸实行。同时,在立陶宛以波兰为榜样设置了几个高级政府职务,即后来逐渐成为终身占有的官衔:盖特曼——军队的最高指挥官,首相——国玺掌管者,两个副首相,即两个财政大臣,一个掌管国家收支的国务大臣,另一个是管理宫廷财务的宫廷大臣。督军被任命为各地区的首领,这些地区从前是由罗斯王公根据同维切城市的协议来管辖的,督军属下有作为其助手的城防司令,称作卡什切利,以及督军区下属的若干区、县的长官。这样一来,立陶宛-罗斯的中央和地方行政管理机构同波兰的就很相似,并成了贵族的制度。

罗斯—立陶宛及波兰的贵族阶级 在立陶宛罗斯,通过特权法——无论是共同性的，即整个公国都有的全国性的特权法，还是地方性的，即地区的特权法——建立起了同波兰现存的类似的等级法和等级关系。在确定立陶宛与波兰联合的1413年的哥罗德里议会上，颁布了特权法，信奉天主教的立陶宛大贵族获得了波兰贵族的权利和特权；1447年的卡齐米尔特权法把这些权利扩展到东正教的显贵身上。依据这些特权法，立陶宛-罗斯地主同波兰地主在占有世袭领地和赏赐领地的权利方面完全平等，并免除了捐税和义务，只保留一些无关紧要的义务，这些义务与其说具有经济意义，不如说具有臣属标志的象征意义；主人的农民不受大公警官的审判，只服从自己主人的裁决；另外，卡齐米尔特权法禁止农民从私有者土地往大公领地迁移，反过来也不允许；在立陶宛公国，这些法规就像早在14世纪波兰确立的农奴制一样，奠定了农民农奴化的基础。全国的和地方的特权法使立陶宛—罗斯贵族同波兰贵族在权利的自主方面逐渐趋于平等，使他们成为公国的统治等级，享有统治生活在他们土地上的农民的广泛权力，并且积极参与和影响立法、司法及行政管理。立陶宛—罗斯贵族的这种社会地位，在16世纪由立陶宛公国的立法法典，即《立陶宛法规》固定下来。这部法典是以西基兹蒙德一世时颁布的1529年法规为基础的。这第一部法典颁布之后，经过再三修订和补充，使它和波兰的立法协调起来，因此在这部法典条文上反映出波兰法的很大影响，而在《法规》中，波兰法同自《罗斯法典》时起就在立陶宛罗斯保存下来的古罗斯法律惯例混在一起。《立陶宛法规》的最后文本，是在1588年西基兹蒙德三世时用俄文出版的。根据1566年维尔诺议会通过的第二部《法规》，在立陶宛公国实行了类似波兰的县级贵族代表会议，在每个县召开这样的代表会议是为了选举地方县级法官进入贵族等级法庭，也是为了从每个县推选两名全国议会的县级代表，即贵族代表。由哥罗德里条约所建立的立陶宛议会,最初只是由立陶宛王公和大贵族组成。这个条约把大部分天主教化了的立陶宛显贵置于超越俄罗斯东正教徒的特权地位,从而,在维托夫特逝世(1430年)后格季明诺维奇家族发生新的内讧时,便激起了合并到立陶宛的俄罗斯地区起来反对立陶宛政府。在这场斗争中,俄罗斯王公和大贵族为自己夺得了立陶宛达官贵人所享有的权利;并大约在15世纪中叶,又取得了出席全体议会(正如现在所称呼的全国议会)的权利。但是,在这以后,议会仍然保持了贵族性质:从俄罗斯地区来参加议会的只是显贵、王公和地主,他们全都是以个人身份被召来,并有表决权。在16世纪前半叶,即在西基兹蒙德一世统治时,罗斯—立陶宛贵族同自己的显贵进行着激烈的斗争,并终于取得了参加全国议会的权利。1566年《法规》仿照波兰贵族议会的模式,成立了罗斯—立陶宛贵族的议会代表机构;在延长立陶宛—波兰合并的问题上,罗斯—立陶宛贵族主张同波兰永久合并;根据1569年卢布林协定所规定的罗斯—立陶宛议会同波兰议会的合并,使他们在政治权利方面同波兰贵族完全平等。

城市 在立陶宛公国,贵族阶级随着西部罗斯古老城市的衰落而加强了。在古基辅罗斯,一些省份及其乡镇连成了一片,服从大城市维切的决定。现在,由于王公公位的设立,省城脱离了自己的省份;由大公任命的督军及其下属长官、城防司令和其他掌权者取代了维切的地位;地方—城镇的管理机构被王国的管理机构所代替。与此同时,属于各城市的由村社利用的市郊土地被大公们分给服军役的私人占有。服役的土地所有者、领主以及原来作为城市社团成员的豪绅,现在由于自己的贵族特权而与市民(波兰语中MECTO意为城市工商区)、工商业城市居民分开了,他们开始离开城市,移居到自己的世袭领地和因服役而得到的赏赐领地上。罗斯维切城市的老区逐渐解体成为王公世袭领地和地主世袭领地，而被削弱了的维切城市，在这些异己的、经常敌视它的、吞食它原有土地的占有者中间陷于孤立；城市维切的声音只局限在城市范围之内，到达不了市郊。大公国的警官、督军、城防司令和地方长官对市民横加迫害。为了把西部罗斯的城市从衰落中挽救出来，波兰-立陶宛的君主们给它们以德意志式的城市自治权，即按马格德堡法，这种法是13、14世纪随着当时充斥于波兰城市的德意志殖民者进入波兰的。还在14世纪，这种自治权就在加利奇地方各城市推行了，加利奇地方是在1340年由波兰国王卡齐米尔大帝合并到波兰来的；从15世纪中叶起，马格德堡法又推行到了西部罗斯的其他城市。根据这个法，市民们取得了一些商业特权和交纳官家贡赋方面的优惠，同时不受督军和其他政府警官的管辖。根据马格德堡法，城市由两个委员会或协议会管理：一个是拉瓦，其成员（拉瓦尼克，即陪审员）在国王任命的沃伊特（来自德语 Vogt，市长）主持下对市民进行审判；另一个是拉达，由从市民选出的拉达议员（拉达曼）和市长组成，领导管理城市经济、商业、公共设施和秩序的人员。

卢布林合并 波兰对立陶宛的政治影响，使立陶宛—罗斯的国家制度同波兰的国家制度接近起来，并在15世纪和16世纪前半叶勉强维持着不断用新的条约来更新的两个国家的王朝联盟，这两个国家时而各有各的君主，时而联合在一个君主政权之下。在[6]16世纪，巩固波兰—立陶宛合并和促使这两个联合国家更加团结的新结合形势形成了；这种结合给整个东欧，特别是给西南罗斯带来了极其重要的结果。我指的是16世纪西欧的教会大分裂，即宗教改革。当时有个叫马丁·路德的德意志博士在1517年挑起一场关于教义的真正来源、用信仰拯救灵魂和其他神学问题的争论，但看来，东欧的事同这个马丁·路德有何相干呢！但是西方的这次教会变革对东欧并非没有留下痕迹，它不是用自己宗教道德方面的直接后果触及了东欧，而是用影响，或者说用遥远的反响，触及了东欧。16世纪俄罗斯宗教团体中的著名自由信仰运动同宗教改革有着十分密切的关系，并得到西方新教派思想的支持。但是我不能肯定宗教改革对国际关系的影响在哪里更大些，是在西方呢还是在我们东方。从这方面而论，宗教改革在俄罗斯国家的历史中是个相当重要的事实。一般说来，我对这样一种思想保持最大的保留：似乎古罗斯与西欧完全隔绝，它忽视西欧，也被西欧所忽视，而且它没有对西欧发生任何影响；西欧也没有对它发生任何影响，西欧对古罗斯的了解并不比对新罗斯的了解为多。但是，也像现在一样，3、4个世纪以前，如果俄罗斯还没有像它应该了解的那样了解西方的事件进程，那么它所承受的后果有时要比必须承受的更为强烈。果然，在16世纪此事便发生了。为了巩固立陶宛和波兰的王朝联系，波兰政府同宗教界带头在东正教的立陶宛—罗斯加强了天主教的宣传。大约在15世纪中叶雅盖隆朝的第三个统治者——卡齐米尔时期，这种宣传进行得特别积极，并且立刻招致来自立陶宛东正教居民方面的激烈反抗。因此，立陶宛公国在15世纪末叶已开始衰落：东正教的俄罗斯王公们，甚至立陶宛的王公们，开始离开立陶宛去为莫斯科大公效力。宗教改革突然改变了各种关系。新教教义在波兰找到了易受感染的土壤，这一土壤是通过同德意志的密切文化联系培育出来的。许多波兰青年在符腾堡和其他德意志大学里学习。在符腾堡那场争论后过了三年，即在1520年，波兰的神职人员在彼得罗科夫聚会，并禁止波兰人阅读德意志新教著作，因为这些著作在这里传布得又快又有成效。在同年的托伦大会上，波兰政府也颁布了法令，支持神职人员，威胁说，谁要在波兰运进、出售和散发路德的和其他新教徒的著作，就没收其财产并把他永远驱逐出境。这些严厉的禁令愈来愈厉害，几年之后，死刑代替了没收财产的威胁。但是，所有这一切都无济于事。新教控制了波兰社会；甚至基辅主教帕茨也公开传播路德的思想方法。新教从波兰和其他邻国渗透到了立陶宛。大约在16世纪中叶，在这里700个天主教区中只保留了千分之一的天主教徒，其余的信徒都转为新教徒。在1525年，普鲁士条顿骑士团同自己的首领阿尔贝特一起脱离了罗马教会，阿尔贝特接受了公爵的封号，在这个骑士团里开始出现了立陶宛文的新教著作译文。立陶宛新教的主要传播者是在北德意志学习过的、并在那里获得博士学位的立陶宛人阿夫拉姆·库里瓦，后来，他把德意志神甫温克勒作为自己的继承人。这两个传教士都传播路德新教。王后瓦尔瓦拉的表兄弟（有影响的立陶宛权贵）、尼古拉·乔尔内·拉齐维尔支持的加尔文教更成功地在那里流行起来。这位瓦尔瓦拉起初是国王西基兹蒙德-奥古斯特的情妇，后来才正式成为他的妻子。在16世纪后半叶开始时，绝大多数的天主教贵族已经转到新教方面来，其中还包括相当一部分立陶宛—罗斯的东正教的显贵——维什涅维茨基家族、霍特凯维奇家族，等等。新教的这些成就为1569年的卢布林合并做好了准备。新教的影响削弱了天主教在立陶宛罗斯的宣传活动。占据波兰王位的雅盖洛王朝的最后两位国王西基兹蒙德一世和西基兹蒙德二世奥古斯特（1506—1572年），对于在他们的合并国家里纠缠不休的宗教斗争漠不关心。西基兹蒙德-奥古斯特是个在新思潮中培养起来的温和而又游手好闲的放荡公子，在他的国情允许的情况下，他甚至庇护新教义，亲自从自己的图书馆提供宣讲用的新教书籍，准许在宫廷教堂按新教精神布道；当出宫参加节庆时，不论到哪去，是去天主教教堂还是去新教教堂，对于他来说都无所谓。他在袒护新教徒时，也爱护东正教徒；他在1563年对禁止东正教徒担任国家和社会公职的哥罗德里议会法规所作的解释，等于废除了这项法规。随着历代国王所支持的天主教宣传的削弱，立陶宛的东正教居民对波兰政府不再恐惧或敌视。人民情绪的这种转变，使立陶宛同波兰政治合并的延续成为可能。西基兹蒙德-奥古斯特临死时无子嗣；雅盖洛王朝与他同归于尽，于是，两国王朝联盟也就自行终止。当受波兰政府庇护的天主教的宣传活动在立陶宛加紧进行的时候，东正教的立陶宛—罗斯居民对联盟延续问题连想都不愿意去想。一个令人忧虑的有关立陶宛对波兰未来关系的问题提出来了。但是，由于西基兹蒙德-奥古斯特宽容异教或善意的冷漠态度，东正教徒们便不再被这种想法困扰。可以料想到，反对延长合并的只是来自立陶宛的达官贵人，他们害怕受波兰贵族，即普通贵族的压制，而立陶宛—罗斯贵族却因此而希望同波兰永久联盟。1569年1月，在卢布林召开了为解决合并延长问题的议会。当立陶宛显贵表示反对延长时，国王把西南罗斯两个最有势力的权贵：基辅督军、留里克后裔康斯坦丁·奥斯特罗日斯基公爵和沃林督军、格季明后裔亚历山大·恰尔托雷伊斯基公爵，拉到了自己一边。这两个权贵是东正教的罗斯—立陶宛贵族的领袖，他们能够给国王制造很多麻烦。奥斯特罗日斯基公爵虽然也承认自己臣属于国王，但他却是个很有势力的封邑领主，他在各方面都比国王要富得多，而且更有势力，他拥有广大的领地，几乎包括了今天的整个沃伦省及波多利亚省和基辅省的很大一部分地方。在他控制的地区，有35座城市和700多个村庄，从这些地区获得的收入达一千万兹罗提（相当于今天的一千多万卢布）。这两个权贵把原来倾向于贵族制波兰的西南罗斯贵族吸引到了自己一边，而且立陶宛贵族也追随他们，这样一来，合并问题就解决了。在卢布林会议上，确认了两国的政治联盟即便在雅盖洛王朝中断以后也永不解散。与此同时,联合的国家将有一个最终确立的体制。波兰和立陶宛作为统一国家的两个平等部分联合起来了,前者称王国,后者称公国,而两者一起称之为波兰立陶宛王国。这是一个举行选举的共和式君主制国家。国王为最高元首,由王国和公国的共同议会选举产生。立法权属于由全国代表,即贵族(仅仅是贵族)代表组成的议会,而枢密院则由国家两部分的上层世俗的和教会的高官所组成。议会、枢密院和国王是共同的最高政府机构,但在共同的最高政府下,波兰立陶宛王国的两个联盟部分都保留着各自的行政机构,有各自的大臣、各自的军队和各自的法律。卢布林会议的一些决议对于西南罗斯的历史极为重要,根据那些决议,加入立陶宛公国的这个罗斯的一些省份并入王国:这就是波德利亚希亚(格罗德诺省的西部)、沃林和乌克兰(基辅省、波尔塔瓦省连同波多利亚省的一部分,也就是连同勃拉斯拉夫督军管区以及切尔尼戈夫省的一部分地区)。在这样的情况下,实现了1569年的卢布林合并。这一合并给西南罗斯和整个东欧带来了极其严重的政治后果和民族-宗教后果[6]。

合并的后果 对于西部罗斯来说,卢布林会议的决议[7*]乃是格季明诺维奇家族的控制和他们在那里施加的波兰影响的结果。波兰人实现了几乎二百年来追求的自己国家同立陶宛的永久合并,并把以自然财富诱人的西南罗斯一些地区直接并入了波兰。在波兰的影响下,格季明诺维奇家族在他们管辖的罗斯废除了很多古老的东西,并给罗斯的制度和生活引进不少新事物。根据同各省的大维切城市的协议,留里克王公家族带领自己的亲兵队曾统治了古基辅罗斯的各个省份,但由于土地私有制不太发展,这个家族同各省的地方村社在社会和经济上的联系是不牢固的。因此在格季明诺维奇家族统治时期,定居的大土地占有主贵族取代了这个基础不牢的执政阶级。加入到定居贵族中来的有俄罗斯王公和立陶宛的王公及大贵族，而随着议会制度的稳定，小土地所有者的军役阶级，即普通贵族、小贵族又对定居贵族占了上风。

在一些古老的地区，即在曾经依附于作为政治中心的大城市的基辅罗斯的一些地方，在立陶宛罗斯被分为大公国县级警官管辖的一些行政区，但这些行政区不是由许多地方中心，而是由一个全国性的共同中心联合在一起。最后，原来通过自己维切代表本区村社向王公负责的区的大城市本身，由于大公的行政管辖和土地私有制而同这些村社脱离，而马格德堡法之代替维切体制，又使这些城市变成了一个个局限在城市定居地的拥挤的范围之内的等级狭隘的市民社会，并且还使这些城市失去了地方自治的作用及参与国家政治生活的作用。贵族的统治、终身任职，有些地方是世袭的任职，以及马格德堡法——这就是波兰带到立陶宛罗斯的三种新事物。卢布林合并以自己的后果使在波兰影响下早已孕育着的第四种新事物，即农奴制，具有更强的作用。

草原乌克兰的移民　从16世纪中叶起，长期渺无人烟的第聂伯河中游地区明显地移居了许多人。那里辽阔的草原自然而然地吸引了移民的到来；农奴制在立陶宛的胜利支持和助长了这种移民洪流。到16世纪初，由于对土地占有者依附的程度不同，这里的农村农业人口形成了几个等级：从流动农民，即向主人借债或未借债而住下并保留迁移权的定居农和非定居农，到不自由的家仆，即订有契约的宅院耕农。在第一和第二"法规"时期（1529—1566年），随着贵族政治力量的增长，这些等级在微不足道的自由方面越来越趋于平等。1569年的合并更加速了这一趋势的发展。在波兰立陶宛王国几任选举产生的国王统治时期，立法，正如国家全部政治生活的趋向一样，处在波兰—立陶宛贵族，即国内的统治阶级的直接影响之下。波兰—立陶宛贵族从没忘记对于隶属他们的农村人口利用自己的政治优势。随着第聂伯河中游两岸的俄罗斯地区并入波兰立陶宛王国，波兰的行政机构在这里便建立起来，排挤了当地的俄罗斯行政机构，而且在它的庇护下，波兰贵族迁移到了这里，获得了这里的土地并带来了早已具有明显轮廓的波兰农奴制度。当地的立陶宛—俄罗斯贵族愿意学习来自维斯瓦河流域和西布格河流域的自己新邻居的农业耕作知识和习惯。如果为了国库的利益，法律和政府还勉强照顾农民对土地所有者的土地纳税关系，那么，农民的人身就完全听任他们的骑士地主的处置了。贵族对自己的农民操有生死大权：对于贵族来说，打死一个奴仆跟打死一条狗一样——当时的波兰作者就是这样说的。为了摆脱套在农民身上的奴隶枷锁，农村居民从王国和公国的内地加紧涌向漫无边际的乌克兰草原，他们沿着第聂伯河和东布格河而下，奔向贵族尚未来得及渗入的地区。不久，土地占有者的投机活动便开始利用这种迁移活动，从而使它具有新的性质。地主和贵族们求得了在乌克兰边境城镇勃拉斯拉夫、坎涅夫、契尔卡塞、佩列雅斯拉夫以及辽阔的市郊原野的永久占有权，谋得了并轻而易举地占据了未经任何人丈量的辽阔草原，同时用慷慨的优惠来引诱逃亡市民和农民，匆忙地使这些地方住满了人。当时乌克兰草原被支配的情况，有如不久前巴什基尔土地或黑海东部沿岸能经营的土地被支配的情况一样。达官显贵们、奥斯特罗日斯基家族和维什涅维茨基家族的王公、波托茨基家族和扎莫伊斯基家族的地主们，等等，极端无耻地竭力参与侵吞第聂伯河沿岸及其左右草原支流上的官方荒地。但是，当时的土地投机者的所作所为，较之他们后来在乌拉尔和高加索的仿效者还多少有点良心。多亏他们，乌克兰草原才很快得到复兴。在很短时间内，这里就出现了数十个新的小市镇、成百上千的田庄和村落。与移民增加的同时草原也得以设防，否则草原的设防是不可能的。在连成一线的古老城市勃拉斯拉夫、科尔松、坎涅夫和佩列雅斯拉夫的前面，构筑了一排排的新城堡，在这些城堡的掩护下，出现了一些村镇和村落。这些居民点在同鞑靼人的经常战斗中形成了军事团体，这使人想起早在10—11世纪围着基辅罗斯草原边界的那些"勇士哨卡"。小俄罗斯哥萨克就是由这些团体形成的。

哥萨克的由来 哥萨克是俄罗斯社会的一个阶层，曾经遍布于全罗斯。早在16世纪，就雇于农户的雇工以及无固定职业和没有固定住所的人们，统称为哥萨克。这就是哥萨克的最初的一般意义。后来这个游荡的无家可归的阶级，在莫斯科罗斯被称为自由游荡者或自由人。这部分人在连接草原的罗斯南部边区找到了对自己发展极为有利的地方，草原的条件使他们养成了特殊的性格。当鞑靼蹂躏暴行的灾难开始被遗忘时，又发生了罗斯草原边民同流窜草原上的鞑靼人之间的持续不断的小规模战斗。边境的设防城市，是这一斗争的进攻和防御据点。这里形成了一个手持武器到草原去捕鱼和狩猎的阶级。可以想象得到，这些勇敢而贫穷的人们，即武装的渔夫和猎人，把自己的猎获物卖给当地商人，又从他们那里取得生活资料以便维持自己危险的渔猎活动。在这样的情况下，他们此时此地也没有失去为自己主人而劳动的雇农性质。他们作为习惯于草原战斗的战士能够得到地方王公当局的支持。这些人由于经常同草原上的那些鞑靼猎人发生冲突，于是便得到了一个鞑靼的名称，即哥萨克，后来又把这个名称推而广之用来称呼北部罗斯的到处漂泊的雇农。在草原南部的东段，这样的冲突比任何地方开始都早。我想，这就是为什么关于哥萨克的最早记载说的是1444年[7*]同鞑靼人冲突中为自己城市效劳的梁赞哥萨克的原因。16—17世纪时，在莫斯科罗斯多次出现了只有产生了哥萨克才能发生的现象。16世纪草原一些县份的贵族仕宦名册中，我们发现有关这个或者那个县城的没落大贵族的儿子的记载："他奔赴草原，投奔哥萨克。"这并不是说他参加了某个固定的、譬如顿河的哥萨克团体，他只不过是找到了暂时的伙伴，抛弃了军役和服役领地，同他们一起到草原去随意游荡，从事临时性的自由自在的草原狩猎业，特别是攻打鞑靼人，然后，便返回故土并在故乡的某个地方成家立业。1622年叶列茨县的贵族仕宦名册中记载了一批抛弃自己世袭领地去当哥萨克，后来受雇于大贵族家作奴仆和当寺院仆役的叶列茨县地主。哥萨克的起源地[8]，可以认为是与草原交界的俄罗斯城镇一带，其走向是由伏尔加河中游至梁赞和土拉，然后急转南下，沿普季夫里和佩列雅斯拉夫一线抵达第聂伯河。不久，哥萨克便进一步向草原推进。当时正是鞑靼衰落、汗国瓦解时期。城市哥萨克，首先大概是梁赞哥萨克，以武装的渔猎业组合形式开始在辽阔的草原、顿河上游地区定居下来。顿河哥萨克大概应该认为是草原哥萨克的原型[8]。至少在16世纪下半叶，当查坡罗什哥萨克刚刚开始组织军事团体时，顿河哥萨克就已经是有组织的了。加入哥萨克的有受过洗礼的鞑靼人。现在还保存了一份出身于克里木鞑靼这种新受洗礼者的申请书。在1589年，他从克里木来到顿河，并在那里为莫斯科君主服役了15年，"我打过克里木人，我同顿河哥萨克一起攻打过克里木人和克里木村寨，而且从顿河来到普季夫里"。他请求君主免除他家在普季夫里的税捐和义务，成为免税"白户"并允许他同所有白户一道为皇上效力。

小俄罗斯哥萨克 有关第聂伯河哥萨克的记载[9*]是从15世纪末才有的，比有关梁赞哥萨克的记载要晚些。他们的起源和最初的社会面貌，同其他地方的哥萨克一样简单。成批的狩猎人从基辅、沃林和波多利亚边区的一些城镇，甚至从第聂伯河上游一些地区，来到荒凉的草原,变成了"哥萨克人",以养蜂、捕鱼、打猎以及掠夺鞑靼人为生。春季和夏季,这些外来的哥萨克在"营地",即在沿第聂伯河及其草原支流流域的渔猎场地活动,而到了冬季,他们便携带自己的猎获物聚集到第聂伯河流域的城镇,并在那里,特别是在成了哥萨克早期主要栖身地的坎涅夫和契尔卡塞居住下来。在这些哥萨克中有些人,像在北部罗斯的一样,去给市民和土地所有者当雇工。但是,当地的地理条件和政治条件使乌克兰哥萨克的命运复杂化了。他们陷入了罗斯、立陶宛、波兰、土耳其和克里木的国际冲突的漩涡之中。在这些冲突中,第聂伯河哥萨克不得不起的作用,使他们具有了历史意义[9a]。我刚才讲了关于第聂伯河流域移民加强的情况,它补充了这里的哥萨克化居民。这是一些对边疆和整个国家很需要的、但给波兰政府制造了许多困难的不安分的人。惯于战斗的草原狩猎人,使国家有了一个免遭鞑靼侵扰的安全边防。但这是利弊兼有的工具。哥萨克人在草原的季节狩猎活动之一,甚至是主要的活动,就是对鞑靼和土耳其土地的报复性袭击。他们从陆路和海上进行侵袭:在17世纪初,哥萨克的轻快木船队袭击了黑海北岸、西岸、甚至南岸的鞑靼城市和土耳其城市,并且深入到博斯普鲁斯海峡,进逼康士坦丁堡。土耳其人用战争来威胁波兰作为报复,因为波兰人最害怕战争。还在16世纪初,在华沙就制定了一个计划,即如何把哥萨克变成无害而有益的人。这个计划是:从乱糟糟的而且日益增加的哥萨克化的人群中挑选出最可靠的部分,让他们担负享有俸禄的国家军役,承担保卫乌克兰的义务,而其他人则使之恢复原来的生活。而且早在16世纪[96]初就有了关于招募来担任边境警卫的哥萨克连队的记载。大概这是由草原武装狩猎人组成边防警戒队的一种临时性的尝试。只是在1570年才组成了有300人定额编制的常设部队,也就是后来被称作注册哥萨克的。在斯捷凡·巴托里时期，编制扩大到了 500 人，后来逐渐增加，最后，到 1625 年，增加到了 6 000 人。但是，注册哥萨克编制的增加，丝毫没有减少编制以外的哥萨克。地方统治者和地主们极力要召回这些大都来自农民的非法哥萨克去当"平民百姓"，即农民，承担被他们摆脱掉的义务；但是，已经尝到哥萨克自由的人对此加以抵制，他们认为自己有权不服从，因为同一个政府曾像驱赶乡巴佬一样把他们驱赶到地主的羁绊之下，而在战争时期又向他们求援，把他们召集到军旗之下，且并非在册人员，而人数则以万计。政府的这种两面派行为激起非注册哥萨克的愤怒，并在他们当中准备了一个爆炸物，一旦在他们中间出现一个机敏的首领，这个爆炸物就易燃起熊熊烈火。与此同时，在第聂伯河下游筑起了哥萨克营地，乌克兰哥萨克的不满情绪在这里为自己找到了隐蔽所和温床，使这种不满情绪酝酿成公开的起义。这个营地就是查坡罗什。

查坡罗什 查坡罗什从专门从事狩猎的哥萨克，即从"田野上的哥萨克"[9*]中在草原上不声不响地出现了。乌克兰边境城镇的已经哥萨克化的居民顺着第聂伯河而下，抵达下游很远的地方，到了第聂伯河石滩以南。留巴夫斯基教授推测，查坡罗什赛切的萌芽，就是在鞑靼游牧区附近石滩以南地方从事捕猎活动的庞大的哥萨克劳动组合，而且教授本人发现了赛切在 15 世纪末存在的痕迹。当城镇的哥萨克遭到波兰政府迫害时，他们便逃往已熟悉的查坡罗什地区，不论是波兰的政府专员还是讨伐队都无法闯进这里。第聂伯河从石滩急流处冲向一望无际的草原，漫成宽阔的河面之后，形成一个个岛屿，就在这些岛屿上，逃亡者为自己筑起了设防的赛切。16 世纪，在靠近急流的霍尔季查岛上出现了查坡罗什人的主要村落。这就是当年著名的查坡罗什赛切。后来，它从霍尔季查岛移到查坡罗什其他岛屿上。赛切就是用木头围起来的障碍物，即"鹿砦"[10],一种加固的营寨。它[11]安放了一些从鞑靼和土耳其的防地掠夺来的小炮。在这里,一些无家可归的和不同部落的外来者组成了军事狩猎团体,自称为"查坡罗什军骑士团"。赛切成员住在用干树枝搭起来的、上面铺盖马皮的窝棚里。他们中间有分工:一部分人主要从事掳掠,靠战利品过活,另一部分人多半以从事捕鱼狩猎为生,同时供应前一部分人的给养。妇女不准进入赛切;已婚的哥萨克,即待在家里的、有家口的,分居在过冬的农舍中,并种植谷物,供应赛切成员。到16世纪末,查坡罗什还是一个人员流动、不固定的社团:入冬时,查坡罗什便分散到乌克兰各个城镇,在赛切只留下几百个守卫大炮和赛切其他财物的人。在夏季平静时期,赛切能达3 000人,但是,当乌克兰的平民百姓被鞑靼人或波兰人逼得走投无路或在乌克兰发生什么事情的时候,赛切便挤得满满的。当时有各种不满情绪的、遭到迫害的或者遇到任何不幸的人,都逃往第聂伯河石滩以南的地方。在赛切,不论新来者是谁,从哪里来,什么信仰,什么样的氏族-部落,只要是有用的伙伴,就一律收容。16世纪末,在查坡罗什可以看到军事组织的特征,当时虽然还不稳定,它是在晚些时候才稳定下来的。查坡罗什的军事团体,即可什,由赛切拉达选出的可什头领(阿达曼)统帅,他同选出的大尉、法官和书隶组成赛切领袖团,即政府。可什分成若干支分队,即可伦,后来有38支分队,由选出的头领指挥。头领也是赛切领袖的成员。查坡罗什人特别珍视友爱平等,一切事情由赛切会议——拉达,即哥萨克可洛来决定。这个可洛对待自己的领袖是不讲情面的,有权选举和撤换他,并处决令人不满的人,给他们身上盛满砂石然后投入水中。1581年,一个从加利奇来到赛切的显贵地主、天不怕地不怕的冒险分子兹鲍罗夫斯基唆使哥萨克去袭击莫斯科。那些游手好闲、手头拮据而穷极无聊的骑士们兴冲冲地采纳了这个地主的计谋,并立即选他为首领(盖特曼)。在出征路上,哥萨克老纠缠着他,向他探询,当上帝保佑他们平安无事地从莫斯科回来的时候,是否在他那里还能找到他们能干的好生计,可是,当这位盖特曼放弃莫斯科,建议哥萨克去攻打波斯时,他们便相对破口大骂,几乎把他打死了。这种追逐出征捞钱的活动比抢劫和狩猎要简单,到 16 世纪末,这种活动随着哥萨克化人员的增加而加强了。这些人已经不能满足于草原上的捕鱼和狩猎,而是数以千计地游荡在第聂伯河右岸的乌克兰地区,洗劫村民。地方当局没有地方可以打发这些游手好闲的哥萨克,就连他们自己也不知道去哪里安身,于是他们情愿追随召唤他们去克里木或者去摩尔达维亚的第一个头目。当莫斯科国发生动乱时,这些哥萨克便组成袭击莫斯科国的匪帮。当时在乌克兰把对邻国的侵袭叫作"哥萨克的谋生之道"。除了掳掠以外,其他任何事情哥萨克都顾不上,他们在回答兹鲍罗夫斯基关于效忠国王和祖国的言论时用了一句民间谚语:"得过且过,混生等死。"但是,哥萨克并不总想靠异乡异土——克里木、摩尔达维亚或莫斯卡尔——过日子,因为早在 16 世纪轮次就排到了自己的"祖国"。查坡罗什从不断汇集的人群中得到源源不断的补充,成了爆发哥萨克反对自己的波兰立陶宛王国起义的策源地。[11]

因此,卢布林合并给西南罗斯带来了彼此密切相关的三个后果:农奴制度、乌克兰农民移民的加强和查坡罗什成为被奴役的俄罗斯居民造反的庇护所。

第四十六讲

小俄罗斯哥萨克的道德品质——哥萨克对宗教信仰和民族性的维护——哥萨克人中间的对立——小俄罗斯问题——波罗的海问题和东方问题——莫斯科国对欧洲的关系——17世纪莫斯科对外政策的作用

哥萨克的道德品质 我们[1*]简略追溯了17世纪开始以前同立陶宛罗斯命运相关的小俄罗斯哥萨克的历史，当时他们的状况发生了重大的转折。我们看到哥萨克的品质是怎样变化的：一群群的草原狩猎人从自己人中分离出去成为以掠夺邻国为生的战斗队，而政府又从这些战斗队中招募了边防守备队。所有这些哥萨克都同样地窥视着草原，在那里寻找外快，并通过这种活动，在不同程度上防御着经常受到威胁的国家东南边境。自卢布林合并时起，小俄罗斯哥萨克调转了方向，转向他们迄今一直防卫的国家。小俄罗斯的国际环境使这群乌合流窜之众道德败坏，妨碍了他们在小俄罗斯产生公民感。哥萨克习惯于把邻国——克里木、土耳其、摩尔达维亚，乃至莫斯科——看成是掠夺的对象，看成是"哥萨克的谋生之道"。自波兰地主和贵族土地所有制连同他们的农奴制在东南边境开始确立时起，他们对自己的国家也开始抱这种看法。那时，他们把自己的国家看作比克里木或土耳其还要凶恶的敌人，并且从16世纪末叶起以双倍的疯狂开始对它进行颠覆。这样，小俄罗斯哥萨克便成了没有祖国，也就是说，没有宗教信仰的人群。当时东欧人的整个精神世界是建立在这样两个彼此紧密相连的、即祖国和祖国的上帝的基础之上的。波兰立陶宛王国既没有给哥萨克以祖国，也没有给他们上帝。对于哥萨克人来说，他是东正教徒的想法已成为模糊不清的童年回忆或抽象的概念，在哥萨克的生活中这种抽象概念既不承担任何义务，也没有什么用处。在战争时期，他们对待俄罗斯人和他们的神殿一点也不比对待鞑靼人好，甚至比对待鞑靼人还要坏。信奉东正教的俄罗斯地主[1]、驻在哥萨克那里并熟悉他们的一个政府专员基塞尔·亚当在1636年写道，他们很喜欢希腊宗教和它的神职人员，尽管在宗教方面他们更像鞑靼人而不像基督教徒[1a]。哥萨克一直是没有任何道德观念的人群。在波兰立陶宛王国内未必会有另一个阶级在道德发展和公民感发展上水平更为低下；难道只是小俄罗斯教会的高级教阶人士在教会合并面前能同哥萨克的野蛮较量吗？由于思维能力非常迟钝，他们还不习惯把自己的乌克兰看作是祖国。哥萨克中特别混杂的那些成员也妨碍了这一点。参加斯捷凡·巴托里招募的哥萨克500名注册部队的人，来自西部罗斯和立陶宛的74个城镇和县份，还有来自像维尔诺、波洛茨克这样遥远的城镇，以及来自波兰的7个城镇，如波兹南、克拉科夫，等等。此外还有来自梁赞的莫斯科佬，和伏尔加河一些地方的莫尔德瓦人以及还有一个塞尔维亚人、一个德意志人和一个来自克里木取了未受洗礼名字的鞑靼人。是什么东西能把这群乌合之众联合起来的呢？在他们的脖子上骑着地主，而他们腰上却挎着马刀；打死、掠夺地主和出售马刀——在这两种兴趣中汇合成了哥萨克的整个政治人生观，也就是赛切所传授的全部社会科学。赛切是哥萨克的学院，即培养一切地道的哥萨克果敢精神的高等学校，或

1　此处疑有误，应为"波兰地主"。参阅"人名索引"。——译者

像波兰人所称呼的造反的巢穴。为了得到应得的报酬,哥萨克为德意志皇帝服役去反对土耳其,又为自己的波兰政府效力去反对莫斯科和克里木,也为莫斯科和克里木尽力去反对自己的波兰政府。最早反对波兰立陶宛王国的哥萨克起义,具有单纯的社会性和民主性,但不带任何宗教-民族色彩。的确,这些起义都发端于查坡罗什。然而,在第一次起义中,其领袖竟然是一个外地人,他来自敌视哥萨克的人们之中,他背叛了自己的祖国和等级,是波德利亚西亚的一个陷入困境的小贵族克雷什托弗·科辛斯基[16]。他加入了查坡罗什,率领一支查坡罗什部队受波兰国王雇佣为其效力,在1591年,仅仅由于没有按时发给雇佣军薪饷,他便召集了查坡罗什人和形形色色的哥萨克流浪汉,开始破坏和烧毁乌克兰城镇、乡村、贵族和地主的庄园,尤其是乌克兰的最富有的土地所有者奥斯特罗日斯基家族公爵的庄园。奥斯特罗日斯基公爵把科辛斯基打败了,俘虏了他,但宽恕了他及其查坡罗什同伙,只迫使他们发誓一定要安分守己待在第聂伯河石滩以南的地方。但是,两个月过后,科辛斯基又发动了新的起义,发誓臣属莫斯科沙皇,并吹嘘说要在土耳其和鞑靼的帮助下把整个乌克兰闹个天翻地覆,屠杀那里的所有波兰贵族。他包围了契尔卡塞城,企图杀尽这座城市的全部居民及其市长,这个市长就是为他向奥斯特罗日斯基公爵请求宽恕的维什涅维茨基公爵。最后,科辛斯基在同这位市长的战斗中阵亡了。洛鲍达和纳利瓦伊科继承了他的事业,到1595年,他们把第聂伯河右岸的乌克兰破坏得一塌糊涂。各种形势迫使这把不要上帝和祖国的、可以收买的马刀接受了一面宗教—民族的旗帜,注定了它要扮演成为西部俄罗斯东正教支柱的崇高角色。[18]

哥萨克对宗教信仰和民族性的维护 给哥萨克安排的这一出乎意外的角色是由另一种合并,即政治合并后27年才完成的宗教合并所准备的。顺便提一下导致这种事变的主要情况。随着1569年耶稣会士在立陶宛的出现而复兴的天主教宣传，很快就摧毁了在这里的新教并向东正教猛扑过来。这种宣传首先在以奥斯特罗日斯基为首的东正教显贵中间，而后又在城市居民中间、和在教会团体中间遇到了强烈的反抗。然而，在道德败坏的、自暴自弃和受天主教徒压制的东正教的高级教阶中间，却产生了与罗马教会合并的旧观念，而且在1596年的布列斯特宗教会议上，俄罗斯教会团体分裂成了两个敌对的派别——东正教派和教会合并派。东正教团体不再是国家承认的合法教会。随着两位不接受合并的主教的逝世，一般东正教教士也就没有了主教；随着信奉东正教的显贵开始普遍地转向合并和天主教，俄罗斯市民也就失去了政治支柱。教士和市民能够求助的唯一一支力量，就是拥有自己后备军（即俄罗斯农民）的哥萨克。这四个阶级的利益各不相同，但遇到共同敌人时，这种差异就被撇开了。教会合并没有把这些阶级合并进去，但是却给他们的联合斗争以新的刺激，并帮助他们更好地相互了解：无论对哥萨克还是对奴仆都很清楚，教会合并——这是波兰国王、地主、天主教教士以及他们共同的代理人犹太人的联盟，是反对所有俄罗斯人必须保卫的俄罗斯上帝的。备受折磨的奴仆和肆意妄为的哥萨克企图屠杀他们曾生活过的土地上的地主，如果对他们说，他们是用这种屠杀庇护受凌辱的俄罗斯上帝，那么这就意味着，他们的良心得到慰藉并受到鼓舞，因为在底层某处产生的良知使他们的良心受到压抑，因无论如何屠杀毕竟不是一件善事。16世纪末的最初几次哥萨克起义，正如我们已见到的，还不具有那种宗教-民族性质。但从17世纪初起，哥萨克逐渐地加入了东正教教会反对派[1厂]。哥萨克首领萨加伊达契内带领查坡罗什的全部队伍加入了基辅东正教团体，1620年，他擅自通过耶路撒冷宗主教，未经自己政府的允许，便恢复了在哥萨克保护下进行活动的东正教的最高教阶。1625年，这个新立的教阶的首脑，即基辅大主教，亲自号召查坡罗什哥萨克去保护基辅东正教徒，于是，他们就把迫害东正教徒的基辅市长投入河中淹死[13]。

哥萨克人中间的分歧 这样，哥萨克便有了一面旗帜，它的正面是号召为信仰和俄罗斯人民而战，而反面是号召把波兰地主和贵族逐出乌克兰。但是，这面旗帜没有把整个哥萨克团结起来。还在16世纪，他们当中就发生了经济分化。栖息在边境城市并在草原上以做季节工为生的哥萨克，后来开始定居在狩猎场地，经营农庄和田地。17世纪初，有些边境地区，如坎涅夫区，已经布满了哥萨克农庄。占用地，如同往常占据空闲地时一样，成为土地占有制的基础。在这些定居的哥萨克土地所有者中，注册哥萨克优先受招募，他们从政府领取薪俸。注册哥萨克逐渐地按照在他们居住的作为行政区域中心点的城镇划分为一个个民兵队伍，即团队。1625年，哥萨克同波兰王国的统帅科涅茨波尔斯基签订的条约，规定建立一支拥有6 000人的注册哥萨克军队；当时这支军队分6个军团（别洛采尔柯夫军团、科尔松军团、坎涅夫军团、契尔卡塞军团、齐吉林军团和佩列雅斯拉夫军团）；在博格丹·赫麦里尼茨基统率下，已有16个军团，人数达2.3万多人。这种军团划分是在哥萨克首领萨加伊达契内（死于1622年）统率时期开始的，他通常被认为是小俄罗斯哥萨克的组织者。在这位首领的行动方式中，也暴露了隐藏在哥萨克性格中的内在的不协调。萨加伊达契内想把特权等级的注册哥萨克同转为哥萨克的普通农民截然分开，可是人们抱怨他，说在他统率下百姓很痛苦。他本人出身于贵族，用自己的贵族观点来看待哥萨克。尽管有这样的关系，哥萨克同乌克兰贵族的斗争仍具有了特殊的性质：斗争的目的不是在乌克兰清洗外来的异族贵族，而是用自己的当地特权阶级来取代他们，在注册哥萨克中培植未来的哥萨克贵族。但是，哥萨克的真正力量并不在注册哥萨克中。6 000名注册者总共不到加入哥萨克并享有哥萨克权利的人们的十分之一。这些人一般来说是穷苦的、无家可归的人，即贫民，他们中绝大部分人生活在地主和贵族的世袭领地内，而且作为自由哥萨克不愿意承担同普通农民一样的义务。波兰统治者和地主们不想了解这种人的自由放纵，竭力要把自由流民变成平民百姓。当波兰政府需要哥萨克的军事援助时，它便准许所有哥萨克，注册的和非注册的，都参加哥萨克民军，但是，当不再需要时，就把多余者从名册中注销即除名，恢复他们的原来地位。这些受到濒于奴仆地位威胁的"除名者"聚集在自己的避难所查坡罗什，并从这里发动起义。这样，哥萨克骚动就开始了，在日马伊洛、塔拉斯、苏里马、帕夫柳克·奥斯特拉宁和古尼亚的率领下，这些骚动从1624年起延续了14年。这时，注册军不是分成了两派，就是整个站到了波兰人一边。对于哥萨克来说，所有这些起义都是失败的，并且于1638年以丧失哥萨克最重要的权利而告终。注册军被重新改编并置于波兰贵族的指挥之下；政府督察员担任哥萨克首领的职务；定居的哥萨克失去了自己的世袭土地；非注册的哥萨克重新受波兰地主的奴役。自由哥萨克被消灭了。根据小俄罗斯编年史家的说法，当时哥萨克的任何自由都被剥夺了，承担着空前沉重的捐税，连教堂和教会职务都预先卖给犹太人。

小俄罗斯问题 波兰人和俄罗斯人，俄罗斯人和犹太人，天主教徒和教会合并派，教会合并派和东正教徒，教会团体和高级僧侣，贵族和平民百姓，平民百姓和哥萨克，哥萨克和市民，注册哥萨克和自由贫民，城市哥萨克和查坡罗什，哥萨克长官和哥萨克庶民，最后，哥萨克首领和哥萨克长官——所有这些社会力量在其相互关系上彼此冲突、彼此纠缠,同时又成对地彼此相互敌视,而所有这些没有暴露的或已暴露出来的成对的敌对关系错综复杂地交织在一起,使小俄罗斯生活陷入这样一种复杂的结扣之中,任何一个国家的天才,无论是在华沙还是在基辅,都无法解开这个结扣。博格丹-赫麦利尼茨基的起义,就是一次想用哥萨克的马刀劈开这个结扣的尝试。很难说,莫斯科方面是否预见到了这次起义和不得不干预这次起义的必要性。莫斯科的视线一直没有从斯摩棱斯克和塞维尔斯克领土移开,而且在1632—1634年战争失利之后,还悄悄地准备伺机挽救这次失败。小俄罗斯还远处于莫斯科政策的视野之外,里索夫斯基和萨彼加的关于契尔卡塞人的回忆还记忆犹新。的确,基辅方面曾派人去莫斯科,声称[1e]准备效忠东正教的莫斯科君主,甚至呈文恳求他把小俄罗斯置于自己的保护之下,因为除莫斯科君主外,他们,即信奉东正教的小俄罗斯人,是无处安身的。莫斯科方面很谨慎地回答说,在宗教信仰上受到波兰人压迫的时候,君主才会考虑如何将东正教的信徒从异教徒压迫下拯救出来[1e]。从赫麦利尼茨基起义一开始,莫斯科和小俄罗斯之间就建立了这种模棱两可的关系。博格丹的成就超出了他的想象:他本来不想同波兰立陶宛王国决裂,只是想吓唬一下目中无人的波兰地主,可是在取得3次胜利之后,几乎整个小俄罗斯都落入他手中。他本人承认,他所取得的东西是他未曾想到的。他的头脑开始膨胀了,特别是在宴会上。他仿佛看到了一个以博格丹大公为首的直到维斯瓦河畔的乌克兰公国;他自命为"俄罗斯独尊的专制君主",他威胁说,要把所有波兰人打得人仰马翻,把全部波兰贵族赶出维斯瓦河流域,等等。他对莫斯科沙皇在事件一开始时没有帮助他,没有立刻进攻波兰而非常怨恨,在激动中他对莫斯科使节出口不逊,在宴会结束时,威胁要摧毁莫斯科,收拾那个在莫斯科坐金銮宝殿的人。朴直的吹嘘被屈辱的、但并非朴直的悔过所取代了。博格丹产生这种反复无常的情绪，不仅仅是由于他的气质，而且也由于他态度上的虚伪情感。他只靠哥萨克的力量是不能对付波兰的，而期待莫斯科方面的外援又没有得到，他本来应该抓住克里木汗不放。在自己取得初步胜利之后，他曾暗示如果莫斯科沙皇支持哥萨克的话，他准备效忠莫斯科沙皇。但是，莫斯科方面拖延等待，就像那些没有自己方案的人们那样，期待从事件进程中产生出方案来。莫斯科不知道怎样对待这位造反的哥萨克首领，是把他收容在自己政权之下，还是仅限于暗中支持他反对波兰人。赫麦利尼茨基作为臣属比作为暗中同盟者更为不利：作为臣属，就应该受到保护，而作为同盟者，在不需要他的时候就可抛弃他。此外，公开庇护哥萨克会导致同波兰的战争和陷入小俄罗斯各种关系的一片混乱之中。但是，不介入这场斗争，就意味着把东正教的乌克兰送给敌人，并把博格丹变成自己的敌人：他曾威胁说，如果莫斯科方面不支持他，他就同克里木鞑靼人一起进攻莫斯科，否则，他打败波兰人之后，会同他们和解，而且同他们一起掉转头来反对沙皇。在兹波罗夫条约签订之后不久，当意识到不可避免地要同波兰打一场新的战争时，博格丹向沙皇的使节表示，希望一旦打败时能够带领查玻罗什的全部军队转入莫斯科境内。仅仅过了一年半，当赫麦利尼茨基反对波兰的第二次战役遭到失败、并且几乎丧失了在第一次战役中所获得的全部成果时，在莫斯科的人们才终于认识到博格丹的这种想法是摆脱困境的最合适的出路，并建议他率领全部哥萨克军队迁移到君主领有的广阔而富饶的领土上，即迁到顿涅茨河、麦德维季查河流域以及其他一些合适的地区：这种迁移不会导致同波兰的战争，不至于把哥萨克驱赶到土耳其苏丹的统治之下，而且还给莫斯科提供了一支很好的草原地区的边防守备队。但是，事情没有遵循莫斯科政策的深谋远虑的步骤发展。赫麦里尼茨基不得不在不利条件下同波兰进行第三次战争,并加紧央求莫斯科沙皇接受他为臣属,否则他就投靠到土耳其苏丹和克里木汗早就许诺的保护之下。结果,在1653年初,莫斯科方面决定接受小俄罗斯为臣属并同波兰开战。可是,莫斯科方面还是把问题拖了几乎一年,只是到了夏季才把自己的决定通知赫麦里尼茨基;但是秋季召开了缙绅会议以讨论官衔问题,后来,又是等待,一直等到赫麦里尼茨基再次被自己的同盟者——克里木汗出卖而在日瓦涅茨镇附近遭到新的失败,莫斯科才在1654年1月收下哥萨克的效忠誓约。自从1634年在斯摩棱斯克城附近投降之后,为了报仇雪耻,人们等待良机等了13年之久。1648年,小俄罗斯的哥萨克崛起了。波兰陷于绝望的境地;人们从乌克兰向莫斯科求援,以便摆脱背信弃义的鞑靼人,同时请求把乌克兰置于自己的保护之下。莫斯科担心破坏同波兰的和平而没有采取行动。六年来,莫斯科以不动声色的好奇眼光观察着在兹鲍罗夫城和别列斯捷奇科镇附近被鞑靼人破坏的赫麦里尼茨基的事业是如何逐渐趋于衰落的,小俄罗斯是怎样被同盟的鞑靼人和野蛮残酷的内讧所蹂躏的,最后,当这个国家已经毫无办法时,莫斯科才把它置于自己的保护之下,以便把乌克兰的统治阶级由波兰的动乱分子变成莫斯科的令人憎恶的臣民。只是由于双方彼此互不了解,事情才能这样发展。莫斯科愿意将乌克兰哥萨克抓在自己手中,哪怕不带来哥萨克领土;如果带来乌克兰的城镇,那无疑要在这样的条件下,即莫斯科的督军和书隶要在那里坐镇,而博格丹-赫麦里尼茨基就有可能成为类似奇吉林斯基公爵式的人物,奇吉林斯基曾在莫斯科君主宗主国的遥控之下,并在哥萨克显贵、尉官、校官和其他官员的协助下,掌管过小俄罗斯。由于互不了解和互不信任,双方在相互交往中没有推心置腹,结果事与愿违。博格丹等待莫斯科同波兰公开决裂并从东面用武力打击波兰，以使解放小俄罗斯并把它置于自己的保护之下，而莫斯科的外交界，一方面不同波兰断绝关系，同时又怀着精打细算的念头进行等待，等待哥萨克打败波兰人并迫使他们从叛乱的地方撤走，然后才公开地，而且在不破坏同波兰的持久和平的情况下，把小俄罗斯并入大俄罗斯。当行将决定波兰和小俄罗斯命运的兹鲍罗夫事件发生前两个月，博格丹卑躬屈膝地请求沙皇"动用自己的军队进攻"共同的敌人，而他则及时从乌克兰发动进攻，并祈求上帝，让诚实的东正教君主成为统治乌克兰的沙皇和专制君主，然而，莫斯科给博格丹的答复却是无情的嘲弄。莫斯科方面对这种看来是真诚的请愿书的答复是：同波兰的持久和平不容破坏，但是，如果波兰国王肯让哥萨克首领和查坡罗什的全部军队脱离波兰，那么，莫斯科君主对他和全部军队则表示欢迎，并下令将其收容在自己的统辖之下[1*]。在这种互不了解和互不信任的情况下，双方都懊悔丧失了良机。博格丹，作为勇敢的哥萨克马刀和机智的外交家，成了一个政治庸人。有一次，他带着几分醉意向波兰专员谈了自己对内政策的原则："公爵犯罪，要砍头；哥萨克犯罪，也要砍头——这就是真理。"他把自己的起义只看作是哥萨克人同压迫他们（用他的话说，压迫最后的奴隶）的波兰贵族进行的斗争，他还承认，他和哥萨克对波兰贵族和地主怀有刻骨仇恨。然而，他没有排除，甚至也没有和缓那种致命的社会冲突，尽管他意识到这种冲突就隐藏在哥萨克人内部，并且在他以前就已出现，而在他以后便会立刻更加尖锐地暴露出来。这就是哥萨克首领同普通哥萨克，即当时在乌克兰称作"城市的和查坡罗什的平民"的敌对关系。这种敌对关系在小俄罗斯引起无休止的动乱，并导致第聂伯河右岸乌克兰落入土耳其人之手，变成了一片荒漠。莫斯科由于自己精明而谨慎的外交而获得报偿，他们从传统的政治观点出发，把合并小俄罗斯看作是罗斯国土领土结集的继续，即从敌对的波兰夺回广阔的俄罗斯地区归入莫斯科历代君主的世袭领地。因此，在1655年征服了白俄罗斯和立陶宛之后，赶紧在沙皇称号上冠以"整个大俄罗斯、小俄罗斯和白俄罗斯，以及立陶宛、沃林和波多利亚的专制君主"的称号。但是，他们不甚了解乌克兰的内部社会关系，并且把它当作不重要的问题很少加以研究。所以，莫斯科的大贵族们弄不清楚究竟为什么哥萨克头领维戈夫斯基的使节们以蔑视的口吻评论查坡罗什人是酒鬼和赌棍，而与此同时，全体哥萨克及其头领却自称为查坡罗什军。莫斯科的大贵族好奇地询问这些使节：历任的哥萨克首领住在哪些地方，在查坡罗什还是在城市里？他们从哪些人中被推选出来，博格丹-赫麦利尼茨基本人是从哪里选出来的？显然，莫斯科政府在合并小俄罗斯之后发现了自己在当地的处境如同在黑暗的森林之中一样。可是，被双方曲解了的小俄罗斯问题，使莫斯科的对外政策陷入困境和受到损害达几十年之久，使它陷于难以摆脱的小俄罗斯的纷争之中，分散了它同波兰做斗争的力量，迫使它放弃了立陶宛以及连同沃林和波多利亚在内的白俄罗斯，并勉强才得以抓住第聂伯河左岸的乌克兰连同河对岸的基辅。在遭到这些损失之后，莫斯科才暗自重复博格丹-赫麦里尼茨基在一次流泪责备莫斯科没有及时给他以援助时所说的同样的话："我本来不希望这样，这件事也不应该是这样。"[13][1*]

波罗的海问题 小俄罗斯[2]问题通过自己的直接或间接影响，使莫斯科的对外政策复杂化了。沙皇阿列克谢于1654年开始同波兰争夺小俄罗斯的战争之后，很快就征服了整个白俄罗斯以及连同维尔诺、科夫诺和格罗德诺在内的立陶宛的大部分地区。正当莫斯科夺取波兰立陶宛王国的东部地区时，另一个敌人，即瑞典国王查理十世，从北面进攻它。查理十世同样很快地占领了包括克拉科夫和华沙在内的大、小波兰,把国王杨·卡齐米尔驱逐出波兰并宣布自己为波兰国王,最后,甚至要从沙皇阿列克谢手里夺走立陶宛。这样,从不同方向打击波兰的两个敌对者,为了争夺猎获物就发生了冲突和争吵。沙皇阿列克谢想起了沙皇伊凡关于波罗的海沿岸和利沃尼亚的旧念头,于是同波兰的斗争于1656年因同瑞典开战而停了下来。这样,关于莫斯科国要把领土扩展到它的自然边界,即波罗的海沿岸这个被遗忘了的问题,又重新提上日程。解决问题毫无进展:里加没能夺下来,于是,沙皇很快就停止了军事行动,随后(1661年在卡尔基斯城)同瑞典媾和,把自己所占领的全部土地归还瑞典。这场战争不论是怎样对莫斯科徒劳无益,甚至有害,因为它帮助了波兰在遭受瑞典蹂躏之后恢复了元气,然而它毕竟在一定程度上阻碍了这两个国家合并在一个国王的政权之下,尽管它们同样敌视莫斯科,但是他们之间的互相敌视在不断地削弱自己的力量[2]。

东方问题 就是这个[3*]奄奄一息的博格丹成了自己的朋友和敌人的路障。成了两个国家——一个是他背叛的国家,一个是他宣誓效忠的国家——的路障。他由于害怕莫斯科与波兰接近,便同瑞典国王查理十世和特兰西瓦尼亚公拉哥赤达成了协议,他们三人制定了瓜分波兰立陶宛王国的计划。惯于四面讨好的哥萨克自己的真正代表博格丹,以仆人或同盟者的身份,时而又以所有邻国统治者——波兰国王、莫斯科沙皇、克里木汗、土耳其苏丹、摩尔达维亚君主、特兰西瓦尼亚公爵的叛逆者的身份生存下来,终于以企图成为依附于想当波兰-瑞典国王的查理十世的小俄罗斯的自主封邑王公而结束了自己的一生。博格丹生前的这些阴谋,使得沙皇阿列克谢草率地结束了瑞典战争。小俄罗斯把莫斯科拖入了同土耳其的第一次直接冲突。博格丹死后,哥萨克的首领与平民之间的公开斗争开始了。博格丹的继承人维戈夫斯基投靠了波兰国王，并同鞑靼人一起在科诺托普城下消灭了沙皇阿列克谢的精锐部队（1659年）。波兰人受到这一事件的鼓舞，并得到莫斯科的支持摆脱了瑞典人之后，但他们自己占领的地方丝毫也不愿让给莫斯科。第二次同波兰的战争开始了，对莫斯科来说，伴随而来的是两次骇人听闻的失败，即霍凡斯基公爵在白俄罗斯的失败，以及由于哥萨克的叛变导致谢列麦杰夫在沃林的丘德诺沃城下的投降。立陶宛和白俄罗斯丢掉了。维戈夫斯基的继承人，博格丹的儿子尤里和捷捷利亚叛变了。乌克兰沿着第聂伯河被分成两个敌对的部分——左岸的莫斯科乌克兰，右岸的波兰乌克兰。波兰国王占领了几乎整个小俄罗斯。斗争的双方已经精疲力竭：莫斯科发不出军饷，按银币的价值发行铜币，结果引起了1662年的莫斯科暴动；在大波兰，发生了在留鲍米尔斯基率领下的反对国王的暴动。莫斯科和波兰似乎准备要相互喝尽对方的最后一滴血。两国的敌人、（1666年）从第聂伯河右岸乌克兰倒向土耳其苏丹的哥萨克首领多罗申科帮了这两个国家的大忙。由于面临可怕共同敌人，1667年的安德鲁索沃停战协定才终止了两国的战争。莫斯科控制了斯摩棱斯克地区、塞维尔斯克地区以及包括基辅在内的乌克兰东半部分，在第聂伯河上就有了从上游直到查坡罗什的宽阔而漫长的前方，而查坡罗什按其历史特性仍处于模棱两可的地位，仍然为两个国家——波兰和莫斯科效力。新王朝祈祷赦免自己在斯托尔鲍沃、杰乌里诺和波里雅诺夫卡的罪过。安德鲁索沃条约是莫斯科对外政策中的急剧转折点[3a]。这个条约的倡导者是有远见卓识的阿法纳西·Л.奥尔金-纳肖金，他代替了谨小慎微而又目光短浅的鲍里斯·莫罗佐夫成了莫斯科对外政策的领导人。他开始制定新的政治谋略。波兰似乎不再是危险的了。同它的长期战争终止了一百年之久。小俄罗斯问题被他提出的其他任务掩盖起来。这些任务是针对利沃尼亚，即瑞典，和针对土耳其的。为了同这两国进行斗争，需要同受这两者威胁的波兰结成同盟；波兰自己也竭力为这个同盟而奔走。奥尔金-纳肖金把这个结盟思想发展成为完整体系。还在缔结安德鲁索沃条约之前，他在给沙皇的奏折中就以三种理由论证了这个同盟的必要性：只有这个同盟才给保护波兰境内的东正教徒提供了可能性；只有同波兰结成紧密联盟，才可制止哥萨克在克里木汗和瑞典人唆使下同大俄罗斯进行残酷的战争；最后，现在被敌对的波兰从东正教罗斯分离出来的摩尔达维亚人和瓦拉几亚人会在我们和波兰结盟的情况下转向我方而脱离土耳其人，到那时，从多瑙河经过德涅斯特河由全部瓦拉几亚人，由波多利亚、红罗斯、沃林、小罗斯和大罗斯将组成一个完整的、人数众多的信奉基督教的民族，即成为共一个圣母的（即东正教教会的）孩子。最后的一个理由应该引起沙皇的特别兴趣，因为阿列克谢很早就注意到了土耳其的基督教徒。在1656年复活节期间，他在教堂同住在莫斯科的希腊商人行复活节接吻礼之后，曾问他们，是否愿意让他把他们从土耳其的奴役下解放出来，当得到他们的明确回答时，他接着说："当你们回到自己的祖国时，你们要请求自己的高级僧侣、神甫和修士为我祈祷，而我的宝剑将遵照他们的祈祷把我的敌人斩尽杀绝。"然后，他泪水盈眶地向大贵族们说，他的心为这些可怜的人们受到异教徒的奴役而感到悲痛，在有可能解救他们时，他要是忽略这一点，上帝将在最后审判之日惩罚他，但是，为了拯救他们，他承担了要牺牲自己的军队、金库，乃至付出自己鲜血的义务。希腊商人自己就是这样说的。在土耳其苏丹入侵波兰前不久，沙皇于1672年的条约中许诺，一旦土耳其人进攻，沙皇有义务帮助波兰国王，并派遣使节劝阻苏丹和克里木汗不同波兰作战。彼此陌生的同盟者的想法很不一样：波兰首先关心的是自己的外部安全；对于莫斯科来说，列入这个条约的还有关于有共同信仰的问题以及双边问题——从俄罗斯方面看是关于土耳其的基督教徒问题，而从土耳其方面看，则是关于俄罗斯的伊斯兰教徒问题[36]。早在16世纪时[3*]，宗教关系在欧洲的东方就是这样地错综交织着。正如你们所知道的，莫斯科的[4]沙皇伊凡征服了两个伊斯兰王国，即喀山和阿斯特拉罕。但是，被征服的伊斯兰教徒们怀着希望和哀求恳请自己的宗教首领、哈里发的继承人土耳其苏丹把他们从基督教的压迫下解救出来。同样，在土耳其苏丹统治下，在巴尔干半岛也居住着为数众多的、同俄罗斯人同一信仰、同一种族的居民。他们怀着希望和哀求恳请莫斯科君主、东正教的东方保护者把土耳其的基督教徒从伊斯兰教的束缚下解救出来。当时关于借助莫斯科的帮助同土耳其斗争的思想，很快就在巴尔干的基督教徒中间传播开来。根据条约规定，莫斯科的使节前往康士坦丁堡，劝阻苏丹不同波兰立陶宛王国作战。他们从土耳其带回来了具有重大意义的消息。在途经摩尔达维亚和瓦拉几亚时，他们听到了民间有这样一种传说：“只要上帝能使基督教徒对土耳其人取得哪怕是微小的胜利，我们就立即围攻异教徒。”但是，在康士坦丁堡有人对莫斯科使节说，不久前曾有喀山和阿斯特拉罕的鞑靼人的使节以及巴什基里亚人的使节来到这里，他们请求苏丹接收喀山王国和阿斯特拉罕王国作为臣民，并抱怨说，莫斯科人仇视他们的伊斯兰信仰，打死他们中的许多人并不断使他们倾家荡产。苏丹嘱咐鞑靼人再忍耐一下，并赏了长袍[4]给请愿者。

欧洲关系 这样[5]，小俄罗斯问题便引出另外两个问题：一个是波罗的海问题，即关于夺取波罗的海沿岸的问题；另一个是东方问题，即由于巴尔干基督教徒而引起的对土耳其的关系问题。后一个问题当时只是在沙皇阿列克谢和奥尔金-纳肖金的思想上，在他们的善良念头中酝酿着，因为当时俄罗斯国家还无力直接实际着手处理这个问题，对于莫斯科政府来说，它暂时局限于同站在通向土耳其道路上的敌人——克里木进行斗争。这个克里木是莫斯科外交界的眼中钉，它是莫斯科每次国际谋略最伤脑筋的因素。还在阿列克谢统治初期，在没有来得及同波兰算清旧账时，莫斯科便怂恿波兰加入反对克里木[5]的攻守同盟。当根据1686年莫斯科条约实现的安德鲁索沃停战变成持久和平，和莫斯科国第一次加入了有波兰、德意志帝国和威尼斯参加的反对土耳其的欧洲四国同盟的时候，莫斯科在这个组织中承担了演奏它最熟练的总乐谱——同鞑靼人斗争，进军克里木的任务。这样，莫斯科国的对外政策就逐步复杂化起来。政府同列强广泛地建立或恢复了业已断绝的联系，这些列强是它在处理同最近的敌对邻国的关系方面所需要的，或者说，这些列强在处理他们的欧洲关系方面也需要它。当时莫斯科国在欧洲已是不可少的了。动乱时期过后不久，正是莫斯科在国际上最屈辱的时期，但它也没有失去一定的外交分量。当时在西方形成了对它十分有利的国际关系。那里[6]开始了三十年战争，国与国的关系失去稳定性；每个国家都害怕孤立而寻找外部支柱。虽然莫斯科国在政治上软弱，可是它的地理位置和宗教势力给它增添了力量。法国大使库尔门宁，即法国第一任驻莫斯科大使，不单是出于法国式的客套，他称沙皇米哈伊尔为居东方国家和希腊宗教之上的首脑。莫斯科位于波罗的海和亚得里亚海之间的所有国家的后方，所以，当这里国际关系混乱和发生席卷整个西方大陆的斗争时，这些国家中的每一个都关心通过缔结同盟或停止对莫斯科的敌视，来从东方保障自己后方的安全。这就是为什么从新王朝的事业一开始，甚至政府方面没花力量，莫斯科国的对外交往范围却在逐步扩大的原因。当时在欧洲形成的各种政治和经济的联合在吸引着它。英国和荷兰帮助沙皇米哈伊尔调解好同敌视他的波兰和瑞典的关系,因为莫斯科国对于英、荷两国是有利可图的市场和通往东方、通往波斯、甚至通往印度的必经之路。法国国王向米哈伊尔提议结盟,也是出于法国在东方的商业利益,以便同英国人和荷兰人竞争。苏丹亲自呼吁米哈伊尔一起打波兰,而瑞典国王古斯塔夫·阿多尔夫虽然根据斯托尔鲍沃条约掠夺过莫斯科,但他同莫斯科都把波兰和奥地利当作共同的敌人,所以他向莫斯科的外交官们灌输反天主教同盟的思想,又用使他们备受凌辱的祖国变成欧洲政治舞台上有组织有影响成员的想法来引诱这些外交官,他把在德意志作战的瑞典常胜军称作是为莫斯科国而战的先头部队,他第一个在莫斯科设立了常驻使节。沙皇米哈伊尔时的国家较之沙皇伊凡和费奥多尔时的国家要软弱得多,但它在欧洲远非以前那么孤立。特别是谈到沙皇阿列克谢的国家,更可以这样说。外国使团的来访,当时在莫斯科是司空见惯的现象。莫斯科的使节经常到所有可能去的欧洲宫廷,甚至去过西班牙的宫廷和托斯坎纳的宫廷。莫斯科的外交界破天荒地走上了这样广阔的舞台[6]。从[7]另一方面说,在西部边界时而失掉时而获得领土的国家却在不断地向东方推进。早在16世纪,俄罗斯的殖民就越过了乌拉尔,在17世纪远远伸入西伯利亚内地,乃至抵达中国边境,到17世纪中叶,已扩张的莫斯科领土,如果能用某种几何尺度来丈量在该地取得的地盘的话,至少有七万平方米里亚[1]。在东方的这些殖民成就,导致莫斯科同中国的冲突。

对外政策的作用 这样,国家的对外关系就更加复杂和困难了[7]。它们[8]从各方面影响着国内生活。频繁的战争越来越使人感到本国的制度不能令人满意,迫使人们到外国进行考察。日益增

---

1 1米里亚等于49平方俄里。——译者

多的使团扩大了富有教益的考察机会。同西欧世界越来越多的密切交往，哪怕只把统治阶层从由偏见和孤独所造成的莫斯科人观念的绝境中引导出来也好。但是，多次的战争和考察使人痛感本国物质资料的匮乏，空前的军事软弱和国民劳动生产率的低下，以及无法使国民劳动产生效益。每次新的战争，每次失败，都给政府带来新的问题和忧虑，给人民带来新的痛苦。国家的对外政策使得民众力量特别紧张[8]。只要简单列出新王朝最初三个沙皇所进行的战争，就足以[9]令人感到这种紧张程度。在沙皇米哈伊尔时期，同波兰进行了两次战争，同瑞典进行了一次战争，所有这三次战争都以失败而告终。在米哈伊尔的继承者时期，又同波兰进行了两次争夺小俄罗斯的战争和一次同瑞典的战争，其中两次又以失败而告终。在沙皇费奥多尔时期，同土耳其进行了一场残酷的战争，这场战争始于1673年他父亲在世时，以不利的巴赫奇萨莱停战协定结束于1681年。根据这个停战协定，第聂伯河以南的西部乌克兰仍留在土耳其人手中。如果你们计算一下所有这些战争所持续的时间，你们就会发现大约在70年（1613—1682年）内就有近30多年在打仗，有时还是同时和几个敌人进行战争[9]。

第四十七讲

17世纪莫斯科国内部生活的摇摆——两类新措施——立法的趋势和对新法律汇编的需求——1648年的莫斯科叛乱和它对《法典》的态度——1648年7月16日关于制定《法典》的决定和决定的实施——《法典》的书面资料来源——会议代表参与《法典》编纂——编纂的方法——《法典》的意义——新的思想——新颁布的条文

让[1*]我们重新回到莫斯科国家的内部生活上来。从对动乱时期的直接后果和国家对外政策的概述中,我们看到,新王朝政府拥有的物质手段和精神手段十分贫乏,而它面临着困难的对外任务却艰巨。政府从哪里找到它所缺乏的手段以及如何找到这些手段——这就是我们需要研究的课题。

摇摆 为了回答这个问题,我们将对我国内部生活中的各种最突出的现象进行逐个的考察。这些现象很复杂,它们顺着各不相同,而且常常是互相交错的,有时是对立的潮流发展。但是可以看到它们的共同根源:这就是动乱时期造成的人们思想上和相互关系上的深刻变化,有关这种变化,我在谈动乱时期的直接后果时已经指出过。它表现为,旧王朝时代国家秩序赖以维持的惯例动摇了,这种秩序的创始人和维护者所遵循的传统中断了。当人们不再按常规行动和抛弃传统联系时,他们开始紧张而忙乱地思索着,但思索使人们多疑和动摇,使他们胆怯地试着采取各种不同的行动方式。

这种胆怯就是17世纪莫斯科国务活动家的特点。他们有大量的新概念——这是沉痛教训和紧张思索的成果；这大量的新概念常常同政治步伐的不稳，前进方向的变化以及不习惯于自己所处地位的特点结合在一起。他们意识到已有的手段同提到日程上的任务不相适应，于是首先从国内，从本民族旧有的源泉中寻求新的手段，集中人民的力量对父辈的和祖辈传下来的秩序加以修补、增加或者恢复。但是，当他们看到国内源泉枯竭的时候，就匆匆忙忙地转向另一边，吸引国外的力量来帮助自己筋疲力尽的同胞，而随后又陷入胆怯的沉思，是否偏离本国古风太远，没有外来帮助，只靠国内的手段就对付不了吗。这些趋向交换更替，在17世纪下半叶有时还并行存在，而到这个世纪末就发生了冲突，产生一系列政治上的和教会方面的动荡，进入18世纪后，这些发展趋向就在彼得改革中汇集一起，因为这一改革采用强迫手段把它们纳入一条轨道，让它们朝向一个目标。这就是莫斯科国从动乱时期结束到18世纪初内部生活的大体进程。现在让我们来研究一下它的各个侧面。

两类新措施 不管新王朝怎样想努力按旧王朝的精神行事，以便使人们忘记它是新的因而也是不大合法的王朝，但是，它还是非得采取新措施不可。动乱时期把旧的东西毁坏得那么多，以致恢复被破坏的东西就必然带有革新、改革的性质。从新王朝的第一任沙皇起到这个世纪末，断断续续地采取的各种新措施，为彼得大帝的改革准备了条件。按照刚才讲到的莫斯科国家内部生活中的两种趋向，我们可以从这股准备实行的新措施洪流中分出两股不同来源、不同性质的水流，尽管他们有时相交错，甚至似乎彼此融合在一起[1a]。一种类型的改革是用国内资金而没有用外援进行的，它是根据本身的经验和理解力进行的。由于国内的资金只不过以牺牲社会的自由来扩大国家的权力，以及限制私人的权益来满足国家的要求，所以，每一次这种类型的改革都会使人民的福利和社会的自由遭到某种程度的严重损害。但是，人们做的事有它自己的内在规律性，而这种规律性又不受做这些事的人们的意志所决定，它通常被称为事物的力量。按照自己方式进行的改革，从一开始执行就使人感到它的不足，或者它的无成效，而随着这种感受的加深，就愈发坚定地产生一种想法：必须效法别国或者借用旁人的经验。

对法律汇编的需求　按独特的新措施的目的而论，它在于保护或者恢复被动乱时期所破坏的秩序，这些新措施的特点是莫斯科式的小心谨慎和不完备，它们引入一些新的形式，新的行动方式，但回避新的原则。可以用下列特点来表示这种革新活动的共同趋向：准备对国家制度进行不产生剧变的修改，进行不牵动整体的局部修补[1*]。首先必须把人们的关系调整好，因为这些关系在动乱时期已被搞乱，还必须把它们安排在固定的范围和准确的法规之内。为此，沙皇米哈伊尔政府不得不同许多困难进行斗争：一切都需要恢复，几乎是要重建国家——因为整个国家机构已被摧毁。上面提到的那部有关动乱时期的《普斯科夫纪事》的作者直截了当地说，在沙皇米哈伊尔时期，"开始了重建王国"[2]。沙皇米哈伊尔统治年代是政府就国家生活各个方面积极制定法律的时期。因此，在米哈伊尔继承人的统治初期，已经积聚了相当多的新法律，并且感到需要把它们研究清楚。根据[3*]莫斯科立法所规定的程序，新的法律大多是由某一个莫斯科衙门根据它司法和行政工作的需要而颁布的，并在有关的衙门中开始遵照执行。根据1550年法典的一个条款的规定，新的法律被编入这个法律汇编之中[3a]。这样，基本典章像是大树的主干，在各个衙门有自己的枝杈：法典的这种延伸部分是各衙门的敕令册。需要把法典在各主管部门的这些延伸部分统一起来，把它们编成一个完整的法律汇编，以避免重新出现伊凡雷帝时有过的，但未必是绝无仅有的现象：阿·阿达舍夫从他所在的呈禀衙门向大贵族杜马提出制定某项立法的请求，而这项请求已应税务衙门的请求解决了，可是，杜马似乎忘记了自己在不久以前所表达的意志，命令税务衙门的官员把他们已登录的法律再登录到他们的敕令册中。常有这样的情况，某个衙门在自己的敕令册中已有某项法律，却到别处寻找。当然无知的书隶会把案件弄乱，而懂行的书隶却可以随意摆弄它们[3*]。由于[4]各衙门滥用职权，对法典编纂的需要更为迫切，可以认为这是需要编纂新法典的主要动机，而且甚至部分地决定了它的性质。还可以指出或推测出另一些影响新法律汇编性质的条件。国家在动乱之后所处的特殊环境必然引起新的要求，必然向政府提出新的任务。是国家的这些需要，而并非因动乱而产生的新的政治概念，加强了立法活动，并且使之具有新的趋向，尽管新王朝竭尽全力矢忠于古风[4]。17世纪以前[5]，莫斯科的立法带有偶然性的特点，它只解答政府实际活动所提出的个别日常问题，不涉及国家制度的基础。代替这方面法律的是大家都了解和都认可的旧惯例。但是，一旦这种惯例发生动摇，一旦国家制度离开传统的常轨，就立即产生用准确的法律代替惯例的要求。这就是新王朝的立法活动所以带有更多本质特征的原因。它不局限于研究对国家管理中的局部具体情况，而是日益接触到国家制度的基础。虽不成功，但它试图说明和表达国家制度的原则[5]。

1648年的叛乱　1648[6*]年莫斯科叛乱发生在君主同杜马作出编纂新法律汇编之前的一个半月，因此要确定《法典》对这场叛乱的关系是比较困难的。在这场叛乱中，新王朝的处境暴露无遗。新王朝的头两个沙皇没有得到人民的尊重。这个王朝虽然是缙绅会议选举产生的，但是它很快就按老习惯把国家看作是自己的世袭领地,并且用料理家务的办法管理国家,以一种对领地庄园漫不经心的态度对待它,一般讲,它毫不费力地接受了前一王朝的缺点,也许,是因为没有其他东西可以继承。被击溃的大贵族阶级所残留下来的蹩脚人物,掺和上并不比他们强的新人,组成了非常想成为统治阶级的宫廷集团。这个集团中最有势力的部分是沙皇的亲属,特别是皇后的亲属和她宠信的人。新王朝的皇位长期处于宫廷佞臣包围之中;在头三个沙皇统治时期宠臣一批接一批地出现:在米哈伊尔时期是萨尔蒂科夫家族、列普宁公爵,接着又是萨尔蒂科夫家族;在阿列克谢时期是莫罗佐夫、米洛斯拉夫斯基家族、尼康、希特罗沃;在费奥多尔时期是雅兹科夫和利哈乔夫。菲拉列特宗主教以第二大君主的尊号来庇护一个非常平庸的佞臣,此人完全不像一个有礼貌的大贵族(他过去曾是大贵族),也不像是能被指定为宗主教职位继承者的人。他所拥有的全部身价不过是,他是大贵族家奴之子,不客气地说,是菲拉列特的奴仆。好像是故意安排似的,头三个沙皇登上皇位时都未成年,前两位16岁,第三位才14岁。掌权的那些人先是利用沙皇的年幼无知,继而利用他们的优柔寡断,他们在管理上专横和贪财受贿的程度连伊凡雷帝时代的贪官污吏也会对之忌妒,据当时居住在莫斯科的外国人形容,这些贪官污吏曾把国库收入的一半供奉沙皇,另一半留归自己。而促成政府贪赃枉法的次要原因是,他们享有的特权可以减免惩处:像我们所知道的那样,沙皇米哈伊尔曾承担义务,不管达官贵人的家族犯了什么罪行,都不判处他们死刑,最多是流放监禁;在阿列克谢时代常有这种情况:犯了同样的罪行,大官只是遭到沙皇的怒斥或被解除职务,而书隶,录事和普通老百姓则被砍掉手脚。这些义务是不声不响地对大贵族承担的,没有当众宣布过,它们构成了新王朝情况的根本谎言,并且使新王朝的统治具有沙皇一大贵族合谋反对人民的形式。在这方面,值得注意的是科托希欣对米哈伊尔的描述:"虽然他是专制君主,但是不同大贵族商议,什么也不能做",塔季谢夫又加以补充说,米哈伊尔乐得图个安静,即把全部管理权都交给大贵族[6a]。人民凭着自己的朴素感情识破了这个骗局,于是新王朝的上台就成了人民叛乱的时代。正如当时人所说的,特别是阿列克谢统治时期,是"暴动的时代"。到这个时候,在莫斯科社会上和管理机构中终于出现了当时人所形容的"强人"或"佞臣"。这是些有权势的人物,享有特权的、世俗的或教会的土地占有者,或是宫廷中惬意的执政者,他们确信自己不受惩罚,并且心毒手狠,他们随时利用自己的势力和公众的无权,对无人保护的群众施用暴力,"多方凌辱和欺侮"他们。这几乎是新王朝内政中最有代表性和特别得心应手的产物,它产生在莫斯科的执政人员的思想之中,因为他们认为沙皇受他们控制,没有他们,沙皇就应付不了局面。平民百姓对这些佞臣恨之入骨。莫斯科1648年6月的叛乱和其他许多城市的响应就是这种情绪的鲜明反映。首都的平民百姓特别受到世俗强人和不次于他们的教会强人——宗主教、主教和寺院的欺侮:城市的放牧地区被掠夺、被占用当作关厢区,城外宅院和菜园,以及通往郊外森林的道路被开垦,以致莫斯科的普通居民没有地方去放牧牲口和砍伐木柴,这是自古以来历代国君统治时期所从未有过的情况。六月暴动是"庶民"对"有权势者"的起义,平民起来抢劫大贵族,大贵族、贵族和书隶的宅院遭洗劫,民愤极大的当权者被杀死。威胁产生了巨大效果:宫廷吓坏了,向首都的军人和平民献媚讨好;按照沙皇的命令款待射击军人;沙皇的岳丈一连几天在自己的家里宴请莫斯科纳税居民的代表;沙皇本人在进行宗教游行时向人民发表演说表示歉意,含泪"一再请求平民"释放自己的姻亲,敬爱的莫罗佐夫;作出各种慷慨的许诺。现在"群众"有人感到害怕了；这样的话也传开了，说国王仁慈宽厚，说他常把有权势者逐出国去，而有权势者常被木棒和石块打死。在旧王朝时，莫斯科没有见过人民这样激烈的反对统治阶级，也没有见过统治者这样迅速地从蔑视人民转为巴结群众，没有听见过对沙皇如此不恭地进行评论。这种评论出现于叛乱之后："沙皇愚蠢极了，一切听从莫罗佐夫和米洛斯拉夫斯基，实际上他们统治着一切。而沙皇本人是知道实情的，但是默不作声。魔鬼夺走了他的智慧。"[6⁶]并不是1648年莫斯科的夏季叛乱以及各城市的迅速响应使人想起要制定一部《法典》，这是另有原因；但是，叛乱促使政府吸收全国代表参与此事：为了听取意见和通过法律汇编，当年9月1日召开了缙绅会议，政府把它视为安抚人民的手段。宗主教尼康似乎完全了解此事，他写道，这次会议不是自愿召开的，"而是由于恐惧，由于全民内讧，并非为了真正的正义"[6⁸]。这些话是可信的。当然，这些叛乱不是进行法典编纂工作的最初起因，但是，它们影响了工作的进程：政府的恐惧把事情搞糟了。

七月十六日的决定 制定《法典》的想法最初来自国君和一个狭小的圈子，即由宗教会议和大贵族杜马组成的政务会议[6⁷]。1648年夏季，散发到各地区的文告宣布，编制《法典》是遵照国君和宗主教的敕令，按照大贵族的决定和御前大臣、宫内大臣以及各级官员的呈文决定的。难以判断的是，各级官员的呈文是何时又是怎样递交给政府的，甚至难以判断是否递交过呈文。代表全国说话是旧王朝中断后代之上台的莫斯科政府的一种习惯。在新沙皇统治时期，"各级官员"的呈文都按刻板公式写成，人们都想用它来论证政府各项重大举动的正确，并且不受词句确切意思的约束：只要有某些偶然聚会一起的不同官级的人群向国君提出请求，就足可以"就各级官员的呈文"制定一项敕令。衙门伪造人民意志的文件是一种政治赝品，它在某种情况下以残余形式保留至今，只具有纯粹相对的意义〔6*〕。可以确信〔7*〕，1648年7月16日，国君同大贵族杜马和宗教会议曾商议决定：从圣徒和圣父守规中，从希腊皇帝的法律中选出"适用于国家和地方事务的条文"，并搜集以前俄国历代国君敕令和大贵族决议，"签字证明"这些敕令和决议连同旧法典无误；但是有些事务，以前沙皇的敕令并未收入法典，也没有大贵族的决议，那么就编写新的条文。所有这些都是通过"共同商议"来实现的。编纂《法典》草案的工作委托给一个专门编辑委员会，委员会由五人组成，即大贵族奥多耶夫斯基公爵和普罗佐罗夫斯基公爵，侍臣沃尔康斯基公爵，以及两个书隶列昂节夫和格里鲍耶多夫。所有这些人都不是特别有影响的人物，在宫廷内部和在衙门中都不是有什么杰出才干的人；关于奥多耶夫斯基公爵，沙皇本人赞同莫斯科公众意见，一贯瞧不起他，只有书隶格里鲍耶多夫身后在我国文献中留下自己的著述，他后来编写了我国最早的俄国史课本（大概是为沙皇的子孙编的）。作者在课本中认定新王朝是因为安娜斯塔西娅才产生的，她出身于一个虚幻的"普鲁士国君"罗曼诺夫之家，而罗曼诺夫则是罗马皇帝奥古斯都的亲戚。这个委员会的三个主要成员都是杜马成员，因此，可以把这个在文献上称之为"奥多耶夫斯基公爵及其同僚的衙门"看成是杜马的一个委员会。委员会从在决议中指定给它的原始资料里挑选出条文和编纂新的条文；把这两种条文都写入"报告"，呈给国王和杜马审查。与此同时，在1648年9月1日以前，国家各级官员、职员及工商市民的代表都被召集到莫斯科，但农村代表或各县代表，作为特殊单位，没有召集。从10月3日起，沙皇同宗教界和杜马成员一起审议了委员会编纂的《法典》草案，同时向从莫斯科和其他城市召集来进行"共同商议"的代表宣读了草案，"以使整个法典今后稳定不变"[7a]。然后，国君命令高级神职人员、杜马成员和代表亲手对《法典》的抄本定稿。这以后，经会议成员签字的法典于1649年刊印出来并分发给莫斯科各衙门和各城市的督军办公厅，以使"各种事务均按此《法典》处理"。

编纂法典汇编 这就是法典的正式前言中所叙述的编制这一文献的表面过程[7*]。委员会[8*]负有双重任务：首先是收集，分析和整理不同时间的、互相矛盾的、分散在各主管部门的现行法律，把它们汇总成为一个整体，然后对这些法律没能预计到的情况加以规范化。第二项任务特别困难。委员会仅靠自己的司法预见和司法判断，不能确定这些情况，也无法订出裁决的标准。它必须了解社会的需要和相互关系，研究人民对法律的理解，以及司法和行政机构的实践情况；我们起码应该这样看待这样的任务。对第一项，代表们可以提出自己的意见来协助委员会；对第二项，委员会必须重新察看当时各办公厅的案件，以便找出前例，即当时所说的"典型案例"，以便了解地方当局、中央衙门、国君本人和大贵族杜马是怎样解决法律未预计到的问题的。摆在面前的是一项浩繁的工作，需要很长的时间。然而，事情并没有发展到这种理想程度，于是决定按简化的纲要，用速成法编纂《法典》。《法典》分为二十五章，九百六十七款。到1648年10月以前，即用了两个半月的时间，已经把法典的一半，前十二章的报告准备好了；从10月3日起，国君和杜马开始审议这十二章[8a]。剩下的十三章在1649年1月底以前成文，由杜马审议和通过。此时，委员会和整个会议的工作都已结束，法典也已定稿。就是说，这部十分庞大的法典仅用一年半多一点的时间就编纂完成。为了说明立法工作进展得如此迅速的原因，必须指出，编纂法典时不断传来有关叛乱的令人不安的消息。继莫斯科六月暴动之后，在索尔维切戈茨克、科兹洛夫、塔利茨克、乌斯丘格和其他城市又爆发了叛乱;《法典》在1649年1月完成是由于受到首都在酝酿新起义的传说的影响。委员会匆忙结束这项工作,以便使会议代表尽快返回自己城市,讲述莫斯科政府的新方针,说明《法典》承诺对人人实行"平等的"公正审判。

  原始资料　《法典》确实编纂得很匆忙,因而留下了这种匆忙的痕迹。委员会没有认真研究衙门的各种材料,它仅仅研究了7月16日决定中指出的基本原始资料。这些原始资料就是《主导法典》,即包括了历代希腊皇帝的法典和法律的第二部分(第十三讲),此外就是莫斯科的各种法典、沙皇的法典,以及补充性的敕令和大贵族杜马的决定,即各衙门的敕令书。这些敕令书是《法典》的最丰富的原始资料来源。法典汇编的一系列章节是按这些敕令书逐字逐句或是作些修改后抄录的:如,关于服役领地和世袭领地的两章是按照服役领地衙门的敕令书编写的,《关于奴仆法庭》的一章是按照奴仆法庭衙门的敕令书编写的,《关于盗贼和偷窃案件》是按照盗贼衙门的敕令书编写的。除了这些基本资料外,委员会还用了辅助性资料。它别有特色地运用了外国的文献,立陶宛的1588年法规。在保存下来的法典的原稿中,我们看到它多次引用这个文献[8*]。《法典》的编纂者使用了这部法典,特别是在编写前几章,在安排各项内容时,甚至在确定条款的顺序上,在挑选需要作出立法定义的复杂案例和关系时,在一些法律问题的提法上都仿效了它。但是,他们总是从自己国内的法律中去找答案,只要彼此是相似的或是没有什么区别的,他们就采用这些标准、法规条例的公式,排除所有不必要的或是同莫斯科法律和诉讼程序不相宜的部分,一般讲对借用过来的都作了加工。这样,立陶宛的法规与其说是《法典》的法律资料来源,不如说是编纂者的编辑参考书,它给编纂者提供了现成的大纲。

会议代表参与法典编纂 委员会[9]还必须从一个辅助性资料来源中吸取材料,这个资料来源是由活人提供的,不是档案材料,因此它更为重要,我这里指的是会议本身,确切些说,是应召来审议和签署《法典》的会议代表[9]。我们[10*]看到,法典是怎样编纂出来的:事情由国君和大贵族杜马创议,法典的草案是杜马的一个委员会在提供材料和文件的各衙门的协助下采用公文形式拟定的,由杜马审阅、修订和通过;给会议代表宣读草案,使他们知悉和准备签字。但是,会议代表对于未经其手而制定出的法典,并非只是一个消极的旁听者。诚然,无论从哪里都看不出,向代表们宣读《法典》条款时曾进行过讨论;条款是一条接一条地读给他们听的,没问他们同意还是不同意;但是,他们采用各种不同方式,在很大程度上参与了此事。7月16日的决议所说的不是新法典:此决议只是授权委员会把现有的大量法规,"国君的敕令和大贵族的决议"归在一起,使它们协调一致,并把它们"同旧法典进行校正"。委员会仅对现行法律中遗漏之处补以新的条款。它进行工作时应同会议代表"共同协商",[10ᵃ]把代表[10ᵃ]招来就是为了待在莫斯科,或"待在他们的衙门里","同国君的大贵族"奥多耶夫斯基公爵及其同僚"商讨国君的和国家的大事"。这就是说,会议代表已成为法典编纂委员会的成员,或者说隶属委员会[10⁶]。代表们在接触准备好的草案时,他们作为懂行的人,向编纂者指出,哪些应当改变,哪些应当补充,还提出自己的要求,而委员会则把这些要求和意见作为代表呈文提交杜马。由杜马对这些呈文进行"审议",作出决定,然后把这些决定作为法律向代表宣读,载入《法典》之中。这样就为代表参与《法典》草案本身的制定开辟了道路。很难说清,委员会的这些会议是怎样进行的,代表[10ᴮ]不少于290人[10ᴮ],是举行全体代表的会议呢,还是分组进行。我们知道，1648年10月30日，由服役人员和工商区商人选出的代表分别向委员会提交各自的呈文，要求把属于免税人占有的城郊关厢区，城内住所和工商店铺改为工商区纳税单位。委员会把这两个呈文合并起来，作为"全国"的共同请求提交杜马。依据这些呈文、报告、摘录或更正以及杜马的有关决议制定出关于工商区社团的组成和关于城内谋生的外来者同它们关系的完整章程。这个章程组成了《法典》的第十九章，即《关于工商区市民》。向编纂委员会成员提出与会者的建议和通过委员会向杜马递交呈文——这就是代表参与《法典》制定的两种形式。但是，还有第三种更重要的形式，这种形式使会议代表不同委员会，而是同国君的杜马本身发生直接联系：这发生在沙皇和杜马成员一起来到代表之中，同代表一起就激动人心的问题作出决定的时候。在《法典》中，这种情况只发现过一次，但实际上这不是唯一的一次。各个等级的代表以全国名义叩求把违背1580年法令而转归神职人员控制的寺院土地收回来。《法典》第十七章关于世袭领地的一条（第四十二条）写道：国君依据宗教会议的建议，同杜马成员和服役人员的代表交谈后，"会议决定"禁止用任何形式把世袭领地让与教会。这里，代表直接成为立法机关的成员，当然不是全体代表，而仅仅是作为世袭领地代表的服役人员，才只同他们有关，尽管呈文是以全国和各种级别者的名义提出的。就政治觉悟而言，政府的高级官员比各地的代表还低：后者了解全国性的利益，而前者只知道等级的利益。根据文件，我们还知道两项有代表参与讨论的缙绅会议的决定，但这两项决定没有直接载入《法典》。依据服役人员代表的呈文，国君同杜马及呈文的递交者商议后，决定取消"限年"，即找回逃亡农民的限期。这项决议载入《法典》第十一章关于农民的前几项条款中。更为重要的是第八章"关于俘虏的赎身"，规定了赎俘虏的按户税金和赎身的限价；这一章借用了国君同杜马及"各级官吏同代表"[10*]商议后所作的会议决议。这次，全体会议代表都享受到了立法权。最后，一个例子生动地描述了代表对制定《法典》的态度，政府对待地方呈文的态度。库尔斯克贵族代表马雷舍夫在会议结束后准备回家时，向沙皇要到一纸"表示关怀的"保护文书以保卫自己——你们认为是免受谁的攻击？——免受他自己选民的攻击。他根据两个理由担心选民会作出各种坏事：一是选民的"要求"没有被会议全部接受载入《法典》；一是他过分笃信宗教，在致沙皇的特别呈文中"充满各种秽言"，辱骂自己库尔斯克老乡在礼拜日和节日中的不体面行为。保护文书为这个代表辩白，否定选民的第一项指责，说他"无法满足他们对《法典》的各不相同的任性要求"，至于第二项的责任，马雷舍夫把它归咎于政府，归咎于沙皇本人，他在呈文中抱怨说，《法典》仅仅规定了节日的工作和经商时间（第十章第二十五条），而对节日中的不体面行为的禁令和处罚，据他的呈文说，并没有写明。沙皇满足了这位好吵闹的道德家的要求，命令发出文书，要求节日时举止得当，并"附有严格的禁令"，但是，没有载入《法典》。

编纂的方法　现在[11*]我们可以来弄清楚《法典》是怎样编纂起来的。这是一个复杂的过程，可以把它分为编纂、协商、订正、立法决议和正式签署几个步骤，我们是用7月16日决定的语言称呼最后一个步骤的。这些步骤分别由会议的各组成部分，即由大贵族杜马，以国君为首的宗教会议，奥多耶夫斯基公爵的五人委员会以及隶属委员会而非隶属杜马的代表之间分工负责的；这些部分的总和就凑成了1648年的缙绅会议。编纂是奥多耶夫斯基公爵衙门的事情，它的工作是从指定给它的原始资料中挑选和汇集法令，以及编辑代表的呈文。协商这个步骤就是让代表参与委员会的工作。我们看到,这种参与表现在呈文中,呈文具有争辩性质,它代替了辩论和讨论,还有过这种情况,代表的呈文公然提出不同意见,要求取消或修订呈文所反对的国君的敕令。我已经提到过,代表的呈文要求把私有主在城郊关厢区免税的土地变为纳税单位。在"侦讯"、调查了关厢区居民是从什么地方,什么时候来的之后颁布了这项敕令,把这些关厢区没收归国君所有,交纳赋税,但此敕令不查讯 1613 年以前来的居民。代表担心莫斯科各衙门所常有的拖拉作风和侦讯中的诡计,提出了新的呈文,要求把关厢区没收归国君,"只要他现在住在那里,就不限年代,也无需查讯"。这一请求在当天就呈给了国君,并得到全面满足。审查和立法上认可是国君和杜马的事情。订正就是当委员会把现行法律汇编成草案时,对这些法律重新进行审议。7 月 16 日决定似乎就停止了这些法律的效力,它把这些法律降低到临时条例的水平,直到新的立法确认时为止。这些旧的法律虽然丧失了法规的效力,但是,在编辑《法典》时仍保有法的原始资料的意义。杜马或是校正这些法律的文字,或是也涉及其内容更改或删去某些准则,而经常是用委员会忽略的旧敕令来补充草案,或是用新的律令来补充,以对先前未估计到的情况提出处理标准;这样,订正就和编辑结合到一起了。仅举《法典》中有记载的一个例子。在第十七章关于世袭领地的开头部分,委员会收录了沙皇米哈伊尔和宗主教菲拉列特的敕令,该敕令规定了继承人继承祖传的和服军役者的世袭领地的程序。杜马批准了草案中的这些条文,但另外还增添了条文,规定领地所有人的母亲和无子女的寡妇在何种情况下可得到服役者的世袭领地以保障生活。

订正之事由杜马独自进行;但就已决定的问题制定立法决议时,杜马吸收了各方面的人士参加,同会议的其他成员分享自己的立法权。有时决议只由国君和杜马作出,有时吸收宗教会议参加,偶尔也召集代表，但仅仅是某些有官衔的代表参加，更为少有的是由整个会议的所有级别的代表决定问题。由会议来制定《法典》，以便"使整个《法典》在今后是稳定的和不动摇的"，但会议并不具有什么稳定性和不可动摇性。会议一般必须做的事，其实，也就是召集会议的目的，就是要全体成员——官员以及代表在法律汇编上签字：这就是要由当权的官员和人民代表作出保证，承认《法典》是正确的，是满足他们的要求的，保证"将按照这个《法典》处理任何事务"。宗主教尼康诽谤这个法律汇编，称它是"该诅咒的律书，恶魔的法律"。他完全错了，他作为诺沃斯帕斯克修道院的大司祭，1649年在听取这个该诅咒的律书并在上面签字时，为什么默不作声呢[11a]。

《法典》的意义 从《法典》形成时可以推测的思想来看，这一《法典》应当是最新的莫斯科法，是17世纪中叶莫斯科各衙门办公厅汇集的大量立法文件的总汇编。在《法典》中可以看到这个思想，但贯彻得不很成功。它作为编纂的文献，在技术方面没有超过旧的法典。在安排立法的题目时，曾有过这样的愿望：用纵切的方法来描述国家体制，即由上而下，从教会、国君及其宫廷直到哥萨克和小酒店，最后两章讲的就是这个。花费相当的气力后可以把《法典》的各章综合为国家法、司法制度和诉讼程序，物权和刑法等部分。但是，对编纂者来说，这样的分类只能使一个体系支离破碎。原始资料使用得不全和杂乱；从各种资料中引用的条款并不总是协调一致的，有时放得也不是地方，与其说是搜集整理得有条有理，不如说是堆成一堆。如果说《法典》在我国使用了将近两百年，直到1883年新法律汇编的出现为止，那么，这并不说明阿列克谢的法律汇编有多大优点，而仅仅说明，我们没有满意的法律也能凑合很久。但是，《法典》作为立法文献，比起各种法典前进了一大步。它已经不是法官和管理人的普通的实用指南,指南所说明的不是法本身,而是对遭到破坏的法加以恢复的方法和程序。诚然,就是在《法典》中,最大部分是徒具形式的权力:第十章关于法庭是最大的一章,按条款的数目计算,它几乎占全《法典》的三分之一。在物质权利方面,《法典》有重大的,但可以理解的疏漏。我们在法典中没有见到基本的法律,因为当时在莫斯科,人们安于国君的意志和环境的压力,对于这些基本法律毫无概念;对于同习惯法和宗教法有密切联系的家庭法也没有系统的论述:因为既不打算触动风俗习惯——它们太朦胧不清和呆板了,也不打算触动宗教界人士——他们太谨小慎微了,而是死抱住自己在精神领域的垄断地位不放。但是,《法典》所涉及的立法领域,还是比以前的法典广阔得多。《法典》试图深入到社会的各个阶层,规定社会各阶级的地位和相互关系,法典还谈到服役人员和服役地产,谈到农民,谈到城镇工商居民,奴仆,射击军和哥萨克。当然,主要注意力是放在贵族阶级身上,因为他们是服军役和掌握地产的统治阶级:《法典》中将近一半的条款直接或间接地涉及他们的利益和相互关系。《法典》的这一部分以及其他部分都极力想在现实的基础上站住脚跟。

新的思想 《法典》具有一般的保守性,但是它不能拒绝两项改革意图。这两项意图指出,社会的未来体制将朝哪个方向发展,或者说,曾经朝哪个方向发展。这两个意图之一,在7月16日决定中已作为法典编纂委员会的任务直接提了出来:委托委员会制定这样一种法典草案,使《大大小小各级官员无论在何种案件中在审判和惩处上人人平等》[116]。这不是在法律面前人人平等,因为这种平等并没有消除权利上的差别:这里指的是对一切人在审判和惩治上都是平等的,在归哪个法院管辖上没有特权,没有部门的区别及阶级的优待和例外，而这些特权、优待和例外在当时莫斯科司法制度中曾存在过，这种平等指的是审判相同，对大贵族和平民百姓一样不讲情面，虽然他们应受的处罚并不一样；但法庭管辖和司法程序是一样的，对所有的人，甚至对外国人的审讯，都按同一个审判程序进行，"不碍于强者的情面，也不使欺人者（被欺者）落入不公正者之手"——第十章就是这样规定的，这一章企图确定这种对所有人都同样适用的审判和惩治。这种审判思想来自《法典》所通过的一般准则，即排除各种损害国家，特别是损害国库利益的特殊身份和特殊关系。另一个意图也同出一辙，它载入关于等级的几章中，表现了自由人同国家关系上的新观点。为了弄明白这种意图，必须在一定程度上抛弃现时对个人自由的理解。对我们来说，个人自由，不依属于旁人，这不仅是得到法律保证的不可剥夺的权利，而且也是法律所要求的义务。我们当中没有人愿意，同时也不可能通过契约成为正式的奴仆，因为没有一个法庭会保护这种条约。但是，不要忘记，我们研究的是17世纪的俄国社会，即奴仆占有制的社会，在这个社会中起作用的是农奴制，它表现为各种形式的奴仆制，同时，我们不久将会看到，正是在制定《法典》的那个时代除了这些形式外，还准备增加新的依附形式——农奴制农民的不自由地位。当时，个人自由的法律，内容包括自由人有权把个人的自由暂时或永久交给别人，但无权根据自己意愿停止这种依附关系。古罗斯各种形式的奴仆制就是依据这个权利而形成的。但是，在《法典》编纂之前，我国存在着不具有农奴性质的人身依附，它是由人身抵押造成的。抵押给某人，意味着把自己的人身和劳力交给别人支配以得到贷款或与人交换得到其他什么帮助，如得到纳税优待或诉讼中的保护，但有权依据自己的考虑废除这种依附，当然是在完成抵押时承担的义务之后。这种依附的人在封邑时期叫作典契人，而在莫斯科统治时期叫作抵押人。凭劳动来借债是古罗斯穷人安排自身劳动力的最有利的方法。但是，抵押制不同于奴仆制，它得到了奴仆制的有利之处，免除了国家的劳役，而这一点被滥用了，因此法律现在也起来反对抵押人和他们的接纳人：法典（第十九章第十三条）把抵押人变为纳税人之后，威胁要对重复抵押的人处以"重刑"，鞭笞和流放到西伯利亚，到连拿河流域，而对接纳者则"罢官贬谪"和没收抵押人将去居住的土地。然而，对大多数穷人来讲，奴仆制，特别是抵押制是摆脱经济困境的出路。在当时个人自由不值钱的情况下，在普遍无权的情况下，有势力的接纳人提供的优待保护和"庇护"是难能可贵的好事，因此，废除抵押制是对抵押人的重大打击，以致他们百般辱骂沙皇，并企图于1649年在莫斯科发动新的骚乱。我们理解他们的情绪，但不赞同这种情绪。服役的或纳税的自由人，一旦变为奴仆或抵押人，国家就失去了这种人。《法典》对这种改变身份的做法加以限制和禁止，反映了这样一条普通准则：自由人必须向国家纳税或服军役，他们不能放弃自己的自由，随意解除自己对国家应负的自由人义务；自由人只能从属于国家，为国家服役，而不能成为任何人的私有财产："不允许把受过洗礼的人卖给任何人"（第二十章第九十七条）。个人自由成为强制，并用鞭子来维持。但是，这种成为强制享有的权利也就变成了应尽的义务。我们并不感觉到这种义务是负担，因为政府不允许我们成为奴仆，甚至也不允许成为半奴仆，它保护我们最珍贵的东西——人的身份，同时，我们整个精神的和公民的本质都赞成国家对我们意志的这种限制，赞成这种义务，它比任何权利都更可贵。但是，在17世纪的俄国社会中，不管是个人的觉悟，还是社会的风尚都不支持这种整个人类都应尽的义务。对于我们来说高于一切的福利，对17世纪的俄国的老百姓却一钱不值。而且，国家禁止个人依附于私人也不是为了保护他的人权和公民权，而是为了保障自己有士兵和纳税人。《法典》没有为了人身自由而废除人身束缚。但是，在严格禁止抵押制度之时，还有另一侧面，在那里我们遇到同样想法的抵押人。这类措施部分地反映了《法典》的总的目的，即掌握社会集团，把人们分别归入严格封闭的等级格子里，禁锢人民的劳动，使它局限于国家需要的狭小范围内，强使私人利益服从于国家需要。抵押人只是最早感到了身上的重担，而其他阶级也承受了它。这是全体人民普遍作出的牺牲，是国家状况所迫使的，在研究动乱时期以后的管理体制和等级制度时，我们会看到这些情况。

新颁布的条文 当《法典》把往昔的立法工作推向结束之时，它就成了后来立法活动的起点。《法典》的不足之处在它付诸实施后不久就感觉出来了。一些新颁布的条文补充和部分订正了它，成为它的直接延续：这些条文是1669年关于盗窃、抢劫和凶杀案件的条款，1676—1677年关于服役领地和世袭领地的条款以及其他条款。这种对《法典》某些条款的局部修改，而且经常是细微的修改，充满着摇摆不定，时而废除1649年法典汇编的个别法令，时而又恢复它。这种修改非常有趣地反映出莫斯科国家生活的某一时刻的情况，即国家领导人对法规和管理方法是否合适开始产生怀疑，他们曾相信这些东西是上品，而现在却腼腆地感到需要某种新的、非本土的"欧洲的"东西[11*]。

第四十八讲

政府的困境——地方管理的集中化——督军和固巴行政区长官——地方自治机构的命运——区级军区——中央管理机关的集中化——计算事务衙门和机要事务衙门——社会的集中化——基本阶级和过渡阶级——等级的形成——服役人员——工商区居民；使抵押人重新缴纳工商税

《1649年会议法典》完成了从动乱时期起并在它影响下开始的我国内部生活中的一系列过程，它用法律巩固了国家在17世纪中叶前由于这些进程所造成的地位。我们看到了新王朝时期社会意识中的新概念和管理机构中的新人，最高权力的新安排和缙绅会议的新成分。所有这些新的东西直接或间接来自一个令人失望的源泉，来自动乱造成的俄国生活的普遍而深刻的骤变。这种骤变损伤了人民的力量，动摇了国家的国际地位。于是在新王朝政府面前出现了一个问题，如何摆脱它所处的困境。我们研究我国17世纪的基本立法文献，为的是要看清政府在朝哪个方向行动，它从哪里以及如何寻找摆脱困境的出路。我们看到，政府所以宣布取消法庭上的一切特别豁免和禁止进一步扩大免除了国家赋税的非自由人阶层，是想把人民现有的一切力量都集中到自己手上。一般来说，当时政府在集中一切，集中未被破坏的和可能对它有用的东西，收集它感到不足的金钱，将四散的居民、纳税者和军人、供咨询的地方代表，最后还把各种法规、律令集中起来。

督军 在同困难做斗争时,莫斯科政府想首先集中自己的力量,它感到需要在行动中有更统一的意志和更多的精力。为了这个目的,政府在动乱之后着手实行管理集中化,把地方的,甚至中央管理机构的力量集中到自己的手里。不过[2*]那时莫斯科是按自己的方式理解集中化的,它的含义不是地方机关服从中央管理的有关部门,而是把生活中彼此有联系的不同事务集于一个人或一个机关:如将农村的小店铺,地方上需要的各式各样商品都聚在一块招牌下面,并不按专门类别分开。老百姓同政府持同一观点,他们宁愿就自己的各种需要同一个机关打交道。他们有时向政府禀报:分管他们各种事务的一些衙门使他们负担太重;为了"不再遭受白白的屈辱和破产"[2a],最好由一个衙门管理他们的所有事情。这种实际的方便就成为沙皇米哈伊尔时期在地方管理机构改革中所遵循的原则。旧王朝放任地区管理机构使之处于极端分散状态[2*]。沙皇伊凡四世的地方改革把省、县分成几个部门,分成许多地方等级米尔:城市的和农村的、服役的和纳税的米尔(第三十三讲和第三十九讲)。这种地方米尔,每个都单独活动,都有自己专门的选举机构。所有[3*]这些米尔除了难得举行的全等级和全县的固巴行政区长官的选举之外,没有任何东西把他们彼此联系在一起,而它们却各自通过自己选出的管理人员同中央机关——各衙门直接联系。只在需要强大军权的各边境城市中,在16世纪才设置了督军。他们掌握除教会事务外的管理全县各项事务的大权。这种分散的地区选举机构只是在太平时期才能有所作为。随着旧王朝的中断,这种太平时期已长久不复存在了。在动乱时期所有的省甚至内地的省都受到敌人进攻的威胁;因此,甚至内地的县也开始出现督军。我们得到一份大约是1628年的文件,它开列了32个城市的清单。这些城市从前没有督军,出现督军是"被免去教衔的人来了"的时候才开始的,即从1605年,第一个僭王统治时开始的[3a]。它们多数是中心城市,即当时称为莫斯科以外的城市弗拉基米尔、佩列雅斯拉夫利、罗斯托夫、别洛捷尔斯克等。在上述城市里以前没有督军,只有地方法官、固巴行政区长官和市公务员即选举产生的等级当局,从开列这些城市的清单中可以看到:在米哈伊尔沙皇时期,督军府才成为各地都有的机构。全县及社会各阶级的所有事务都归督军管理;他的权力范围包括县城和县属所有村庄的财政和司法事务,以及警察和军队事务[3*]。从[4*]表面看,实行督军制度可能会改善地方的管理,地方上分散的等级制米尔可联合在一个权力机构之下,县成为一个完整的行政单位。但是,现在地方上的管理工作由国家中央政权的代表,由任命的官吏而不是选任的地方掌权者主持[4a]。从这方面看,督军制度是从作为伊凡雷帝时期地方机构基础的地方自治原则向地方管理的官僚体制所作的一次决定性转变。但它不是恢复到古老的地方总督制。督军受命管理县不是像获得食邑的贵族那样为了自己,而是为了国王,为了真正的王权。因此,督军接受过去根据契约文书归总督的供养和捐税是不体面的。对于莫斯科的中央衙门来说,督军制度确实是一种方便。同县里一个总的掌权者,并且是自己的代理人打交道,要比同人数众多的,选出的县级政权打交道要顺手得多。但是对地方居民来说,督军制度不仅是恢复总督制,而且比它还要坏。17世纪的督军是16世纪总督的子孙辈。在一两代人的时间内,可以改变机构而不能改变风俗习惯。督军不按照契约文书规定的数额征收供养和捐税,因为并没有授予他这种文书;但是没有禁止"表示敬意"的自愿奉献,于是督军拿走契约文书上没有定限额的奉献,能够勒索到多少就拿走多少。谋求督军位置的人在请求任命书中竟直截了当地请求派他们到某城市作督军"以维持生计"[4*]。事实上[5],督军制度同原有设想相反，成为总督制更坏的继续。总督制原意是因担任军务而给的一种行政俸禄，然而实际上它却在因担任军务而给俸禄的借口下成为一种行政职务，因为总督毕竟在管理和审判。想使督军制成为没有俸禄的行政职务，但事实上它在行政职务的借口下却变成了无从预计税额的俸禄制[5]。督军的权限没有明确的规定，这就促使他们滥用职权。派遣督军的衙门给他们发出详细的限制性训令，但归根结底让他们"像上帝开导的那样，看当地情况怎样好"就怎样行动，让他们享有充分的专断权[6]。可以理解，为什么17世纪地方居民后来以遗憾的心情回忆没有督军的时期。这[7*]种规定和专断的结合必然使权利和义务含糊不清，它使人滥用权利而忽视义务，在督军管理时期，越权和无所作为交替出现。

固巴行政区长官　督军在督军府或衙署中进行审判和管理：这就是我国省一级的管理机构。同督军并列的还有另外一个在县里有专门任务的中央权力机关，即坐镇固巴行政署的固巴行政区长官的机关；在有些县里这样的机关是两个，甚至更多[7a]。这个县里的司法和警察最高权力机关，在16世纪就已出现，正如我们所知道的，它具有双重性质——从职权的来源说是地方自治的，从所属部门说是衙门的：固巴行政区长官由地方各等级代表大会选出，但管理的不是地方事务，而是整个国家的重大刑事案件。17世纪，固巴的主管职责扩大了：除了抢劫和盗窃外，杀人、放火、诱人背离东正教、忤逆双亲等案件也归它管。政府对内政策总方针所产生的影响表现为，在固巴行政区长官的职务中处理衙门事务的成分比处理地方事务的成分大得多。这就使固巴行政区长官的职务在性质上同督军相近。但是，这种方针并没有同一定的计划结合在一起，它与其说是政府的纲领，不如说是同政府的号召有联系。这一点表现为两个职务间相互关系的无休止的左右摇摆：固巴行政区长官一会儿被废除了，一会儿又被恢复起来[7⁶]，在一些地方固巴的事务委托督军管理，在另一些地方固巴行政区长官又管理督军的事务。根据市民的请求，固巴行政区长官代替督军治理城市，但当他不合市民的心意时，就重新任命督军，同时委任他也管固巴事务；固巴行政区长官时而独立于督军，时而又从属于它[7ᴮ]。

地方自治机构的命运 管辖纳税居民的纯地方等级自治机构的情况如何呢[7*]？各[8*]地设置督军后，它没有消失，但受到排挤并从属于督军，它的活动范围也缩小了。随着司法权力转归督军，由选出的长官和地方官组成的审判委员会关闭了；只是在皇室和官地农民的乡村以及北方"沿海"各县，在今天的阿尔汉格尔斯克省，奥洛涅茨省，维亚特卡省和彼尔姆省，还保存了选举产生的地方法官[8ᵃ]。选举产生的地方自治机构的职权范围现在只剩下财政事务，即国家税收和地方经济事务。国家的间接税，关税，酒税等照旧由忠实的长官和地方官管理[8⁶]。征收直接税、城市或农村地方社团的经济事务仍由地方官掌管。这些经济事务是：为米尔的需要筹款、分配米尔的土地、选举官吏担任地方自治管理机构的各种职务，以及选举教区神甫和僧侣。地方官在地方自治机关，即市或县的地方自治局里办公，它一般设在城堡外面的工商区，而在城堡内有督军府和固巴署。对地方自治厅活动实行直接监督的是"参议员们"，即县工商区市民或村民选举出来的代表[8ᴮ]。实行督军制后，地方自治机构承担了新的沉重义务——供养督军和衙门的官吏、书隶和录事，这笔开支是最大的一项，它几乎耗尽了"地方自治机构的钱匣子"。地方自治机构派任的长官有一个向参议员们汇报的支出簿，上面记载着米尔的钱财都花费在哪些方面。地方官的这些支出簿清楚地表明，在17世纪供养督军意味着什么。地方官天天都记载着，他把钱花在供养督军和他的官吏上。他要向督军的宅院提供督军家庭和办公所需的全部物品:肉、鱼、馅饼、蜡烛、纸张、墨水。遇到节日和命名日,他还要向督军祝贺,并要给他本人和他的妻室、子女,他手下的官吏、宅内的仆役、食客、甚至寄居在督军家的苦行僧送礼,送白面包或"封包"钱。这些支出簿再好不过地说明督军下面的地方自治机构的作用。地方自治机构派任的长官和他手下的官吏不过是行政衙门的驯服工具而已:督军以及书隶、录事不愿沾手的各种行政琐事都交他们去做。地方自治机构要在督军的监督下并按他的指示办事;地方自治机构派任的长官总是受督军差遣,只是在偶然情况下会为自己的米尔而反对他的命令,表示抗议,到督军家中"咒骂"督军,用当时地方反对派的语言骂他。滥用职权的非常情况就是从地方自治机构同衙门管理机关的这种关系发展起来的。督军的供养制度经常导致地方米尔的破产。政府没有采取治本的措施,只求尽可能消除或削弱这类坏事,寻求其他各种办法:根据米尔的意见进行任命或让米尔选举衙门的官吏,委任选出的固巴行政区长官管理督军事务,对不公正的审判用敕令和《法典》所规定的严惩相威胁,允许诉讼当事人对自己的督军表示怀疑,并在这种情况下把有关案件移送邻县督军办理。在沙皇阿列克谢时期,禁止任命贵族在有自己世袭领地或服役领地的县城中担任督军[8*]。在沙皇米哈伊尔和他的继任者统治时期,多次发布禁令不许为督军征收货币和实物的供养,并以加倍退赔相威胁。这样,对地方管理的中央集权化使地方自治机构受到损害,改变了它们原有的性质,使它们失去自己的独立性,然而并没有减少它们的义务和责任[8*]。这也是社会对国家作出的一种牺牲。

区级军区 地方管理的集中化不限于在一个县的范围之内:早在沙皇米哈伊尔时期就已经朝这个方向迈出了一步。在同波兰和瑞典作战的时候,政府为了安排好对外的防御,把国家西部、南部和东南部的边境各县联合成几个大的军事地区,称之为军区。在军区范围内,县的督军从属于区的督军,后者是地方军事民事最高管理人,是组成区部队的军事人员的首领[9]。譬如,还在米哈伊尔统治初期就提到过梁赞和乌克兰军区,后者包括土拉、姆增斯克和诺沃西耳。在沙皇阿列克谢时期出现了诺夫哥罗德、谢夫斯克或谢维尔斯克、别尔哥罗德、唐波夫、喀山军区。在沙皇费奥多尔时期,打算把内地县份也联合成同样的军区,建立莫斯科、弗拉基米尔,斯摩棱斯克军区[10]。这些军区成为彼得大帝划分省份的依据。

中央管理机关的集中化 中央集权化[11]也涉及中央管理机关,虽然程度较小,但在这里甚至比在地方更需要中央集权。在谈到16世纪的莫斯科衙门时,我曾指出在17世纪它们还是照原样组成的(第三十八讲)。国家的需要和职能的复杂化使衙门增多到五十个。这里面很难说有什么体系,可以说它们就像我们称呼的那样,是一堆大小机关:部门、办公室和临时委员会。衙门数目之多和内部主管部门分工的混乱使人难以监督和指导它们的活动,有时政府自身也不知道把一些特别事务该塞到哪儿去,未经深思熟虑就为这些事务另设新的衙门。由此产生了把太分散的中央管理机关集中起来的需要[11]。把[12]它们集中起来的方法有两个:或是让几个业务相似的衙门从属于一个长官,或是几个衙门合并为一个机关;在前一种情况下,一批衙门有一个领导和一个方针,在后一种情况下,同一个机构交由几个衙门使用。沙皇阿列克谢的岳父 И. Д. 米洛斯拉夫斯基是财政部中的一个司——大国库衙门的长官,但他还负责管理新型军种的几个衙门,即射击军衙门、雇佣骑兵衙门、外籍雇佣兵衙门,顺便说一下,还有一个非军事衙门即医药衙门,因为其中有医生,也有外国人。这些新型军种是在16、17世纪设置的。管理外交事务的外交事务衙门,有九个其他衙门从属于它,这些是管理新兼并地区的衙门，如小俄罗斯衙门，斯摩棱斯克衙门，立陶宛衙门和其他衙门，还有管理赎回战俘事务的赎俘衙门。大概这些从属外交事务衙门的衙门就坐落在外交衙门的旁边，在一个很长的衙门大楼之中，从阿尔汉格尔斯克教堂沿克里姆林宫尽头到斯帕斯基大门。通过这种把为数众多的小机关集中起来的办法建立了几个大的主管部门，它们成为彼得大帝所设的院的前身。为了进行监督，沙皇阿列克谢设置了两个新的衙门[12]。

计算事务衙门和机要事务衙门 对财政的监督交给计算事务衙门负责，它根据所有其他中央衙门和地方机关的账本计算国家的收入和支出，并把日常开支中出现的剩余部分集中到自己手里，它要求其他衙门拨款给官吏、使节、军队的督军，把地方官吏从县城招来，让他们带着收支账目来汇报。这是财务会计汇总的地方[13]。1621年计算事务衙门就已存在。另一个是机要事务衙门。这个衙门的名称比它主管的事务要可怕：它不是秘密警察，而只是管理国君的体育活动的部门，按当时的话讲，管理国王的"娱乐"。沙皇阿列克谢是一个酷爱用鹰打猎的人。机要事务衙门管辖着二百名饲养鹰和隼的人，三千多只鹰、隼、鹞和近十万个鸽子窝。后者是用来喂养和训练猎鹰的。除了[14]管理隼和鸽子外，善良节俭的沙皇还安排了很多各种各样的事情，不仅有他个人生活中的事务，而且有国家管理的事务。他通过机要事务衙门进行个人书信来往，特别是有关外交和军事方面的书信，照料自己某些庄园的产业，照看皇室制盐业和捕鱼业；这个衙门负责管理沙皇所喜爱的萨文·斯托罗热夫斯基寺院，分发沙皇的赏赐等等。但是，当沙皇认为需要直接干预某项事务进程时，或是倡议和领导某项尚未列入一般管理范围的新事业时，他就通过这个衙门对公共管理中的各种事务直接发布命令。例如，机要事务衙门还负责管理矿山事业和榴弹工厂。总之，它是沙皇的私人办公厅。它也是沙皇监督管理机关的特殊机构，它的活动不受大贵族杜马的一般监督。科托希欣描述了这种监督的一种手法[14]：参加这个衙门会议的只有书吏和十个录事，会议的大门对杜马成员是关闭的。沙皇派遣这些录事参加去国外的外交使团，派遣他们到出征的督军那里，以便监视他们的言行，"这些副书吏——科托希欣写道——暗中监视大使和督军，返回后向沙皇报告"。当然，名门出身的大使和督军懂得何以要任命这些多余的小人物为自己的随从，并且，用科托希欣的话来说，"过分地"巴结讨好这些人，而机要事务衙门，作为秘密的行政监督机构，是彼得行政监事的前身，很难说是成功的，甚至可以说是不恰当的。科托希欣写道：沙皇阿列克谢设置这个衙门，"为的是使沙皇的思想和事业全按他的愿望贯彻实施，但是，大贵族和杜马成员对这些事却一无所知"[15]。这样，沙皇行动时是背着最直接贯彻自己意志的执行者的，沙皇本人把这些人招来执政，并同他们一起在徒有其名的"会议"中相处，却秘密进行反对自己政府的活动。这是完全虚假的返祖现象，在沙皇身上反映出了直辖制时期旧封邑王公的本能，但是沙皇的先辈却从来也不是封邑王公。当机要事务衙门创建者一死，它立即就被关闭了。

社会的成分 随[16*]着管理机关的中央集权化，社会则在更大程度上进行集中化。旧王朝的体制结构使社会像管理机关那样分散。社会被分为许多级别和官级，如果不算神职人员，这些级别和官级可以分为四个基本阶级，或四种社会地位：即（一）服役人员，（二）纳税的工商市民，（三）纳税的农村居民和（四）奴仆。从同国家的关系看，各基本阶级的区别在于应尽义务的种类不同，这同当事人的财产状况有关；对服役阶级来说，还同出身有关。各种官级则在于同类义务的大小不同，负担程度不一。比如，服役人员的义务是世代服军役和与此相连的在宫廷和行政机构中服务；根据所服军役的重要程度和负担程度（这些与土地大小和门第高低相适应），服役人员分为杜马官员、莫斯科服役人员和城市服役人员。城市关厢工商居民"按财产和行业"，按流动资金和所从事的行业缴纳工商税；而根据某人财产的规模或收入的多少和根据与此相关的工商义务的大小，他们被分为上等的、中等的和下等的。同样依据财产和纳税情况划分级别的还有农村居民阶级，即农民，他们根据耕地多少缴纳土地税。奴仆按规定没有受法律保护的私有财产，也不向国家服役和纳税，他们根据契约成为私人的仆役，他们受奴役的状况也分几类。但是，这些阶级以及各种官级不是固定不变的、必然的状态。人们可以从一个阶级转到另一个阶级，从一种官级转到另一种官级，自由人根据本人的意愿或国君的意志，奴仆根据自己主人的意志或法律的规定，可以改变经营的业务或联合从事几项业务：服役人员可以在城里做买卖，农民可以成为奴仆或从事城里的行业。基本阶级之间的这种变动造成了几个社会成分不同的中间过渡阶层。例如，在服役人员和奴仆之间徘徊着一个只有很少服役领地或没有领地的大贵族子弟阶层，他们或者是从自己的领地或父辈的领地去服军役，或者是到大贵族和其他高级服役人员家中当奴仆，他们组成特殊的大贵族服役人员阶层。在服役阶级和工商市民之间有一个"较低官级"的服役人员。他们服役不是根据父辈的地位继承的，而是招募来的，即由官家雇佣的。他们是隶属城堡和城堡火炮队的官家的铁匠和木匠、看门人、炮手和弓箭手。他们承担的义务是从事军事一手工业，属于服役阶级，但同工商市民相近，因为他们一般是从工商市民中招募来的；他们也从事城市手工业，但不缴纳工商市民税。在享受特权的世俗和教会的土地占有者家附近栖身的有抵押人，他们也是来自工商区的居民。关于这些人，我已经讲过，现在还将讲到他们。最后，在奴仆和自由阶级之间游移着人数众多，成分混杂的自由民阶层或称游手好闲者阶层：其中包括纳税户的免税亲属，他们是没有分居的儿子们，兄弟们和侄子们，以及没有自己的产业，并在别人那里工作的寄生者，没有安排到教区工作的神职人员子弟，放弃服役陷入困境又不肯投靠他人的大贵族子弟，离开土地又没有选择一定职业的农民，以及获得自由，但尚未承担新的契约的奴仆。所有这些人，住在农村中没有份地的不缴纳土地税，而住在城里的则从事手工业但也不履行城市的税务。

等级的形成 官级划分之细和中间游移阶层的存在使社会呈现一种人群形形色色和杂乱无章的面貌。人民劳动和迁徙的自由就靠社会成分的这种不稳定和形形色色来维持。但是，这种自由使政府衙门工作起来非常困难，并且同政府的意图相矛盾。政府的意图后来载入《法典》中，即要求把所有的人吸引到为国家工作的道路上来，并严格调整居民劳动以有利于国库的收入。使国家最感不便的是抵押人和自由人的社会地位。它可能使兵员日益缩小，使国家收入的来源枯竭：这两类人有权放弃个人自由和拒绝与此相关的国家义务，他们的社会地位可能成为那些不想服役也不想纳税的服役人员和纳税居民的社会避风港。为了消除这些困难和危险，从米哈伊尔统治时起，国家立法像把管理机构集中起来那样开始把社会也集中起来：它把承担相同义务的分散的一些官级联合成几个巨大的封闭阶级，但允许这些官级在某一阶级范围内变动，而各中间阶层则根据积业上最大的共同点强行编入这些阶级之中。社会的这种重新组合是通过两种办法来实现的：使人们依附于继承的地位，用法律固定并迫使他们处于这种地位；剥夺自由人放弃个人自由的权利。这样一来，社会成分就逐渐简化和稳定下来：原来根据财产多少或根据职业变化而定的军役和赋税变成了依出身而定的不再变更的义务；每个阶级日益成为整体，本身变得更严实，更加从其他阶级中独立出来。这些封闭的和承担义务的阶级在我国社会结构史上第一次具有等级性质，而等级形成的过程本身可以称为地位的固定化过程，即地位的凝固。由于这一过程是靠损害人民劳动自由来完成的，所以它所得到的结果应该看作是社会对国家作出的牺牲[16a]。

服役人员 看来，这种等级的固定化和各自独立出来是从服役阶级开始的，服役阶级作为武装力量，是国家最需要的阶级。1550年法典就已经规定，只允许接纳退职的大贵族子弟为奴仆，禁止接纳服现役人员及其儿子，甚至尚未服役的儿子为奴仆[16б]。大贵族子弟是最低最穷的服役级别，其中有许多是志愿加入者。1558年的法律说得更清楚，只有达到服役年龄（15岁）和尚未应召去服役的大贵族子弟的儿子，可以成为奴仆，而未成年和已成年的儿子，只要登记服役的就不能成为奴仆。由于军役的需要和任务的繁重，促使人们破坏这些限制。沙皇米哈伊尔时期，贵族和大贵族子弟抱怨说，他们的兄弟们、孩子们和侄甥们大批逃走去作奴仆。1642年3月9日敕令规定凡是贵族出身的奴仆，如果拥有服役领地或世袭领地并已登录在军役簿上的，都应从大贵族家中调出来去服军役；敕令禁止今后接纳任何贵族和大贵族子弟为奴仆。这项禁令也被写进《1649年法典》。这样，军役就成为服役人员世代相传没有止境的等级义务。同时也就确定了他们作为地主的特殊等级权利。当时拥有土地私有权的还有大贵族子弟、社会地位同他们相当的寺院仆役；拥有世袭领地和服役领地的国君的服役人员也属于这两类人。1642年法令把前一类人转为国君服役，而《1649年法典》则剥夺这两类人拥有世袭领地的权利。个人土地占有权（世袭领地和服役领地占有权），现在成了服役阶级的等级特权，这正如服军役是这个阶级所特有的等级义务一样，这种权利和义务把各服役的官级联合成一个等级，并从其他阶级分立出来[16B]。

工商市民 同样分立出来的还有工商市民。我们已经看到，16世纪服役人员土地占有制的发展阻碍了城市的发展（第三十三讲）。动乱使工商区纳税居民破产，他们四散逃亡。新王朝遇到的困难使刚刚开始恢复的工商区面临新的破坏的危险。用纳税连环保联系起来的工商区各界要做认真守法的国家纳税人就必须有足够人数的固定成员，必须有受保障的劳动和商品的销路。沉重的赋税迫使本钱不够的人把自己的店铺出卖或典当给不纳税的人，即免税的人，自己则离开工商区。与此同时，社会各阶层的人在工商区找到工作：射击军人、城郊村镇农民、教堂仆役、牧师的儿子做买卖或从事手工业，他们从留下来的工商区纳税居民手中夺走商店和作坊，但不加入他们的纳税行列；甚至牧师和助祭也违背教规经营店铺。工商区纳税居民的出走得到上面的有力支持。值得指出的是，每一次当最高当局力量变得薄弱时，我国的统治阶级就赶忙抓住这一时机，靠牺牲人民劳动的自由来进行广泛的投机。譬如，在沙皇费奥多尔·伊凡诺维奇时期，当时的人就抱怨说，卖身奴仆制日益发展。当权的鲍里斯·戈都诺夫本人和他的亲属都积极参与了这一活动。

抵押人 在沙皇米哈伊尔时期，抵押制也发生了同样的情况。我已经讲过，这种形式的人身依附同奴仆制不同，它不是农奴式的依附关系，它可以根据抵押人的意志而停止。作抵押人的大多是城镇市民，即商人和手工业者，并且他们一般是"投靠有权势的人"，投靠大贵族、宗主教、主教，投靠寺院。这对城镇纳税居民是一个巨大灾难。莫斯科国家大部分工商区周围都有官家服役人员的关厢区，以及射击军的、炮手的、驿站的关厢区。住在那里的是招募来的服役人员，他们在作坊手工业和做买卖方面同工商市民竞争，但不分担他们的义务。抵押人是更危险的竞争者。有权势者成批地接纳他们，并把他们整个的关厢区安置在工商区里面或自己的工商区土地附近，甚至公共的工商区土地附近。在下诺夫哥罗德的工商区里有一个宗主教的关厢区，1648年那里住着六百多名新来的商人和手工业者。工商市民代表在制定《法典》的大会上抱怨说："他们从各个城市来到那个关厢区，住在那里从事手工业，为了日子好过一些。"[16*]这是一种新型的抵押制，而且是一种非法的形式。人身抵押最简单的原本形式是借款，必须在债主家服务或在他的土地上劳动，用它来偿还借款。现在，工商区纳税居民当抵押人并不要借款或者是要假借款，一般是投靠有特权的世俗和教会的土地占有人。他们并不在债主家中服务，而是将全家或整个关厢区搬到主人的特惠土地上，享受主人免税土地的优惠，他们从事"各种作坊手工业和进行大宗买卖"，但却擅自摆脱工商税。他们是财主，而不是依靠贷款的贫穷的宅院工役。这种做法破坏了法律。《1550年法典》就已经禁止工商区商人住在工商区中属于教会的免税土地上，享受免税土地的优惠。在沙皇米哈伊尔时期，法律把工商区纳税土地（或称官地）同不纳税的土地（或称免税土地）严格区分开来。既禁止住在免税地上的人把他们得到的工商区纳税户和工商区纳税地的赋税解除掉，也不允许纳税居民，因住到免税地上而解除自己的赋税[17]。抵押制[18]毫不掩饰地被滥用了：抵押制虽然不是免税的订有契约的奴仆制，但它却把受契约束缚的好处同工商区纳税作坊的好处结合一起，既不纳税，又享受没有义务的权利[18]。在沙皇米哈伊尔时期，已有人控告这件坏事，新王朝政府则按已有的习惯，不采取任何措施，只对压力和威胁作出让步，对个别控告给以满足，但不把它们变成一个主要的措施。例如，1643年托博尔斯克的工商市民控告当地寺院增加抵押人，因为后者在各个行业中都排挤和欺侮他们。与此同时,控告者敦请政府注意,他们那里将无人为国君服役,也无人缴纳代役租。国君指令把抵押人迁回工商区,并强迫他们同工商市民一起缴纳赋税。1648年[19*]会议之前和会议之中对抵押制提出的坚决控告、莫斯科六月叛乱给人们所留下的深刻印象、甚至当时的莫斯科政府已感到的对国库收入的担忧以及扩大成千上万名新纳税人的愿望——所有这些促使对工商市民成分作大规模的重新安排。当时采取的一些措施被写入《法典》第十九章关于工商市民的那部分[19a]。所有在工商区土地上居住的私有主的关厢区,不管其土地是买来的还是强占的,都收归国君所有,并且无偿地列入纳税的工商区之中,因为"不得在国君土地上建立关厢区和不得购买工商区土地"。抵押人给接纳人的借款和贷款单据,宣布无效。城郊的世袭领地和服役领地,如果同工商区"户挨户"地相连,也划归工商区,并给以其他地方的官有村庄作为交换。从此以后,抵押制被废止,违者处以重刑,而工商市民则固定于工商区并缴纳赋税,规定极为严格:1658年2月8日敕令对从一个工商区迁到另一个工商区,甚至对在本工商区外结婚都以判处死刑相威胁[19б]。这样,从买卖和作坊手工业中抽取的工商税就成了工商市民的等级义务,而从事城市买卖和作坊手工业的权利也是他们的等级特权。农民如果在商场中没有小店铺,则只能在市里出售直接从大车上卸下的堆在客栈里的"各种货物"[19*]。

第四十九讲

私人占有者土地上的农民——决定他们处境的条件——古罗斯的奴仆——契约奴仆制的起源——1597年的四月敕令——院外仆人——农奴合同的出现——它的起源——它的条件——《1649年法典》规定的农奴地位——农民的家产——农奴的纳税义务——《法典》执行时期农奴同奴仆的区别

在服役阶级和城镇居民阶级分离出来的同时[1]，乡村农业居民的地位也最终确定了。其实，只是居住在私人占有者土地上的农民的命运发生了重大变化，而这些农民是农村居民的主要部分。这个变化使他们比以前更加明显地分离出来，不仅从其他阶级，而且从农村居民中的其他等级，从官地农民（即国有农民）和宫廷农民中分离出来。我指的是，对私有农民确立农奴制的束缚。我们讲到了17世纪初的农村阶级（第三十七讲）。我们看到，国有农民和宫廷农民到这个时候已经被束缚在土地上或者在农民村社里。私有农民的地位还没有确定，因为在这个问题上，各方面的利益发生了冲突。我在讲授16世纪农民情况时最后曾指出，在17世纪初，使老爷名下的农民处于束缚地位的各种经济条件已然具备，剩下的只是找出法律标准，使农民实际上受到的束缚变成有法可依的农奴制束缚。

16世纪的土地私有主农民作为一个社会阶级，其地位有三种因素应加以区分：土地税，离去权[1]和向主人借债的需要，即政治、法律和经济的因素。其中任何一点都同其他两点相排斥，而它们之间变幻不定的斗争过程使确定这一阶级在国家中地位的立法发生摇摆。斗争是经济因素引起的。由于各种原因，其中一部分原因我们已经探讨过，从16世纪中叶起，需要借债来添置设备和经营自己经济的农民人数开始增多。这种需要使农民陷入债务束缚，结果它同农民的离去权相冲突，它使后者受到控制：这项权利没有被法律废除，但在司法上形同虚设。这时，农民的土地税起来反对农民的被束缚地位，因为后者解除了土地税。17世纪初的立法反对把农民变成奴仆，它确认农民身份的永久性，确认纳税农民无离去权。把农民地位中的这几种因素同古罗斯个人契约中的条件相结合起来，就找出了规定土地私有主农民的农奴制束缚地位的法律标准[1]。

契约[2]（крепость）在古罗斯法律中是确定人们对某件物品的权力的象征性证书或书面证书，这种证书所确定的权力使持有者拥有对这件物品的契约所有权。在古罗斯，人也是契约所有的对象。这种订契约者（即1649年后的农奴——译者注）被称为奴仆（холоп）[2]和女奴隶（роб）。用古罗斯的法律语言来说：订契约的男人被称为奴仆，订契约的女人——女奴隶。在文件中没有"奴隶"和"女奴仆"的名称：只是在教会文学作品中见到过奴隶（раб）的名称。奴仆地位就是罗斯最古老的订契约者的处境，它在农民的农奴制束缚地位确立前几个世纪就存在了。15世纪末以前，在罗斯只有免税的奴仆制，后来又称为完全的奴仆制。它是通过各种不同的方式建立起来的：（一）由俘虏变成的；（二）自由人自愿或被

1　亦译出走权（право выхода）。——译者
2　亦按读音译为荷洛普。——译者

父母卖身为奴仆的;(三)自由人因犯某些罪行被政权判决为奴仆的;(四)奴仆所生的;(五)商人由于个人失误而无力偿还债务的;(六)自由人自愿充当别人的私人家仆,但没有签订保证服役自由契约的人,和(七)同女奴隶结婚,但没有上述契约的人。完全的奴仆不仅本人从属于老爷(古罗斯称奴仆的主人为老爷)和他的继承人,而且把从属关系还传给自己的子辈。对完全奴仆的权力是继承的,完全奴仆的被束缚地位是世袭的。奴仆制同其他非束缚性的私人从属形式不同,它的主要法律特点是不依奴仆的意愿而终止奴仆地位:奴仆只有根据主子的意愿才能摆脱被束缚地位[2]。

不完全奴仆的几种形式 在[3*]莫斯科罗斯,从完全奴仆地位中分出了几种不同的、较轻的、有条件的契约束缚形式。譬如,在15世纪末或16世纪初,从私人仆役中,即从经管主人经济的人,管家或掌管钥匙的人中产生了呈报奴仆。这样称呼他们是因为这种奴仆的契约证书即呈报文书需呈报总督批准。这种奴仆制同完全奴仆的不同点在于,对呈报奴仆拥有权力的条件有改变,有时主人一死,权利就终止,有时权力转给主人的子辈,但不再向下传。再有,我已经讲过抵押制。它是在不同的时期由于不同的条件而产生的。它最早和最简单的形式是人身抵押,也就是借债,借债人必须住在债主家的院内,为他服役。《罗斯法典》时代的典押者(债农),封邑时期的典契人以及17世纪的抵押者都不是奴仆,因为他们的被束缚地位可以根据典当人的意愿终止。债务或是由典当人付款,或是以完成契约规定的做工期限来偿还。15世纪的一个证书中讲到这种负债仆人时说:"完成自己的限期(期限),就可以离去;挣得卢布,而没有完成限期的任务,就要交出其他东西",偿还借约中的全部款项。

押契奴仆 但是,常有这种抵押字据,抵押人不能用服役来偿还债务本身，而只能付利息，服役"还利息"，到满规定期限时归还"本钱"——借的钱。在古罗斯，借债文书借自一个犹太词——押契来表示。人身依附产生于服役还利息的义务，它用证书加以确定。这种证书不同于那种以人身作抵押的做工还债押契，这种证书在 16 世纪被称为服役押契或服役还利息的押契。从 15 世纪末起，文件中出现了押契人这一用语；但是，在他们身上长时间还看不到押契奴仆制的特征。以人身作抵押的债务押契其实就是做工还债的押契，它规定抵押人有权取得提前拿到的无息借款，有权偿还无息的债款。要付利息的借契有自己的专有名称——服役押契。根据这种押契，订押契者在债主家服役只能挣到利息，不解除在规定期限或限期内还清本金的义务。这种性质的订押契人出现在 16 世纪中叶以前的文件中，《1550 年法典》也只提到这种服役押契，它规定以人身作抵押的借债最高额是 15 个卢布（合现在的钱 700—800 卢布）[3a]。从 1560 年的一项法律中可以看出，订押契人订了要付息的服役押契，必须接受有关偿还债务问题的诉讼。这是一个标志，说明他们还没成为订契约的人，而仍是一有机会就有权赎身的抵押者[36]。从法律中我们看到，另一些订押契者无力偿还押契上的债务，本人要求成为自己债主的完全奴仆或是呈报奴仆。法律禁止这样做，规定仍旧把无偿还能力的订押契者交由起诉的债主"任意处置，直到赎身"，直到还清借款或做工还清债务为止[3B]。英国大使弗莱彻也报道了他在 1588 年从莫斯科获得的消息，即法律允许债主出卖永远或暂时归他处置的债务人的妻室儿女[3Γ]。这一消息连同上述禁令以及订押契者本人愿意转为完全奴仆等等都说明，订押契者被拉向不同方面：他们自身的仆人习惯和主人习惯把他们拉向习以为常的完全奴仆地位，而法律则把他们拖向临时的、非契约的被束缚地位。在这场斗争中，以服役付利息为条件的抵押制确实变成了奴仆制，只不过不是完全的奴仆制，而是订押契的奴仆制。在被处置者无偿还能力的情况下，赎身前的任意处置使得他们为还清债务而无限期地工作。这样，订押契者的还利息服役也包含清偿债务本身的内容，为借债而进行的人身抵押变成事先得到佣金的个人雇用。这种服役还息和清偿债务的结合，以及订押契者义务的个人性质，就成了作为契约的服役押契的法律基础，这些就是订押契者服役的极限。服役押契作为个人的义务，把一个人同另一个人联在一起；当一方死亡，它就失去效力。17世纪，我们到处可以看到这样的押契，订押契者承担义务"在自己主子的宅院中服役一直到死"。但是，如果主人比奴仆死得早，这种情况破坏了押契的个人性质，它迫使订押契者像继承似地为死者的妻室子女服役。此外，还有两类家庭仆人，给他们规定的服役期限是到主人去世时为止。1556年法律规定，法庭判为奴仆的俘虏，为主人服役"直到他死去"。另一方面，也有一些人既没有借债也没有受雇就以同样的条件简单地成了私人仆役。我们看到1596年的一个服役押契，其中讲到某个自由人在主人"生前"承担了义务服役，他没有借债，不是为付息而服役，主人死后应给他和他的"在主人家挣饭吃的"妻室儿女以自由，"主人不得把他和他的儿女作为财产遗交自己的子女"。从这里，我们看到了表现服役押契的人身性质的三个条件：对订押契者的终生拥有权、这种拥有权的不转让性和订押契者在服役期间挣得财产的权利。这几个规定也就成为订押契者服役的法律内容，它在这里是由契约确定的；至少在1597年以前没见到一项敕令使这些规定成为法律，这是对自由人变为订押契者而言，而不是对俘虏而言。随着终身制的确立，服役押契获得奴仆契约的性质：根据契约订押契者本人放弃赎身的权利，并且只有主人去世或凭主人的意愿才能终止他的被束缚地位[3*]。在1555年的敕令里，服役借契已经具有契约、契约证书的意义，它与完全奴仆的契约和呈报奴仆的契约并列，而我们在1571年的一个遗嘱中见到订押契的奴仆和订押契的女奴隶这样的术语，它代替了以前的常用语——订押契人或干脆称为订押契者。这时，服役押契的形式逐渐清楚，它毫无变化地持续了整整一个世纪：自由人自己或同他的妻室儿女一起，向某个人，通常是向服役人员借几个卢布，日期总是一年，从某一天到下一年的这一天，他承担义务要在"所有的日子里都在自己主子的宅院中服役以还利息，期满之后付还借款"，"因此我所有的日子都得在自己主子的宅院中服役以还利息"。这种刻板的形式表明，它是照定期抵押书的规格——以人身为抵押，不以物品为抵押，同时考虑到期限有所延长——成文的。这种抵押书是屡见不鲜的，它在条件上，甚至在用语上同服役押契相似。1636年，一位父亲把自己的儿子派到债主那里"服役一年"，并承担义务，如果不能按期偿还债款就得让儿子到债主的"宅院中去"〔4〕。

1597年的敕令 1597〔5*〕年4月25日向奴仆衙门宣布的法令认为这种情况就是押契奴仆制〔5a〕。该项法令的目的是整顿好奴仆所有制，建立使奴仆制得以加强的牢固制度。对订押契者契约的法律，它没有增添什么新的内容，只是确认和表达了已经形成的关系〔56〕。法律规定，具有法律效力的只是那些在莫斯科奴仆审理法庭的押契文书上和在其他城市衙门官吏那里登了记的服役押契。法律规定，在押契上点名提到的订押契人及其妻室儿女像呈报奴仆那样，仍然处于押契规定的奴仆地位，即在自己的主人去世前依然是奴仆；如果订押契者提出要赎身，主人可以不接受他的钱款，法庭不得受理这种奴仆的请求，而是要他们按押契的规定服役，直到他们的主人去世；订押契者的子女，已载入押契中的，或是在他当奴仆时出生的，都从属于父亲的主人，同样一直到主人去世。但是，这个法律也有新的规定，它暴露了统治阶级对自由劳动的幕后策划。当时，除了订押契的仆人外还有自由人家仆，他们服役但没有签订押契，像是自由受雇的仆人，文件称他们为"自愿奴仆"。有的人服役平均十年或更多一些时间，但不愿意向自己的主人承担押契，同时，保留在他们愿意的时候离开主人的权利。这项权利得到1555年敕令的承认。1597年的四月法律规定了这种自愿服役的期限——半年以内：服役达到半年或更长时间，就使自己成为"供给饭食、衣服和鞋子"的主子的订押契者。卡拉姆津对这一决定的评价是完全正确的，他称它是"由于明显的不公正而名不符实的"法律，它的公布"完全是为了迎合显赫贵族的要求"[5в]。但是，这种对自由服役的限制在立法上不是没有动摇的：大贵族的沙皇瓦西里·舒伊斯基原已回到1555年法律上来，但是，大贵族杜马却恢复了自愿服役的半年期限，而《法典》又把这个短暂期限缩减了一半。1597年敕令还有另一项规定，它表明在软弱的沙皇费奥多尔时期，谁的利益占了上风。我已经讲过，1560年法律与扩大完全奴仆制相对立，它禁止无偿付能力的订押契人卖身为债主的完全奴仆和呈报奴仆；按照1597年法律，被主人抓回的逃跑的订押契者如果主人自己愿意，可以加重他们的束缚地位。四月敕令与其说减轻了，不如说加重了契约束缚。修士巴利津·奥弗拉米是一名注视事态发展的僧人，他帮助了我们理解立法的这种发展变化。用他的话说，在沙皇费奥多尔时期，达官贵人，特别是有无限权威的统治者戈杜诺夫的亲属和同党，以及有势力的贵族阶级贪得无厌地要奴役所有能奴役的人：用甜言蜜语和礼品千方百计地把人引诱到被束缚地位，用暴力和苦难恫吓人们"签署服役"，签署服役押契；有些人被叫去"只是喝些酒"；而粗心大意的客人在喝了三四杯酒之后就变成了奴仆："关于三四杯酒之事是可信的，有的因此成为不自由的奴隶。"[5г]但是，沙皇费奥多尔死后，鲍里斯即位，当时出现了可怕的荒年。老爷们环视四周，看到无法养活人数众多的仆从，于是一些人被释放得到自由，另一些人被赶出但不给释放证，还有一些人自己逃亡四方，于是所有这些用上述不正当的办法聚敛起来的活财产就散落到四方，化为乌有；而在动乱时期，许多被遗弃的奴仆对自己的主人也进行了凶狠的报复。

借款农民和订押契奴仆的接近 我对订押契奴仆的历史讲到这种程度，为的是说明它对土地私有主农民命运的影响。乍看起来，很难在奴仆和农民这样不同的社会身份上找到接触点：一个是不纳税的人，另一个要缴纳赋税；一个在主人的宅院中干活，另一个在主人的田地上劳动。但是，主人就是他们的接触点：他是这两者的法律关系和经济关系的共同交叉点，支配着这两者。我们看到（在第三十七讲的末尾），在新王朝统治时期，农民对土地和对土地所有者的关系仍然没有确定。沙皇瓦西里在1607年颁布的关于按纳税登记簿实行人身依附的法律，在动乱时期失去了效力。乡村中实行的是17世纪初规定的制度。农民契约是按过去的条件即自愿协商的条件达成的：契约写道"当我同他们友好地进行协商并且我们一起在文书上签字的时候"，农民"就得根据劳役合同为我生产多种产品"。当庄园易手时，不受贷款的日期和义务所限的农民，可以去他们所愿去的地方，他们和他们的财产同新的所有者无关：正像证书中所写的："完全释放他们。"但生在这个地段或生时就依附土地所有者的老农民，以及居住达十年之久的老住户则留在原地，而因债务被土地所有者迁来的新居民则随所有者迁往新庄园。农民继续用产品、劳役租来偿还借债的利息。这种做工还息的办法使借款农民同订押契的奴仆逐渐接近。农民的产品同订押契者还利息的服役，同样是为主人效劳的个人劳动，只是后者在宅院中服役，而前者则为宅院劳动，正如劳役合同中写的："走进宅院，干宅院中的活计"[5д]。经济上的接近也导致法律上的接近。一旦在法律上确定了这样一种思想，即押契义务不仅涉及订押契者的行动，而且涉及他本人使他成为订契约者，这种思想就会顽强地为自己开辟通往土地所有者意识及其对待农民态度的道路。对于农民关系的这种广泛的认识，即使从奴仆方面来说，也是易于接受的：农民向奴仆方面的移动遇到了奴仆向农民方向的反方向的移动。当种粮食的农民为老爷家宅干活之后，就出现了种粮食的宅院仆人。[5e]动乱时期的骚乱像暴风一样席卷全国，把大批农民扫出国家的中央地区。农业劳动力严重缺乏，这迫使土地所有者采取古老的可靠办法，从奴仆中寻求新的农业劳动力。他们开始让自己宅院仆人去种地，给他们贷款，为他们安家，添置产业和农用工具，同时，同奴仆签订专门契约。这种契约像农民合同一样称为借款合同。

院外仆人 这样，在奴仆中就出现了一个称为院外仆人的阶级，因他们住在土地所有者"宅院外面"的特设小屋中而得名。这个阶级在16世纪后半叶就已经出现：在1570—1580年的文书中，经常见到属于大老爷庄院的"院外人"，"院外的仆役"这些名称。这种不自由的农村阶级的人数在17世纪的时候有明显的增长。在这个世纪前半叶的土地登记册中不常见到这些名称，但在后半叶，他们在很多地区是农业居民的通常和重要的组成部分。根据17世纪30年代的统计，别列夫县的"仆人户"，奴仆户，不都是院外仆人，他们占全体农业居民的百分之九弱，这里的农业居民是指农民，赤贫农以及独立门户住在服役土地所有者土地上的奴仆。据1678年的统计，仅是院外仆人就占12%。过了一段时间，加入他们这类人的还有一部分老爷的家仆，即干杂务的人，在统计表上他们归入住在地主和世袭领地主宅院里的人一类，但他们的经济和法律地位同院外仆人完全一样。院外仆人来自各类奴仆,主要来自订押契的奴仆。但是,院外仆人作为有妻室家小的奴仆,有宅院的人,他们的地位也有某些法律上的效力;根据1624年法律,院外仆人本人用自己的财产来抵偿自己的罪过,而不是由他的主人承担。这就是说,承认他的财产为他所有,虽然还不是完全为他所有〔5※〕。院外仆人还用独特的方法来加强自己的地位:他给自己弄了个借款合同,不仅自由地住在老爷宅院的外面,而且在搬出老爷的宅院的时候不再是宅院奴仆。这样一来,院外仆人的借款合同造成一种特殊的奴仆形式,它是从宅院服役到农耕的过渡形式。

农奴合同 在1628年的一份文件中,有个地主写道,在他居住地区的荒地上,他"把自己宅院中的订押契人和老居民转为农民,并且向他们提供贷款"。这并不等于他把自己的奴仆变成真正的农民,因这种地位的变化虽使奴仆获得自由,使他从免税人变成纳税的种粮人,但无论是前者还是后者都对主人不利。让从前奴仆去种地,这是私有地主经营的习惯做法。但是,以前没有把这种做法称为变奴仆"为农民"。使奴仆变为农民——这不是从法律中摘录出来的说法,而是从新的土地关系的实际经验中得出来的,它表明,当时的借款农民同奴仆是多么的相近。正是在这个时间的前后,农民同地主签订的契约中出现了纯农奴条件。现在还保存着一份1628年的借款合同。合同上说:自由人必须"作为农民住在自己老爷的院外,终生不得离去"。这种不得离去的条件有各种各样的表达形式。从前,因借款而受雇种地的农民,在借款合同上写道,如果他未完成承担的义务而要离去,则地主可向他索回借款,可"因损失和拖延",因经济损失和法院征收费用向他索取罚金或违约金——仅此而已。现在,农民离去除了必须付违约金的义务之外还增加了一个条件:地主,主子"可以随意把我从各地叫回到他们那里"，"而今后，我仍是那个地段的农民，居民和纳税者"；"现在是农民，今后也是农民"，因向主子借了款，我"永远是个农民，并且不得逃往任何地方"等等。所有这些形式的意思是一个：农民永远放弃离去权，并把抵偿契约所规定的义务的违约金变成逃跑的罚金，付了违约金并不归还农民的离去权，也不废除契约。不久，这种不得离去就变成了借款合同的一个总结论性的条件，于是它形成了 17 世纪所说的农民的农奴地位或说农民的永久性。这个条件第一次赋予农民借款合同以农奴文书的意义，确认依附者无权终止的人身依附。

农奴合同的起源 农民陷于农奴地位和奴仆"变为农民"，这两件事从时间看都发生在 17 世纪 30 年代。这不是偶然的：前者和后者都同当时国家经济和地主经济的巨大转折有密切的关系。动乱使大量城乡纳税的常年住户离乡背井，也使古老的农村米尔（其成员是以连环保按时向国库缴税的）解体了。恢复这种米尔是新王朝的政府首先关注的一件事情。1619 年的缙绅会议规定重新登记和清理纳税居民，同时把逃亡者遣送回原来的居住地点，并把抵押人改变为纳税者。由于执行人、登记人和巡视人的无能，这项工作长期没有完成。它的失败以及 1626 年的莫斯科大火，首都衙门中土地登记册的被毁，迫使政府在 1627—1628 年按照范围更广和考虑更周密的计划进行新的普遍登记。这次登记的表册具有警察和财政两个方面的用途：它使人知道国库可能拥有的纳税力量，并在地方机关内把这种力量固定下来。后来，从通过《法典》时起，为了同样的目的对农民也使用了这些表册，用登记册来核对农民和土地私有者之间过去存在的土地关系，解决冲突和争议。但是，它没有对这些关系提供新的标准，没有规定未曾有过的这些关系，它让双方私人间的自愿协议来规定它。然而，记载居住地址的"登记簿"还是为这些协议提供了共同基础，它调节这些协议，并且间接地引出这些协议。流浪的自由种田人走到土地私有者的土地上，把那里当作临时的"农民码头"。登记人在那里遇到他，把他登记在土地私有者名下，种田人不得不在自愿协议的条件下受雇于私有者当农民。于是，他被登记簿和自己承担的劳役合同双重地固定在土地私有者的名下。

173　　**农奴合同的条件**　　这里，转而直接注意有押契条件的契约。一些人在受雇为农民之前，"自愿地"无契约束缚地在土地私有者那里住上几年，就像订押契者那样；另一些人受雇但没得到借款，他们在契约上写道，今后，在他们的主人去世之前，必须住在自己主人那里当农民，而他们的主人按上帝的裁决不在人世之后，他们，即农民，可以去他们所想去的地方。这就是服役押契的基本条件。有的人，像我们引用过的1628年的劳役合同所说的那样，必须"作为农民住在自己主子的院外，终生不得离去"。这样，有时受雇的也有订押契者。但是，农民"从外面"受雇时，通常都像以前那样得到借款，有时规定要按时归还"全部"借款，有时规定分期"逐渐地"归还；契约多半是回避这一问题，只有当农民不履行经济义务或者逃跑时才规定要偿还借款。尽管当时农民合同中的条件是多么的不同，多么的混乱和自相矛盾，从中还是可以看出那些交织成农民农奴地位的基本线索：这就是记载居住地址的警察登记册，借贷的债务，押契奴仆的活动和自愿达成的协议。前两点是农奴法的主要来源，它使土地所有者能对农民具有契约权力；后两点具有辅助意义，它们是实际拥有这种权力的手段。从农民的契约中，看来可以看出从自由到农奴地位的这一转折点；而这一转折点指明了这个转折同1627年的普遍登记的联系。人们所知道的，最早的带有农奴义务的劳役合同就是在进行了这次登记的1627年出现的。当时，地主的"原有"农民同地主签订了新的契约，条件是从地主那里"不离去和不逃跑，成为他的固定农民"。他们像是原有农民一样，同地主有明确规定的关系；可能由于常年居住一地，他们就是没有那些规定也已成为自己地段上的无法离去的老住户，因他们无力偿清某个时候得到的借款；在另一些的劳役合同中直截了当地规定农民对自己的原有地主应"像以前那样"忠实可靠。这就是说，新的农奴条件不过是把实际形成的状况用法律固定下来。警察方面对赋税的固定或按居住地点对社会地位的固定，提出一个把农民固定在他登记时所在土地的所有者那里的问题。对此没有现成的法律标准。于是，就从其他范例中，从服役押契或院外仆人的借款合同中借用了那些经济关系相似的标准，并参照了各个地方的各种自愿协议所规定的农民纳税和宅院服役的条件。这种把各式各样的法律关系糅合起来的做法是动乱时期结束后地主经济中发生的转折本身所引起的。以前，农民—租户同土地所有者之间的交易对象是土地，条件是把一部分耕种的土地或价值相等的货币代役租给土地所有者。借款则还打算要农民亲自为土地所有者干活，即服劳役，这是借债者的补充义务；甚至还要农民交出用借款添置的家具物品。动乱时期以后，土地核查的条件又变了：荒芜的土地跌价，而农民的劳动和老爷的借款涨价；农民更需要的是借款而不是土地；土地所有者找到的更多是劳动者而不是租佃者。用这种双方的需要可以说清1647年的那次登记，那时农民的农奴地位已然确立，并且由个人的农奴地位变成世袭的农奴地位：这里，不是农民承担义务不离开地主，而是地主答应不把农民从他原有的，已经盖好房屋的那块小地方赶走，否则农民可以自由地离开地主"到四面八方去"。还是这种双方的需要在1627年普遍登记的逼迫下，逐渐地把农民的雇佣合同从关于使用主人土地的契约变成关于强制农民劳动的交易,而劳动的权利成为控制人身和人身自由的权力的基础;正如我们将要看到的,这次登记的本身也是国库的需要引起的,它要把征收的土地税从耕地上转嫁到耕者身上。原有的法律地位在经济关系的新结构中开始变得模糊不清:奴仆变成农民,或者相反,宅院仆人像农民那样种地,而种地的农民干宅院内的活,于是,从这种混杂中产生了农民的农奴地位。

国家和土地所有主 法律和地主,从形式上看,他们在追求农民方面是互相支持的。但是,和谐一致只是表面的:双方都朝不同方向前进。国家需要的是埋头苦干的纳税人,根据登记册随时能在固定地段找到他,并且不会因私人义务而削弱他的纳税能力;而地主寻求的是种地的奴仆,他应认真地干"他所在的地主庄园的各种事——田地上的,打谷场上的和宅院里的事",还要付代役租,此外必要时可以把他出卖,抵押和当作陪嫁,但不带土地。新王朝的第一个沙皇是在教会上层人士和贵族支持下当选的,但他在大贵族面前承担了义务:在农民事务上沙皇政府必须同大土地所有者——大贵族和教会的土地所有者以及小贵族打交道。大土地所有者——大贵族、高级僧侣、修道院利用纳税居民在动乱时期之后的困难处境,把他们中的许多人,其中也包括农民,从官方拉到自己一边,变成免税抵押人,受到自己强有力的"庇护"。1619年7月3日的缙绅会议规定:"抵押人仍旧是他们以前所在地点的那种人",应把他们送回原处去作纳税人。但是,免税地和官地这两类有权的显贵,在整整三十年期间回避了这次全国会议的决定,只是在《1649年法典》中,贵族和城镇工商区居民的代表才加进了几条有关没收居住着抵押人的大贵族和教会关厢的明确条文。许多有关农民的问题等待立法去解决;但立法机关并不忙于做这件事。米哈伊尔是一个完全不认真负责的沙皇,在他的周围没有一个认真负责的国务活动家,而政府跟在日常事务后面行动,不想超越它,并听凭生活本身绾下一个结扣,以至后代不知对这些结扣该怎么办。随着农民契约中农奴义务的出现,法律必须明确划清国家利益和私人利益的界限。登记册按居住地点把农民固定于纳税人的身份,而雇佣合同则根据私人契约把农民固定于业主一方。这种两重性在农民契约中表现为农奴制公式的不稳定性。经常的情况是,农民含糊其辞地说,他"按照这个契约,今后仍作为农民固定于自己主子名下"。农民往往根据没有标出固定地段的土地固定于私人名下,农民必须住在自己主子院外的某个村子里或者"他指定给我们的地方";农民受雇耕种农民地段,这一地段是"主子他按照我的能力赏给我的,是我能勉强胜任的"。较少的情况是,农民"按自己的纳税地段和按照这次登记",固定于自己的主子名下。把人身的固定和土地的固定,即和居住在一定纳税地段相结合,农民必须住在这个地段不得离去,"不得离开这一地段到任何地方去"。最后,更少的情况是,也是在17世纪末,我们看到农民固定于某个地点,某个村落,而不问主人是谁;1688年的一个借款合同,除了农民的一般农奴义务,即依附于主人,住在某个村子之外,还加上一个条件——农民必须住在那个村子里,"今后也一样,不管那个村子将属于谁"。同样,法律没有规定农民的农奴地位的期限,也没有规定由此产生的贡赋的大小,所有这些都是由自愿协议决定的;这里如同我们所看到的借款合同一样,保留了不固定的服役契约的条件。根据保存下来的1646—1652年舍隆区札列斯基部分雇佣合同来判断,一些地方明确规定了劳役地租:赤贫农承担义务为大贵族干活,平均每周"不带马为大贵族干一天活",农民"带着马"干一天或两天的活,或者一周干一天,而另一周干两天活。但是,这是地方的惯例,它的形成同有关土地关系的立法规范无关。一项不变的常规是农民承担没有明文规定的义务,"为地主家干各种杂活和缴付代役租,这些是地主对我的恩赐,在我的地段上他同邻里一起征收租赋",或者"在各方面都听命于地主,给他耕地和干宅院里的活"等等。因此,国家制度上最重要问题之一——关于土地所有者对他的农奴劳动的权限问题的解决只好服从私人利益之间的一场混乱斗争。这或者是疏忽大意,或者是粗心的立法对贵族利益的怯懦让步,后者作为最有势力的一方,肯定要利用自己的优势。

规定年限的废除 政府在农民事务上对贵族的另一个让步是废除规定年限,即搜寻逃亡农民的期限。从 16 世纪初开始,实行了五年期限,1607 年法律改为十五年期限[5³]。但是,动乱时期以后又回到以前的五年期限。在这样短的期限内,逃亡的人很容易使主人找不到他,主人要提出起诉,但来不及探知逃亡者的下落。1641 年贵族请求沙皇"取消规定年限",但是年限没有取消,而只是把搜寻逃亡农民的期限延长为十年,搜寻外迁的农民的年限延为十五年。1645 年政府在回答贵族的再次请求时,确认了 1641 年的敕令[5ᴴ]。最后,在 1646 年,政府进行新的普遍登记,它接受了贵族的坚决请求,并在这一年的登记布告中许诺"对农民和赤贫农以及他们的全家进行登记,并且按这个登记册把农民和赤贫民以及他们的子女,弟兄和子侄的依附关系确定下来,并且没有规定年限"[5ᴷ]。政府通过《1649 年法典》履行此项承诺,这样,这个法典就使得根据 17 世纪 20 年代的登记册和 1646—1647 年的登记册"不受年限规定"追回逃亡农民的做法合法化。搜寻期限的取消,本身并没有改变作为国民义务的农民农奴地位的法律性质,违背这种义务则根据受损失者的个人主张加以追究;搜寻期限的取消只是给农民添加了另一个与奴仆相似的共同点,因为搜寻奴仆是不受期限的限制的。但是,登记布告在取消搜寻期限的同时,它不是给单个的人,而是给构成家庭成员的全家人确定依附关系；根据住地对身份的登记册，把农户的主人以及他们没有分居的子孙后辈和旁系亲属都记录下来，同时也使他们隶属于土地所有者，现在后者有权在他们逃亡时无限期地像搜寻奴仆一样搜寻他们，于是，农民个人的农奴地位变成了代代相传。但是可以认为，农民农奴地位的这种扩大只是把早已形成的实际状况固定下来：大多数的农民，其儿子正常地继承父亲的宅院和农具时，不必同土地所有主订立新的契约；只是当继承人是未出嫁的女儿时，土地所有者才同进入她家"掌管她父亲所有财产"的未婚夫订立专门的契约[5*]。1646年布告的内容也反映在农民订的契约里：从那时起，把订约农民承担的义务扩展到他的家属身上的合同就更多了。有一个被释放而获得自由的单身农民，受雇在基里洛夫修道院的土地上种地，并得到了借款。他就把承担的义务扩展到"上帝通过婚约将赐与他"的未来的妻室儿女身上。

农民农奴地位的代代相传提出了国家同农奴主的关系问题。还在16世纪的时候，法律为了保护国库的利益，把国有农民按地段或按居住地点登记下来缴纳赋税，并且限制土地私有主农民的迁移。从17世纪初起，类似的等级固定化也落在其他阶级的头上。这就是按照国家赋税的种类对社会进行全面的重新安排分类。这次重新安排分类是为了国库的利益。可是，这次对土地私有主农民进行重新安排分类时遇到了困难，因为在国库和农民之间有土地所有者，后者有自己的利益。当一个人同另一个人之间的私人交易没有侵犯国库利益的时候，法律不干预它们，这样借款合同中就允许有农奴义务。但是，那是同单个的农民和宅院主人的私人交易。现在，地主土地上的全体农业居民和农民家庭中没有分出去的成员，无限期地固定于地主。根据契约、根据借款合同确定的农民个人的农奴地位变成了根据法律、根据登记簿或登录册确定的代代相传的固定地位；从私人的民事义务中产生出国家义务,它对农民是一种新的义务。至此,立法机构只是搜集和归纳农民同地主的交易中所产生的各种关系,订出自己的各种标准。在1646年的登记布告中,立法机构本身提出了一项标准,从这个标准中应当产生出新的经济关系和法律关系。《1649年法典》当时需要做的就是把这些关系加以调整和规定下来。

《法典》规定的农奴地位 这部[6*]《法典》依照惯例,对农奴采取了肤浅的,简直就是虚伪的态度:第十一章第三款说,似乎"在国君的敕令颁布以前,并不存在国君如下禁令:任何人不得接纳农民(指逃亡农民)"。其实1641年的敕令明确讲到:"不得接纳别人的农民和赤贫农。"《法典》的第十一章几乎全讲的是农民逃亡问题,但既没有说清农民农奴地位的实质,也没有说清主人的权力范围,它还从过去的法令中收集一些补充条款,不过,并没有完全利用所有资料。当用《法典》的偶然性条款来拼凑成农民农奴地位的公式时,这些法令有助于把粗制滥造的法典中半吞半吐的话补全。1641年的法律把农民农奴地位的内容分为三个可诉讼的部分:农民,农民财产和对农民的拥有权。因为对农民的拥有权指的是土地所有者对农奴劳动所拥有的权力,而农民财产就是他的农具和全部动产,"耕地的和宅院内的用具",所以对农民一词只能理解为农民对土地所有者的依属性,即后者拥有对前者人身的权力,而不问经济情况如何,也不问土地所有者对农民劳动的使用情况如何。这项权力的固定首先靠登记簿和登录册,也靠"另一种契约",它把农民或他的父亲写在土地所有者名下。是否无害地使用农民农奴地位的这三个组成部分,取决于法律规定农民依附条件的确切程度和规定程度。按照《法典》,农奴世代相传地被固定于自然人或法人,用登记簿或与其同类的表册把农奴写在他们名下;农奴被固定于这个人是根据土地，根据登记时他所在领地、服役领地或世袭领地的地段确立的；最后，他被固定于纳赋税的地位，他按照自己土地地段的大小缴纳这些税。这些条件没有任何一项在《法典》中得到彻底贯彻。《法典》禁止把服役领地农民安置在世袭领地的土地上，因为它会使国家财产即服役领地遭受破坏。《法典》还禁止土地所有者承办自己农民及其子女的服役押契，禁止释放服役领地农民，因为这两种做法都使农民脱离纳税地位，使国库丧失纳税人；但是与此同时，《法典》允许放走世袭领地的农民（第十一章第三十款；第二十章第一百一十三款；第十五章第三款）。除此之外，《法典》默许或者干脆承认当时地主之间进行的交易，这些交易使农民失去他们的地段，同时《法典》还允许在转让农民时不仅不给土地还要剥夺其财产，甚至规定从农民方面找不到任何借口时，由于主人本人的原因也可把农民从一个土地所有者转给另一个土地所有者。贵族在人口登记之后出售自己的世袭领地及应找回的逃亡农民时，必须从自己其他世袭领地中调出"同样的农民"给购买者以代替那些逃亡农民，这些被调出的农民在自己主人的欺骗行为中应是无罪的；或者，地主并非蓄意杀死了别人的农民，则按法院判决从他那里把他"最好的农民及其家属"，转交给死者的主人（第十一章第七款；第二十一章第七十一款）。法律只保护国库的利益或是地主的利益；地主的权力只是在同国库的利益相冲突时，才碰到法律障碍。农民的人身权利是不被考虑的；他的身份消失在主子们相互关系的烦琐的强词夺理之中；法律把农民当作经济上的一个小筹码放在自己的天平上，以便恢复被破坏了的贵族各种利益间的平衡。为此，他们甚至不惜分裂农民家庭：嫁到其他主人名下的农民、奴仆或鳏夫的逃亡女农奴，将和丈夫一起被交给她的主人，而她丈夫同前妻所生的孩子则留给原先的主人。不管对农民还是对奴仆，法律都允许实行这样分裂家庭的违反教会规定的做法（第十一章第十三款）。《法典》中一项后果最严重的缺点是，它没有明确规定农民财物的法律实质：不管是《法典》的编纂人，还是对《法典》进行补充的缙绅会议代表（他们之中没有人是土地私有主农民）都认为没有必要明确规定农民的"财产"多少属于他本人，多少属于他的主人。自由人并非蓄意杀死了别人的农民，要偿付由借款文书所证实的，被害者的"借契债务"（第二十一章第七十一款）。这就是说，农民似乎被认为是法律上有能力依据自己财产承担各种义务的人。但是，农民如娶了逃亡女农民为妻，则连同妻子归属妻子的前主人，并且不带家产，家产被她丈夫的主人扣住留归自己（第十一章第十二款）。可见，农民的什物工具，作为农民的东西，仅仅是他们的生产用具；而作为法律上有能力的人的东西，则不是他的法定私有物，如果农民得到主人允许，甚至按照自己主人的意旨同女逃亡者结婚，则丧失自己的什物工具。

农民的家产 私人文书中显示的实际情况，说明了法律的这种两面性。这里我们看到农民家产的成分，同时从某些方面看到它的法律上的含义。它包括有农具、金钱、牲畜、播种的谷物和脱粒的谷物，"各种衣物和各种家庭储藏品"。从雇佣合同中我们看到，农民家产作为遗产由农民传给他的妻室儿女，似乎也作为嫁妆传给女婿，但是，无论如何要先得到主人同意或是按主人的旨意去做。通常，自由的单身汉空着手，只有"全副身心地"走到地主的农民家里"当牛做马熬上几年"，娶他的女儿为妻，并答应在丈人的家里住一定时期（如八年或十年），住满年限后才有权分家和向丈人（丈人死后向他的儿子）索取全部产业的二分之一或三分之一，不仅分家产，而且也分"木房和土地，大田和菜园"。同样，娶农民的女儿和寡妇为妻时，也要到她们家得到她们死去的父亲或丈夫的家产。这些家产为农民（即外来人的岳父或前夫）"所占有"；但是，未婚夫从农民的主人得到这些家产和未婚妻的同时，要受雇到主人家"当农民"，成为他们的农奴。一项财产有两个不同的占有者，这种并存说明农民家产的两种来源：家产通常是靠农民的劳动和借助主人的贷款置办的[6a]。我们看到，《法典》规定逃亡女农民的丈夫在把自己的妻子交给主人时就丧失自己的财产。在17世纪30年代的雇佣合同中，我们遇到该《法典》没有预见到的，更能说明问题的情况：按照法院判决，逃亡者以及他们在逃亡时娶的妻子——女农民都归属于逃亡者的主人；但是这些女农民从父亲或前夫那里继承来的财产则由允许她们结婚的女农民的主人留归自己。主人甚至认为自己有权分走自己农民同第三者订约得到的家产：1640年一个自由人娶了农民的养女为妻，他受雇当他主人的农民，按押契规定直到后者去世，并附有条件，在"自己丈人"家里住满规定期限后，要从他或他的儿子那里索取一半的家产，并同妻子"自由地离开那里"，这使农户和农民村社受到直接损失。很明显，农民的家产——财物的实际占有和所有权是不同的：前者属于农奴，后者属于地主。这是某种类似罗马法典中的拨给奴隶使用的财产的东西，或者类似俄国古代法律中的放牧地的东西；执行《法典》时期的土地私有主农民就其占有财产的情况来说，重新回到他们这类人祖先的地位，回到《罗斯法典》时代的债农地位。这种家产，即17世纪时所谓的私有财产，奴仆也是常有的，甚至可以用它同主人进行财产交易。1596年的一个服役押契写道，奴仆必须"在他（主人）活着的时候"为主人服役，而主人死后必须释放奴仆，并且奴仆可以带走他"从他（主人）那里挣得的家产"。奴仆按法律规定没有私有权，而他能让自己主人承担这种义务只不过靠他道德的正派。很明显，《法典》看待农奴的家产也同看待奴仆的财产一样，只因持有这种看法，它才能够在贵族和大贵族子弟没钱管理他们的服役领地和世袭领地时，把他们的债务转嫁到他们名下的人，即奴仆身上和转到农民身上（第十章第二百六十二款）。这说明农奴可能有该《法典》提到的"押契债务"。这种农民能够用自己的家产得到债款，可是这些家产如同院外奴仆的家产一样是可以被征收的。值得注意的是，在农奴义务刚写进借款合同的时候，农民的什物工具就带有奴仆家产的性质：我们看到在1627—1628年已经有地主报官，说他们的农民从他们那里逃跑，"带走自己的家产"、马匹等等，价值多少钱。农奴法还没来得及确定为国家的法规，而主人已把农民的什物工具称为他们的家产，像搜寻被窃物，即像搜寻逃亡者从主人那里盗窃的私有物那样，搜寻农民的家产。被窃物是用于奴仆的语言。这是指逃亡奴仆带走或穿在身上的（衣服）主人财产。农奴制束缚一出现，农民就干脆把自己看作是纳税的奴仆。这就是说，承认农民的家产是主人的私有物，但是没有由法律明确规定农民本人在法律上属于这种私有物，这种承认不是对土地私有主农民实行农奴制束缚的结果，而是它的一项原则：这是一种体现过去借与他们债款的标准[6*]。

农奴的纳税义务 登记簿和借款合同是把农民世世代代固定下来的法律手段，借款是主人对农民家产、农民什物工具享有权力的经济基础，因得到份地而为老爷服的劳役是自由支配农奴劳动的权力根源——这三个结扣绾成一个死扣，称之为农民的被固定为农奴地位。法律把这个死扣绾紧时，立法机构所连结的不是正义感，甚至不是为了公众的利益，而是考虑到可能性：它建立的不是法规，而只是临时的规定。直到彼得大帝时期还有这种看法，并在农民波索什科夫的著作《贫富论》中完全表现出来。他在书中写道，地主掌握农民是临时的，"而他们属于沙皇是永久性的"。[7]由此可见，把农奴看成是同服役领地一样的东西:它是暂时让与私人和机关的国家的财富。但是[8*],政府怎能让它赖以获得供养的大多数居民的劳动那样轻率地甚至临时地去服从于私人的利益呢?这里,缺乏远见的政府凭借的是事物的现存状况,这种状况部分是立法规定的,部分是前阶段实际关系造成的。很久以来,除了重大的刑事案件——杀人,当场抓获的抢劫和盗窃之外,地主有权就任何事情审判自己的农民。我们也看到,还在16世纪时,地主已成为自己农民和国库之间有关向国库纳款事项的中间人,有时还替他们缴付赋税(参阅第三十七讲有关借款的部分)。17世纪时,这种个别的地方现象变成了一般的普遍关系。从17世纪20年代的登记以来,在主人的审判权之外又增添了对登记在他名下的农民的警察监督权。另一方面,土地私有主农民的经济生活通过借款、优惠、劳役和代役租同老爷的经济混杂一起,以致很难把这两个方面区分开来。在土地私有主农民同旁人发生冲突,特别是发生土地纠纷时,地主作为争议物品的所有者,当然是自己农民的代理人[8a]。《法典》(第十三章第七款)只是把它当作当时一般的,过去常见的事实,指出"贵族和大贵族子弟在所有案件中代自己农民起诉和替他们负责,但当场抓获的盗窃和抢劫,以及杀人致死案除外";这就是说,地主在那些同旁人有关的案件中代表自己的农民,他们在这些案件中亲自审理自己的农民。管理世袭领地法庭,进行警察监督和就自己农民事务提出请求,是司法行政部门的职能,由地主代替政府官员去履行,这些与其说是权利,不如说是义务。这三项职能填补了政府机构的缺陷,在他们之上又增添了第四项,其目的是用来保证国库的利益。允许农民被固定于农奴地位,条件是让纳税农民成为农奴后仍是纳税者,仍有能力向国家纳税。农民之所以缴纳自己纳税地段的赋税,是因为他获得了从事农业劳动的权利。当农民的劳动交与土地所有主支配时，保持农民的纳税能力和保证他缴纳全部赋税的责任便落到土地所有主身上。这使地主成为农奴劳动的义务监督员和向自己农民收集国家赋税的负责人，而对于农民来说，这些赋税则变成了主人租赋的一项内容，同样，提供这些赋税的农民经济也成为主人财产的组成部分。土地所有主要替逃跑农民缴纳赋税，直到再一次的人口登记。《法典》承认下列规则是已经确定下来的制度："从世袭领地地主和服役领地地主那里征收农民的全部国家赋税"；而对收留逃亡者的做法，则是规定给收留者一个总的罚款，作为追缴国家的赋税，也作为征收世袭领地地主和服役领地地主的收入，"每年平均十卢布"（第十一章第六和第二十一款）。

农民和奴仆的区别 从立法上承认地主要为自己的农民承担纳税责任这一点，是从法律上确立农民的农奴地位的一项大功告成的事。在这个规定中，国库的和土地所有主的这两种本质不同的利益调和起来了。私有地产成为分散在全国各地的、国家财库的警察——财务代理机关，它从国家财库的对手变成它的伙伴。只有损害农民的利益，两者才能实现和解。《1649年法典》确定的农民固定为农奴，这种农奴地位在它最初阶段中还不等于奴仆地位，虽然前者是按后者的规格形成的。但法律和现实还是标出了一些特点，虽然有些模糊，但还是把两者加以区别，这就是：（一）农奴仍是国库的纳税者，保持着国民身份的某种面貌；（二）农奴既然是这种人，土地所有主必须向他提供份地和农具；（三）农奴不能因收进宅院而被剥夺土地，而服役领地农民，不能因获得自由而被剥夺土地；（四）他的家产，虽然只能以农奴身份占有，但按科托希欣的说法，不能"用暴力"从他那里夺走[86]；（五）他可以控告主人"用暴力和抢劫"征收捐税，并且根据法庭判决可以收回被强力夺走的过头的税额。粗心制定的法律有助于消除这些不同点，并把农奴赶到奴仆一边去。这一点当我们去研究农奴经济和农奴制的经济后果时就会看到;至今,我们只研究了农奴制的产生和成分。这里我只想指出,随着这项法律的确立,俄罗斯国家走上了这样一条道路:它在表面上井井有条甚至在繁荣的掩饰下,把国家引向人民力量衰竭、生活水平普遍降低、有时发生深刻震荡的境地[8*]。

第五十讲

主人和农奴——农奴制和缙绅会议——17世纪缙绅会议的社会成分——它的人数——选举——会议的进程及会议的政治性质——会议不稳定的条件——商人阶级对缙绅会议的想法——会议代表制的瓦解——17世纪的缙绅会议做出了什么——对前论的概述

各[1*]等级分立出来所带来的后果之一是新的政治牺牲，俄国国家秩序受到的新损失——缙绅会议的停止召开。

主人和农奴 使等级间互相疏远的最厉害的因素是农奴制，它是由奴仆地位和农民的被束缚所造成的。这种制度在道义上起的作用比法律作用更大。它使我们的文明水平大大降低，即使不是这样，我们的文明水平也是很低的。社会上的所有阶级通过这种或那种契约，程度不同地、直接或间接地参与了农奴制的罪恶活动：世俗的和教会的享有特权的"免税"等级根据农民的借款合同，根据奴仆的服役借契和其他文书参与这项活动，而普通人甚至大贵族的奴仆则根据有年限的定期服役合同参与这项活动。但是，这种制度对那些土地拥有者阶级的社会地位和政治教育产生了特别恶劣的影响。由于农奴制得到法律的认可和警察力量的支持，它就使持有农奴的人成为喜欢这种支持的现政权的奴仆，而成为推行其他方针的一切权力的敌人。与此同时，主人同农奴之间、由于农奴而在主人之间进行的纠缠不休的细小讼争也逐渐成为与土地占有者切身利益最相关的事；这种斗争逐渐发展成为严重的社会不和，它长期阻碍了人民力量正常地发展，由于这种斗争，作为领导阶级的地主贵族把整个俄罗斯文化引向了一个反常的错误方向。农奴制的这种影响在17世纪已经清晰地显露出来。奴仆事务衙门堆满了主人的报官材料，报告家仆和农民逃跑和拿走东西的事，报告他们用欺骗、诬告、纵火、杀人及种种不法行为来唆使他人犯罪和标榜自己。禀报官府是必要的，因为当逃跑者在逃跑途中盗窃或杀人时，便可不替他负责。逃跑的有各种各样的人，有一般的农奴，也有服役平均达二十五年左右的管理家仆和家产的管家，也有待在主人家"负责各种钱粮单据"的家庭秘书。逃亡者既带走自己的家产、衣物、牲畜，也带走真正是主人的财产，有时甚至带走一笔巨款〔达二、三千卢布（折合成我们的钱）〕。他们千方百计偷走主人的装有佣人契约的盒子，以便藏匿起诉的物证，并在逃跑中改名换姓。但是，主人也是非常精明的：他们派出豢养的猎犬去追逐逃亡者；由于猎犬看到被追上的熟人时亲热异常，结果暴露了逃亡者的身份："认识他们。"[1a]有单独一人逃跑的，也有五六家结伙一起逃跑的。有个农奴带着全家从苏兹达尔的录事家里逃跑，抢走了主人的财产，并且企图把女主人和孩子烧死在木屋里。当时正在莫斯科任职的录事"从那里去追捕"逃亡者，而在他离去之后，他留在莫斯科的另一个农奴也立即从当地逃跑了，"裹走了他留下的家产"。整个事件是在莫斯科和苏兹达尔发生的，历时八天。本身同农奴制毫无任何共同之处的社会地位和社会关系，也逐渐陷入农奴制之中，改变了原来的性质。1628年，一个名叫瓦西卡的人带着妻子从书隶家逃跑，八年之后回到书隶那里时他已是神甫瓦西里，他是由喀山和斯维亚特的大主教一手扶上这个教阶的。后来《法典》规定，根据奴仆主人的控告，应把奴仆出身的神职人员送交教会当局"按照圣徒和圣父定的教规"去处置他们(第二十章第六十七款)。然而,书隶接纳了瓦西里神甫,派他作什么事不清楚,但就在当年,"这个瓦西里神甫偕同妻子又从他那里逃跑了,并带走了书隶的二十八个卢布"。连最初级的国民教育事业,甚至也完全服从于农奴制的条件。孩子要学习识字的本领,根据规定年限的定期服役合同必须把他送给老师当农奴,学生如不听话,老师有权"用一切制裁办法"使他听话。1624年,莫斯科养老院的一位妇女把自己的儿子送到莫斯科女修道院的神甫那里学习识字,同时,她同学生的祖母,即这个修道院的长老一起用违约金保证学生的行为端正,保证他住在老师家里时将"做一切家务活"。哈里顿神甫教学生读和写,教了四年,可是,学生的契约合同规定的是二十年,母亲和祖母看到哈里顿"已把这一少年养育成人,教会他识字",但他却还要在农奴制的束缚下再受十六年折磨,于是这两位女人决定"同合适的人串通一起,从神父家把少年偷走,然后再到神甫那里去寻找他"。事情的结果不清楚。逃亡者的生活情况,正如文书中所描述的那样,使我们经常忘记我们是在同这样一个基督教社会打交道,这个社会是由各种各样的,教会的和警察的机构来安排的。有一个仆人丢下妻子儿女逃跑了,自称是自由人和单身汉,用别人的名字辗转于各个老爷的庄园。在一个庄园里,让他同女仆结婚,并在奴仆事务衙门把服役借契强加给他。新的妻子得不到他的"喜爱",他又抛弃了她,同时"想起自己的罪过",回到从前的主人那里"偷偷带走自己的发妻和女儿",但是,就在这里他被抓住了。这个故事是我们从1627年的一份文书中读到的。农奴的这一类经历是太常见了,以致连《1649年法典》都提到了这类事(第二十章第八十四款)。

农奴制和缙绅会议 农民的农奴化使农村代表机关受到政治上和道义上的双重危害。缙绅会议刚要成为全民选举的代表会议时,就从会议的成员中排除了几乎全部乡村的农业居民。缙绅会议失去了自己全国性的基础,成为只代表服役人员和城镇纳税者以及他们狭隘等级利益的机构。它只是把少数几个阶级的想法呈报沙皇,既不能引起上层的应有注意,也不能获得下层的广泛信任。我刚才从私人文书中引用了农奴生活的一些细微情节,它们虽然是细枝末节,但却鲜明地勾画了日常利益和各种关系的水平和范围,而农奴制的体现者正是带着这些利益和关系来到人民代表中间的。地主阶级占据统治地位,由于享有特权而与社会其他阶级疏远,因为这个阶级被为占有农奴而进行的争吵所消耗,被徒劳的活动弄得筋疲力尽,所以它对全国性的利益感觉迟钝,进行社会活动的精力也衰竭了。地主老爷的庄园为了使缙绅会议具有独立表达全国想法和意志的作用,它压迫农村,不同工商区打交道,但不能对付首都的官厅[1*]。

17 世纪缙绅会议的社会成分　17 世纪莫斯科国家的"缙绅会议","全国大会""全国会议",按会议文件的说法,是由"各等级的居民"或者"由俄罗斯帝国各城市的全体居民"组成的。并且[2]现在同 16 世纪一样,缙绅会议的成分分为两个不相等的部分,选举产生的部分和非选举的有职务的部分。后者由两个掌权的高级机关所组成,即(一)大贵族杜马和衙门的书隶;(二)宗主教、大教长和主教参加的宗教会议,以及被邀的修士大司祭,修道院长和大司祭,这两个机构的全体成员,甚至扩大的成员,即不属于这两个机构的人出席缙绅会议。缙绅会议的选举产生的部分相当复杂[2]。产生[3*]这种情况是由于选举单位,即等级"级别"分得过细和花样太多。这些单位是,第一:首都的高级官员、御前大臣、宫内大臣、莫斯科贵族和居民住户,以及首都的高级商务官员、客商、商帮和呢绒帮同业公会各派一名专门代表出席缙绅会议。继首都各个

191 级别之后是城市的、省的贵族。这里的选举单位不是按级别,而是按县的等级团体,它由选举产生的、贵族的和大贵族子弟的三个级别组成;只是在诺夫哥罗德和梁赞两个州的选举区域不是整个县,而是县的一部分,诺夫哥罗德州是行政区,梁赞州有八个区。非世袭贵族的军人,其中也包括服役的外国人,他们向缙绅会议派遣代表——首都服役人员从自己的兵种组织中选派,如射击军从射击军衙门、团队选派;县服役人员从城郊他们居住的射击军村、哥萨克村、炮兵村选派。纳税居民选派代表的制度比较简单:这里主要是地区性的选举单位,地方的村社或者稠密的农村米尔,而不是级别集团或分散的等级团体。莫斯科城的工商区,确切些说,各个工商区分为"平民的同业公会和关厢区",后者在 18 世纪上半叶有 33 个。在缙绅会议上我们看到有德米特罗夫、波克罗夫、斯列坚平民同业公会的代表,科热夫尼茨,米亚斯尼茨半同业公会的代表,奥戈罗德、萨多夫、奥尔丁、库兹涅茨关厢区的代表。至今仍保留为莫斯科街道名称的这些社团的名称,表明它们的地域的意义,以及行业、行会的意义。各省"城市的"关厢区是完整的选举区。总之,缙绅会议代表的产生,首都高级贵族和商人按级别,地方城市贵族按等级团体,首都服役军人按兵种,外省城市的军人,以及首都的和外省城市的全体纳税人员按米尔。在 1613 年的缙绅会议上除了上述阶级外,我们还见到有城市神职人员的代表和"县属人员"即农业居民的代表。很难猜到他们的选举办法。在选举米哈伊尔为沙皇的文告上,扎莱斯克城的大司祭代表自己、"代表工商区和县的神甫代表"签了名[3a]。但是,以会议的大司祭为首的这些城乡神甫的代表是怎样获得全权的,是在组成县教会选举单位的整个扎莱斯克城全体神职人员大会上获得的呢?还是通过另外的途径——从文件中看不出来。要说清县属人员的选派代表制更是困难。在县里，特别是在南方和东南方草原附近地区，有时住着大批大批的服役人员，即哥萨克。但是，他们列入了城市人员，而不是县属人员，并且在1613年文告的签名册上，他们像其他服役人员一样，直接写上他们哥萨克的专有称号。这就是说，只好把农民当作县属人员了；因此，大概他们作为不服役的纳税人，在这些签名册上总是同工商市民排列在一起。但是，在签名册上我们在科洛姆纳，土拉这样一些县里见到这些人，而在16世纪末，从登记册上看，这些地方还没有国有农民。这就是说，选举沙皇的那次缙绅会议的县属人员可以看作是土地私有主农民。可见，他们在1613年还被认为是自由人，属于国君的人。在北方"沿海"城市，服役人员占有土地的情况不多或完全没有，县属农民在地方经济和服官差等事上，同本城的工商市民结合成一个社团，同他们一起组成一个地方性的县级米尔，派遣选出的代表到城市的自治机关、管理机关"参加会议"以便共同商议。选举缙绅会议代表时，他们也是这样做的，因此，代表中也可能有县里的农民。1613年时南方城市是否也是这样，或者那里的县属农民组成同工商市民分开的特殊的选举单位，我无法讲清。但是，在以后的缙绅会议上，神职人员和县属人员选举出来的代表不见了，会议不再包含各个等级的人员了。

人数 每个选举等级的代表人数是变动的，而且没有什么意义。1619年的缙绅会议决定在莫斯科召集一次新的缙绅会议，平均每个城市由神职人员选1名，贵族和大贵族子弟选2名，而工商市民也选2名代表。应召前来参加1642年缙绅会议的，"大的等级"，人数多的团体出5到20名代表，而"人数不多的等级"则出2到5人。敕令规定参加1648年缙绅会议的莫斯科服役官员和"大城市的"省级贵族团体各出两名代表，"小一些的城市"出1名代表，城市工商市民和首都平民同业公会以及关厢区也各出1名，高一级的同业公会出 2 名，客商出 3 名。这种代表制达不到或者不可能达到充分和稳定不变。我们看到，1642 年缙绅会议的成员中有 192 名代表，其中有 44 名是首都服役官员的代表，即十名御前大臣，22名首都贵族，12 名居民[36]；1648 年的缙绅会议是人数最多和最全的一次会议，这[3в]次会议的代表达 290 多名，而参加会议的首都服役官员的代表只有 8 名[3в]。一些缙绅会议的组成情况是清楚的，在这些会议上，许多贵族团体和工商市民没有代表出席，因为出席地方贵族代表会议的人不多，"没有什么人"可选，或者，从工商市民中"没有什么人"可选，因为城里的工商市民很少或完全没有。一位督军写道，"这些人，他们都在为陛下做事，在酒馆里和在关税征收处当地方官员"。一般来说，缙绅会议的成员变动得很厉害，没有固定的组织。在这方面，很难找出两次彼此相似的缙绅会议，并且，哪怕是在一次会议上也未必能见到有来自所有的官级和县份的代表，来自所有的选举等级的代表。出席 1648 年缙绅会议的有来自 117 个县城的贵族和工商市民的代表，而出席 1642年会议的只有贵族代表，并且只来自 42 个城市。在召开紧急缙绅会议时，甚至认为有当时滞留莫斯科办理例行公事的来自各地区的贵族代表出席就足够了，有时缙绅会议只是由首都各官级的代表组成。1634 年沙皇就军事需要征收新税一事，于 1 月 28 日下令召集缙绅会议，而第二天，这个会议就召开了；在其他首都官员之中出席会议的有"在莫斯科的贵族"[3г]。

选举 缙绅会议的代表是在地方大会或代表大会上选举产生的，在县城里由城市督军召集和监督执行。敕令指示要选举"优秀善良、聪明和坚定的人"。这就是说，要求人们是有财富的，没有毛病和机灵的。因此，极力从优秀的等级中选出代表。例如，外省的贵族从城市的最高级别选举出席缙绅会议的贤人，这个级别被称为选举级别。识字不是当选的必需条件。1648年缙绅会议的292名代表中,有18人是否识字不清楚;其余274人中,有141人,即半数以上的人不识字。经选民签字的选举记录,即"签过字的代表名单",要交与督军作为当选人胜任"国君和全国事务"的保证书。督军派遣代表携带自己的证明到莫斯科的吏部衙门,那里审查选举是否合乎规章。一位督军在给莫斯科的公函中写道,他执行了沙皇的敕令,派出本县两名优秀贵族参加1651年的缙绅会议,至于要选派两名优秀的工商市民一事,因考虑到城内总共只有三名工商市民,而且他们的表现又都不好,经常串门走户,不能胜任国事,本人指定一个大贵族的儿子和一个炮匠代表工商区出席缙绅会议。负责维护地方选举自由的吏部衙门的书隶对此在公文上作了严厉的批语:向督军发一"谴责"的,申斥的公文——"命令贵族在自己人中选出优秀贵族,而不是命令他督军去选定,为此他应受到严厉谴责;而且,还是这个督军胡闹,他竟然绕过工商市民,派遣一个大贵族的儿子和一个炮匠代替他们"。没有见到要代表把书面证明,选民的委托书带到缙绅会议上来。只是1613年,莫斯科临时政府在就派遣代表选举沙皇一事给各城市的文告中写道,代表应与自己的选民充分协商,并且应就选举沙皇问题得到他们的"完全赞同"[3л]。这是非常重大的事件,要求全民一致和人民的直接投票[3*]。正因为这样,波尧尔斯基公爵和米宁在1612年去拯救莫斯科和召集缙绅会议的时候写道,各城市派遣代表携带"有签字的建议书",书面的和选民签了字的意见书说明他们,全国民军的领袖,应如何反对共同敌人和选举国君。平常的缙绅会议的文件没提到过书面委托书,并且代表也没引用过委托书。代表有一定的活动余地,出席1648年缙绅会议的一位库尔斯克贵族代表甚至发言揭露自己的同乡,在给国君的呈文中说"库尔斯克人把全城搞得一片乌烟瘴气",谴责他们在宗教节日里的不体面行为。这种要求行为端正的热忱超越了代表的权限,引起库尔斯克居民的强烈反对,他们威胁要对揭发人"以恶报恶"。权力[4*]的源泉,责成缙绅会议的代表,即使没有正式委托书也应按选民意愿行动,应是选民的代言人,代他们申诉选举时向他说到的"大众的困苦"。同时,从库尔斯克这位代表的事件中我们看到,选民认为自己有权要求自己的代表报告,为什么在会议上颁布的国君敕令没有提到他们的呈文中所谈的地方居民的各种困苦。连政府本身也是这样看待缙绅会议代表的。1619年,政府召集"那些会讲出受欺凌、遭暴行和破产情况"的教会、贵族和工商市民的代表,让他们"把遭受的困苦、欺压和生活匮乏的情况禀报"沙皇,以便沙皇在听到他们的禀报之后,"考虑他们的处境,照顾他们"[4a]。在17世纪的缙绅会议上选出的人民禀报人取代了16世纪的政府代理人。缙绅会议上的禀报成为人民代表制的一项规范,成为最高当局和人民在立法上相互作用的最高程序;我们已经知道,这个程序使1649年法典的文牍主义的蹩脚草案大大得以补充和修正。

缙绅会议的进程 在人民代表制度同政权处于这种关系的情况下,不可能有任何让当局承担责任的、严格要求的东西,也不可能有任何法律上吃东西:缙绅会议的问题只能通过双方心理情绪的交流来加以解决。这也表现在缙绅会议各种问题的讨论程序上。1613年选举沙皇的缙绅会议是一次特别会议,具有立国的性质,它当然不能成为一般的准则。缙绅会议每次都是根据沙皇的特别敕令召集的。只有一次,宗教会议担任了这件事的正式发起人。当沙皇米哈伊尔的父亲被俘释放回来于1619年被封为宗主教的时候,他同教会当局一起进见了沙皇,并和沙皇商讨了莫斯科国家中的各种混乱现象。沙皇同自己父亲,同宗教会议全体成员,同大贵族和莫斯科国家的全体居民一起"召集了缙绅会议",共同商谈应该如何纠正各种混乱现象和如何对全国进行整顿。这种情况说明,宗主教不仅是宗教会议的主席,而且是同国君平起平坐的统治者。沙皇通常根据产生的问题指示"召集缙绅会议",并(在庆宴殿或多棱宫)主持会议开幕式,亲临"讲话",或由杜马书隶根据他的命令,在他出席的情况下,"向全体人员大声宣读信件"或"演说",说明缙绅会议应讨论的题目。例如,在1634年的缙绅会议上就宣布,为了继续同波兰作战需要有新的特别税,否则国君的金库将"无力对付"。沙皇建议的结尾部分是向缙绅会议声明:国君"对你们的资助铭刻在心和永志不忘,而且今后将在各种场合以国君自己的俸禄进行赏赐"。出席缙绅会议的各级代表(其中未见城市居民代表),为了响应宣读的演说,"在缙绅会议上说,他们要出钱,要量力而行"[46]。这就是全部情况。结果是,似乎在一天之内,在一次大会上,问题一下就解决了,六天之后沙皇就建立了由一位大贵族、一位侍臣、楚多夫寺院的一名修士大司祭和两名书隶组成的委员会,负责"向全体居民"征集新税。但是,从1642年缙绅会议的文件看,同样的问题却经历了复杂的手续。可能在其他几次缙绅会议上手续也同样复杂,但是,保存下来的文件只有总括性的简单叙述,有关这种手续的情况被抹掉了。1637年顿河哥萨克占领了亚速,击败了土耳其的进攻,并把夺下的城堡献给沙皇。在一次有沙皇、教会当局和大贵族杜马参加的会议上,杜马书隶宣读了沙皇关于召集缙绅会议的敕令,然后在只有杜马成员参加的会议上,向代表们念了信件;沙皇在信中向他们提出了一个二重性的问题:是否要为亚速同土耳其人和克里木人开战,如果开战就需要很多钱,从哪里得到它?信件指示代表要"对此认真加以考虑,把自己的想法写在信上告知国君,以便陛下了解全部情况"。沙皇的信件在宣读之后,

"为了使人原原本本地知道,还当着大贵族的面把信分送各类代表",而对教会当局则专门送去,以便他们单独商讨此事,然后用书面形式向国君陈述自己的意见。杜马书隶受命向各类代表讲述缙绅会议情况,并征询他们的意见。而在其他几次缙绅会议上,各类代表"分别"受到征询,然后用书面"报告"或"公函"答复[4B]。这种"分别按级别询问"是缙绅会议的一种表决形式。我们在 1621 年的缙绅会议上还看到另一种形式,当时,各类代表用请求开战的呈文来答复沙皇和宗主教关于同波兰作战的建议。根据缙绅会议文件所能判断的,这两种形式——对询问的答复和对建议的呈文——之间的差别是,回答询问的公函只阐明各类代表对该问题的想法,让国君作出决定,而呈文则对最高政权的建议作出更坚定的回答,并且回答时可能因各类代表的某项与此事相关的建议而使问题复杂化,不过,这种情况只在回答询问的公函中才被允许。1642 年缙绅会议的服役人员代表被分为三组,其中一组是御前大臣;另一组是莫斯科贵族,射击军首领和居民;第三组是所有的地方城市贵族,并且每一组都派有一名专门的书隶,大概是为了领导,特别是为了校订各组的书面意见。但没有给首都的商人派书隶,而在缙绅会议上完全没有见到各县的工商市民的代表。然而,呈递意见并不是按这种分组来进行的。书面"发言"或"报告"总共有 11 份:即教会当局的、御前大臣的、莫斯科贵族的、由于持不同意见而从小组分出来的两名贵族的、莫斯科射击军的(文件中没有居民的报告)、弗拉基米尔城市贵族的、"莫斯科以南"另外三个城市,即中央地区城市贵族的、还有 16 个中央和西部城市贵族的、23 个主要是南部城市的、客商以及客栈和呢绒公会的、最后是莫斯科官地公会和村镇的"发言"。报告就是按这个顺序登录在缙绅会议文件上的,它的前面是 192 名会议代表的名单。从报告看,贵族代表来自 43 个县城，而不是名单中的42个；产生这一差数的原因是，名单中列举到的8个城市的贵族代表没有参与呈递报告之事，可是，名单中没有提到的9个城市的代表却参加了。很难讲清，为什么会发生这种情况。能够看到的是，参加编写报告的不仅是城市贵族代表，而且有当时因公务逗留在莫斯科的代表同乡。例如，3个城市的报告中列有"许多当时在莫斯科的卢赫人"，然而，在名单中卢赫城名下总共才1名代表。同时，缙绅会议名单中列举的城市贵族代表，似乎不是从各自的城市中召集来的，而是在莫斯科由在那里办理例行公事的贵族中选出的。召开缙绅会议的敕令是在1月3日发出的，而从1月8日起就已开始呈递报告。正因为这样匆忙行事，所以一些城市的工商市民代表没有出席会议。代表的报告彼此之间有内在的联系：一些报告采用了其他报告的思想、个别提法或整个段落。这显示出缙绅会议的会议进程。代表们在某个地方集合，三五成群地同其他人磋商、交流思想，根据别人的报告补充和修改自己的报告。例如，23个城市的报告在很多地方同16个城市的报告相似，而官地公会和关厢区的意见是根据客商公会和两个高级公会的报告写成的，但也适合于本阶级的情况。同时，没有见到缙绅会议的全体会议，也没有公布缙绅会议全体会议的决定。有一个问题沙皇和大贵族已予以解决，后来大概是受到呈上来的报告的忧郁调子的影响，又被否定了：不该从哥萨克人手里接受亚速，也不该同土耳其人和克里木人打仗，因为没有钱，而且也没有人可提供钱。

会议的政治性质 并非所有的缙绅会议都是按1642年会议那样进行的。但是，这一年会议的详细记录有助于说明17世纪历次缙绅会议的政治意义。当时也正如16世纪一样，遇到特殊情况就召开缙绅会议，以便讨论国家内部结构和对外政策中的重大问题，主要是讨论战争问题以及伴随战争而来的负担问题。发生的变化不在缙绅会议职权方面，而在会议代表制的成员和性质方面：现在政府经常要应付的不是自己的担任公职的代理人，而是替选民的贫困和匮乏说情的代表。缙绅会议的历次会议的政治意义取决于以国君为首的大贵族杜马是否参加这些会议。这里可以看到两种程序：杜马或是同代表一起活动，或是避开他们单独活动。在后一种情况下，大贵族和国君只是在向缙绅会议宣读政府建议时才出席会议，但是，这以后就离开会议，不参加代表们的下一步工作。不过，这项工作仅限于按组开会和呈递个别意见，并不召开总结会议，也不制定会议决议。在采取这种程序的情况下，缙绅会议只起咨议或通报的作用：国君和大贵族听取代表们申述意见，但将立法和问题的决定权仍保留在自己手里。1642年的缙绅会议的情况就是如此；我们看到1648年制定法典的大会也是这样。把《法典》草案向代表宣读，同时也向国君和杜马报告；后者同代表们分开，在另外的宫殿里开会，但是，同代表一起"坐着"一位专门为此指派的大贵族和两位同僚，他们好像是组成他们的主席团。但是，尽管业务上有所分工，杜马和缙绅会议完全不像人们有时所称呼的上院和下院。以国君为首的杜马不仅仅是一个立法机关：它是最高的政府机构，拥有充分的立法权。它听取《法典》的条款时，对这些条款进行修改和核准，制定法律。由代表组成的缙绅会议不同杜马并列，而是同杜马的法典编纂委员会排在一起。代表在听取《法典》条款时，叩请国君废除或增补一些条款，而且，这些请求通过委员会上呈给国君和大贵族，然后国君和大贵族考虑到各类代表的请求，为他们议决新的法律。在另一些情况下，缙绅会议的代表能够更直接地参与立法工作。这经常发生在这样的情况下，以国君为首的杜马直接成为缙绅会议的成员，好像它同缙绅会议融合，成了一个立法团。这时，大贵族同代表一样也呈禀意见，并制定共同的、具有法律效力的会议决定，而杜马则成为执行机关，它采取措施来贯彻执行会议的决定。在1613年选举沙皇的会议之后的一系列缙绅会议，即在1618年、1619年、1621年、1632年和1634年沙皇米哈伊尔统治时期的历届缙绅会议上我们都见到有这样的做法。这种做法在1621年的缙绅会议上表现得特别明显。土耳其和克里木汗国以及瑞典邀请莫斯科加入反对波兰的联盟，这对波兰人在动乱时期的所作所为提供了一个进行清算的诱人机会。在为此事而召开的缙绅会议上，教会当局负责祈祷"胜利和战胜全部敌人"，大贵族和全体服役人员保证不惜洒热血、抛头颅与波兰国王战斗到底，商人答应尽其所有提供资金。于是制定出了一个各类代表同意的会议决议：同土耳其苏丹，克里木汗和瑞典国王结成联盟反对波兰国王。这时，贵族和大贵族子弟叩请国君把他们分到各城市去，人人尽其所能为国君服役，务使"无一人成为闲余之辈"。但是，关于把贵族分到各城市的敕令，关于向各城市分发文告通知缙绅会议决议和命令服役人员准备出征，"厉兵秣马，囤积粮食"的敕令，是由父子两代国君"同大贵族商议"，只根据杜马的决议而没有缙绅会议参与的情况下发布的。

会议不稳定的条件 缙绅会议的这种立法作用一直保持到米哈伊尔统治的最后几年，直到1642年。这种作用后来在1653年缙绅会议决定小俄罗斯事务时也表现了出来。当时，大贵族在缙绅会议上同代表们平等地进行投票，像1642年的做法那样，代表们是"按级别，分别询问"意见的。但是，接纳博格丹·赫麦里尼茨基为莫斯科臣属的决定，是国君根据同整个缙绅会议进行商议，而不是只根据大贵族的决定作出的。甚至1648年缙绅会议的协商活动也时而被立法因素所中断。例如，"缙绅会议确定"禁止教会机构购买服役人员的世袭领地或接受它为抵押品（《法典》，第十七章，第四十二款）。但是，缙绅会议的投票有两重性，有时是咨议性的，有时是立法性的，这本身就显露出缙绅会议代表制在政治上的不稳定性。立法的权威就像借用的亮光一样落到缙绅会议的身上，这种权威没有任何保障，它不承认作为政治力量的人民意志，而只是把权力仁慈地和暂时地扩展到臣民身上；权力的这种扩展并不缩小权力的充分性，顺便说说，如果受挫折的话，这种扩展就减弱权力的重要性。这是赏赐，而不是让步[4*]。由此[5]产生缙绅会议的明显不合理地方。有选举、选民和代表，有政府的问题和代表的回答，还有协商，呈递意见和作出决定——总之，有代表制的程序，但是，没有政治裁决，甚至没有活动的程序，没有确定召集缙绅会议的日期，没有确定各次会议的稳定不变的参加人员和权限，也没有确定对最高政府机构的态度。有形式，但没有准则；委以全权，却没有权利和保证。但同时却存在着种种理由和动机，通常正是这些理由和动机引出准则和保证；只是理由仍然没有产生结果，动机没有导致行动。众所周知，在西方，政府对钱财的需求是人民代表制权力的一个十分积极的源泉：这种需求迫使召集国家各级代表开会，并请求他们给以资助。但是，各级代表不是无偿地资助国库，他们要求让步，用资助金购买权利和保证。我国17世纪这种理由和动机是很多的[5]。在这个世纪的历次缙绅会议中，不算选出沙皇的那一次，只有三次会议同财政没有明显的关系——即1618年的会议，理由是弗拉季斯拉夫王子向莫斯科进军；1648年的会议是由于《法典》的事；1650年的会议，是因普斯科夫市民叛乱，当时政府想利用缙绅会议在道义上对叛乱者施加影响。国库[6*]空虚是使政府想到缙绅会议的最经常和最有力的因素：当经济遭破坏通常的收支平衡没有恢复的时候，往往不得不征收特别税和向财主要求借贷形式的或捐赠形式的"资助"，否则，国君的金库就"无法维持"。只能用全国的意愿来解释这种捐税的理由。1616年,曾要求财主斯特罗甘诺夫家族缴纳1.6万卢布以上的直接税,还有4万卢布的预付款,用它可以抵销今后他们向国家的付款,而这一巨额款项折合现在的钱超过了60万卢布。人们用缙绅会议的"全体决定"来强调这种要求:"当局和各城市代表的决定"就是这样的,很难不服从他们的决定[6a]。对于免税人员来说,缙绅会议的这种要求具有为满足国家紧急需要进行自愿资助的性质。1632年对波战争开始时,缙绅会议决定从免税人员那里征集"每人所能交付的东西"作为军饷,于是教会当局立即在会议上宣布,他们准备提供多少原为盖房和盖修道小室的钱,大贵族和全体服役人员也答应向会议上交各人将交付什么的清单。缙绅会议的决定使自愿捐赠具有义务捐献的形式[6*]。缙绅会议为国库打开了财源,没有它,国库就难以应付,而避开缙绅会议无论如何也不可能有进款。这里,国库完全依赖于缙绅会议。代表们一方面抱怨管理当局,一方面却又拿出钱来,而且不要求甚至不请求得到权利,只满足于当局善良的、不承担任何义务的许诺,即承诺"对这种资助铭刻在心和永志不忘,今后用国君的俸禄以各种办法进行赏赐"。可见,无论在政府内,还是在社会上都还没有产生关于代表制的合法性和此合法性的政治保证的思想。缙绅会议被看成是政府手中的工具。当向全国征求意见时,它给出主意——这不是缙绅会议的政治权利,而是像国库要求地方纳税人纳税一样,是全国出主意的人的责任。由此产生对地方代表制的漠不关心。各城市的代表[7]来参加缙绅会议,就像是来服役,来履行参加会议的义务;而选民们也不乐意,他们经常是在督军第二次通知时才到自己的城市去出席选举大会[7]。缙绅会议没有政治概念上的支柱,无论在当时形成的管理体制中,还是在自己的成员中都没找到支柱。动乱时期以后,当俄国社会面临严重问题时，解决这些问题已不能靠个别人、靠某个政党或政府人士组成的与世隔绝的小圈子，于是集中全国的集体智慧来解决这些问题就势在必行。政府中和普通人中的个别智者想到了这一点，于是一切都集中到了缙绅会议的杜马中来，并表现在缙绅会议的决定或全国的禀呈中。可以预料，当缙绅会议在中央管理机关中具有这种意义时，缙绅会议的地方自治原则在地方管理机关中也将得到拥护，或者甚至得到加强。人民代表制没有地方自治制度是不可思议的。自由的代表和不自由的选民——这是内在矛盾。同时，缙绅会议活动加强的时代恰好同地方自治机构衰落和隶属衙门权力的时间相一致。新王朝的立法活动像是两股迎面相抗的水流在流动：政府用一只手捣毁了另一只手创建的东西。同时当地方代表从各县前来同大贵族和首都贵族一起解决高级管理机关的问题时，他们县里的选民却受到这些大贵族和贵族的统治。当衙门官员在地方的县里逞威作福时，衙门的中心就成了地方自治原则的避难所。从另一个方面也暴露出来同样的矛盾：建立新王朝的各级代表会议刚一开始活动，几乎全部农村居民（85%，如果算上宫廷农民就是95%）便被排除在自由社会的成员之外，并且他们的代表也不再出席缙绅会议。因此，缙绅会议便失去了同全国代表制的任何相似之处。最后，随着各等级自成一体，各个阶级的情绪也开始不同，它们之间的相互关系也不和谐了。1642年召开的缙绅会议[8*]，响起了一片各种不同意见和利益的不和谐的声音。宗教会议对战争问题作了一个刻板的回答：这种军事上的事是"沙皇陛下和国君的大贵族考虑的问题，而他们，国君的祈祷者不习惯于所有这些事"。不过，宗教会议答应，在发生战争的情况下将给军队尽力支援。御前大臣和莫斯科贵族，即贵族上层和未来的近卫军，作了一个简单的、敷衍塞责的答复，敦请国君决定战争问题，征集军队和筹集军费，并敦请国君命令哥萨克坚守亚速，派遣志愿兵支援他们。贵族别克列米舍夫和热利亚布日斯基耻于附和自己同伙的草率答复，他俩提出了一份审慎拟订的报告，坚决主张接纳亚速和主张为即将发生的战争向所有的阶级平均征收赋役，连修道院也不例外。从出席缙绅会议的社会下层那里可以听到最强硬的声音。中部和南部39个县的县城贵族的两份报告是真正的政治报告，它严厉地批评了现行制度，并附有完整的改革纲领。报告充满了各种辛酸的抱怨，抱怨经济破坏，服役负担分配不合理，抱怨首都贵族，特别是在宫廷各部服役的贵族占据优越地位。莫斯科的书吏们是城市贵族的眼中钉，他们"靠不道德的受贿"发了财，并且为自己修建了石头宅邸，以前就是名门贵族也没有住过那样的房子。县城贵族要求不要按土地的面积，而是按农户的数目来分配土地占有者的服役义务，要求准确地统计某人有多少服役领地农民和世袭领地农民，要求重新审查神职人员的田产，要求把宗主教的、高级僧侣的和寺院的"私房钱"用于国家的需要。贵族准备"用自己的头颅和热诚"去反对敌人，但是，他们要求从各类官员中征集军人，只是不要触动他们的"农奴和农民"。在申诉书和方案的结尾处，贵族对整个管理制度进行了严厉的谴责："而莫斯科的因循守旧，不正义和审判不公使我们遭受的破产比土耳其和克里木的异教徒使我们遭受的更加厉害。"莫斯科的高级商人以及莫斯科官地公会和关厢区商人同县城贵族一样，也主张接纳亚速，他们不怕战争，准备捐赠钱财，但是话说得比较谦虚，比较忧郁，谈自己的打算较少，但也同样伤心地抱怨自己由于捐税，由于为国库效力，由于督军的缘故而日益贫困，请求国君"看看他们的贫苦"，还悲伤地提起被破坏的地方自治制度。1642年缙绅会议各种报告的总调子相当能说明问题。对沙皇提出的该怎么办的问题，一些官员干巴巴地回答：随你的便；另一些官员以矢忠于君的好心答道：从什么地方得到人员和钱财，陛下可以自行决定，并且你的大贵族，"陛下的忠心的企业家"、监护人知道这一点。同时，他们也让国家的沙皇知道，他的统治坏透了，他建立的制度毫无是处，他实行的军役制和征收的捐税使人们承担不了，他安排的统治者，所有这些督军、法官，特别是书隶都贪污受贿和滥施暴力，把人民弄得贫困不堪，他们对国家的破坏胜过鞑靼人，而国君的祈祷者们，教会当局只为自己的私房存钱——"这就是我们这些奴仆的想法和报告"[8a]。对管理制度的不满由于等级之间的不和而尖锐起来。社会上各阶级的意见不一致，他们不满自己的处境，抱怨负担不平等，上层极力把新的负担推给下层。商人严厉责难服役人员拥有大量的服役领地和世袭领地，而服役人员责难商人作大买卖。首都贵族责备外省城市的贵族，说他们职务清闲，而外省城市贵族责备首都贵族占据高薪职务和积攒大量家产。同时他们还提到国家丧失的教会财产，提出他们私人的农奴和农民不得受侵犯[8*]。当你阅读[9]各等级代表在这次缙绅会议上提交的报告时，你会感到，这些代表聚在一起没有什么事情可做，他们之间没有共同的事要做，而有的只是利益的冲突。每个阶级只关心自己同别人不同的地方，只知道自己的眼前需要和别人的不义特权。显然，各等级在政治上独立出来，导致他们彼此之间道义上的疏远，从而使他们在缙绅会议上的协同动作不能不中断[9]。

商人阶级对缙绅会议的想法 但是[10]，缙绅会议的思想在执政的特权阶层中消失的时候，它在纳税的地方自治机构的少数几批人中仍保留了一段时间。这些人是在法律的保护下随着土地私有主农民变成农奴而留下来的[10]。管理机构的粗活落在莫斯科的高级商人和莫斯科官地公会和关厢区的身上，在他们的声明中稍微流露出一个勉强可以看到的特点，这一特点把他们提高到好用权势的

"免税等级"之上[11]。商人和官地公会成员表示准备用自己的头颅来报效国君，他们声明，接纳亚速不是某个等级的事情，它"演变成了整个王国的事情，全体东正教信徒的事情"，并且全国毫无例外都应为此事承负重担[11]，务使任何人不成为闲余之辈。从服役贵族方面听不到任何类似的言论：这些官员只是互相埋怨，眼睛盯着别人的嘴，有残羹剩饭落到别人嘴里就义愤填膺，并且极力把新的服役义务从自己肩上卸到别人肩上。工商业的代表知道，他们为什么要来出席缙绅会议，他们了解全国性的利益和缙绅会议代表制的本质。17世纪[12*]的官地公会成员是社会的下层，他们还怀有公民责任感，而在压在他们肩上的上等阶层中这种责任感则已经消失[12a]。稍后，当缙绅会议已经衰落的时候，这些商人阶级就更直接更坚决地表达了缙绅会议的思想。1656年发行了铜币，由于铜币信贷业务失败，物价飞涨，引起了强烈的怨言、危机涉及每个人，如果社会各阶级同政府一起齐心协力，有可能消除这一危机；但是，政府想只同首都商人商议来摆脱困境。1662年沙皇的岳父，伊利亚·姆斯季斯拉夫斯基，一个毫无良心的大贵族，由于滥用职权使灾难更加严重，他被指定同其他人一起去向首都商人询问，怎样帮助沙皇。客商、客帮和呢绒帮同业公会的商人，以及官地同业公会和莫斯科关厢区的商人，现在像在1642年缙绅会议上一样，在书面报告中讲了很多有道理的东西，详细地揭示了国内现存的种种经济关系、它各部分不相称的地方，以及乡村和工商区、土地占有者的资本和商业资本之间的等级对立。他们也向政府本身讲了许多痛苦的真相，指出政府不理解国内发生的事情，不善于支持合法的制度，它对社会的呼声无动于衷。按照法律规定，城市商业和手工业者享有的权利是同商业赋税，同缴纳商税和关税联系在一起的，这些赋税使国王的金库充实起来。而现在，商人抱怨说，宗教界的、军界的和司法界的官员无视国家管理机关的各种规定,将一切又大又好的手工业和商业控制在手;高级神职人员、寺院、神甫、各种服役人员和公务人员"作为自由所有主干不纳税的"买卖,因此,国家大大地落了空,国库在征收关税和各种赋税方面受到巨大损失。同时,商人被迫按贬值铜币高价出售货物,因而引起所有等级对他们的仇恨,原因是他们"不理解","没有去思索"。莫斯科商人谈出这些想法后一致补充说,关于怎样才有助于事业,他们再没有什么话可说的了,因为"这个事业是全国、全部国土,所有城市和所有官员的伟大事业,并且他们请求国君赐恩,为了这一事业下令从莫斯科的所有官员和从各个城市中招募优秀人士,如果没有城市的人参加,单纯靠他们也无法解决这一任务"〔12*〕。商人〔13〕中的有识之士关于召集缙绅会议的这一请求,是对政府倾向于用各等级中有识之士的协商代替全国的会议提出的一个隐蔽的抗议,他们认为这样做是政府考虑不周。现在,莫斯科的商人代表指出了20年前他们在1642年缙绅会议上曾经热情谈到的同样的行政和社会上的混乱现象。但是,那时他们利用缙绅会议来反对这种混乱现象,而现在他们把缙绅会议看作是消除混乱现象的工具。但是,要知道,缙绅会议就是由这种混乱现象的制造者,由以彼此的对抗造成这种混乱的各阶级代表组成的。这就是说,莫斯科商人认为缙绅会议是使分离的社会力量和社会利益调和起来的唯一手段。这就给地方代表制指出了下一步的新任务。地方代表制产生于动乱时期,目的是重建政权和恢复秩序;现在它面临的任务是建立重建政权时没能建立起来的秩序,像以前它安排好政府那样安排好社会。但是,当政府本身是造成社会紊乱的积极因素时,缙绅会议是否能胜任这种建设的任务?当统治集团和享有特权的服役阶级是混乱现象的制造者,而这种混乱现象对他们又有利时,他们不需要这种协调；他们对社会的纠纷也无动于衷，在别人不触动他们的"小小农奴和小小农民"的时候，这种协调能产生吗？而莫斯科的"小小客商和小小商人"（他们在缙绅会议上如此恭维地称呼自己）要使各种社会关系平衡起来，他们的分量也太轻了；在这种情况下，能够做到协调吗[13]？随着[14]农奴制的确立，在神职人员只起微小政治作用并且不关心世俗的情况下，在缙绅会议上只有首都和地方城市工商区的商人代表才稍微表达地方纳税集团的需要和利益。这些人虽然受本等级沉重负担所压，但在缙绅会议上仍挺身站在绝大多数服役人员和服役的大贵族衙门政府的面前。1662年商人代表坚决主张的缙绅会议并没有召开，而政府不得不经受一场新的莫斯科暴动，它的掀起和被镇压都带着莫斯科常见的不可思议性[14]。

缙绅会议代表制的瓦解 缙绅会议[15]在政治上的两面性和不稳定性、中央集权制和农奴制、等级的互不配合，最后对提上日程的下一步任务的无力解决——这些就是造成缙绅会议不巩固的最明显的条件。这些条件说明了它停止活动和会议代表制逐渐消失的原因。我说的还不是政治理解力、习惯和要求的水平低下，可以说是政治气温很低。处在这种水平上，所有按其本身说应该去唤醒自由精神的政府机关都冻僵了：这一条件是所有其他条件的基础，因为就是这一条件容忍了新王朝开始活动时采取的一切不妥当的或是有害的革新措施[15]。上[16]述条件的作用表现在缙绅会议成分的逐步解体上，这种解体很早就开始了，在1613年选举沙皇的缙绅会议之后的历次会议上，它表现为神职人员和农村居民代表的消失。当缙绅会议不再是全国性的、一切等级的会议之后，它就只代表服役人员和工商纳税市民，而不代表全国了。但是，就是这种简化了的，脱离了全民基础的代表制有时还被砍去一些部分：政府根据需要或是擅自决定不打搅城市工商市民，只召集首都各级官员的代表和那些当时因公待在莫斯科的地方城市贵族的代表参加会议[16]。1634年的缙绅会议规定它是一次"有全体居民代表参加"的全国性的特别会议,顺便说说,这次会议规定了五一税,而且大部分落在工商居民头上,然而在这次会议上却见不到城市工商市民的代表。这样,缙绅会议从下面起就遭到破坏:先后被排除在缙绅会议之外的有它在全国的下层基本成分,即由各地区的团体、神职人员、城乡纳税人,甚至服役人员中选出的代表。缙绅会议丧失了代表机构的意义,它向后转,转为16世纪的旧式会议,转为首都各级官员,服役人员和商人服公职人员的职员大会,因为首都的商人等级也把纳税和为国家服役集于一身。1650年的缙绅会议也没有地方城市工商区的代表,而首都纳税商人的代表,像16世纪缙绅会议上常有的那样,是服公职的人员、工商区长官和同业公会长。随着[17*]缙绅会议地域的缩小,它的社会成分也在分解:政府采用协商的形式来代替缙绅会议,而这种形式所否定的正是缙绅会议思想。政府认为某一全国性问题同专门的主管部门有关或同特定的阶级有关,要讨论这个问题,通过选举或按照职务只召集它认为同问题比较有关的某一阶级的代表就行了。例如,1617年英国政府建议莫斯科政府允许英国商人沿伏尔加河航行到波斯和实行商业优惠和租让。大贵族杜马答复这些建议时说,现在"有关这类问题没有全国的会议讨论,任何一个等级都不能决定"。但是,全国的会议又只限于询问莫斯科城的客商和商人的意见而已[17ª]。甚至在一般的缙绅会议上,有的问题也不是全体成员决定的,例如,前面提到的缙绅会议关于服役人员的世袭领地的决定是国君和杜马同神职人员和服役人员协商后作出的,其他阶级的代表都没有参与其事[17*]。从1654年起到沙皇费奥多尔逝世(1682年4月)时止,没有召开过缙绅会议。非常重要的全国性事务由国君同杜马和宗教会议一起决定,缙绅会议没有参与。例如，1672年当国家面临苏丹入侵的严重威胁的时候，特别税仅仅是根据国君同杜马和高级神职人员的决定作出的[18]。而在1642年，类似的问题，甚至比较次要的问题就会迫使国君召集缙绅会议。然而现在，政府则愈来愈多地召集等级协商会议，于是这些会议也就成了全社会参与政府事务的唯一形式。我们知道，在1660—1682年间，政府召集等级代表会议不下七次。1681年，因军事改革问题召集各服役等级代表来参加协商会议，会议主持人是大贵族B.B.哥利津；在所有其他讨论财政问题的等级协商会议上，只召来了纳税居民的代表。这样一来[19*]，政府本身就破坏了缙绅会议，用不承担任何责任的、由专门人员组成的特别协商会议替换，或者确切些说，偷换了全国代表制，从而把全国性的事务变成了某个特定阶级的问题[19a]。

缙绅会议做出了什么 因此，17世纪缙绅会议的历史是它解体的历史[19*]。出现这种情况的原因是，缙绅会议是由于没有国君的国家临时需要摆脱无秩序和无国君状态而产生的，而后来，它又由于新政府暂时需要巩固自己在国家中的地位而继续存在。当国家还没有从僭位称王的震荡中恢复过来的时候，新王朝和它依靠的阶级，神职人员和贵族，需要缙绅会议，而随着局势的安定，政府对缙绅会议的需要就减弱了。但是，缙绅会议活动的痕迹存在的时间比它本身要久。1613年[20]的缙绅会议作为成立大会和所有等级的会议，创建了新王朝，恢复了被破坏的秩序，两年多的时间里代替了政府，而且准备成为常设机构，后来还有时起过立法机构的作用，不过这种作用没有用任何形式确定下来。在沙皇米哈伊尔时期，缙绅会议召开过十次以上，有时是逐年举行的。在沙皇阿列克谢时期，只召开过五次，并且只是在他统治时期的头八年内举行的，同时逐渐变得残缺不全，失去了一个又一个的机构，从所有等级的会议变成为两个等级，甚至是一个等级的、贵族的会议，最后，甚至瓦解成为专门人员的协商会议。在沙皇费奥多尔时期，缙绅会议一次也没有举行过。1682年匆忙举行过两次缙绅会议，但参加会议的成员有某种偶然性，目的是把沙皇的两个弟弟并排安置在专制宝座上。最后一次缙绅会议是彼得在1698年召集的，目的是审判搞阴谋活动的公主索菲娅[20]。缙绅会议虽然不是一股政治力量，而是政府的一种辅助手段，但它却不止一次帮助政府摆脱困境。它消失后，在《法典》的一些条款中保留有微弱的立法痕迹，它在莫斯科商人的政治意识中存在了一段时间，但后来，很快就被遗忘了。只有北方沿海地区可靠的历史记录还保留着对缙绅会议的模糊回忆。它在一首民间壮士歌中叙述了沙皇阿列克谢·米哈伊洛维奇曾开玩笑地写到"朕总是倾听民众的讲话"一事。其实就是这位沙皇扼杀了缙绅会议。这首民间壮士歌还讲到这个沙皇如何从莫斯科的高台上号召他的臣民：

请帮助国君想想吧。
要认认真真地想，而且要想对头。

前论概述 选举产生的缙绅会议是因旧王朝的中断而偶然产生的，它是靠机械的推动力进入莫斯科国家生活的，后来它不定期的有时出现。当国家舞台上没有政府的时候，在缙绅会议上全国各等级，即人民第一次登上了政治舞台。后来，在重建的政府感到需要全国的帮助，人民的帮助的时候，人民又出现了。动乱[21]时期的灾难把俄国社会最后一批力量联合起来，恢复被破坏的国家秩序，代表制的缙绅会议就是这种迫不得已对社会团结一致的需要造成的，而它也支持了社会的团结一致。人民代表制产生在我们国家不是为了限制政权，而是为了找到一个政权和巩固这个政权：这就是它同西欧代表制的区别。但是，既然缙绅会议创建和支持了政权，它自然暂时是政权的参与者，并且由于习惯的力量，它将来可能成为政权的永久伙伴。妨碍这样做的是，政府有满足于重建国家需要的手段，但这种需要使灾难逼出来的社会一致瓦解，迫使人们把社会分裂成一个个独立的等级，同时把大多数农民交给土地占有人去奴役。这使缙绅会议失去了全民性质，使它成为只是上层等级的代表制，同时还从政治上和道义上把这些等级加以分开。政治上——各等级的权利和义务不平等；道义上——由此产生了各等级利益的对抗。另一方面，动乱时期的磨炼和沙皇米哈伊尔时期缙绅会议活动的加强，并没有把社会的政治觉悟提高到足以使缙绅会议代表制成为社会的迫切政治需要，足以使缙绅会议从政府的临时辅助手段变成捍卫人民需要和利益的常设机构的程度。在社会上没有形成一个把缙绅会议代表制看成是这种政治需要的有影响的阶级。随着对农民的农奴地位的确立，贵族吞食了大贵族，成了事实上的统治阶级；同时，它绕过缙绅会议找到了一条更方便的途径来实现自己的利益——直接向最高当局呈递集体请愿书。而一个个大贵族—贵族小集团一代接一代地围坐在历代软弱的沙皇的王位四周，他们使这条途径更方便了。具有缙绅会议代表制思想的首都商人，单枪匹马是无力捍卫这一思想的，他们的代表在1662年抱怨说，根据他们的看法，很少做过几件事情[21]。这样，我们就弄清了妨碍缙绅会议代表制在17世纪得到巩固的两个因素:(一)缙绅会议最初是新王朝的基石和行政管理的辅助机构，但是随着王朝的巩固和政府机构特别是衙门官僚体制的完善，政府愈来愈不需要它了;(二)在权力感普遍被压抑的情况下，被等级义务和阶级不和弄得四分五裂的社会，不能通过齐心协力的活动把缙绅会议变成有政治保障的和同国家制度有机联系的常设立法机构。这就是说，由于管理方面中央集权的加强和国家对各等级的固定，绪绅会议代表制垮台了。

第五十一讲

各种现象之间的联系——军队和财政——固定税额的收入：间接税、直接税——贡赋钱和代役钱，驿站钱，赎俘钱，射击军税——登记册——无定额的税收——经验和改革——盐税和烟草垄断——信贷铜币和1662年莫斯科暴动——住人的切特维尔季——农户税和人口登记册——直接税的等级分摊制——财政和地方机构——院外仆人的赋税——人民劳动力在国家各种势力之间的分配——特别税——1680年收支预算表

各种现象之间的联系 缙绅[1*]会议代表制比地方自治制停止活动的时间要晚。一个消失和另一个的崩溃（虽然在时间上不吻合但是平行进行的）是我在上一讲末尾所提到的国家制度中的两个根本变化所产生的结果。中央集权的加强扼杀了地方自治机构，而后者的衰落和各被奴役等级的彼此隔绝，又破坏了作为地方各等级米尔参与立法活动的最高机构的缙绅会议。这两个根本变化都是由一个来源引起的，都来自国家的财政需要。这些需要是一个隐蔽的动机，它指导政府的行政和社会措施，促使政府采取行动像安排社会那样安排管理机构，而且它还迫使政府把如此多的牺牲转嫁给社会公用事业和人民福利。

军队和财政 财政几乎是新王朝时期莫斯科国家制度的最薄弱环节[1a]。频繁的、耗资巨大的和很少成功的战争所引起的需求，完全超过了政府的现有财力，并且政府想不出恢复平衡的办法。军

队把国库全部吞食了。1634年，沙皇向缙绅会议请求资助以继续对波战争的时候宣称，他在和平年代"不是从全国"，不是由直接税积累起来的国库资金全都用于备战了，而现在要供养辅助部队，"没有一个收入甚富的国库"，没有特别税就无以应付。同波兰和瑞典军队交战后的军事失败，迫使人们焦虑不安地按照外国的模式改善武装力量[16]。有两份文件说明了贵族民兵是如何改革的，与此同时，在五十年内供养这支部队的开销又是如何愈来愈多的。1631年的预算清册列举了直接靠国库供养，得到服役领地、现金或粮食薪饷的各种武装力量[1*]。根据预算清册，他们共计约7万人。这是首都和地方城市的贵族、炮兵、射击兵、哥萨克和服役的外国人。在前喀山王国和西伯利亚地区内大约还有1.5万名各种不同的[2]东方异族人：服役的鞑靼贵族和鞑靼平民、缴纳毛皮实物税的楚瓦什人、车累米西人、摩尔多瓦人和巴什基尔人。但是，他们没有固定的薪饷，因为只是在特殊情况下，按照预算清册的说法是，当"全国出现普遍服役"，即总动员的时候，他们才被派去服军役[2]。早在1670年，雷伊坚费利斯就欣赏沙皇对6万贵族民兵的大检阅。[3] 显然，这里不仅有首都一级的，而且有外省贵族的上层，他们能胜任长途行军，带着自己的征战家丁。衣着考究的骑兵以其闪闪发亮的武器和华丽的衣饰使这个外国人眼花缭乱。虽然他们耗费了大量的人民劳动果实，但是，他们在莫斯科城下比在立陶宛和小俄罗斯战场上给人留下更为强烈的印象，特别是给对美非常敏感的沙皇留下强烈的印象。所有这些保卫国家的杂七杂八人员——贵族的、哥萨克的、鞑靼的、楚瓦什的人员，出征之后纪律松弛。他们的战斗适应能力[4*]可以用科托希欣的话来说明："他们没有经过战斗训练，也不知道任何队形。"[4a] 只有组成常备军的团队，即组成军队的射击军，才多少有些军队的样子。这支军队的改组表现在：在数百名外国人，主要是德意志校官和尉官的指挥下，由地方城市贵族和大贵族子弟（他们主要是些服役领地很少、领地荒芜和没有领地的人），以及由其他阶级的志愿者和应募人甚至由农民和奴仆组成的骑马的连队和团队，即骑兵连和骑兵团，步行的连队和团队，即步兵连和步兵团，以及骑马和步行混编的连队和团队，即龙骑兵连和龙骑兵团[4*]。在南部边境地带，整个的村庄变成军屯。1647年列别姜县的一个大约有四百农户的、属于寺院的村落被征召服龙骑兵役。根据1678年指令，所有适于服役的"贫困"贵族一律登记为领月饷的步兵；而1680年的敕令则把谢维尔斯克、别尔戈罗德和唐波夫军区的所有能服役的贵族登记在册服步兵役[5]。这[6*]是一种非常措施。为使这些按外国编制整编的团队进行正常的补充，采取了一种新的、双管齐下的补充办法，即按农户数目征集兵役人员。例如，每一百户征一名骑兵和一名步兵；或是按农户的家庭成员征集，一家中有两三个没分家的儿子或兄弟者征一人当兵，有四个儿子或兄弟者征两名。这已经是真正的新兵征募制了，它是用来改进从前的补充办法即选募制的。据研究人员统计，这种征募办法在二十五年内（1654—1679年）至少从劳动人口中抽走了7万人。新式团队装备有火器，并且受到队列训练[6a]。1681年的军人花名册显示了这种缓慢的军队改建的成果。在这里，所有的军人分别登记在9个军区，即区的军团里。有关军区的情况我们已经讲过了（第四十八讲）。首都莫斯科军团有2 624名首都官员，连同他们的行军奴仆和义务兵丁，总数达2.183万人，此外还有5 000名射击军，只有这个军团仍然保持着自己的旧式编制。在其他8个军团和16个射击军团队里有外国校官指挥的按外国编制组成的团队，计25个骑兵团和38个步兵团；只有3个团由有将军衔的俄国人指挥。按照1631年名单，贵族民兵约有4万人，现在只有1.3万人仍然保持旧编制；其他人员编入了 63 个整编后的团队中，总人数达 9 万。这还不是完全的正规军，因为它不是常备军；征战结束后，新的团队就遣散回家，只留下军官骨干。按照 1681 年的花名册，哥萨克共计 16.4 万人，不包括 5 万名小俄罗斯哥萨克人在内[6⁶]。按照名单和花名册对部队的相同部分尽可能地加以对比之后，同时再去掉花名册中没有的东方异族人，我们就看到，从 1631 年以来，国库负担的武装力量几乎增加了一倍半。付给人数众多的外国校官和尉官的雇佣金即"月饷"是非常高的，而且在他们还在为莫斯科服役的时候，雇佣金已变成了终生赏赐，他们死后，这种赏赐的一半又成为给他们妻室子女的抚恤金。骑兵、步兵和龙骑兵多数是从不富裕的阶级中招募来的，他们得到高出一般的薪俸和国家发的武器弹药，在行军作战时还得到国家发的口粮[6*]。军队的费用按我们现在的钱计算，从 1631 年的 300 万卢布增加到 1680 年的 1 000 万。这就是说，在军队的数量几乎扩大一倍半的情况下，军队费用增加了二倍多[7]。与此相适应，战争的费用也昂贵起来：沙皇米哈伊尔时期长达一年半的向斯摩棱斯克的不成功的出征至少花费了七、八百万卢布，而沙皇阿列克谢时期对波兰的最初两次战争（1654—1655 年），以及随着这两次战争而来的对斯摩棱斯克地区、白俄罗斯和立陶宛的征服，共花费 1 800 万到 2 000 万卢布，这几乎同 1680 年中央财政机关所得年度收入的总和相等。

固定税额的收入 随着军费的增长，收入预算[8]也加大了。为了说清政府如何想使自己的财力与日益增长的国家开支相一致，就必须设想，哪怕是大体上设想一下过去形成的财政制度[8]。通常国库的钱来自固定税额的和非固定税额的收入。所谓固定税额收入是在预算中规定了纳税人必须缴纳的一定份额，即规定了固定税额的那种税收。固定税额收入由直接税和间接税组成。莫斯科国家的税捐或直接税或者落在全社会身上，或者落在某些人的头上。全社会按分摊办法缴纳的税捐的总和构成赋税，而应当缴纳这种税捐的人被称为纳税人。征收赋税的主要对象是土地和住户，这些也被称为纳税物。征税的依据是索哈册，即把纳税土地和住户按索哈分别登记。索哈就是课税单位，它包含一定数目的纳税工商户，或是一定面积的纳税的农民耕地。这就是，服役领地和世袭领地的上等土地不实行轮作的每 400 俄亩为一索哈，即实行三圃制的是 1 200 俄亩，寺院的是三百俄亩，官地是 250 俄亩。这些索哈中的中等和不好的土地按比例扩大各自的亩数[1]，此外，土地的质量等级是由土地的收入，而不是由土地本身的性质决定的。城镇工商户的索哈的大小非常不同。例如在扎莱斯克，16 世纪末规定，最富裕的上等户平均 80 户为一索哈，中等户平均 100 户，下等户和贫困户为 120 户；在维亚兹马，17 世纪上半叶认为每一索哈上等户为 40 户，中等户为 80 户，下等户为 100 户。现在让我们来开列几种主要的固定税额收入，先从间接税开始，其中主要的是关税的和酒税的收入，这是 17 世纪莫斯科国库所依靠的最大的一笔收入。关税有各种各样的，货物过境和出售均征收关税；酒税收入是在出售国库垄断的酒类时获得的。并且，政府为了得到这批收入，一般是规定一定的税额，或者实行包税或者委托办理，把征收关税和出卖酒类之事委托给忠实的（宣过誓的）头人和地方官。这些人应该是由地方纳税居民从自己人中间选出的，税款不足额时则要被选出的人或选民自己补缴，如果选民不注意照看和不及时报告被选者的偷窃行为或玩忽职守的话。1637 年的法律威胁要对被人告发进行偷窃和贪财的头人

---

[1] 这一段原文在计算索哈的亩数时，用了两种计算单位，即俄亩和切特维尔季（半俄亩）。为了方便读者，这里一律换算成了俄亩。——译者

和地方官处以"死刑,绝不宽恕",即因玩忽职守或政府无能要惩罚执政者。政府不仅要居民自己承担赋役,而且还要他们监督别人履行赋役,这是居民的直接义务。17世纪中叶,间接税合并为一:1653年,实行的不是数目众多的关税,而是一种所谓的卢布关税(从每个卢布平均征收价值五戈比的铜钱[1],即从卖主征收货物卖价的5%和从买主购买货物款子中每卢布征收价值两个半戈比的铜钱)。

贡赋钱和代役钱 主要的直接税是贡赋钱和代役钱。所谓贡赋钱或贡赋就是落在纳税居民,即城镇工商市民和农村的农业居民头上的各种直接税,并且按登记册记在某个城市或农村的社团名下的索哈的数目来征税。代役钱有两种含义。有时指政府因给私人使用官家耕地和牧场或是准其从事某种手艺私人应向政府交的钱。从这个意义上讲,称为代役钱的还有国库向属于它的渔场、割草场、狩猎场以及城市小商店、小酒馆、澡堂和其他工业作坊征收的钱。在其他情况下,代役钱指的是某一地区的全体居民交纳用以代替其他各种税捐和劳役的总赋税。例如,捐税代替了在伊凡雷帝统治时期废除的对总督和乡长的供养和关税。这种捐税也叫作代役钱。只有这后一种代役钱是赋税的一部分,并且按索哈登记册征收。贡赋钱和代役钱从作为总的赋税来说,人们总是按不变的税额缴纳固定的数目,然而国家的其他赋税的数额是变动的,它由沙皇的特别诏令所规定。

专项捐税 属于固定税额的收入还有用于国家特殊需要的专项捐税,这就是驿站钱、赎俘钱和射击军税。征收驿站钱是为了维持驿站紧急运送使节、急使、官吏和军人的活动,为此在大道旁设置了驿站(驿站——邮政站)。这种税捐也是按索哈登记册向工商市

---

1 一个铜钱价值半戈比。——译者

民和农民征收，并且上交专门的中央机关，即负责管理驿站车夫的驿站衙门。车夫因为会驾车而获得薪俸和驿马费，为此，他们必须在驿站喂养马匹。赎俘钱是按户，而不是按索哈征收的税捐，它是用来向鞑靼人和土耳其人赎回俘虏的。早在米哈伊尔统治时期已经根据政府的特别命令临时征收过这种税。以后，它就成为经常性的税，按《1649年法典》的规定，每年"向所有的居民"——纳税的和不纳税的居民征收，但是向不同财产状况的人征收的税额不同：工商市民和教会农民平均每户缴纳价值4戈比的铜钱（折合我们的钱大约是60戈比——原注。），宫廷农民，官地农民和地主农民减少一半，而射击军、哥萨克和其他低级服役人员每户只缴纳价值1戈比的铜钱。照科托希欣的话说，他那个时候每年平均征收赎俘钱15万卢布（折合我们的钱大约是200万卢布）[9]。这种税由管理赎俘事务的外交事务衙门征收。射击军税是用来维持射击军的，射击军是16世纪瓦西里大公时期设置的常备步兵，最初，这是钱数不多的用粮食折合的税。在17世纪，射击军税既征收粮食也征收现金，并且随着射击军人数的增加，这种税也大大增加了，以致它终于成为一项最重要的直接税。据科托希欣考证，在阿列克谢统治时期，甚至是在和平时期，莫斯科的射击军就有二十多个军（团队），每个团队平均有800到1 000人（1681年共有2.2452万人），而且城市的即外省的射击军人数也有这么多[10]。

登记册 前面列举的所有税捐除了赎俘钱外都是按索哈登记册征收的：政府给每个索哈规定一定数量的税捐即税额，把它交给付款者即索哈的纳税人，让他按每个人的支付能力分摊，"彼此按各自的财产、行业、耕地和可经营土地的多少来分摊"。索哈[11]课税的依据是登记册。政府有时对纳税人的不动产进行登记，为此向各县派出登记人，他们按居民的证明材料和文件登记课税的项目，同时还用过去的登记和亲自查看来核对这些证明材料和文件。登记册上登记着城市及其县城[11]，它们的居民、土地、可经营的土地、商店和作坊，以及他们应承担的义务。登记册在登记城市和县的居民、工商区、关厢区、乡村、新成立的小村庄时，详细地计算每个居民点的纳税户和每户的"人口"、户主和住在他那里的子女和亲属，标出属于村落的耕地，空闲地，草地和林地的面积，把纳税的工商户和农村的耕地编成索哈，并且依据它计算出村落因其纳税居民土地和副业的多少而应承担的税额。在[12]莫斯科司法部档案馆里保存着数百件16世纪和17世纪的登记册，它们是莫斯科国家财政体制和经济生活的基本史料。这些登记是很久以前进行的，但是，只有少数15世纪末大诺夫哥罗德的登记册保留至今。登记册既起着纳税者名册和财政方面的作用，同时又有助于制定民事方面和其他方面的文件：根据这些文件解决土地纠纷，确定对不动产的所有权，征召义务兵[12]。沙皇米哈伊尔的父亲菲拉列特从波兰回来后，两位国君在1619年召集了缙绅会议，并在会上下令派遣登记人和监视人去对各个城市进行登记，把居民进行分类，并把他们安置在他们以前居住的地方和课以赋税。根据这项决定，在17世纪20年代，对全国纳税居民进行了一次普遍登记，目的是把国家的纳税力量弄清楚并安置妥当。《法典》正是把17世纪20年代末的登记册当作居民对主人农奴依附关系的文件根据，当作清理其他各种契约关系的根据的；还依据登记册解决对逃亡农民的搜捕问题；我们看到，这种登记册还把农奴制条件加进农民贷款契约之中[13]。

无定额的税收 第二类国家收入——无定额的税收，主要是私人向国家机关提出的各种要求得到满足后的付款。这是向各种私人交易征收的税、私人向地方行政和司法机关提出请求所交的税，以及这些机关给他们发出法院裁决书后交的税等。

盐和烟草 在[14]这种财政制度的基础上,国库于17世纪采取了两种措施:这或者是为破坏现存制度所进行的试验,搞的新花样,或者是为改造旧制度采取的新办法。国库首先着手搜集它失去的纳款人。动乱时期许多纳税人摆脱了赋税义务。秩序恢复以后,他们继续从事自己应纳税的行业,但却不在纳税人之列。为了对付这些"未登录者",政府进行了长期的立法斗争和利用警察进行的斗争。从1619年缙绅会议召开时起,政府一直在追捕抵押人,在1648—1649年缙绅会议的协助下才勉强制服了他们。就在那个时候,《法典》规定,非工商市民而在工商区作手工艺的,必须或者放弃自己的行业或者加入工商纳税者行列。正如我们所看到的,为了保证国库有固定的缴纳直接税和间接税的人,法律使社会分裂成一个个封闭的等级,使每个等级固定在它的义务上,法律还禁止随意离开工商区,并且把土地私有主的农民按条约规定的终生束缚地位变成世袭的农奴依附关系。但是,不管怎样仔细地对能纳税的居民进行登记和加以固定,仍然有许多逃避国库义务的未登录者。人们想用一种普遍的办法就像用大网捕鱼那样,把全体居民:普通百姓和享有特权的人、成年男女和幼年男女抓来为国库工作。就在西方重商主义者的政治经济学理论主张用间接税代替直接税,对消费而不是对资本和劳动课税的时候,在莫斯科有人试图走这同一条道路,但他们完全是我行我素地,即不是遵循某种外来理论的指导,而是按照本国的蹩脚实践走上这条路的。在莫斯科的财务政策中,间接税一般比直接税占优势。17世纪,政府特别热衷于这个财源,指望付款人更乐于为得到货物多付钱,而不是缴纳直接税:前一种情况,他多付了钱,至少得到某些有用的东西,而后一种情况,除了付款单即收据外,得不到任何东西。可以认为,由此产生了这样一种想法,即用提高税额的盐税代替一些最重要的直接税。正如人们当时所说的,这种想法是过去的客商而现今是书隶的纳扎利·契斯蒂所授意的。因为盐是大家都需要的,因此,每个人都将按他消耗盐的多少付钱给国库,而且不会有漏网的。1646年以前,每普特盐国库征收5戈比的税,折合现在的钱大约是60戈比。根据这一年的法律,盐税增加4倍,即每普特的税达到20戈比,即每俄磅[1]的税约半戈比。按粮食价格计算,当时的半戈比等于现在的6戈比,我们看到,仅是国库的捐税就比现在每俄磅盐的市场价格高到6倍。敕令用一系列直率而又粗略的理由来为这项措施辩解:将废除负担最重和分配不均的直接税、射击军税和驿站钱;税对所有的人都是平等的;谁也不会成为未登录者;所有的人将自然而然地付钱,没有拷打追缴,没有严厉的罚款;不向国库缴纳任何东西的住在莫斯科国家的外国人也将交款。但是,精打细算还是落空了:老百姓在斋戒期食用的廉价鱼,成千上万普特地烂在伏尔加河两岸,因为渔夫无力腌鱼[14];盐价很贵,卖出去的盐比以前少得多,于是国库受到极大损失。因此,在1648年年初,国家决定废除新税。新税加剧了人民对行政当局的愤恨,从而引起了当年夏天的叛乱。叛乱者在处死书隶纳·契斯蒂时说:"给你这一下子,叛徒,是为了盐。"同[15*]样的财政需要迫使笃信上帝的政府放弃教会和人民的偏见:宣布烟草——"上帝仇视和上帝厌恶的烟草"——的出售由国家垄断。1634年的敕令威胁要对使用和买卖烟草的人处以死刑。国库出售的烟草几乎贵如黄金,每一佐洛特尼克[2]烟草现在价值50—60戈比。1648年叛乱之后,烟草垄断也废除了,重新恢复1634年的法律[15a]。政府不知道该怎么办,所以干脆胡乱下命令,

---

1 1俄磅等于409.51克。——译者
2 佐洛特尼克是俄国的重量单位,每1佐洛特尼克等于4.266克。——译者

朝令夕改。

信贷铜币 另一项财政措施的结局更令人失望[156]。对钱的需求使17世纪的莫斯科财政家变得非常有办法。他们想出用间接税代替直接税，又同样独自想出发行国家信贷。1656年，在同波兰的第一次战争胜利结束和准备同瑞典断绝关系的时候，莫斯科国库缺乏银币来发放军饷，于是，有一个人，据说是沙皇的亲信Ф. M. 尔季舍夫提出一个想法：发行铜币，强制按银币价格流通[15В]。莫斯科市场已经习惯使用有票面价值的纸币；铸币之变质是国库在拮据情况下使用的一种辅助性的收入来源。在货币流通中既没有本国的金币，也没有价值很大的银币：计算单位是卢布和半个卢布。通行的硬币是价值不大的戈比、大铜钱——半个戈比，及小铜钱——大铜钱的一半，它们的重量是4到6个多利亚[1]或更少些。在市场上，买货人为了防备扒手，把这些小的、有粗笨花纹和呈不规则椭圆形的钱币含在嘴里。莫斯科国库弄不到本国的银子，于是就用德意志运来的银币铸造这类银币。德意志银币在我国叫作叶菲莫克。就是在铸造过程中也没有忘记国库的利益：这个叶菲莫克在莫斯科市场上值40到42戈比，而改铸后值64戈比，于是，国库由于改铸而赢利52%—60%。有时，改铸只不过是在叶菲莫克上加一个戳记，即"沙皇铃记"，于是，它就从40戈比变成64戈比。只从对波兰的第一次战争开始时起，才开始铸造银卢布和四分之一银卢布银币，它的价值是按加盖戳记的叶菲莫克票面价值折算的。现在又造出许多同银币同一形式和重量的小铜币。最初，这些金属钱币得到完全的信任，按照币面价值流通，"同银币处于同等地位"。但是，这种有诱惑力的铸币工作落到了贪图诱惑物的人们手中。铸钱的工

---

1 多利亚是采用公制前俄国的重量单位，等于44.43毫克。——译者

匠原是些不富有的人，突然之间阔气起来，并且开始在众目睽睽之下挥霍金钱，盖起豪华的住房，把妻子打扮得像大贵族夫人那样华丽，在市场上买东西时不讨价还价。由宣过誓的铜币事务监督人指定的富商，甚至是莫斯科客商，自己去采购铜，然后把它同国库的铜一起运到造币局，把它铸成钱币再运回自己家中。市场上充斥着"窃贼的"，即从国家信贷局偷来的铜币。在铜币的行市中出现了贴水，并迅速加大：银币和铜币的差价开始时是4戈比，发展到1660年年底每一个银卢布值两个铜卢布，1663年最初为12个铜卢布，而后来甚至到15个铜卢布。与此相应商品也涨价了。处境特别困难的是军人，他们领到的薪俸是按全值计算的铜币。对此事的审讯揭露出，铸钱工匠和客商的诈骗行为被接受大量贿赂的莫斯科衙门机构所掩护，后者在这件事上彻底暴露了衙门常有的那种敷衍塞责，而它的头目就是负责铜币事务的沙皇岳父，大贵族伊利亚·米洛斯拉夫斯基和沙皇的姨丈，杜马贵族马丘什金；米洛斯拉夫斯基被认为直接参与了这些盗窃活动。衙门官员，客商和铸钱工匠被砍掉手脚，并被流放，沙皇对岳父发了一通脾气，革了姨丈的职。参与盗窃的同伙看到显贵没有受到惩罚，就利用大众对物价昂贵的不满，企图像1648年那样制造一场骚乱，惩治一下大贵族。在莫斯科各处张贴的呼吁书指责伊利亚·米洛斯拉夫斯基和其他人忘恩负义。1662年7月，当时沙皇住在莫斯科郊外的科洛姆纳村，约有5 000名叛乱群众涌向朝他们走来的沙皇，要求把忘恩负义者交付审判。当时，一人抓住了沙皇长外衣的纽扣，并且逼他和一个叛乱者击掌为信，向上帝发誓，答应他本人将调查这一事件。但是，从莫斯科来的另一批群众同第一批会合后，就开始不礼貌地要求沙皇交出负义者，并威胁说如果他不自愿交出，他们就要用暴力从他那里夺人。这时，阿列克谢叫来射击军和宫廷卫队，于是一场对手无寸铁群众的大屠杀便开始了。随之而来的是严刑拷打和判处死刑。许多人被淹死在莫斯科河里或是全家被终身流放到西伯利亚。皇后因七月的惊吓病了一年多。像参加叛乱那样，参加伪造铜币的有各种不同身份的人——神甫、教堂的下级职员、僧侣、客商、工商市民、农民和奴仆；追随暴动的甚至有士兵和某些军官。据当代人统计，有7 000多人因此事被处死，有1.5万多人被砍去手脚、流放、没收财产。但是，"真正的窃贼"，真正的叛乱者，据认为不超过200人，其他到沙皇那里去的人都是有好奇心、爱看热闹的人。铜币事件使工商业的资金周转陷入极大混乱，而从困难中挣脱出来的国库只不过使这种混乱更为加剧而已。在我们已经提到的1662年会议上，莫斯科商人在同斯特列什涅夫、伊利亚·米洛斯拉夫斯基谈论物价昂贵的原因时，非常形象地描述了自己的处境。国库为了补足消耗掉的、用于造币的外来银子的储备，用铜币向俄国商人强行收购出口的俄国货物：毛皮、大麻、碱、牛油，而将这些货物转卖给外国人时，收的则是他们的叶菲莫克。与此同时，俄国商人要用银币向外国人买外来货，因为外国人不接受这种铜币，而他们向本国买主出售这些商品时收的则又是铜币。于是，他们投到流通领域的银币不能回到他们手里，他们要进一步购买外国货物就逐渐成为不可能，结果，他们就既没有了银币也没有了货物，成了"没有行业的人"。这项措施的彻底失败迫使人们废除了它。发行铜币信贷作为一种无息的国债，打算用它来兑换现有的货币。1663年敕令恢复银币的流通，并禁止持有和流通铜币，命令把铜币或者改铸成物品，或者送交国库，按科托希欣的说法，国库给每一个铜卢布付5个银戈比，而按1663年6月26日的敕令甚至只付1个银戈比。国库像一个真的破产户那样，给债权人的每个卢布付5戈比，甚至付1戈比。国库为了刚才提到的向俄国商人收购出口商品，早在七月暴动之前和之后不久,从各个衙门搜集了按票面价值大约为150万卢布的铜币(折合现在的钱是1 900万)。毫无疑问,这只是造币局铸造的铜币总数中的一部分[15г];传说五年中铸造的铜币总数达到了难以置信的巨大数字——2 000万(折合现在的钱大约是2.8亿卢布)。

住人的切特维尔季 更为严重的是那些被政府列为财政制度的新措施。它们有三项:用新式的土地登记来改变征收直接税的固定税额单位、实行直接税的等级收集制、吸收地方社团参加财政管理[15д]。在征收直接税方面由按索哈册征税转为按户计算,即按户课税。但是,这种转变不是直接把纳税单位从索哈改为户,而是通过中间环节,即通过住人的切特维尔季。拉波-达尼列夫斯基先生在他研究17世纪莫斯科国家直接税的著作中第一次提到和探讨了这个中间环节[15e]。登记册帮助我们弄清了这种纳税单位的产生过程。农村索哈不是一种稳定的纳税尺度。休耕作业法经常把耗尽地力的耕地排除出纳税范围,而把恢复地力的耕地算进纳税范围。16世纪下半叶,中部地区由于向边境地区的移民和农民耕地的减少,按索哈课税的完整制度遭到破坏:长期弃置不用的地段,即"抛荒地块"由于"住人的",即纳税的耕地减少而愈来愈多。用登记册的语言来说,"由荒芜变为住人"的索哈册没有增多,而是相反减少了。动乱几乎使国内的农田作业完全停顿:据当时人证实,几乎各地都不再耕种,勉强用过去贮存的粮食充饥。当国家平静下来的时候,在当地幸免于难的农民或者逃亡回来的农民,曾看到自己周围有很多无人居住的宅院,许多宅院地和尚未长出树木的耕地。在大破坏之后他们安了家,在自己以前的纳税田上耕种了很小的一部分,而把剩余的劳动力用在"外来的耕地上",即自己过去的邻居所抛弃的和无需纳税的土地上。这些邻居有被打死的,当俘虏的,或失踪的。从登记册上我们看到，某地在16世纪末农民耕种着4 350俄亩土地，到1616年住人的纳税耕地剩下130俄亩，然而外来的不纳税的耕地有650俄亩。我们看到在梁赞县有一个田庄，在1595年有1 275俄亩农民耕地，而到1616年，只有九户农民待在三俄亩纳税土地上，但同时却常去耕种邻近"无人户"的45俄亩外来土地[15*]。在另外一些地方我们看到这样的地段：每一个住人的切特维尔季上，按三圃制计算，即在一俄亩半的土地上平均有六到七户农民，同时有40—60俄亩外来的土地。这种有时去干点活的经营活动到处都同纳税耕地的极度减少有关，它损害了国库，于是国库想给这种情况以某种限制。在17世纪20年代政府在进行普遍土地登记时，企图用一系列法令规定各县每一住人的切特维尔季的最多纳税户数。同时，政府经常摇摆，经常修正和改变自己的登记册。例如，对首都各级人员，最初给每一住人切特维尔季的户数规定了十分有利的数字：十二户农民和八户赤贫农，或是十六户农民，使一个完整农户等于两户赤贫农；后来把固定税额提高了四倍多，规定每一个切特维尔季平均有三户农民，而以后又放宽了一些，确定每一个切特维尔季有五户。在每个住人切特维尔季承担的赋税中，各户应缴纳的部分是按它的规定户数来计算的：如果规定的是八户，一个农民则耕种八分之一的住人切特维尔季，那么他每块耕地要付大约一俄斗[1]的税。随着纳税耕地的扩大，住人的切特维尔季作为索哈的小单位逐渐失去意义，而成为相对的课税计算单位。登记在一个有八户的住人切特维尔季上的一家农户，虽然它耕种了四五个纳税切特维尔季，它却每块耕地只要缴纳大约一俄斗的

---

 1 俄斗（четверик），俄国用于计量液体和散体物容积的量器。通常等于26.24升。——译者

税。当然，与纳税耕地的扩大相适应，在按索哈派税时，一个住人切特维尔季，即计入其中的一组农户所承担的固定税额也相应地要提高。但是，这项税额是按住人切特维尔季的计算部分来分配的。在每个切特维尔季的固定税额是两个卢布的情况下，登记册上列为每块耕地付一俄斗税的农户不管耕种多少地，它缴纳的税为二十五个戈比。但是，这只是计算上的付款数，而不是实际的付款数。在分摊赋税时，登记册上列为每块耕地（即三圃制耕地的十六分之三俄亩）付一俄斗税，但是耕种四俄亩纳税地的农户，同那些也列为付一俄斗税而耕种八俄亩的农户在实际上所付的税不一样。按耕地的比例分摊税款已是农民村社自己的事情或是地主的事情，而不是登记人——摊派人的事情了。

纳税户和人口登记册 财政上的拮据使人产生一种想法，在确定土地税时不单纯按现有的纳税耕地计算，而且也把现有的劳动力和当地的农业条件计算在内，即人们不仅想要对耕地，而且也想对种由人课税，目的是迫使他们耕得更多。在这种想法的指导下，规定了各种不同的和经常变化的，各县住人切特维尔季上的应有农户数。但是，不难推测，建立在两种不同原则上的课税制度，即按土地和按户口的课税制度，把纳税人和摊派人都弄糊涂了。这种双重课税制增加了按索哈册征税在技术上的困难：测量耕地面积的困难和排除休耕地、外来耕地和长满林木的耕地后把耕地面积合成索哈的困难；对索哈份额的混乱计算（它是按古代俄罗斯特有的分数算术计算的，分数的分子只能是一，而分母只能是用二和三除尽的数），把土地分为上、中、下三等；核对居民的证明材料和检查登记人本人的错误的困难；更不用说为逃避或减轻赋税而玩弄的种种手段了——所有这些都使独断专行、弄虚作假和争执不休到处泛滥。按户课税比较简单，并且能够比较均等。在1642年缙绅会议上，城市贵族坚持要求政府按农户数目而不要按登记册来为军人收集金钱和各种物资。小地主比其他人看得更清楚，随着农民变为农奴，劳动力及其工具已代替土地成为受剥削的农业力量。1646年，对农户进行了普遍登记，这次登记按人头把农民无限期地固定于地主名下，同时把直接由按索哈册课税改为按户数课税。1678—1679年再次进行农户登记。这样就产生了特殊类型的固定税额登记，即人口登记册[15*]，它同以前的登记册的区别是：后者主要是登记土地、各种农业用地、采掘渔猎场所等经济资料，依据这些经济资料向居民课税；而人口登记册登记的是缴纳捐税的劳动力，纳税户和各户居民，这些人口登记册就成为课农户税的依据。但是，就是在实行新的税额单位的情况下，计算和摊派直接税的办法仍然是过去的一套：政府规定每个税区的平均农户税额，并且根据纳税户的多少算出每个区的税款总额，而这个总额则由付款人自己在纳税社团的各户之间去分摊，像过去在索哈的各户之间分摊那样，并按纳税资料的多少，按每户"赋役和采掘渔猎场所"的多少分摊[16]。

等级分摊制 向[17*]按户课税的过渡导致把逐渐积累的直接税合并起来的需要。因为按农户这样细小的税额单位去分摊直接税是有困难的，而且，1653年间接税的合并也为直接税提供了榜样。但是，两者存在着本质差别：间接税只认消费者，不问他的经济状况，而直接税则必须顾及这点。农奴制把全体纳税居民分为两类：自由的城市和农村居民把从自己资本和劳动成果中拿出来的东西全部付给国家，而农奴则把自己劳动成果分别交给国库和地主的账房。必须按两类纳税人向国库纳税的不同能力在他们之间按比例地分配合并起来的直接税。也有人宁肯采用另一种办法——由国库本身的需要来决定。直接税在17世纪就成了常年税了，其中增加最快的是供养日益扩大的射击军的捐税，即射击军税。从[17a] 1630

年到 1663 年，这种税几乎增加了八倍[17a]。捐税的猛增使付款人力不胜任，其结果是拖欠税款。1678 年户口登记后，1679 年 9 月 5 日敕令把其他一些直接税并入射击军税，接着又按不同[17б]税额，"不同级别"把射击军税转为按户征税。欠缴的税款在不断增加。政府于 1681 年免除欠缴的税款后[17в]，从每个城市招来两名代表并询问他们：当前的射击军税额，他们有无能力缴纳，以及为什么无力缴纳？代表们对这一直率而又愚蠢的问题回答说，各种苛捐杂税和劳役造成的破产，使他们无力缴纳。这以后，委托莫斯科客商组成的委员会定出一个比较轻的税额，于是客商把税额降低了31%。莫斯科政府对自己的无能和对事态的无知不仅不感到羞耻，反而乐意把它说成是自己合法的天然缺陷，而纠正这些缺点则是被管理者应做的事，就像他们应该填补政府的财政缺额一样，因为以上两点都是他们的国家义务。依据同一个 1679 年敕令，赎俘钱和驿站钱也合并为一项捐税。这合并起来的两项捐税也分摊给两类纳税人[17*]：落在各城市纳税的工商市民以及北部和东北各县官地农民头上的是单一的射击军税，它代替了过去的所有直接税，按各税区或各类人的付款能力把射击军税划为从两个卢布到八十戈比的十种按户纳税额，而居住在其他县份的土地私有主的农民，由于承担着他们主人的繁重劳役，缴纳合成一种税的驿站钱和赎俘钱，教会农民每户缴十戈比，而皇室农民和世俗土地私有主的农民每户缴五戈比，为射击军税最低税额的八分之一或十六分之一。由[18*]此可以看出，国库把多么大的一笔收入来源让给了占有农奴的土地私有主去任意使用。财政政策也是这样遵循了等级差别的总格式。17 世纪莫斯科的整个社会制度就是按照这个格式形成的。

财政和地方机构 在寻求新的财政经费时所采用的种种新办法的失败，导致在支配现有资金时的节约。力求把全部收入集中到中央国库的努力表现在缩减地方开支,废除要求供养和现在已被认为是多余的地方官职:各种各样的市镇事务员、密探、驿站管理员、粮仓主管人,甚至还有固巴令。这些职位的事务全都由督军承担,目的是使纳税人在供养上没有多余的负担,使他们缴国库税时负担轻一些。但是,也废除了督军本人和他们的书隶、录事的苛捐杂税。同样是为了减少地方征税事务的开支,免除了督军征集新的射击军税的事务,并且不让他们干预征收关税和酒税的事务:这些事务通过选民负责选出的长官、正直的头头以及宣誓人交由纳税者本人、工商区和县里居民去处理。这样一来,人们又回到了十六世纪的地方机构,但这不是恢复地方自治制度,而只是把国库事务从贪婪的政府官员手中转交出去给当地不要报酬和工作负责的执行人去处理。

院外仆人的赋税 对研究17世纪莫斯科国家的社会性质来说,过渡到按户课税在两方面是非常重要的:它扩大了课税的范围,或者确切些说,使纳税居民的成分更复杂了,同时也为判断人民劳动力在国家各统治力量之间的分配留下了资料。按户课税帮助国库找到人数众多的一类新的纳税人。我们在第四十九讲已经看到,院外仆人按其法律地位是奴仆,但按其经济地位,甚至按其对主人的契约关系,他们很像农民,他们住在单独的宅院里,拥有份地和为地主服农民的义务。在赋税从按耕地征收转为按户征收的情况下,开始把院外仆人按户列为同农民和赤贫农一样的纳税单位。根据米留科夫先生在付款回条中所看到的指示,这种做法是从1678年的户口登记开始的[18a]。这是把奴仆同地主的农民在法律上合成一个农奴阶级的一个最早时间,这种合并到彼得大帝时期由第一次人口调查完成。

人民劳动力的分配 1678年的户口登记册留下了一个全国纳税

户的统计表,后来,甚至在彼得大帝时期,政府在计算捐税时还使用它。这个统计表使人能在某种程度上想象出莫斯科国家的社会制度,想象出到17世纪的最后25年,即到彼得改革前夜这个社会制度是怎样形成的。一些文件保存了这个统计表,但数字各不相同,其中最可靠的数字是最大数字,其他数字可能是根据不完全的资料编制的,存在着缩小纳税户数字的动机,但是也不应为此而过分夸大这一动机。根据这个统计表,1678年的人口登记共有88.8万城乡纳税户。科托希欣以及1686年和1687年的敕令列出了工商户和官地农户(即自由农户)的数目,列出了教会的、宫廷的和大贵族的,属于大贵族、杜马官员、近臣和最高执政阶级的农户数目。如果从1678年登记的总数中减去所有这几类农户,那么我们就会得出属于首都和城市服役人员,即属于本来意义上的贵族的农户数字。全体纳税人分属各类所有者的情况如下(按整数计算):

工商户和官地农户	9.2万户	占10.4%
教会、高级神职人员和寺院的农户	11.8万户	占13.3%
宫廷的农户	8.3万户	占9.3%
大贵族的农户	8.8万户	占10%
贵族的农户	50.7万户	占57%
	88.8万户	100%

人民劳动力的这种划分提供了几个有趣的材料。首先,只有十分之一多一点的全体城乡纳税户,享有当时的自由,同国家有直接关系。全体纳税居民的二分之一多一点划归服役人员,因为他们承担保卫国家防御外敌的义务;十分之一划归统治阶级,因为他们

付出劳动管理国家；将近十分之一的农户划归国君宫廷，大大超过十分之一的农户划归教会，就是说，整个教会农民的六分之一，将近二万户在为教会上层，即为脱离尘世的僧侣干活，以便这些人从精神上统治他们；而将近六分之五的农民（除去大教堂和教区教堂的农民外）在为寺院，即为脱离尘世的僧侣干活，以便靠他们为消除农民的罪孽而祈祷。总之，几乎十分之九的全体纳税人处于对教会、宫廷和军事服役人员的农奴依附地位。期待这样形成的国家机体能在政治、经济、民事和道义方面有令人满意的进步，这是不公正的。

233　　**特别税**　不管政府怎样加强税收，通常它都不能精确计算出它未来的开支，以便使支出同日常的收入保持平衡。而且政府在办事时，总是边走边发现自己预算的错误。于是，它就采用非常手段[18*]。在最[19*]困难的时候，即在米哈伊尔统治的最初几年，它同缙绅会议一起对斯特罗甘诺夫家族或特罗伊茨基·谢尔基耶夫寺院这样的大财主实行强制性借款。不过，这是罕见的情况。"自由征求"和提成税，可以说是特别税的通常来源。从第一个来源中得到"征求税"，从第二个来源中得到伍一税[1]、什一税、什伍一税和贰拾一税。两个来源都带有等级性质。自由征求——就是自愿的认捐，政府根据缙绅会议的决定号召享有特权的地主阶级，教会人士和服役等级自愿认捐，以抵补特别军事开支。我们已经看到，在1632年同波兰的战争开始的时候，根据两个国君和缙绅会议的决定，出席会议的教会人士和服役等级中的一些人立即在会上宣布他们准备捐献，而另一些人答应带来他们捐献的清单。通过这

1　为紧急征收的赋税，占财产或收入的五分之一。以此类推，什一税则占十分之一。——译者

类手续进行自愿捐助也得到1634年缙绅会议的批准。也向非农奴的农民征收征求税，但不是采取自愿认捐的形式，而是把它作为有固定税额的捐税，数额是每户一个卢布到二十五戈比（折合现在的钱是十四卢布到三个卢布）。提成税——是选举新王朝的那次缙绅会议在财政方面的一个发明——落在商人头上，数额是征收财产的五分之一。1614年，即选举米哈伊尔的第二年，这次缙绅会议决定为军人"按固定税额从余额中"征收款项，"谁的家产和作坊可能值一百卢布，就从他那里提取五分之一，即二十卢布，而谁的家产和作坊更多或更少，则按同样的计算法从他那里提取"[19a]。这样，决议一下就至少提出了三种互不相容的课税根据：家产——财产、作坊——流通资本同劳动的结合、固定税额的余额——税额委员会评定的纯收入，最后，能够交出多少钱就凭良心申报自己的收入了。缙绅会议的决定用通告形式散发到各地，它是由莫斯科的书隶按照世世代代千篇一律的书写方式写成的——以致可以使人把这一决定理解成三种以上的意思。1614年缙绅会议的想法是相当简单的。为什么它定出伍一税，而不是肆一税或陆一税？当时根据贸易贴现，存款取息时一般和最高的法定利率是"五年能获得增值到第六年才取"，即20%。借款人只有当他能用借款赚到比20%多得多的钱时，才能按这种利率借钱。这就是说，这个利息当时是资本的最低纯收入，并且在正常的周转中，五年内资本增加一倍。缙绅会议关于向商人征收伍一税的决定要求流通资本把自己为期一年的增长额让与急需钱的国库，从而把五年内资本增加的一倍延期到第六年。捐税的简单公式是这样的：捐税不是要求他的各项财产或全部收入的五分之一，而只是从商业流通资本或店铺、工厂等盈利的不动产中取得最小的年度纯收入。但是，由于衙门表述得不好的原故，缙绅会议的决定引起许多误解，甚至是混乱。在一些地方，伍一税被理解为财产税,所以税务人员就开始登记各项财产,这样做引起了纳税人的反抗;在另一些地方,按某项普通税(如射击军税)的税额收税。有些地方把捐税理解成商业流通税,并且按照关税册计算,"公布谁运进和出售了多少卢布的货物",然后征收这些货物价格的五分之一,在这些地方人们才比较接近于理解捐税的本意,在征收下列提成税时,由于"从家产和作坊"这种公式化的用语有不清楚之处又重新出现了误解和冲突。但是,它事实上是一种对收入的课税,1670年居住在莫斯科的外国人雷伊坚费利斯曾直截了当地指出了这一点[19^6]。这些捐税落在各种身份的工商业者,纳税人和非纳税人的身上[19*](除去[20*]神职人员和"免税"的服役官员),这些捐税还落在射击军人、炮手、各种农民和赤贫农身上,甚至落在经商的奴仆——"不管他是为谁家在做买卖"——的身上。1614年征收伍一税的做法在1615年又再次采用了。在沙皇米哈伊尔当政时的第二次对波战争期间,在1633年和1634年,两次征收了伍一税。1637—1638年,政府为了防御克里木人,把射击军税增加一倍,它向缙绅会议请准从宫廷农民和土地私有主农民中招募兵役人员并对商人加紧征收现款——向每户征收的钱约合现在二十卢布,而向官地农民则征收半数;1639年再次征收特别税款。收到的税款中有很大的欠额,这是付款人经济拮据的征兆。他们也抱怨说,他们"非常困难"。如果再加上国库对最赚钱货物的强制收购,如在普斯科夫按法定价格收购亚麻,我们就会理解地方编年史家的痛苦的抱怨:"价格是不自由的,购买是强制性的,各方面的悲痛是巨大的,仇恨是说不完的,在全国没有任何人敢于明买明卖"。在沙皇阿列克谢和费奥多尔时期,特别捐税非常之多,并且沉重。那时,同波兰、瑞典、克里木和土耳其的长期消耗战争要求付出巨大的人力和财力[20^a]。在二十七年中(1654—1680),征收过贰什一税和什伍一税各一次（5% 和 6.66%），征收过五次什一税和两次伍一税（10% 和 20%），这还不算年复一年向每户征收的千篇一律的固定税额的税[20⁶]。这样，所有这些额外的捐税获得了临时兼常年税的性质。特别税作为特殊的、没有固定税额的项目成为平常收入的组成部分。

1680 年的预算表 政府在 17 世纪采取的不断变化和混乱不堪的沉重税收究竟取得了哪些财政效果呢？科托希欣就 17 世纪 60 年代情况写道，除去西伯利亚的毛皮税收入外，全国每年有 131.1 万卢布进入沙皇的金库，流进所有莫斯科衙门。他无法确切估计西伯利亚毛皮税的款项，只能把它大致定为 60 多万卢布。过了二十多年，于 1689 年抵达莫斯科的法国代理人涅维尔¹ 在首都听说，莫斯科国库的年收入不超过七八百万法国利维尔。因为 17 世纪时一个利维尔在我国折合六分之一卢布，所以涅维尔宣布的总数同科托希欣说的货币收入数字（133.3 万卢布）非常接近，同时也难以确定出售国家货物所进的款项。1680 年的收支预算表保留了下来，米留科夫先生发现了它，并且在自己从彼得大帝改革研究俄罗斯国家经济的著作中对它进行了详细分析[20⁶]。收入的总数在这里被定为将近 150 万卢布（折[20ᵍ]合现在的钱大约是 2 000 万）[20ᵍ]。货币收入中的最大款项，即 49%[20ᵈ]是间接税，主要是征收关税和酒税。直接税提供 44%，它的最大款项是特别税（16%）[20ᵉ]。将近一半的货币收入用于军事需要（大约 70 万卢布）。国君的宫廷耗费了收入预算的 15%。实际用于有关福利、公共建筑、驿务，即通信手段等事业上的不到[20ᵃ] 5%[20ᵃ]。其实，预算表只提供了当时国家经济的大致情况。不是所有的进款都送到中央各衙门；许多钱在当地就

---

1 人名索引中为波兰使节。原文如此。——译者

领走和开销了。虽然 1680 年的预算表上有很大的结余[203],但是,这个预算的真正意义表现为,每年的预算税额远未能全部收上来:到 1676 年为止积累起来的欠缴税款超过了 100 万卢布,这笔欠款在 1681 年被迫予以免除。显然,人民的支付力已经到了山穷水尽的地步[20*]。

第五十二讲

国内事务的状况令人不满——不满的原因——不满的表现——人民造反——文献记载中反映出的不满——И. А. 赫沃罗斯季宁公爵——尼康宗主教——格里哥里·科托希欣——尤里·克里尚尼奇

不满的原因 莫斯科政府在动乱之后恢复秩序时[1]，并不打算从根本上骤然改变它，想保存其旧的基础，只是把政府认为应该修正和改善的方面作一些技术上的改变。涉及国家管理体制、等级划分、国家经济发展的改革尝试，都是犹豫不决，不能贯彻始终；这些尝试都并非出自任何通观全局的深思熟虑和实际拟就的计划，显然只是从当时偶然的指示出发的。但是这些指示都向着一个目标，因为它们直接或间接地都出自一个缘由，即政府的财政困难，而且它的全部改革尝试本身，连同日常生活的强制性要求，目的都在于消除这些困难。可是一切都同样地遭到了悲惨的结局，全部都失败了。中央行政机构严格地更加推行紧缩政策，但既不能节省开支，又未见多少改进，也没有解除纳税人对国家的沉重赋税；更加森严的等级制度，只是加深了社会利益和情绪的对立，而且财政方面的新招使得人民精疲力竭、破产和欠税的与年俱增。上述一切使人们普遍感觉情况严重。宫廷、王室成员和对外政策更使这种感觉发展到对国家事务进程异常不满。在新王朝的头三位沙皇统治时期，莫斯科政府给人的印象是偶然掌权的人没有恪尽职守。除三四个人以外，全是些利欲熏心、无才能，甚至连代替才能的治理技能也没有的人。更糟糕的是，他们毫无责任感。这么一些靠钻营谋得国家官职的人显然是由偶然状况造成的。某种不祥笼罩着新王朝：命运坚决不让新王室最高权力的执掌者长大成人才即位。头五位沙皇中有三位——米哈伊尔、阿历克谢和伊凡即位时几乎还没成年，一位只有十六岁，另两位更年轻：费奥多尔——十四岁，彼得——十岁。可是这一王朝的另一突出的家族特点是：公主往往很健壮，精力充沛，有时甚至是刚毅勇敢的女子，如索菲亚，而王子则像自己的祖先那样，孱弱、短命、有时是病态的人，如费奥多尔和伊凡。沙皇阿历克谢外表虽然活泼、有朝气，但身体非常软弱，他只活了四十六岁。[1]阿历克谢的幼弟德米特里的天性和自己的祖父伊凡雷帝一样，如果长大，不知道是什么样子。要是科托希欣的话可信，那就是，父王的亲信们不让人们起疑地精心策划毒死了这个凶狠的孩子，使人以为王子似乎是自己把自己弄死的。[2]同样[3]，彼得也没有被考虑在内：他被排除在任何常规之外。在新登基的沙皇有本事判明和愿意判明周围的人之前，在他身边已有一个执政的集团，这些最早的合作者已给他的整个统治定下了方针和色调。这种反常情况尤其在对外事务中反映了出来。对外政策日益使政府的经济陷入困境，在由于"动乱"的结果而造成的领土丧失之后，对外政策也是一个舞台，新王朝面临的任务是利用这个舞台首先证明自己全国选举的正确性。米哈伊尔沙皇的外交，尤其是在计划不周的和未操胜算的斯摩棱斯克战役之后，仍然以战败者通常的小心谨慎为其特点。在阿历克谢沙皇时，从父亲那里得到的推动力开始被遗忘。莫斯科经过深思熟虑之后，违背意愿卷入为夺取小俄罗斯的战争是因为受到1654—1655年几次光辉战役的鼓舞，那时不仅一下子征服了斯摩棱斯克领土，而且还征服了整个白俄罗斯和立陶宛。莫斯科的想象远远超越了理智：它没有想到，这样的成就并非靠自己得来，而是因为当时瑞典人正从西面攻打波兰人，把波兰最精锐的军力吸引到了自己方面。莫斯科的政策采取了不同寻常的大方针：不惜人力和金钱，摧毁波兰，然后莫斯科沙皇登上波兰王位，并把瑞典人逐出波兰；把克里木人和土耳其人逐出小俄罗斯，不仅攫取第聂伯河两岸，还要占有加里西亚（所以在1660年曾派谢列麦杰夫的军队到那里去）——而所有这些错综复杂的计划却把自身搞得乱成一团和实力衰竭，以致二十一年中，在三条战线上的消耗战和一系列空前失败之后，接连放弃了立陶宛、白俄罗斯和乌克兰右岸，只得满足于保住斯摩棱斯克和谢维尔斯克领土，以及小俄罗斯的第聂伯河左岸，连同右岸的基辅。甚至在1681年同克里木鞑靼人签订的巴赫齐萨莱条约中，既未获得方便的草原边界，也没有废除每年向汗的屈辱性进贡，更未获得承认扎波罗什归属于莫斯科。

不满的表现 随着伤亡和遭到失败而产生的沉重感觉，人们对事情进程的不满增长了。不满碰上了由全面愤激形成动乱的土壤，又逐渐自上而下席卷了整个社会。但在上层和下层[3]中反映不一。在人民群众中，它表现为一系列的骚动，它使人们知道17世纪的形势是如此的严重：这是我国历史上人民造反的时代。且不谈米哈伊尔沙皇时这儿那儿爆发的乱子，只要历数阿历克谢时的造反就能看到人民不满的这种力量：1648年在莫斯科、乌斯秋格、科兹洛夫、索尔维切戈茨克、托木斯克和其他城市的造反；1649年，被及时防止的、抵押人在莫斯科准备的一次新的造反；1650年，普斯科夫和诺夫哥罗德的暴动；1662年，由于铜币问题，在莫斯科又发生了造反；最后，1670年至1671年间，在伏尔加河东南的顿河哥萨克中拉辛领导的大规模造反，当老百姓掀起的反对最高层阶级的运动和它合流时，它就具有了纯粹的社会性质；1668—1676年间索洛维茨寺院反对新修订的圣书的叛乱。在[4*]这些叛乱中，尖锐地暴露了被当局精心地用官样文章和教会训诫掩盖起来的老百姓和当局的关系：老百姓对政府和政府最高当局代表者的态度丝毫不是因为虔诚，只是简单地出于礼貌而已。在上层阶级中表示的不满略有不同。如果说人民群众中的不满情绪触动了神经，那么在社会上层中则唤醒了思想，并导致更猛烈地批评国内秩序。一方面用对社会上层的愤恨去推进运动，另一方面抗议呼声的主调也表达出了对人民落后和孤立无援的意识。现在我们几乎是初次在政论的舞台上、在批判周围现实的艰难而不稳定的活动中碰到了俄罗斯思想。在1642年的缙绅会议上，在1662年政府召集的有莫斯科商人参加的讨论物价高涨原因的会议上都有这类性质的声明。出席缙绅会议的人士，在会上虽没有背叛自己的政治纪律，仍保持着恭敬的口吻，不让自己用刺耳的反对语调说话，但却慷慨激昂地叙述了行政的腐败、享有特权者肆无忌惮地破坏法律、政府方面蔑视社会舆论，政府根据君主的敕令审问商人，录下口供，又按口供做些小动作等情况。这些是各个阶级的需要和意见的小心翼翼的集体声明。某些观察家以非常激昂的情绪表达了个人对国内事务的意见。我只局限于举出若干例子用以说明俄国的现实在社会评论的最早尝试中是怎样反映出来的。

И. А. 赫沃罗斯季宁公爵 在17世纪初，即在"动乱"时期已有的这种最早的尝试，无疑是由"动乱"引起的。赫沃罗斯季宁公爵是第一个僭王宫廷中的年青显赫人物，他同波兰人接近，学会了拉丁文，开始读拉丁文书籍，沾染了天主教思想，敬重拉丁圣像如同敬重东正教圣像一样。在瓦西利·舒伊斯基沙皇时，他被放逐到约瑟夫修道院去反省，从那里返回时，满怀怨恨，并且堕落了，陷入自由思想,摈弃了祈祷和为死人礼拜,"他在信仰上有过动摇,指责东正教,对神圣的上帝侍奉者出言不逊"。同时,他保持了对教会斯拉夫文学的爱好,他是教会史的博学者,在对局部问题的书呆子气的讨论中,他表现出无法克制的挑衅精神,总之,在学术上他自命不凡,"在自己的理智中对任何人都寸步不让"。[4a]他善于捉刀,在米哈伊尔统治时期,写了涉及他那个时代的很不错的论文;在论文中,思考问题比写事件和人物为多。赫沃罗斯季宁把那么多不同的意见和爱好混合在一种思想意识里,这些意见和爱好很难汇成一个坚定的完整的世界观,但又厌恶东正教—拜占庭的传统和概念,于是导致他同祖国的一切都处于敌视状态。他挑衅性地蔑视俄国教会的仪式,"不遵守大斋戒节和基督教惯例",禁止自己的家奴去教堂礼拜,在1622年他酗酒"酣醉",在明朗的星期日早晨黎明之前,在大斋戒节前即开斋,不去宫廷同君主互吻三次以示庆祝,不参加晨祷和做晚礼拜。他以这样的行为和思想方式使自己在社会上完全处于孤立状态,他想获准离去,甚至想逃到立陶宛或罗马,并卖掉了自己在莫斯科的宅邸和世袭领地。沙皇的敕令历数赫沃罗斯季宁公爵的这些过错和罪孽。在搜查公爵的宅邸时,找出了他亲笔书写的"小册子",其内容有散文、诗、用波兰语韵律写的"简诗"。在这些小册子中,正如在他的言谈中一样,表达了因思念异国他乡引起的烦恼和忧愁。他蔑视本国的秩序,写了许多责备莫斯科国家一切人的话,揭露他们毫无理性地崇拜圣像,他诉说道:"仿佛莫斯科没有人,所有的人都是傻瓜,不能与人相处,在田地里播种黑麦,全都生活在虚伪之中",而他不可能同他们有任何交往;他还侮辱所有的莫斯科人和生养自己的双亲,诽谤他们,说他们没有理智,甚至对君主也不愿意写上尊号,称之为"俄罗斯的暴君",而不称沙皇和专制君主。公爵因此再度被放逐,到基里洛夫修道院"受管教"。在那里，他悔过自新，回到了莫斯科，恢复了贵族地位，并得以出入宫廷，于1625年逝世。赫沃罗斯季宁公爵是俄罗斯精神生活中较早出现的很有意思的现象，以后这种现象则是相当普遍了。他并非16世纪俄国带有新教色彩的异端，这种异端由对教条和教仪的种种怀疑和解释培养起来，是西欧宗教改革的遥远的回响。他是在天主教背景下俄罗斯所特有的自由思想者，他对拜占庭教会的冷酷仪式和其影响下的整个俄罗斯生活厌恶，他是恰达耶夫遥远的精神祖先。[4*]

尼康宗主教 全俄罗斯的宗主教——教会道德国内秩序的维护者——出现在国内政治紊乱的揭发者的行列是相当突然的事。而且此人不是一个普通的宗主教，而是尼康宗主教本人。请记住，他是怎样从一个农民高升到宗主教宝座的，他对沙皇曾有多么大的影响，沙皇曾称他是自己的"密友"，后来两个朋友又是怎样吵架的，此后尼康在1658年就主动离开了宗主教宝座，他以为沙皇会低声下气哀求他回来，可是沙皇没有这样做。尼康在自尊心受辱、怒气冲天时给沙皇写了一封有关国家事务状况的信。从宗主教那里当然不能期望有不偏不倚的判断，但宗主教为了描绘当时情况的黑暗图景所选择的色调倒是顶有意思的：它们都选自政府财政困难和人民经济衰落的情况。最使尼康生气的是1649年成立的修道院衙门，这个衙门裁决神职人员的非神职事务和管理广大的教会世袭领地，而且由大贵族和书隶管理，没有神职人员参加。在[5] 1661年，尼康写了一封揭发信给沙皇。宗主教对他深恶痛绝的衙门，玩弄辞藻地写道："世俗法官作出裁决并强加于人，为此，在大宗教会议审判的日子里，你就收集了反对自己的、令人发指的有关你的谎言。你布道时要大家吃斋，可是现在搞不清楚，谁因缺少粮食而不吃斋；在许多地方，人们因吃斋以至死亡，因为什么吃的都没有。谁都不会被赦免：乞丐、盲人、寡妇、修士、修女，全都被课以沉重的贡赋；到处是哭泣和悲痛，在那些日子里没有欢乐的人"。1665年，尼康写给东方宗主教的信（被莫斯科暗探截住），对国家的财政状况也同样描写得一团漆黑。他诉说沙皇夺取了教会财产，他写道："把人抓去服役，毫不留情地拿走粮食和金钱；沙皇要所有的基督徒纳贡，成倍地、三倍地、甚至缴纳得更多，——但一切都徒劳无益"。[5]

格里哥里·科托希欣　就在这同一位沙皇统治的时期，在相当特殊的情况下还可举出另一描写莫斯科缺点的著作。格里哥里·科托希欣是使节衙门的一个录事，或者说是外交部的一个低级书吏，承办不重要的外交任务。他受到冤枉的处罚，因为1660年在君主尊号问题上出了差错，被笞杖。在第二次波兰战争时，他被派往多尔戈鲁基公爵军中服务，他不同意执行总司令的非法要求，从岗位上逃走，1664年逃到波兰，又到德意志，以后到了斯德哥尔摩。在漂泊中，他惊奇地感到国外秩序和祖国的迥然不同，这使他动了个念头，论述莫斯科国的状况。瑞典首相马格努斯·德·拉·加尔底伯爵很器重谢里茨基——科托希欣在国外的自称——的才华和阅历，鼓励他从事业已开始的著述，该著作写得那样出色，以至成为17世纪重要的俄国历史文献。但是科托希欣的结局很糟糕。他在斯德哥尔摩大约生活了一年半，改信了新教，因同住处房东的妻子过从甚密，引起其丈夫的猜疑，在两人争吵中，被这位丈夫打死了，房东也因而掉了脑袋。该书的瑞典译者称这位著者是无与伦比的聪明人。这一著作在上个世纪被一位俄国教授在乌普萨尔发现，并在1841年出版。全书分十三章，书中描述了莫斯科沙皇的宫廷生活、朝廷的阶级成分、莫斯科国同外国的外交关系程序、中央机构的组织、军队、城市商业和农村居民、最后是莫斯科上流社会的家庭生活。科托希欣很少发表议论，更多的是用简洁、明快和准确的录事的语言描述祖国的秩序。可是他到处流露出对离去的祖国的鄙视，他对祖国的这种关系是置于阴暗的背景之上的，看来他是不偏不倚地描述了俄罗斯生活。不过，有时他又爆发出坦率的评论，全是抱有反感的言论，揭露了莫斯科人生活和习俗中的许多重大缺点。科托希欣[6]谴责他们的"不畏上帝的性格"、高傲、倾向于欺骗，尤其突出的是无知。他写道："俄罗斯人因自己的种族而对所有事务持高傲的、异乎寻常的（不习惯的）态度，因为自己国内没有任何良好的教育，除高傲、无雅、仇恨和不公正外，没有什么可接受的[6]；不送自己的子弟出国留学，学习科学和习俗（待人接物），因为害怕我们获悉那些国家的信仰、习俗和美好的自由后，会开始改变（抛弃）自己的信仰，并追随他们，且不想回家和接受同族人的照顾"。科托希欣描述了一幅大贵族杜马集会的阴暗场面，讽刺在会上大贵族"死盯着自己的大胡子"，对沙皇提的问题什么也不答复，不能给沙皇出什么好主意，"因为沙皇赏赐他们中的许多人不是因他们的才智而是因他们的高贵门第，而且他们中很多人不识字，没上过学"。[7]科托希欣描绘的俄罗斯人的家庭生活也是阴暗的。有人[8]持这样一种意见：似乎古罗斯尽管有自己的许多政治和内部缺点，但仍能借助于教规和家法建立法律上和道德上牢固的家庭。为此，科托希欣著作的最后一章《论大贵族、杜马贵族和其他官员的生活》给这种意见制造了一点障碍。他在这一章中冷静地描述了父母对子女的专横，媒妁在嫁娶中的厚颜无耻，如父母对不称心的女儿的粗暴欺骗，目的是不择手段地把次货脱手，以及由此产生的争讼；殴打妻子，并强使被嫌弃的妻子削发为尼，丈夫毒死妻子，妻子毒死丈夫，教会当局无情地公然干预家庭纠纷等。家庭生活的黑暗情景使著者本人吃惊。他用激动的感叹词结束了自己简单而冷漠的描述:"通情达理的读者,别对这事大惊小怪,那是真正的实话,全世界没有任何地方会像莫斯科国内那样欺骗少女,在其他国家,这样的习惯是没有的,而是探望未婚妻本人并和她商谈"。[8]

尤里·克里尚尼奇 在评述离开祖国的俄罗斯人时,对照一下一个怀着希望来到俄国,想到这里找到第二祖国的外来观察者的印象是很有意思的。尤里·克里尚尼奇是克罗地亚人、天主教徒、神甫,受过广博的教育,沾一点哲学家和神学家的边,也沾一点政治和经济学家的边。他是一个大语言学家,尤其是一个爱国者,更确切地说,是一个炽烈的泛斯拉夫主义者。因为对他而论,真正的祖国不是历史上人所共知的国家,而是联合的斯拉夫各族人民,是在历史之外,不知什么地方的纯粹政治梦想。他生[9]为土耳其苏丹的臣民,作为一个可怜的孤儿被带到意大利,在萨格勒布、维也纳和波伦亚接受了宗教神学教育,最后加入了罗马圣阿法纳西会。罗马主教会议为传布信仰(de propaganda fide),在这个会中训练专对东方东正教异端分子布道的熟练传教士,因为克里尚尼奇是斯拉夫人,所以他被派到了莫斯科。他被这个遥远的国家所吸引,他收集了有关它的情报,把对它的愿望所作出的颇费解释的计划递呈主教会议。但他有暗中的想法:靠主教会议[9]的物质支持,以传教士的热忱去为可怜的斯拉夫人——学生服务。他并没有把莫斯科人当作邪教徒,或想入非非的异教徒,而是把他们当作基督教徒,只因无知、心灵愚蠢而误入歧途的人。他早就为分裂的、受奴役的斯拉夫人的苦难处境开始思考并深感悲伤。应该向克里尚尼奇的政治敏感致敬:他预料到斯拉夫人统一的真正道路。为了使人们彼此友好相处,他们首先应彼此了解,在这方面,他们语言的庞杂起了阻碍作用。正因为这样,克里尚尼奇还在拉丁语学校时就尽量不遗忘斯拉夫本族语言，勤奋地学习它，以便善于辞令，他为把斯拉夫语的杂质和地域上语言的不规范加以净化而忙忙碌碌。他想这样地改造斯拉夫语，使所有斯拉夫人都能懂得它。为此，他打算并编写文法、字典和语言规则。他还有另一个大胆设想：需要某个政治中心使全部分散的斯拉夫各族人民联合起来，而当时不存在这样的中心，它还没有显露出来，它还没有成为历史事实，它甚至对一些人来说还不是一种政治向往，而对另一些人来说也还没有成为吓人的东西，像后来那样。而克里尚尼奇则敏锐地看透了这个闷葫芦。他是克罗地亚人、天主教徒。他没有在维也纳，没有在布拉格，甚至也没有在华沙寻找这个未来的斯拉夫中心，而是在信仰东正教、按欧洲的看法是鞑靼的莫斯科寻找这个中心。在17世纪，人们对此可能感到可笑，而在如今，人们可能露出笑容；但是，在那时和现今之间，曾有对此很难估计的因素。克里尚尼奇还把作为斯拉夫各族人民未来中心的俄罗斯称作自己的第二祖国，尽管他并没有第一祖国，只有诞生地土耳其。很难说清他是怎样设想这一中心的，是由于这位兴奋的爱国者—狂热者的鉴别力，还是出于政治家的考虑。无论[10]如何，他并未留在罗马，在那里，主教会议要他同希腊异端论战，可是他在1659年擅自去了莫斯科。在此地，毋庸置疑，这位罗马使徒的企图被抛弃了：必需隐瞒自己天主教神甫的身份，否则他不可能获准到莫斯科，他只是作为"塞尔维亚出生的尤里·伊凡诺维奇"和其他外国人一起来为君主效劳的。为了使自己在莫斯科建立牢靠的服役地位，他为沙皇提供各种不同的服务：自告奋勇当莫斯科和全斯拉夫的政论家、沙皇的图书管理人，以沙皇的史学家—编年史编纂者的名义撰写真实的莫斯科国家和全部斯拉夫人的历史。可是他从事他心爱的斯拉夫语法和辞典工作所获薪水每天起初只值我们今天货币的一个半卢布，以后是三个卢布。他到莫斯科原来是想在那里推进斯拉夫各族人民在语言和文学方面的联合事业。他自己认为，带着有关全斯拉夫语的想法的他，除了在莫斯科，在哪里也不能安身，因为他从小就全心全意地献身于一个事业，即改正"我们被歪曲的、（更准确一些说）被糟蹋的语言，使之美化自己和全民族的意识"。他在一篇著作中写道："我被人称作漂泊者、流浪汉；这不公正：我来到了我族的沙皇处，来到了自己的人民处，来到了自己的祖国，来到了我的工作唯一能够运用和带来益处的国家，在这里，我的工作有价值，并且可以出售我的商品——我的意思是指字典、文法书和译本。"可是过了一年，不知什么缘故，他被流放到了托博尔斯克，他在那里待了十五年。流放反而提高了他从事文学学术著作的效率：他有足够的生活费用，在托博尔斯克，他有完全的闲暇，他甚至感到苦恼，抱怨没有给他做任何工作，他吃得饱饱的，好像准备屠宰的牲畜那样。他在西伯利亚撰写了许多著作，在那里孜孜不倦地写出了自己的斯拉夫文法书，据他说，对此他思考并工作了二十二年。沙皇费奥多尔把尤里召回莫斯科，在那里，他请求允许他回"本土"，那时他已不再隐瞒他的宗教信仰和天主教神甫的教职，即"剪短发的教士"，正如莫斯科对这个词的解释那样。1677年他离开了上述的自己的祖国。

克里尚尼奇论俄国 上述克里尚尼奇的生活状况很有一些意思，说明了形成他对俄国的见解的那个观点的一斑，他对俄国的见解我们从他在西伯利亚写的那部内容非常广泛的著作《政治思想》，或者说是《关于掌权的议论》，即《论政治》中可以读到。[10] 这一著作由三部分组成：在第一部分中著者议论了国家的经济手段；在第二部分中论军事手段；在第三部分中论聪明才智，即宗教手段，他把各种完全不同性质的事物，主要是政治性质的事物都归入宗教手段。因此，这一内容广泛的著作具有政治、经济论文的形式，其中显示了著者对古代和近代文献所具有的广泛而多方面的知识，甚至对俄罗斯文献的某些知识。对我们而论，书中最重要的是，著者到处把西欧国家的状况同莫斯科国家的秩序作比较，在这方面首次把俄国置于同西欧面对面的地位。我来叙述克里尚尼奇在书中表达的主要见解。这一著作为草稿，有时用拉丁文，有时用某种特殊的、他杜撰的斯拉夫语写成，还有修订、增补和断断续续的标记。克里尚尼奇[11]坚信俄国和斯拉夫各族人民的未来：因民族此盛彼衰而出现的智慧的世界性连续耕耘中，在科学和艺术从一个民族过渡到另一个民族的过程中，它们站在最近的序列，这种思想接近于后来莱布尼茨和彼得大帝所表达的有关科学更替的说法。克里尚尼奇写道，在描写其他民族的文化成就时，还没有人谈及我们斯拉夫人，仿佛我们遭某种天降的厄运，不准通向科学的道路。而我认为，正是现在，我们的民族应该学习的时候来到了；现在上帝在罗斯提高了斯拉夫王国的地位，按实力和光荣而论，在我们民族中是空前的；而这样的王国往往是教化的发祥地。"Алдаи нам треба учиться, яко под честитым царя Алексея Михайловича владанием мочь хочем древния дивячиныплесень отерть, уметелей ся научить, похвальней обшенияначин прияти и блаженеего стана дочекать." 这就是克里尚尼奇孜孜不倦地关心的全斯拉夫人语的范例。他这段话的意思是，可见我们也应该学习，为的是在莫斯科沙皇的统治下，从自身擦去根深蒂固的蛮性的霉层，应当学习科学，为的是开始在更有礼貌的共同生活中生活，并达到更美满的境地。可是有两种使全斯拉夫人受苦的灾祸或者溃疡阻碍着这种情况的到来："崇拜洋鬼子"即对所有外来事物的极端迷恋，这是著者对这个字眼的解释，而这一恶习的后果是"外国统治"即外国桎梏加在斯拉夫人的头上。克里尚尼奇每次都用这样气愤的调子提到这些灾祸,而在他的想象中不惜用最使人反感的形式和色彩,以便公正地描绘使人深恶痛绝的奴役者,尤其是德意志人。他写道:"在光天化日之下,没有哪个民族像斯拉夫人那样,自古以来就如此地受外国人、德意志人的欺侮[11]和羞辱;大量的外国人把我们淹没了;他们愚弄我们,欺骗我们,更有甚者,把我们当作牲畜那样,坐在我们脊梁上,骑在我们身上走,骂我们是猪,是狗,他们自以为是上帝,把我们当作傻瓜。他们以骇人听闻的税收和压迫,从俄罗斯人的眼泪、汗水、不自由的岗位上,什么没有榨取呢;外国人、希腊商人、德意志商人和军官,克里木匪徒把一切都吞没了。所有这一切都是由于崇拜洋鬼子:我们对一切外国东西都感到惊奇,我们夸耀它们,对其大加赞赏,但是蔑视自家的生活。"克里尚尼奇在整整一章中历数了斯拉夫人从外国人那里忍受的民族的"耻辱和委屈"。俄罗斯注定要使斯拉夫人摆脱它自己已受够的祸害。克里尚尼奇以这些话来恳求沙皇阿历克谢:"至尊无上的沙皇,命运注定陛下去从事斯拉夫各族人民的事业;沙皇,你是上帝赐给我们的,让你帮助多瑙河以南的人、捷克人和波兰人,以便使他们认识到自己受着外国人的压迫,认识自己的耻辱,并开始摆脱德意志人架在脖子上的束缚。"但是当克里尚尼奇在俄国看清全斯拉夫人的救世主们的生活时,他对他们自身的混乱和恶习十分惊奇。他最反对俄罗斯人的自命不凡、他们对自己习俗的偏袒,他尤其反对他们的无知[12];这是俄罗斯民族经济不富裕的主要原因。同西方国家相比,俄国是个穷国,因为教育远比它们落后。克里尚尼奇写道,在那里[13],即在西方,各民族机智聪明、思维敏捷,那里有许多有关农业和其他行业的书籍;那里有港湾,广泛的海上贸易,农业和手工业都很繁荣。在俄国,这些全都没有。就贸易而论,它在各方面都被封锁了,或者是被不方便的海、荒漠,或者是被野蛮民族；它国内很少商业城市，没有值钱的、必需的产品。这里人民智力迟钝，并且守旧，不会经商、不会耕种、不会搞家务；在这里，如果不给指点的话，人们自己什么也想不出；懒惰、不善经营，如果不用强制手段迫使他们去干的话，他们自己什么好事都不想做；他们没有谈论农耕的书籍，也没有谈论其他各业的书籍；商人们甚至没有学过算术，而外国人总是无情地欺骗他们[13]。我们不知道历史、古时的事，我们不能进行任何政治交谈，因此外国人鄙视我们。同样的懒于动脑筋在衣服的难看式样、在外貌、在家庭日常生活、在我们所有的习俗中都表现了出来：蓬头散发、满面胡须使俄国人令人厌恶、可笑，有点像住在森林中的人。外国人指责我们不整洁，说我们把钱衔在嘴里，不刷碗碟；农夫把盛满酒的酒杯递给客人时，"两个指头浸在里面"。外国报纸上写道：如果俄国商人顺便去店铺，他们走后一个钟头，由于臭味，别人无法进入店铺。我们的住房不舒适，窗子很低，小木屋没有通风口，人们因受烟熏而失明。克里尚尼奇指出俄国社会许许多多习俗方面的缺点：酗酒、缺乏朝气、缺乏高尚的自豪感和奋发图强的精神、缺乏个人尊严和民族自尊心。土耳其人和鞑靼人在作战时即使逃跑，也不让自己白白被打死，要保卫自己直到最后一息，而我们的"武夫"如果逃跑，那就头也不回地跑——打他们，就像打死人一样。我们伟大民族的坏事——统治漫无节制：我们不能保持任何措施，以折中方式行事，在边陲地带所做的一切，迷失于徒劳之中。我们在一个国家的统治完全松散、一意孤行、毫无秩序，而在另一个国家则过分强硬、严厉和残酷；在世界上，没有哪个国家像波兰那样毫无秩序和松散，也没有一个国家像光荣的俄罗斯国那样有如此严酷的统治。克里尚尼奇对这些缺点痛心疾首，[14*]准备承认土耳其人和鞑靼人比俄罗斯人优越，他建议俄罗斯向他们学习戒酒、公正、勇敢、甚至知道廉耻之心。显然，克里尚尼奇没有对俄国社会的溃疡视而不见，相反，他甚至夸大了所见到的缺点。可见，克里尚尼奇作为斯拉夫人，也不善于掌握一定尺度，不会直接地和简单地观察事物。但是克里尚尼奇不仅哭诉，而且思考，提出治疗他所哭诉的疾病的方法。他拟制的这些方法汇成一整套改革纲领。这一纲领对我们而论，远比17世纪访问莫斯科的斯拉夫人可能有的无谓考虑重要得多。他提出了四个改正的方法：（一）教育、科学、书籍——它们虽是死的，但却是聪明的和实实在在的顾问；（二）政府的规定，从上面来的行动（克里尚尼奇相信专制制度，他说，在俄国是完全的"专制统治"，沙皇发出诏令什么都能改正，一切好事都办得成，这在其他国家是不可能的。克里尚尼奇对沙皇阿历克谢说，"陛下，沙皇，你手中握着摩西创造奇迹的权杖，可以创造惊人的奇迹：完全的专制制度掌握在陛下手中"。[14a]克里尚尼奇对此寄予极大希望，尽管他建议以相当奇特的方法把它付诸实施：如商人不懂算术，在商人没有学会以前，用敕令禁止其开设店铺）；（三）政治自由（在专制统治下，施政不应残暴，不应以难于承受的苛捐杂税和索贿来加重人民的负担，对此克里尚尼奇称之为"嗜血行为"；为此必须设一定的"自由居民区"、给予政治权利、实行等级自治；应给商人选举自己首脑和等级法庭的权利，应将手艺人联合为行会，应给从事采掘渔猎等各行业的人为自己的需要向政府提出申请的权利，和为捍卫自己免受地方当局欺凌而向政府提出申请的权利，保障农民劳动的自由。克里尚尼奇认为有节制的自由居民区是约束统治者产生"不良欲望"的缰绳，是臣民能够抵制衙门恶习的唯一盾牌，并可能在国内捍卫真理；在没有自由居民区的地方，不管是禁止还是处决，都不能制约统治者、"杜马成员"以及他们的"嗜血的杜马"）；（四）普及技术教育（为此，国家应有力地干预人民的经济,在所有城市成立技术学校,甚至颁布敕令设置工艺女校和经济女校,而新郎有责任询问新娘,证明她在女师傅——女老师那里学了什么,命奴仆学手艺,要求学特殊的技术知识,把论工商业的德语书籍译成俄语,从国外聘请外国德意志行家和资本家,请他们教俄国人工艺和商业)。所有这些措施应导致加强对国家自然资源的强制开发,并广泛普及新的生产,尤其是金属生产。

尤里·克里尚尼奇的纲领就是这样。看来这一纲领异常复杂,而且没有摆脱其内在的紊乱。克里尚尼奇把自己的计划搞得相当矛盾,至少是模糊不清的。很难理解,他怎样能使他所建议的改正俄国社会缺点的方法彼此协调。例如,在巩固专制统治的政府规定和社会自治之间的界限在哪里;或者,如在翻译论手工艺的德语书籍和聘请德意志行家时,他怎样才能摆脱骑在斯拉夫人脖子上的德意志人;又如他的"逐客",即驱逐外国人同他承认不能没有外国行家一事如何协调一致。可是,在读克里尚尼奇的改革纲领时,你禁不住要大声喊出,这是彼得大帝的纲领,甚至连同其缺点和矛盾,连同其对敕令的创造力的田园诗般的信心,该敕令认为通过翻译有关商业的书籍或通过把那些未学算术的商人的店铺暂时关闭,可以普及教育和商业[14*]。可是[15*]正因为这些矛盾和这些相似性,才使人对克里尚尼奇的意见特别感兴趣。他是独特的观察俄国生活的外来者,他和许多偶然来到莫斯科并写下自己在那里所获印象的人不同。那些人观察这一生活现象,把它当作不开化民族的可笑的古怪行为,只是为了引起人们消磨时间的好奇而已——再也没有别的东西了。而克里尚尼奇在俄国,既是外国人,又是自己人:按出生和教育是外国人,按民族同情和政治期望则是自己人。他来俄国,不仅观察,而且布道,宣传全斯拉夫思想,并号召为此而斗争。这一目的在拉丁文写的题辞《议论》中表达了出来:"保卫人民！我想排斥所有的外国人,唤起所有第聂伯河人、波兰人、立陶宛人、塞尔维亚人、斯拉夫人中所有英勇的男子汉和愿意同心协力同我并肩斗争的人"[15a]。应该计算一下斗争中冲突各方的力量,并按对手的样子改正自己方面的缺点,窥视并从对手那里借鉴胜过我们的东西。这就是克里尚尼奇所爱用的方法:他经常比较和设计,将斯拉夫人和敌视它的西方的同类现象加以对比,建议保持自己原来的一些东西,而有的东西他则按西方方式改正。由此可以看到他的不合理处:这是被观察的生活中的矛盾,并非观察者的错误:势必借鉴外国,向敌人学习。他在寻找俄国生活中比外国人生活中更好的东西,并乐于指出这一点,在保卫这种生活不受外国人的诽谤和指责。但他既不愿迷惑自己,也不愿迷惑别人:他等待从专制制度获得奇迹；但是对严酷的莫斯科统治机构对人民的习俗、福利和对外关系的破坏行为,还没有哪一个抱有成见的外国人能像《议论》中论及莫斯科嗜血行为那一章写得那么鲜明。他并非崇拜一切权力,他想,如果询问所有君主,那么许多人都不可能说明他们为什么生活在世上。他之重视权力,在于重视可以作为文化手段的权力思想,他并且神秘地相信自己的摩西的莫斯科权杖,尽管大概他也听到过伊凡雷帝的可怕的手杖和沙皇米哈伊尔因患腿病而拄的拐杖。克里尚尼奇用比较法研究所观察的总的结果远非对他有利:他承认外国人的智力、知识、风尚、完善的设施,所有外国人的一切习俗都有决定性的优势。但他提出了问题:我们,俄罗斯人和斯拉夫人在其他民族中究竟占有什么样的地位,以及在世界舞台上起什么样的历史作用？我们的民族处在"人们"——文明民族和东方野蛮人之间,处在这些和那些人中,应成为怎样的中间人。克里尚尼奇的思想从吹毛求疵的观察和周详的方案上升到广泛的综合:他认为斯

254 拉夫俄罗斯的东方同异族的西方是两个独特的世界,两个非常不同的文化类型。载入他论文中的谈话之一,相当机智地把斯拉夫人、主要是俄罗斯人的突出特点同西方各民族作了比较。那些人[1]面貌美好,因而粗鲁和骄傲,因为美貌产生粗鲁和骄傲;我们既非那种人,也非这种人,我们是中间面貌的人。我们拙于言辞,不会阐明见解;而他们则能说会道,说话有胆量,开口骂人,"大喊大叫",讽刺别人。我们在理智方面因循守旧,并且心地单纯;他们则能够干任何狡猾的事。我们不省吃俭用,而是好挥霍,没有收支预算,徒劳无益地乱花自己的财产;他们则吝啬,贪婪,日思夜想怎样能更多地填满自己的口袋。我们对工作和科学都懒惰;他们勤快,不错过一个能挣到钱的钟点。我们是贫瘠土地的居民;他们则出自富裕、阔绰的国家,用他们本国诱人的产品抓住我们,正如猎人猎取野兽那样。我们说得简单,想得简单,行动也简单,吵架并言归于好;他们则含蓄,虚伪,记仇,至死也不忘记不愉快的话,一旦吵架,永远也不言归于好,无时无刻都想寻找报复的机会[15⁶]。

不可不承认克里尚尼奇在我国历史史料中的独特的,但是特殊的地位:在百年以上的时间里,在我国文献中还未见过类似他所讲的观察结果和议论。克里尚尼奇的观察为描绘17世纪俄罗斯生活提供了研究的新色彩,而他的意见来自他研究中对印象的核实[15*]。

无论是尼康的信函,还是科托希欣和克里尚尼奇的文章,在当时都没有受到注意。直到上个世纪40年代,科托希欣的著作在乌普萨尔大学图书馆被一位俄罗斯教授发现时,还不曾有人读过它。克里尚尼奇的书保存"在上层",在沙皇阿历克谢和费奥多尔的宫中;该书的抄本则保存在拥护索菲娅公主的有权势的梅德维杰夫和

---

1 指西方人。——译者

瓦·戈利琴公爵处；看来在费奥多尔沙皇时曾把它收集起来，甚至刊印了。克里尚尼奇的思想和观察能够充实那时在莫斯科政府智囊中出现的改革思想。但是不能否认我所谈过的 17 世纪的这些人物的意见的重要性，因为他们是当时俄国社会情绪的标志。这种情绪的最尖锐的音调是对自己地位的不满。作为观察者的克里尚尼奇尤为重要，他非常痛心地描述了在他心目中是全斯拉夫世界强大支柱的国家中，他不希望会遇到的不愉快现象。这种不满是 17 世纪俄国生活的重要转折时刻：伴随它而来的是组成俄国以后历史重要内容的数不清的后果。其中最近的是西欧开始对俄国发生影响。我将使你们注意这种现象的产生及其最初表现。

第五十三讲

西方影响——其开始——它何以在17世纪开始?——两种外来影响的相遇和其不同之处——俄国社会思想生活中的两种倾向——西方影响的渐进过程——外国制团队——工厂——关于船队的打算——关于国民经济的思想——德意志人的新居留地——欧洲的舒适——剧院——关于科学知识的思想——其最早的传播者——基辅学者在莫斯科的著作——学校教育的萌芽——家庭教育——西·波洛茨基

现在来论述[1]西方影响在俄国的开始,必须先较准确地给"影响"的概念本身下一个定义。而以前,在15—16世纪,俄国已知道西欧,跟西欧有外交的和商业的关系,借鉴了它教育的成果,聘请了西欧的艺术家、行家、医生和军事人员。这是交往而非影响。影响的到来则要到社会领会它,开始认识到环境的或有影响的文化的优越性和必须向它学习之时;以及在精神上从属于它,不仅从它那里借鉴日常生活的舒适,而且借用日常生活秩序的基础本身,借用观点、习俗和社会关系之时。我国西欧关系中的这些征兆是在17世纪才出现的。我就是从这样的意义上来谈从这时起西方影响的开始的[1]。

西方影响的开始　这里我们转向在我国历史上持续至今的思潮的起源。这种影响——精神—道德的从属——何以没在16世纪开始?它的由来是对自己生活、自己地位的不满,而这种不满是由于新王朝建立的莫斯科政府陷入了困境和它在全社会和各阶级中造成的大大小小的沉重负担所引起的。困难在于在现存制度所能提供的国内现有资源的情况下，无法应付国家的迫切需求，也就是说，困难在于要认识到重新改造这一制度的必要性，使它能提供国家所缺乏的资金。这类困难并非以前从未经历过的新鲜事；现在莫斯科社会也不是首次感到必须做类似的改组。但是过去它还没有导致现在发生的情况。从15世纪中叶起，莫斯科政府在统一了大俄罗斯以后，越来越感到不可能借助于旧的封邑方式以应付由这种统一所提出的新任务。于是它就稍微摧毁一些封建秩序，着手建设新的国家秩序。它并未获得外国帮助，而是按自己的理解，从国民生活所提供的材料，按以往的经验和指示来建立这一新秩序。它仍一如既往地相信尚未利用的这些本国遗训能够成为新秩序的牢固基础。因此这一重建工作只是巩固了本国古制的威信，支持了建设者心中的本族力量的意识，哺育了民族自尊心。16世纪时，在俄罗斯社会中已形成了这样的观点：莫斯科是俄罗斯领土的统一者，是整个东正教东方的中心和支柱。现在则完全是另一回事：在寻找出现存制度的全部无能和改正它的尝试又失败之后，人们就产生了有关这一秩序本身基础不佳的思想，许多人认为，民族和本国见解的创造力的源泉已经枯竭，古制对现今没有有益的经验教训，因为再也不会从它那里学到什么，再也不必抱住它不放。于是在思想上开始了深刻的转折：在莫斯科政府圈子内和社会上出现了满腹怀疑的人们，古制是否传下足够获得进一步平安无事生存的全部方法？他们失去了原先的民族自我陶醉心理，并开始环顾四方，从外国人那里寻找经验，日益相信西方的优越性，自己本身的落后性。因此，对本国古制和人民力量的信念下降了，以致灰心丧气，对自己的力量失去信心，因而给外国影响敞开了大门。

何以始自 17 世纪　很难[2]说何以在 16 和 17 世纪之际,这一现象的进程发生了这种差别,何以在过去我们没有注意到自己的落后性和不能重复自己近祖的创业经验:17 世纪的俄罗斯人为什么比自己的祖先——16 世纪的人们神经脆弱,精神力量贫乏,或许是父辈的宗教—道德自信损害了孩子们的精神力量? 很清楚,区别在于我们同西欧世界的关系发生了变化。那里,在 16 和 17 世纪,在封建秩序的废墟上建立了中央集权的大国;与此同时,人民的劳动也摆脱了封建土地经济的狭窄范围,而过去的人民被紧紧地束缚在土地上。由于地理大发现和技术发明,为人们的活动展开了广阔的视野,人们开始在新的活动范围内努力工作,而且是利用新的城市资本或工商业资本,这种资本成功地同封建的、地主所有制的资本竞争。这两种事实,政治上的中央集权和城市的资产阶级工业化,给自己带来相当的成就:一方面,发展了行政、财政和军事技术,建立了常备军,实行了新的税收措施,发展了国民和国家经济的理论;而另一方面——在发展经济技术、建立商船队,发展工厂工业,安排商业销售和信贷等方面获得了成就。但所有这些成就,俄国却没有出力,它把力量和资源耗费在外部防御、供奉宫廷、政府、特权阶级身上(包括神职人员在内),而为国民的经济和精神发展则什么也不做,什么也不能做[2]。因此,它在 17 世纪远比 16 世纪初大大落后于西方。所以,西方的影响是从民族无能为力的感觉中产生的,这种感觉的由来是在战争中、在外事交往中、在商业交换中日益明显地暴露出的在西欧面前我们自身物质和精神财富的贫乏,而这一切又导致对自身落后的认识。

它对希腊影响的态度　渗入俄国的西方影响在此遇到另一个直到那时在俄国占主导地位的东方,即希腊,或拜占庭的影响。在这两种影响之间,可以看到本质的不同。我现在将它们进行对比,以便看到其中之一给俄国留下了什么，另一种，它随身带来了什么。希腊影响是由教会带来并推行的，导向宗教—道德目的。西方影响则由国家引入，最初是为满足它的物质需要，但在这一范围内它没有像希腊影响在其范围内那样地站得稳。拜占庭影响远没有包括俄罗斯的全部生活：它只领导了人民的宗教—道德生活，提供了装饰品和支持了本地国家政权，但对国家体制的指示不多，它带进了民法的一些准则，即家庭关系，但这种影响在日常生活方面反映不多，对国民经济则更少；它规定了节日兴致和消遣，而且只是到礼拜结束，但很少扩大正面知识的储备，没有在人民日常习俗和概念上留下明显的痕迹，给独特的民族创造力或不文明的无知在各方面提供自由发展的可能。这种影响虽然没有涉及所有的人，没有消除当地的民族特性和独特风格，但它把整个社会从上到下包括在自己的范围之内，以同样的力量渗入其所有阶级；它也把这样的精神完整性传给了古罗斯社会。相反，西方影响逐渐渗入到生活的所有方面，改变着观念和关系，同样有力地强调国家秩序、社会和日常生活，它引入新的政治思想、公民要求、公共生活方式和新知识领域，改变着衣着、风俗习惯和信仰，更易着外表和调整着俄罗斯人的精神气质。可是它在抓住所有的人时，它抓住的只是个人和单个的公民，它还未抓住整个社会，至少，直到现在是如此：它用这种席卷一切的力量只是影响了我们社会上层的薄薄的、永不稳定的和忐忑不安的阶层。于是希腊影响成了教会的，西方影响成了国家的。希腊影响抓住了整个社会，但没有抓住所有的人；而西方影响则抓住了所有的人，但未抓住整个社会。

两种思潮 俄国社会精神生活的两种思潮，对我国民族文化状况的两种观点，在这两种影响的相遇和斗争中产生了。两种思潮在发展和复杂化，在改变色调、称谓和行动方式时，在俄国历史上出现了两股平行的潮流。它们有时隐藏在某处,有时又涌现出来,正如在砂砾荒漠中的河道,它们最能使由愚昧无知、艰难和空无内容的国家活动所造成的枯萎的社会生活活跃起来,这种国家活动令人非常难受地延续到 19 世纪中叶,虽然也有某些光明的瞬间。两种思潮最初在 17 世纪下半期在有关圣餐存在的时间以及与之紧密相关的有关学习希腊语和拉丁语的比较效用的争论中显示出来,因此这两种思潮的信徒可以被称作希腊文化爱好者和拉丁文化爱好者。在 18 世纪下半期,法国启蒙派著作在彼得改革的意义、民族独特发展等问题上使俄国社会产生了纷争。民族主义者—独特发展派自称为爱俄罗斯者,而用诨名来斥责对手为俄国的半法国人、法国狂、自由思想者,尤其称他们为伏尔泰派。70 年前[3]一种观点的信徒获得了西方派的称谓,另一种观点的支持者被称作斯拉夫派。在两种观点发展的最后阶段,可以这样说明它们的实质。西方派教导说:按自己的文化基础而论,我们是欧洲人,只是在自己的历史年岁方面则属于小辈,所以应该按我们的文化老大哥,即西方的欧洲人所走过的道路前进,吸收他们的文化成果。是吗?但斯拉夫派表示反对,他们说,我们是欧洲人,但也是东方人,我们有自己生活的天生的原则,它责成我们以自己的努力去完善生活,不拴在西欧身上。俄国不是学生,也不是卫星,甚至也不是欧洲的竞争者:它是欧洲的后继者。俄国和欧洲——这是紧密相连的世界性的历史因素,是人类文化发展的两个连续相继的阶段。布满了纪念碑——我容许自己略为拙劣地摹仿斯拉夫派通常稍微提高的腔调——布满了纪念碑,西欧是广阔墓地,在壮丽的大理石纪念碑下躺着以往的伟大逝者;而森林和草原的俄国是一个不整洁的木制摇床,世界的未来在其中不安静地乱动着和无助地叫喊着。欧洲在衰亡,俄国刚开始生活,由于它不得不生活在欧洲之后,它应该善于在没有欧洲的情况下生活,以自己的智慧、自己的原则,以未来去代替欧洲生活的衰亡原则,以便用新的光线照亮世界。可见,我们的历史青春使我们不是仿效,不是借用外国文化的果实,而是用隐藏于我国人民精神深处的、还没有被人类损耗的历史生活本身的原则去从事独立的工作。因此,两种观点不仅不同地观察俄国在欧洲的历史地位,而且给它指出了历史运动的不同道路。评价这些观点,分析俄国负有怎样的历史使命,它是否能成为东方的光明或者只是西方的影子,现在为时还早。我们可以顺便指出两种思潮各自的诱人特征:西方派以有条不紊的思想、爱好认真研究、尊重科学知识著称;而斯拉夫派之博得同情好感是由于其思想的广阔豪放,对人民力量生气勃勃的信念,以及那种抒情辩证法的特征,这种特征是如此亲切可爱地掩盖在他们的逻辑失策和博学的破绽之中。我已彻底有条理地叙述了两种观点,它们被上个世纪以前和上个世纪的各种本国和外国因素弄得很复杂。我的任务是指出它们萌芽的时间和它们最初的简单外貌。把它们推给彼得的改革是徒劳的:它们是在17世纪人们——即经历了动乱的人们——的头脑中产生的。书隶伊凡·季莫费耶夫在米哈伊尔统治之初撰写的年鉴(从伊凡雷帝统治时期开始),即有关他那个时代的札记中,也许已经看到这些思潮的萌芽。他是很有头脑的观察者:他有思想,有原则。在政治上他是保守者:他把自己时代的不幸解释为背叛了古制,破坏了古代的法规,由此俄罗斯人便开始像车轮那样旋转;他沉痛地抱怨在俄国社会中没有英勇的堡垒,俄国社会不能齐心协力反击任何专横的或非法的新秩序。俄罗斯人彼此不信任,每个人把背对着别人:有的向东方看,其他人则向西方看。而且他用他那奇怪的语言说:"我们彼此以友好的同盟保持着距离,我们背对着背——一些人瞧着东方,一些人瞧着西方"[4]。这是什么,确当的表达还是准确的观察——我无法说；总之，在17世纪20年代当季莫费耶夫写作时，西方主义[5]在我们这里更多的是个别怪人的狂妄行为，如赫沃斯季宁公爵那样，而并非深思熟虑的社会运动。在任何社会中经常会出现敏感的人，他们比别人更早地开始想和做所有的人后来才想和做的事[5]，犹如过分敏感的颖悟者，他们预感到天气的变化，比健康的人注意变化的来到为早。

影响的渐进性 现在我们来认识认识西方影响的最早表现。这种影响，从它使政府感觉到和接触到的程度来看，它是相当渐进地发展起来的，它逐渐扩大了自己的活动范围。这种渐进性对政府而论与其说是出自愿望，不如说是出自必要性，以便适应被推到影响方面的国家的需要，以及因此要放弃的人民心理和本身的因循习惯。政府开始要求外国人协助首先满足自己最迫切的物质需要，即令人痛感落后的涉及国防和军事的需要。它从国外勉强获得了军事上、以后还有其他技术上的改进，可是它不深谋远虑，不去探询自己的创举会有什么后果，西欧智慧是用怎样的努力才达到了这样的技术成就，以及这些努力会导向对世界观和生活目的的什么观点[6]。需要大炮、枪支、机器、船舶和工艺。在莫斯科，人们认定所有这些事物对心灵的拯救都无危险，而且甚至认为学习所有这些技巧在道德关系上是无害的，没有问题的：因为教会规章容许在需要的情况下，可以脱离教规所规定的日常生活的细节。可是在最高的、主宰生命意义的感情、观念和信仰的神圣领域，对外来影响则寸步不让。

外国制团队 17世纪俄国军队的这一审慎让步应归功于重要的新措施，即获得最初成就的俄国加工工业。俄国贵族骑兵民兵在迎战西方训练有素的步兵和装备火器的正规步兵时的无能为力，不止一次地被惨痛的经验所证实。早在16世纪末，莫斯科政府开始用西方的兵员补充自己的队伍。最初想直接利用西方的战斗技术，雇用外国队伍和从国外订购作战炮弹。从米哈伊尔统治之初，政府把本国队伍和雇佣军一起派去征战，由雇佣军中一个外来的英国公爵阿斯东统率军队。后来考虑到仿效外国人的作战制度比简单地雇他们为好，就开始让俄国军人向外国军官学习，建立了自己的按规章组建和有训练的团队。俄国军队向正规军的这一艰难过渡大概是在1630年，即第二次对波兰开战之前。俄国以战败者的审慎态度长期地忙碌地准备了这次战争。来莫斯科服役的志愿者在西方很充分：在直接或间接卷入三十年战争的国家中有不少军人在游荡，为长剑寻找工作。人们在那里已经获悉，莫斯科和波兰的停战（杰乌里诺）即将结束——要开战了。1631年，雇佣军团长列斯里承办在瑞典雇佣5 000名志愿步兵的队伍，并为他们购买武器，还为荷兰科厄特在莫斯科建立的新炮厂暗中同德意志工匠接洽。另一个承办人凡达姆着手在其他国家雇佣1 760名壮健和有专门训练的士兵团队，又请来了德意志炮匠和有经验的教官以训练俄国服役人员战术。莫斯科学习外国军事技术的代价不低：为发展装备和每年维持凡达姆团队的费用达到我们现今货币150万卢布；雇佣的步兵团指挥列斯里，按合同每年薪金不少于我们现今货币的2.2万卢布。最后，1632年，3.2万军队连同158门大炮开到了斯摩棱斯克。这支队伍中包括按外国制度建立的6个步兵团，由雇佣军团长统率。在这些团队里有雇佣的德意志人1 500余人，按外国建制的俄国士兵1.3万人。当时的俄国年代纪惊奇地指出，在俄国军队中，从来没有那么多用火器装备，"用火器作战"的步兵，而这些正是按步兵制度和战斗训练出来的俄国步兵。在斯摩棱斯克战役前所有这些准备的失败并未影响军队的重新组织，下一步的进程我们已经知悉。为了巩固这种新组织，早在沙皇米哈伊尔时已经拟定了按外国制度训练士兵的章程,该章程在1647年阿历克谢沙皇时已经刊印,标题为步兵士兵作战结构的训练和技巧[8]。

工厂 实行军队的半正规化本身刺激了装备军队的方法问题。大炮和炮弹都是从国外订购的。1632年战争以前,指挥官列斯里受命在瑞士购买一万枝火枪,连同火药和五千柄长剑,而在战争期间又从荷兰购买了几万普特火药和铁弹,付了大笔关税。这既昂贵又费事,于是开始想制造自己的武器。武器工厂的需要迫使国家注意矿物资源。我们在土拉和乌斯丘日纳郊区用当地矿石锻炼熟铁;这种熟铁在家庭的熔炉中制成钉子和其他家庭生活用品;在土拉甚至铸炮和火枪,即枪。但所有这些都不能满足军事部门的需求,于是从瑞典购买了成千上万普特熟铁。为兴办更大规模的冶金业,必需求助外国的知识和资本。于是又开始加紧寻找各种矿藏,并从外国聘请矿山工程师、"采矿员"和工匠。早在1626年,就已准许英国工程师布里麦尔自由来到俄国,此人"以自己的技艺和智慧知道并能找到金、银、铜和宝石,并且知悉这些矿藏在哪里"。借助于聘来的专家,在索利卡姆斯克、北德维纳、美晋、卡宁角、尤格拉海峡,佩乔拉以东,科斯瓦河附近,甚至在叶尼塞斯克,进行了勘察远征。1634年,派人去萨克森和布拉乌什维格雇佣炼铜工匠,要他们答应"为莫斯科国搞到很多的铜",意思是他们应能找到丰富的铜矿。于是既找到了工厂主,也找到了外国资本家。1632年,在同波兰开战前夕,荷兰商人安德烈·维尼乌斯及其伙伴获得了在土拉附近建设工厂冶炼生铁和熟铁的租让合同,但应承担义务为官方准备比较廉价的炮、炮弹、枪炮筒和各种熟铁。土拉的武器工厂就是这样兴起的,后来收为官办。为了保证他们有工人,把整个属宫廷管辖的乡拨给了工厂:工厂农民阶级就是这样开始的。1644年,给另一个汉堡商人马尔赛利斯为首的外国公司二十年的租让权,沿瓦加、科斯特罗马、舍克斯纳等河和其他地方,以同样的条件建立了制铁工厂[9]。在莫斯科,早在米哈伊尔沙皇时期,已在涅格林纳亚河附近的波甘内池塘建立了工厂,其中的外国工匠铸造了大量的炮和钟,俄罗斯人在这里相当熟练地学会了铸造技能。工厂主必须教会交给他们学艺的俄罗斯人一切工厂事务,不能对他们隐瞒任何技艺。建铁厂的同时,还兴建了钾碱工厂、玻璃工厂及其他工厂。在聘请冶矿行家之后,政府又从外国请来了造炮、织丝绒、制金银线、制钟表以及"水力卡齿"等行家,还请来了石匠、铸造匠、画匠。很难说当时莫斯科没有聘请哪些行家,并给所有的人提出的条件是:"我们国家的人要学会那种手艺。"甚至需要西欧的学者:莱比锡大学硕士亚当·奥列阿利作为霍尔斯坦大使馆的秘书,曾数次来到莫斯科,他对莫斯科国有出色的描写。在1639年他得到的来为沙皇服务的邀请信的措辞是:"朕,伟大的君主,知道发生的事情。汝对星相术、地理学、天体运行和土地测量以及其他许多有用的工艺和复杂的东西都学得很好,很有经验,而朕就需要这样的行家。"[10]反对的意见在莫斯科传开了,说很快会有一个巫师到来,他按星象能知道未来。于是奥列阿利回绝了沙皇的邀请。

关于船队的打算 在[11*]西方,人们和国家因广阔的海上贸易而致富,贸易是由无数商船来进行的。关于船队、港口和海上贸易的想法在17世纪中叶开始引起政府的强烈兴趣:考虑雇佣荷兰造船木工和能够驾驶海船的人;我们前面提到过的商人维尼乌斯建议为里海建造手划船队。1669年,在奥卡河上的科洛姆纳县,杰季诺沃村,为里海建造了一只海船奥勒尔,为此从荷兰请来了造船专家[11a]。海船连同一些小船计花费了9 000卢布,等于现今我们的12.5万卢布。船在阿斯特拉罕下水;但是众所周知,俄国舰队的第一艘船只在1670年被拉辛烧毁了。在莫斯科国,在白海边的阿尔汉格尔斯克,在科拉河口摩尔曼都建了港口,可是它们离莫斯科和西欧市场都不免太远了;而我们又被瑞典人切断了通往波罗的海的路。于是在莫斯科产生了一个别出心裁的想法,为未来的莫斯科舰队租赁外国的港湾。1662年莫斯科大使在英国时同库梁几亚首相就是否能让莫斯科海船进入库梁几亚港湾一事谈了很久。库梁几亚首相答称,大君主还是在自己的阿尔汉格尔斯克城进出船只为佳[11*]。

对国民经济的想法 在莫斯科政府的所有这些工厂和采矿的麻烦事情中,似乎开始产生了一种尤其使它很难掌握的思想。它把自己的财政经济仅仅建立在狭窄的财政核算上面,只问国库的收益,对国民经济没有任何概念。政府对现有收入不能弥补的新支出,仍旧按自己习惯的财政算术,重新计算一次名册上的纳税人,按人数把需用的款项分成"堆",并命令征收款项,如有短缺,则威胁要以一次性"强征"或以经常税的形式征款,让纳税人彼此平均分摊。如人们所知的那样,为付款增设款项,是人们常做的。欠税、无力纳税、使人厌烦的申诉成了对这种无忧无虑的财政政策的独特的抑制办法。政府在增加税收时,没有采取任何措施以加强人民劳动的纳税能力。但是对外国人善于经营工商业及其技能的观察,以及要求本国商人相信这一观察的硬性指示,逐渐把莫斯科的财政家吸引到了政府不熟悉的国民经济的概念和关系上来,并且与他们的意志相反,不断扩大了他们的政府视野,强使他们接受他们的智慧所不易接受的思想,即税收之提高必须先有国民劳动生产率的高涨,而为此政府就应转向新的能获利的生产,开采和加工那些徒然埋藏在国内的资源,而这一切就需要行家、知识、技能和对事业的组织。这样的念头就是西方影响对莫斯科政府所起的最初作用,并且获得了社会的反响。这种作用使政府去办许多事:寻找矿藏、造船用的木材和制盐场所;兴建木材工厂、询问居民关于他们所知道的可以经营获利的土地,而所有这一切都刺激了居民,因为要给他们新的工资和规定的国家薪俸。凡指出有利可图的矿藏的人们,政府答应奖给五百卢布,折合我们现今货币约一千或更多的卢布。人们向莫斯科报告,在北德维纳河有大片的雪花石膏山,于是从莫斯科派出了由德意志人率领的探险队去察看和描绘这座山,并同商人谈判,询问在海外每普特雪花石膏能卖多少钱,同时雇佣工人开采。人们在议论并有传言,说对找到或想到任何有益的新东西的任何人上面将给以奖赏[12]。当社会上产生适应当前迫切需要的意图,它就像时髦或广泛流行的东西那样控制了人们,搅动了最敏感的想象力,并引出病态的兴致或冒险的事业。在动乱中从外国人给人民造成损失和屈辱之时起,国家的对外防御建设、为加强防御的一些发现和发明成了异常使人注意的问题。在[13] 1629 年,特维尔的神甫涅斯托尔递呈沙皇一份请愿书和通知,禀告沙皇"一件伟大的事,此事上帝还未在我国和其他国家以往生活的人面前公开过,但上帝为了君主的光荣,为了我们伤心的国土获得解脱、为了使其仇敌恐慌和惊奇却告诉了他,神甫涅斯托尔"。神甫涅斯托尔答应为君主建造一座廉价的行军小城,军士可以据之守卫,正如在真正的不动的堡垒里那样。大贵族们一再请求发明家造出模型或他们所设想的活动多面堡以便把它献给君主,但都枉然。神甫声称,不当着君主的面,他什么也不说,因为他不相信大贵族。他被发配到喀山,带着枷锁关在寺院里三年,"因为他背地里谈了那件伟大的事,但又不解释清楚,此举似乎是为了制造动乱,不是理智的"[13]。

于是[14]莫斯科政府和社会感到真正需要西欧的军事和工业技术,甚至决定学习这种和那种东西。最初,也许除技术外,也没有东西是国家最迫切需要的;但是一旦社会运动被一定的震动所振奋,在其进程中又因新的动机而复杂化,这种动机将拖着它进一步走向预定的境界。

新的德意志居留地 日益增长的需要吸引了许多外国技师、军官、士兵、医生、行家、商人和工厂主来到莫斯科[14]。早在16世纪伊凡雷帝时，从西欧来的人在莫斯科沿雅乌扎河建立了德意志居留地。"动乱时期"的风暴驱散了这个外国人的窝巢。从米哈伊尔统治时起，当外国人大量涌入首都时，他们随处定居下来，从当地居民那里购买房屋，开设啤酒店，在城内建造路德派教堂。外来者同本地人的密切交往、由此而产生的诱惑和冲突，以及莫斯科神职人员对这群好挥霍的人靠近俄国教堂的抱怨都使莫斯科统治当局不安；因此，米哈伊尔沙皇时曾发布敕令，禁止德意志人从莫斯科人那里购买房屋，禁止在莫斯科城内建造路德派教堂。奥列阿里[15]谈到迫使政府采取措施把莫斯科人同外国人隔离的一件事。德意志军官所娶的莫斯科外商家中的女子瞧不起一般商家妇女，这些太太想在路德派教堂中坐在商家妇女的前面；但商家妇女毫不让步，有一次在教堂里同军官太太争吵起来，并且大打出手。这场吵闹一直闹到了街上，引起这时不幸碰巧路过路德派教堂的宗主教本人的注意。这位教会大人物，作为教会秩序和异教徒的监护者，在获悉了事情的原委以后，下令捣毁路德派教堂，于是教堂就在那天被夷为平地。这件事应该在1643年，当时在莫斯科城内的路德派教堂被命令捣毁，并在土城之外的地方为建立新的[16]路德派教堂拨出了地方；并且于1652年，把所有散居在莫斯科的德意志人从首都迁到雅乌扎河波克洛夫卡以外，还在那里，过去有德意志住户的地方，按各人的官衔、名位分给地块。这样，就兴起了新的德意志居留地，或称外国人居留地，而且这里迅速发展为重要的、设备完善的小城，有笔直的宽阔的街道，还有小巷和漂亮的木屋。根据奥列阿里的报道，在居留地存在的最初几年，那里约有一千人左右，但按另一个曾于 1660 年到过莫斯科的外国人梅伊艾尔贝尔格含糊的说法，在居留地有许多外国人[16]。那里有三座路德派教堂，一所宗教改革派的和德意志人的学校。各个民族、各种语言和各种称谓的居民的收入富足，生活快乐，各自有毫无拘束的习俗和道德。这是栖身于莫斯科东郊的西欧一角。

欧洲的舒适生活 这个德意志居民区成了西欧文化在莫斯科生活中的一些领域的向导，而在那里西欧文化并不是国家迫切物质需要所要求的。行家、资本家和军官是政府为对外防御和国内经济需要而聘来的，他们连同自己的军事和工业技术一起带到莫斯科的有西欧的舒适、生活的方便和娱乐。他们好奇地注视着莫斯科的上层人物，看这些人如何贪图享乐地扑向外国奢侈品、外来的诱惑物，并打破旧的成见、兴趣和习惯。对外的政治关系无疑支持了对于外国舒适和娱乐的这种倾向。从国外频繁地到莫斯科来的外交代表团使这里的人们希望对外国观察者显示最好的外表，让他们看到这里也能像体面的人们那样生活。并且，众所周知，沙皇阿历克谢有一个时期曾被认为是波兰王位的候选人，所以他力图把自己的宫廷生活安排得像波兰国王的宫廷生活那样。政府嘱咐派往国外的大使注意观察外国宫廷的环境和娱乐。可以看到，这些大使在自己的外交报告中添上了宫廷舞会，尤其是关于演出具有怎样重要的意义的话语。1659 年，负有重要使命奉派前往托斯康尼公爵处的服役贵族利哈乔夫，接受邀请到佛罗伦萨参加有演出的宫廷舞会。在大使的报告中，这个"表演"或者说"喜剧"被详详细细地描述了一番——这表明莫斯科政府所感兴趣的是什么事情。莫斯科人不错过一场戏、任何一种装饰。"出现了好些豪华的大厅，向下面走去，那里有六种变幻的景色；在那些大厅中出现了波浪起伏的海，海里有鱼，人骑着鱼，在大厅上方有苍穹，人们坐在云彩之上……。在云彩上有人坐在马车里，从天而降，在他对面的另一部马车里是一位美丽的少女，而拉马车的东方骏马栩栩如生，腿在抖动。于是公爵说，一位是太阳，而另一位是月亮……而在另一个变幻的景色中则出现了一个穿着五十副铠甲、拔出马刀和长剑的人在厮杀，他用火绳枪开枪，有一人似乎被打死了。于是许多好样的小伙子和妙龄少女从金色的帷幔后面出来跳舞，并装出了许多怪相。"[17]科托希欣在描述莫斯科最高层的生活时说，莫斯科国的人们"住在自己布置得不很好的房屋中"，自己住的房屋"没有什么好的设备"，没有特别的舒适和华丽的装饰[18]。在上述梅伊艾尔贝尔的描绘中，我们看到克罗季茨基的大主教坐在笨重的雪橇上，并看见皇后出行时坐的那种紧紧地关闭着的带篷马车。现在，沙皇和大贵族在莫斯科仿效外国式样，开始穿着丝绒服装，坐在漂亮的德意志轿式马车里，车子装有描绘图画的水晶玻璃。大贵族和富商开始建造石砌的大厅，以代替简陋的木屋，按外国方式布置室内环境，墙上蒙上比利时制造的"金色包皮"，房内饰有绘画、钟表。沙皇米哈伊尔因腿疾，不得不待在家里。他根本不知道上哪里去消磨自己的时光，因此他喜爱这些东西，并且喜爱到这种程度，以致把自己的房间摆得满满的，并且在举行大宴会时演奏乐器。在沙皇阿历克谢的宫中，在晚餐席上"德意志人奏风琴，吹小号，又打定音鼓"。外国艺术被用来装饰本国的粗俗东西。沙皇阿历克谢送给自己的宠臣、师傅、后来是姻亲的大贵族鲍·伊·莫罗佐夫一辆结婚用马车。这辆马车用金色锦缎紧紧地包着，缝着昂贵的貂皮，凡是应该用铁的地方全部包上了纯银，甚至车轮上的粗粗的轮箍也是用银制的。1648年，反叛者抢劫莫罗佐夫家时，砸坏和捣毁了这一贵重物件。就是这个沙皇，在上述演奏德意志音乐的晚宴上，赏赐自己的客人（包括神职人员在内），让他们都喝得酩酊大醉；这些人到午夜以后才散去。莫斯科驻外大使们受命在国外招徕最熟练的号手为沙皇服务，这些人应证明能为舞会吹奏高音小号。宫廷和高层圈子对"喜剧表演"——"戏剧演出"的兴趣日增。按严格的笃信宗教者的观点来看，在莫斯科搞这种娱乐，这种"中了邪的玩意儿，精神上的肮脏勾当"并非没有畏葸之感。沙皇阿历克谢为此征求神职人员的意见。神职人员允许他看剧院的演出，并以拜占庭皇帝的范例来证明其正确。戏剧班子在宫廷舞台演出"喜剧"。这个班子是从外国服役人员和商人子弟中匆忙招来的。他们好歹受过德意志居留地的路德派牧师约翰・哥特弗里德・格列戈里团长的训练。1672年，沙皇喜得王子，命令格列戈里"搞喜剧"。为此，在莫斯科附近普列奥勃拉任斯科耶村，即后来彼得喜欢玩耍的地方，建立了一个剧院，"喜剧大厦"。当年年底，沙皇在此地观看了牧师上演的关于埃斯菲利的喜剧，沙皇对此如此欣赏，"为喜剧的建立"犒赏了导演价值现今 1 500 卢布的貂皮。除埃斯菲利外[19]，格列戈里还在沙皇的剧院上演了"冷漠的"朱迪丝，即关于约瑟夫的欢乐的喜剧；关于亚当和夏娃的"悲戚的"喜剧，即描写人的堕落和赎罪的喜剧，以及其他戏剧。这些戏虽说是圣经题材，但这并非中世纪进行道德说教的神秘剧，而是从具有新风格的德意志戏剧翻译过来的。它有使观众为之惊叹的可怕的处决、战斗、大炮的隆隆声，同时还有（除亚当和夏娃的悲剧外）喜剧的令人发笑的成分，确切地说，即这种戏剧必不可少的滑稽的丑角[19]，以及它的粗鲁的、往往是猥亵的乖戾行为。同时，也迅速地培养了本国的真正演员。在1673 年，从莫斯科新市民居留地招募了二十六名青年来担任丑角，在格列戈里那里学习喜剧业务。在还没有建立教学生认字的小学校时，就已成立了戏剧职业中学。从具有圣经内容的喜剧出发又匆忙地转而搞芭蕾舞剧：1674 年斋戒节前食荤日，沙皇和皇后、孩子们以及大贵族们在普列奥勃拉任斯科耶观看喜剧,内容是阿尔塔克赛尔克斯如何下令绞死阿曼。之后,德意志人和外交大臣马特维耶夫的家仆们也到格列戈里那里学习戏剧艺术,"在提琴、风琴和吹奏器上奏乐并跳舞"[20]。所有这些新鲜玩意儿和娱乐,我重复一遍,只是莫斯科上流社会的奢侈享受;他们在其中学习了上一代俄罗斯人还不知道的新东西,更高的审美力和需求。那么莫斯科社会是否就在它那么迫切借鉴的这些舒适和娱乐上止步呢?

关于科学知识的思想 在西方,生活的舒适和优美的娱乐有其根源,不仅由于社会的富裕和有闲阶级的优裕的经济地位,或者由于他们的娇生惯养的嗜好所产生的奇想,这种舒适是个别人和整个社会的持续不断的精神努力参与创造的,在那里,生活的外包装是同思想和感觉的成就同时发展的。人力图创造符合自己生活兴趣和观点的生活环境,因此必须好好考虑自己的兴趣和生活本身,以便正确地建立这种协调一致。在引进外来的陈设时,我们不由自主地,不知不觉地会接受制造这种陈设的人的兴趣和观念,否则陈设本身就没有味道,而且莫名其妙了。17世纪,我们祖先的想法不同,他们认为,首先,在借鉴外来的舒适时,他们不需要吸收外国的知识和观念,也不必放弃自己的东西。他们朴直的错误就在于此,所有神经过敏的和过时的模仿者都陷入了这种错误。17世纪的莫斯科,在扑向海外的诱惑物时,也开始略为模糊地感觉到造就他们的那种精神兴趣和努力,并且在弄清楚它们同本国观念和兴趣的关系之前,就爱上了它们。他们之所以爱上它们,首先也是把它们作为生活的娱乐,作为在思维的圣礼书上坐得过久之后,惬意的还未经历过的户外活动。一时间,随着借鉴外国滑稽剧的"插科打诨"和娱乐的"虚构情节",在莫斯科上层圈子内似乎萌发了思想上的求知欲,对科学教育的兴趣,对那些没有进入古罗斯人日常视野，但却是日常迫切需要的事物进行思考的爱好。在宫廷中有爱好西欧舒适，甚至西欧教育的有影响的小圈子：沙皇阿历克谢的叔叔，温雅而愉快的尼基塔·伊凡诺维奇·罗曼诺夫。他是仅次于沙皇的首富和大贵族中最受欢迎的人，他是德意志人的保护者和爱好者；他非常喜爱他们的音乐和衣着，他或多或少是个自由思想者。后来成为沙皇的师傅和姻亲的鲍里斯·伊凡诺维奇·莫罗佐夫，在老年时伤心地抱怨说，在年轻时没有受到应受的教育，他给自己的抚育者和其同龄人都穿上德意志服装。侍臣费奥多尔·米哈伊洛维奇·勒季谢夫是个热心从事科学和学校教育的人。外交事务衙门的长官阿法纳西·拉夫兰捷维奇·奥尔金-纳肖金是个有教养的外交家。他的继任者大贵族阿尔塔蒙·谢尔盖耶维奇·马特维耶夫是书隶之子，是沙皇的又一个宠臣，他在莫斯科最早在自己按欧洲式样布置的家里开了一次类似招待会的聚会，其目的在于谈话，交流思想和交换新闻，有女主人参加，大家一起毫无拘束地饮酒。他还是宫廷剧院的创建者。俄国社会对西欧的关系就这样不知不觉地发生了变化：最初只是把西欧看作可以购买军需和其他制品的作坊，并不过问它们是怎样制造的；现在，对西欧已有看法，把它看作学校，可以不仅学到技术，而且可以学会生活和思考。

西方影响的最早传播者 但是古罗斯在这方面并没有改变自己通常的审慎态度：它决定不直接从西方教育的诞生地，从其技师或从其工人中借鉴，而是从居间者借鉴，这些居间者可以把已经加工、消除危害之后的这种教育转授给它。谁能成为这样的居间者呢？在古莫斯科罗斯和西欧之间是斯拉夫的、但信奉天主教的国家——波兰。教会的同宗和地理上的毗邻关系把波兰同罗马—日耳曼欧洲联系了起来。由于上层阶级的政治自由，农奴制很早就无法遏止地发展，使波兰贵族成为对西方教育有闲暇和容易接受的土壤；但是，国家和民族性格的特点又使借鉴的文化具有特殊的地方风格。这种文化封闭在享有国家唯一的统治地位的一个等级的圈子之内，它滋养了活泼和快乐的、狭隘和任性的世界观。这个波兰是以西欧精神影响罗斯的第一个传导者：17世纪西欧文化之进入莫斯科，首先经过了波兰的加工，穿上了波兰贵族的服装。不过，最初甚至不是纯粹的波兰人把它带给我们的。东正教罗斯的相当部分地方是用强迫的政治结盟同波兰立陶宛王国联系在一起的。西部罗斯东正教社会同波兰国家和罗马天主教间的民族的和宗教的斗争迫使俄罗斯斗士去利用对方很强的武器，即利用学校、文学和拉丁语；到17世纪中叶，西部罗斯在所有这些方面都远远超过了东部。在拉丁学校或按拉丁学校模式成立的俄罗斯学校中培养出来的西部罗斯东正教修士成了把西方科学引入莫斯科的传导者。

叶·斯拉维涅茨基和阿·萨塔诺夫斯基 这一号召始自莫斯科政府本身。西方影响在这里遇到了从另一方面来的运动。我们在研究俄国教会分裂的起源时，看到这一运动是因俄国教会的需要和部分地甚至是反对西方影响的；但是相反的各方却有一个共同利益——在教育上暂时彼此携手为了一个共同事业。在古罗斯文献中并没有一本完整的经过订正的圣经文本。俄国教会的圣秩制度由于有关阿利路亚和有关寺院土地收归国有问题掀起了几乎是整个世界的教会喧哗，可是在几个世纪中，圣书没有完整的订正文本已相当平静地应付过去了。17世纪中叶（1649—1650），莫斯科从基辅聘请了布拉茨克寺院附设的当地书院和佩切拉大寺院的修道士学者叶皮凡尼·斯拉维涅茨基、阿尔先尼·萨塔诺夫斯基和达马斯金·普季茨基，委托他们把圣经从希腊文译成斯拉夫文[21]。基辅学者所得报酬比雇佣的德意志军官为少：叶皮凡尼和阿尔先尼每日所得给养为4个阿尔丁（每个阿尔丁为3个铜币），按年计约合今600卢布，这还未把其他供应计算在内，如在楚多夫寺院的住宿和伙食，以及宫廷赐给的每天补充饮料两盅酒、四杯蜜和啤酒；而且，以后还把货币薪金增加了一倍。受聘学者除应履行规定他们做的主要工作外，还要满足莫斯科政府和社会的其他要求。按沙皇或宗主教的规定，他们编纂和翻译各种教科书和百科全书、地理学、宇宙志、辞典；所有这些书都很快被莫斯科爱好读书的人们，尤其是宫廷和外交事务衙门所索要；这类书籍还通过俄国驻外大使由国外和从波兰订购。叶皮凡尼翻译了地理学、《医学解剖书》、《公民及儿童性格教育》——即政治和教育学的文集。萨塔诺夫斯基翻译了《沙皇城》一书。这是一本讲述各种各样东西的书，从希腊、拉丁作家、异教和基督教作者写作的东西中选编的，包括了所有当时关于各种科学——从神学、哲学直到动物学、矿物学、医学等的流行的知识。利用了能够获得的所有文学力量，把基辅人和德意志人一起吸引到了这一事业中。在莫斯科当翻译的某个冯·德里登，从拉丁文和法文把一些书译成了俄文。而多恩，原是奥地利驻莫斯科大使，翻译了一本简明宇宙学。奥列阿利在报道这件事时说，莫斯科显贵中许多求知欲很强的人都读这类书[22]。不仅是纯科学的志趣，而且实际的需求也都鼓励了这类新文献的出版。大致在这时，在这些书籍中，翻译的医药书籍也在流传。在外交事务衙门的旧案卷中，我们找到了这样一份有意思的呈文：1623年，在莫斯科服役的荷兰人冯德尔金提交衙门一份有关《炼金术和其他事务》的呈文[23]；之后在1626年，他又递呈同一衙门一份《有关高等哲学炼金术》的呈文。很明显，莫斯科怀着极大的好奇心来收集有关这种神秘而有诱惑力的科学的消息，想用它获悉炼金的技术。但斯拉维涅茨基和萨塔诺夫斯基所翻译和编纂的文集的内容本身表明科学兴趣的觉醒，已达到那时莫斯科的智慧所能达到的程度。

学校教育的萌芽 莫斯科社会就是这样感到了对书本知识、对科学教育的需求,并播种了学校教育的幼芽,作为获得这种教育的必要手段的。所有频繁地同西方国家有来往的人都支持这一要求,这种来往迫使莫斯科的外交去研究西方国家的情况和彼此间的关系。在莫斯科,政府和个人都试图兴办学校。东方希腊教会的教秩人员早就不止一次地向莫斯科沙皇指出,必须在莫斯科设立希腊学校和印刷所,由莫斯科物色和发出邀请,从东方为这种学校提供并派出教师。但事情似乎没有办成。在沙皇米哈伊尔时几乎没有设立想建的学校。1632年修士约瑟夫从亚历山大东正教宗主教处到来,他被说服留在莫斯科,人们委托他把反对拉丁异端的希腊文论战性书籍译成斯拉夫文,并且在"教师院教儿童学希腊文和认字"。由于约瑟夫不久即逝世,事情未及进行。但是,在莫斯科建立学校,使它成为信奉东正教的东方的教育苗圃的想法在莫斯科和在东方都没有被放弃。在宗主教驻所(在楚多夫修道院)附近成立了希腊—拉丁语学校,由希腊人阿尔谢尼管理,这个希腊人于1649年到达莫斯科,可是不久此人因受怀疑不是东正教徒而被送往索洛夫基[1]。而叶皮凡尼·斯拉维涅茨基连同阿尔先尼·萨塔诺夫斯基则被召至莫斯科,顺便说说,"是为了修辞学";可是,不知道他们在莫斯科有没有学生。1665年,机要衙门和宫廷事务衙门的三个录事受命到西部罗斯的学者西麦昂·波洛茨基那里去学"拉丁文"。为此,在莫斯科的斯巴斯克寺院建了一幢专门建筑,它在文献中被称作"文法教育学校"。请不要认为这是一所现在按我们观点正规建立的学校,具有拟定的章程、教学计划、教学大纲、常设的教学人员等等,这是偶然的、暂时委托给这个或另一个来访学者,让他们教授

---

[1] 即索洛维茨寺院。——译者

政府派遣或自愿跟他们学习的年轻人。俄国17世纪官方学校的最初形式就是这样，是古罗斯识字教学的直接继续。神职人员或特殊的专家，按拟定的薪水接纳儿童，给以教育。有的地方，私人或者社团为此造了特殊的建筑物：好像是常设的公立学校。1685年，在博罗夫斯克城商场附近的市养老院旁，当地牧师建立了"教育儿童的学校"。可以这么设想，大约在17世纪中叶，考虑到家庭或学校教学的需要，教科书开始出版。1648年，在莫斯科出版了西部罗斯学者麦列季·斯莫特里茨基的斯拉夫文法；1649年，在基辅重印了基辅学院院长、后为基辅都主教的彼得·莫基拉的简明教义问答。私人在促进教育上同政府竞争，不过话又说回来，这些热心从事教育者往往也属于执政阶级。在这些热心人中最热忱的是受沙皇阿历克谢信赖的顾问、侍臣费·米·勒季谢夫。他在莫斯科附近建立了安德烈耶夫修道院，1649年在那里由他出资从基辅佩切拉寺院及其他小俄罗斯修道院聘来了三十名修道士学者，他们应把外文书籍翻译成俄文，并教那些愿意学习的人学习希腊、拉丁和斯拉夫文法、修辞、哲学和其他语文科学。勒季谢夫本人成为这一非官办学校的学生，晚上逗留于修道院，同学者谈话，向他们学习希腊语，并请叶皮凡尼·斯拉维涅茨基编纂希腊—斯拉夫辞典，以应这一学校的需要。从南俄来的德高望重的修士吸引了一些莫斯科的修士学者和神职人员。莫斯科的学术团体，独具一格的非官方学院就是这样兴起的。勒季谢夫利用自己在宫廷的地位，强令莫斯科一些在职青年到安德烈耶夫寺院向基辅来的德高望重的修士学拉丁文和希腊文。1667年，莫斯科的约翰·波哥斯洛夫教堂（在中国城）所属教区的教民们想在自己的教堂设立专科学校，不是简单的只教认字的教堂附属小学，而是进行普通教育的教学机构，教授"文法技巧，斯拉夫、希腊、拉丁等语言以及其他自由学说"。为此，他们向沙皇递请愿书，要某位"正直而虔诚的人"为他们的事业同沙皇提出请求，要莫斯科宗主教和因尼康案件正在莫斯科的东方宗主教们为他们祝福，而且，最后，莫斯科宗主教主要出于尊重那位虔诚的人（也许就是提出有关普通中学思想的同一个勒季谢夫）的纠缠不休的恳求恩准了他们的请求并给予祝福："热爱劳动的学子（学生）为得到研究的自由和自由学习智能的自由而高兴，他们准备进入中学，以便能从有学识的教员那里学到敏锐的智能"。可是不知道这个学校究竟开设没有。

波洛茨基 莫斯科上层人士开始积攒钱财以便自己的子弟能接受家庭教育，把外来教师、西部罗斯的修士甚至波兰人请到家中。沙皇阿历克谢本人就是个范例。他对他的头两个儿子阿历克谢和费奥多尔在莫斯科衙门的教师那里所受启蒙教育不满足，下令天主教徒和波兰人教授他们外国语，并为完善他们的教育，聘请了曾在基辅学院受过教育，而且熟悉波兰学校的西部罗斯学者、修士西麦昂·西季阿塔诺维奇·波洛茨基。西麦昂是一个令人喜爱的教师，他使科学具有吸引人的形式。在他的诗中可以看到他课程中的诗作纲要。在此，他也触及了政治课题，他想在自己皇室学子的头脑中发展政治意识：

> 臣民拥有什么样的利益，
> 掌权者们应当知道。

他对自己学生描述的沙皇同臣民关系的政治理想是善良的牧羊人和羊群的关系：

> 应当缔造出这样一个首脑——
> 他能够肩负臣民的沉重负担，

> 他不蔑视臣民,更不把他们当狗一样对待,
> 而是如同对自己的孩子那样去爱他们。

在家庭教师的帮助下,对翻译过来的波兰文书籍和甚至是波兰语原文书籍的兴趣渗进了莫斯科沙皇的宫廷和莫斯科大贵族等级的家庭。正如我已经谈过的,阿历克谢的大儿子们学习了波兰文和拉丁文;费奥多尔王子甚至还学会了写简单诗句的技巧,并同西·波洛茨基合作,把《诗篇》进行了诗体的改写,还改写了两首赞美诗。人们谈到他时,说他是科学爱好者,尤其喜欢数学。公主之一,索菲娅,也学了波兰语,并阅读波兰书籍,甚至按拉丁文的写法写字母 y。据拉扎尔·巴拉诺维奇证实,切尔尼戈夫大主教在当时"并不厌恶讲波兰语的沙皇集会,在阅读波兰文书籍和历史时感到赏心悦目"。莫斯科社会的另一些人则力图从第一手资料汲取西方科学,并十分努力去做,因为科学已成为国家服务取得成就的必要条件。大贵族马特维耶夫教自己的儿子拉丁语和希腊语。他的前任,主管外交事务衙门的奥尔金-纳肖金把波兰俘虏安插在自己儿子的周围,这些人影响他的儿子爱慕西方到这种程度,以致使这个年轻人逃往国外。俄国驻波兰的第一任使节恰普金把自己的儿子送入波兰学校。1675年,这位父亲委他以外交任务,派他去莫斯科,在里沃夫时,把他介绍给国王扬·索别斯基。年轻人在国王面前发表了演说,"为面包、为盐和为学校教育"向国王表示感谢。演说用的是学校通用的半波兰、半拉丁的特殊语言,而且,根据他父亲的报告,"爱儿的演说讲得那么清楚,表达得那么得体,一个字也没有讷讷地讲不出来"。国王赏赐讲演者一百金卢布和十五阿尔申[1]天鹅绒[24]。

---

1 俄尺,1 俄尺等于 0.71 米。——译者

281　　莫斯科就是这样感到需要欧洲艺术和舒适，然后才是科学教育的。开始有外国军官和德意志大炮，而最后是德意志芭蕾舞和拉丁文法。国家迫切的物质需求引来了西方影响，随需求而来的西方影响还带来了这些需求所不要的东西、现在没有也能对付过去，可能等些时再要的东西。

第五十四讲

反对西方影响的开始——反新科学的抗议——教会分裂——分裂起因的记述——双方各自怎样解释分裂的起因——宗教仪式和文本的力量——其心理基础——罗斯和拜占庭——全世界教会思想的黯然失色——传说和科学——民族教会的自负——国家的新措施——宗主教尼康

反对西方影响的开始 对从西方传入的新科学的需求[1*]在莫斯科社会遇到了扎根于数世纪的不可克服的对所有西方传入的天主教和新教的厌恶和怀疑。当莫斯科社会刚刚尝到这个科学的成果时，严肃的考虑就笼罩了它，这个科学会不会损害信仰和习俗的纯洁性。这种考虑是17世纪俄罗斯智慧情绪中继不满自己状况之后的第二个方面。随之而来的是非常重要的后果。1650年审判案卷的一个断片保留了下来，其中明显地描绘了这一考虑从何而来，何以首先引起这种考虑。事实上，所有莫斯科青年学生都起来了。有卢奇卡·戈洛索夫（后来成为杜马贵族、国务会议成员卢奇基扬·季莫菲耶维奇·戈洛索夫）、斯捷潘·阿利亚比耶夫、伊凡·扎谢茨基和布拉戈维申斯克教堂职员科斯特卡，即康斯坦丁·伊凡诺夫。这是一个具有同样思想而结合在一起的亲密朋友的小组。他们说："你看，勒季谢夫向基辅人学希腊文书，而这个文书中有异端。"阿利亚比耶夫在受审时指出，当长老希腊人阿尔谢尼在莫斯科时，他——斯捷潘——想在长老处学拉丁语，但那位长老被遣送到索洛夫卡,他——斯捷潘就不再学习,字母表也撕了,因为他的密友卢奇卡·戈洛索夫和伊瓦什卡·扎谢茨基对他说:"别再学拉丁语了,这很坏,至于怎样坏,他们并未说。"戈洛索夫本人根据勒季谢夫的庄严邀请,应该在安德烈耶夫寺院向基辅长老们学拉丁语;但他反对他们的科学,认为这种科学对信仰是危险的,并对教堂职员伊凡诺夫说:"告诉你的大司祭(布拉戈维申斯克教堂的斯捷潘·沃尼法季耶夫,沙皇的忏悔牧师),我不愿在基辅长老们那里学习,他们不怀好意,我在他们那里找不到善良,他们没有善良的学说;现在,我暂时由于害怕才迎合勒季谢夫,但今后无论如何不愿向他们学习了。"卢奇卡还添上一句:"谁学了拉丁语,谁就从正道误入歧途了。"[1a]大致就在那时,在同一个勒季谢夫的帮助下,两个年轻人奥泽罗夫和泽尔卡里尼科夫从莫斯科到基辅的学院来完成学业。教堂职员科斯特卡和交谈者们都不赞成学生的到来,他们担心,如果这些年轻人来基辅完成学业,然后回转莫斯科,这里要为他们操不少心,因此,最好不让学生们来基辅,要他们回去:即令没有此事,他们已经在指责一切,并没有把笃信宗教的莫斯科大司祭们放在眼里,他们在谈到这些大司祭时说,"他们胡诌的是谎言,在他们那里听不到什么,而他们又不干什么光彩的事。他们自己不懂得教学,不懂得教什么。"即使那些热心宗教事业者也悄悄地谈论大贵族莫罗佐夫,说他把神甫放在身边,只是"为了礼貌",而如果他开始赏识基辅人,明显的事实是他就要改信别的教,信他们的异端邪说[1*]。

反对新科学的抗议 我们可以看到,一部分青年学生谴责了那些受到新科学教育的另一部分人的自命不凡,以及骄傲自大地批评被众人所承认的本国的权威。这不是老年人对新事物的保守唠叨,而是反映了植根于古罗斯教会意识深处的对科学的看法。在古罗斯，科学和艺术由于它们同教会的关系而受到尊重，因为它们是理解上帝的语言和精神得救的手段。而知识和生活上的艺术装饰品则并无这种关系和这种作用，只被看作浅薄心灵的游手好闲的好奇心，或者是不必要的轻浮娱乐和"嬉戏"；对说书人、讲故事者和艺人都持这种看法。教会默默地容忍它们，把它们当作儿童的嬉戏和跑跳，严肃的教会布道有时谴责它们，把它们当作危险的迷误或消遣，因为它们会轻易地变为恶魔的诡计。无论如何，这样的知识，这样的艺术不会增添教育力量，在教育体制中没有位置；只能把它们归入生活的卑鄙秩序，并认为，即令不是直接的放荡行为，那么也是贪于人类本性罪恶而造成的弱点。同带来西方影响的科学和艺术一起出现的是另一种更苛求的形式：科学和艺术进入了上流社会感兴趣的事物之中，不是作为对人的弱点的让步，而是作为人类智慧和心灵的合法需求，作为设施完善和仪表优美的共同生活的必要条件，这些东西都是在自身找到了自己的正确性，而不是为教会的需要服务的。西方的艺术家或学者对我们而论，并非俄罗斯的优伶或者死啃已被摒弃的书本的人，而是可敬的喜剧大师或者地理学家，他们被政府认为是"非常熟悉许多需要的技术和智慧"的人。这样一来，西方科学，或者总的说来文化，传入了俄国，不是作为教会俯首听命的服役者，并不属教会管辖，虽然被教会容忍为破坏戒律者，但似乎又是竞争者，或者甚至是教会在安排人的幸福事业上的合作者。被传统所束缚的古罗斯思想只能吃惊地急忙躲开这样的合作者。很容易理解，何以[2]同这一科学接触，立即在莫斯科社会引起了忧虑：这一科学对正确信仰和良好品行、对民族生活若干世纪以来的基础是否危险？在我们这里，当这一科学的传播者还是东正教的西罗斯学者时，这个问题已经提了出来。可是在教员都是外国人、新教徒和天主教徒时，问题就更加尖锐了。由它引起的对新科学在道德—宗教方面的怀疑以及这一科学带来的西方影响导致我国教会生活的严重转折，导致教会的分裂[2]。这一现象同17世纪莫斯科社会思想和道德运动的密切关系现在迫使我要你们注意俄国教会分裂的由来。

教会分裂 俄国东正教教会中的相当一部分从占统治地位的俄国东正教教会分裂出去这一事实被称作俄国[3]教会的分裂。由于宗主教尼康的教会革新，从沙皇阿历克谢·米哈伊洛维奇时起，这一分裂已经开始，而且一直持续至今。分裂派正如我们一样，认为自己是东正教基督徒。旧教徒从原来意义上讲，同我们在信仰教义、教理方面都没有什么分歧；但他们脱离了我们的教会，他们以"旧信仰"的名义，不再承认我们教会当局的权威，似乎脱离了这个当局；因此，我们也不认为他们是异端，而只是分离派，所以他们也称我们为教会派或尼康派，而自称为旧教徒或旧信仰者，并保持了尼康以前的古老仪式和信仰。如果旧教徒和我们在教义、在教理原则上没有分歧，不禁要问，何以会发生教会分裂，何以俄国教会团体的相当部分成为俄国统治教会的保卫者。这就是讲述分裂起因要说的一些话。

分裂起因的记述 在尼康任宗主教之前，俄国教会团体有统一的教会群体，统一的最高牧师；但是教会团体中，由于各自来源不同，在不同时期一些地方教会的意见、习俗和仪式产生了，并且固定了下来，这些仪式等都同罗斯接受基督教时从希腊教会所采用的仪式等相异。这些仪式就是用两个手指划十字、书写耶稣名字的方式、大祭不用五个圣饼而用七个圣饼、朝太阳走（从左手到右手，面部转向祭台），在举行一些宗教仪式时如在圣水盘边受洗或者在经台周围举行结婚典礼，在朗诵信仰象征的某些地方（如"他的王国没有尽头"，"进入神圣的真正的有生命的灵魂之中"），要喊两次阿利路亚。其中一部分在1551年教会会议上被俄国教会教秩制度认可，因此获得了最高当局的合法批准。从16世纪后半期起，当莫斯科开始印刷书籍时，这些仪式和异文从手抄的祈祷书开始渗入印刷的版本，并通过它们传布到整个俄国。因此，印刷机赋予这些地方仪式和文本的差异以新的价值，并扩大了它们的应用范围。某些分歧载入了1642—1652年宗主教约瑟夫时刊印的教会书籍指南之中。因为总的说来，俄国的祈祷书毛病不少，所以约瑟夫的继承者尼康从自己管理俄国教会时开始，就热心从事消除这些毛病。1654年他在教会会议上通过了重新出版教会书籍的决议，按书写在羊皮纸上的斯拉夫文和古希腊文书籍加以订正。堆积如山的希腊文和教会斯拉夫文的古手抄本书籍从东正教的东方和俄国各地送到了莫斯科；按照这些书籍订正的新版本又分发俄国各地教会，同时命令没收并销毁有毛病的书籍、旧刊本和旧抄本。信奉东正教的俄国人在看了新订正的书后，在其中没有找到两指划十字，没找到耶稣，也没有其他当时认为神圣的仪式和形式，不免大为吃惊。他们把这些新版本看作新信仰，按这种信仰，古代圣父们不可能得救，他们在继续按旧版本做礼拜和祈祷时，还咒诅那些书，把它们看作异端。1666—1667年在莫斯科召开的有两名东方宗主教参加的宗教会议，诅咒那些顽固不化者，并把他们逐出了东正教会，因为他们对抗教会当局。于是被逐出者不再承认把他们革出教门的教秩制度是自己教会的权力。从此，俄国的教会团体就分裂了，而这一分裂一直继续到现今。

对分裂起因的看法 何以会发生分裂？按旧信仰者的解释，这是因为在尼康订正祈祷书时，擅自废除了由神圣祖国的早期东正教传统所规定的用两指划十字及其他教会仪式；而不按传统办，就不可能得救，可是，当古代虔诚信仰宗教的人们起来保卫这一传统时，俄国教秩制度又把他们从已经腐化的教会中驱逐出去。但是在这种解释中并没有把全部事实讲清楚。那么以两指划十字和向着太阳走何以是旧信仰者按神圣祖国传统行事，而不如此就不能得救呢？何以一般的教会习惯，礼拜仪式或文本会有如此重要性，成为不可侵犯的圣物和教义呢？东正教徒作出了更深刻的解释。分裂是由于分裂派的无知造成的，由于他们狭隘地理解基督教，由于他们不能从中把本质的同表面的、内容同仪式区别开来。但是就是这个答案也还不能解决全部问题。假定说一定的仪式、神圣的传说、地方的古风，都能获得对它们不适当的教义的意义，但应该知道，即使教会的教秩制度的权威能为古制所阐释，也不会是地方性的，而是全世界性的，而承认它对得救是必要的：圣父们没有它是不能得救的，正如不用两指划十字一样。何以旧信仰者决定牺牲一个教会决议而为了另一个，竟在没有合法的、被他们否认的教秩制度的指导下而能得救呢[3]？

在解释分裂的起因时，我们常常特别着重地，并且带着一些轻视的态度指出旧信仰者盲目眷恋仪式和文本，以及书写的字母这些在宗教事务上似乎很不重要的东西。我不同意对宗教仪式和文本采取这种轻视观点。我并非神学者，并不负有使命去揭示这种事物的神学意义。但是宗教文本和仪式，正如所有仪式和文本，连同实际的日常生活的活动，除了专门的神学意义外，还有一般心理学上的意义，从这方面看，正如所有日常生活，即历史现象，可能要由历史去研究。我只是从这个人民的心理方面来谈分裂的起因。

宗教仪式和文本的力量 教理的实质和内容反映在宗教文本和仪式之中。教理是由两个序列所组成的：一些是真理，它们规定信教者的宇宙观，为他解决宇宙的最高问题；另一些是要求，这些要求针对信教者的道德行为，给他指示日常生活的任务。这些真理和要求高于理性的逻辑思维的认识方式，高于人类意志的自然意向，因此它们被认为是从上帝那里得到启示的。可以想象得到的，即能够理解的宗教的真理公式是教义；宗教要求的可以想象得到的形式是戒律。当他们既不懂逻辑思维，又不懂自然意志时，他们怎能掌握这种和那种教义与戒律呢？他们总是能掌握宗教知识或者思维和宗教修养的。不要对这些名词感到为难：宗教思维或知识是人类观点的这样一种方式，它不同于逻辑的或理性的观点，和艺术的认识那样，它只是注意另外一些提得更高的目标。人理解逻辑思维也差得很远，而且可能甚至他理解的是理解到的最小部分。在掌握教义和戒律时，信徒自己就掌握了一定的宗教思想和道德动机，这些同样地很少屈从于逻辑分析，正如艺术思想那样，难道您理解的音乐旋律是您在逻辑公式中带来的？这些宗教思想和动机就是信仰。一定的教会活动——其总和构成祈祷——是供他们掌握的教科书。教义和戒律在神圣的文本中表现出来，教会活动体现于一定的仪式之中。这一切只是信仰的形式，教义的外壳，而非其本质。但是宗教观点，正如艺术观点，不同于逻辑的和数学的那种特征，因为其中的思想或动机同形式和它们的表现是分不开的。不论是由这个或另一个所形成，不管是我们熟悉的那种语言或怎样便于了解的风格或者甚至仅仅是假定的符号，我们懂得从逻辑得出的思想，从数学证明的定理。但是宗教和审美感则不是这样起作用的：在这里，思想或动机，按心理结合的规律有机地同表现它们的文本、仪式、形式、节奏和声音联结在一起。如果您忘记了曾经引起你一定情绪的图像或声音的音乐结合，那么这种情绪就不会在您那里重新出现。怎会乐意把辉煌的诗改写成散文呢，因为那样，它的魅力就消失了。神圣的文本和礼拜仪式是历史地形成的，并无不可改变和不可侵犯的性质。可以想出更好的比培养了我们宗教感情更为完善的文本和仪式，但是它们不能代替我们的较为逊色的东西。当东正教的俄国神职人员在祭台上高喊鼓起勇气来，别气馁，在东正教信徒中就产生了他习以为常的宗教情绪，帮助他把日常操心的事撇到一边。如果让同一个神职人员按天主教神甫的方式用拉丁文高喊鼓起勇气来，别气馁——那么同一个信徒，尽管他完全明白，这是同一个高喊声，只不过用了拉丁文，并在修辞上甚至更为有力，但他却不会因这个高喊声而唤起精神，因为他对此并不习惯。因此，每个社会的宗教世界观和情绪就是这样同文本、仪式、他们所受教育不可分割地联系在一起的。

其心理基础 但是，也许宗教仪式和整个形式同教义实质的如此紧密联系本身只是宗教教育的缺点，而信徒精神可能不需要这些沉重的仪式作镶边，所以应该帮助它摆脱这些东西？是的，可能总有一天，那时这些镶边将成为多余的，于是人的精神能通过进一步的完善，使自己的宗教情感摆脱外部印象的影响和对它们的需要本身，将"以心灵和真理"来祈祷。到那时，宗教心理学将是另一个样子，不同于至今大家知道的宗教实践所培养出来的心理学。但是从人们自己开始记事时起，在千年之中，直到我们今天，他们在宗教、在具有道德性质的其他日常生活中，都不能没有仪式。应[4]该[4]严格区分用认识和意志来掌握真理的方式。对认识而论，为理解和记住真理，思想和记忆的某种努力就足够了。但是为使真理成为意志的领导者，整个社会生活的指导者，则还很不够。为此，应使真理体现在形式、仪式和一整套体制之中，这种体制以适当印象的连续不断的急流会把我们的思想引导到某种秩序，会把我们的感情引向某种心境。如果一再唠叨和把我们的粗野意志变得心慈面善，于是这样，通过连续的练习和修养，会使真理的要求成为习惯的道德要求，成为意志的本能爱好。不知有多少非常美好的真理，照耀着人的心灵，它们能够照亮并温暖人的共同生活。适于共同生活的美好真理之所以被埋没得不留痕迹，只是因为它们没有及时体现在一种体制中，而人们也没有借助这一体制来检验这些真理。不仅仅宗教，一切也都是如此。产生于作曲家的艺术想象而表现在简单的图解中的音乐旋律，不论怎样美妙，不可能对我们起到应产生的艺术印象。必需给它加工，置于乐器上或者交给乐队，在数十个音键和变调上重奏，并在整个集会上演出，在那里，每个听众的小小的非同一般的喜悦将感染其左右邻座，而这些小小的个人的喜悦将汇成庞大的总的印象，它被每个听众带回家去，并在好些日子里保卫他不受日常生活的痛苦和庸俗行为所打扰。聆听基督在山中布道的人们早已谢世，并把感受的印象带走；可是我们也感受到这个印象的一部分，因为这个布道的文本留在我们礼拜的范围之内。仪式或者文本——仿佛是一种录音器，其中凝聚了道德因素，说不定在什么时候会唤起人们的善举和感觉。早就没有这种人了，从那时起，那种因素也不再重复了，但是通过仪式和文本，在这种录音器中隐藏了人们已忘却的东西，我们按愿望去恢复它，并按自己道德上的接受程度体验其效力。从这些仪式、习俗、假定的关系和礼节中（在其中体现出改正人的生活、成为他们的理想的思想和感情），逐渐地通过动摇、争吵、斗争和流血，形成了人的共同生活。我不知道，经过千年之后，人将会怎样，但是如果从当代人那里去掉了这个他从祖传积攒所获得的仪式、习俗和任何程式化的一堆东西，他就会忘记一切，重新学习一切，并且会使一切重新开始[4]。

如果所有教会团体的宗教心理学是这个样子，它不可能没有仪式和文本，那么何以任何地方也没有因仪式和文本掀起这样喧闹的争吵和发生分裂，像在17世纪我们这里所发生的那样？为了阐明这一问题，应当想到17世纪以前我国教会生活的若干现象。

罗斯和拜占庭 15世纪以前[5]俄罗斯教会是拜占庭——其宗主教辖区——的顺从的女儿。它从拜占庭接受自己的宗主教和主教、教会法、教会生活的全部仪式。希腊东正教的权威几个世纪以来在我们这里是不可动摇的。但是从15世纪起,这一权威开始动摇了。莫斯科的大公们感觉到了自己的民族意义之后,很快就把这种感觉带到教会关系中,他们不愿在教会事务上依附外国统治,既不依附拜占庭的皇帝,也不依附帝都的宗主教,他们沿用了这样的惯例:在本国、在莫斯科、并且只是从俄国神职人员中任命全俄宗主教,授予其职位。实行这种变更之所以比较容易,那是因为罗斯并未把希腊的教秩制度看得特别崇高。古罗斯非常尊重教会权威和希腊东方的圣物。但是在我们这里希腊又和骗子往往被认为是同义语:"他阿谀奉承,因为他是希腊人",——我国12世纪的编年史在写到一位希腊主教[5]时是这么说的。这种观点老早就出现了,并且很平常。康士坦丁堡宗主教区把基督教传布到遥远的、野蛮的宗主教区时,派遣出去的大多数人远非希腊教秩制度中的优秀人士。他们在语言、概念和品衔高的礼仪方面同教区教徒格格不入,他们无法开展牧师的影响,只满足于教会表面的壮丽设施和虔诚的王公们的热忱,并且竭力把俄国货币带回本国。12世纪时,一位俄罗斯人出身的受人尊敬的诺夫哥罗德大主教认为对于此事应在主教管区对神职人员进行牧师教导时作出暗示。许多进入俄国的各式各样的普通希腊人为了从这些新受教化者获得好处而抱住教秩制度不放。后来,在15世纪,希腊教秩制度在罗斯心目中极大地降低了,因为1439年在佛罗伦萨召开的教会会议上通过了佛罗伦萨合并,同意东正教教会和天主教教会的联合。我们为维护[6*]拜占庭教秩制度,在同天主教的斗争中保持了这样的信赖态度,可是它,这一教秩制度本身却屈从于罗马教皇,出卖了信徒们传播的、由神父们和第七次全世界宗务会议确立的东方东正教。而如果莫斯科大公瓦西利·瓦西利耶维奇不揭发把合并带到莫斯科的阴险敌人、撒旦之子希腊人伊西多尔都主教，那么他就会把俄国教会天主教化，歪曲我们圣弗拉季米尔王公播下的古代虔诚。数年之后，帝都被土耳其人征服。在此之前，罗斯已习惯于傲慢地、怀疑地看待希腊人。现在，帝都之墙被不信上帝的伊斯兰教徒所推倒，罗斯就把这事看作希腊东正教最后倾覆的标志。听听那位过于自信的俄国都主教菲利普一世对当时世界事件之间关系的解释吧。在1471年，他谈到反叛的诺夫哥罗德人起来反对莫斯科时写道："说到这事，孩子们，想想吧！帝都不可动摇地矗立着，在那里对宗教的虔诚像太阳一样闪耀着光辉。而当它离开真理，并同天主教结合，它就落入了不洁者之手"[6a]。于是在罗斯的心目中，东正教东方的光亮暗淡失色了；无论古代第一罗马由于异端和傲慢而倾覆，还是现在的第二罗马——帝都由于反复无常和不信神者而倾覆都一样。这些事件对罗斯产生了深刻的影响，但并非凄凉的影响。旧的教会明星熄灭了，希腊的笃信宗教为黑暗所遮没。在普天之下，东正教的罗斯都有同样的感觉。世界上的种种事件不得不迫使它同拜占庭对立起来。当拜占庭把伊斯兰教的枷锁套在自己脖子上时，几乎在同时，莫斯科摆脱了拜占庭的压迫。如果说其他王国因背叛东正教而衰亡，那么莫斯科将毫不动摇地屹立于世，永远忠于东正教。它是第三罗马和最后一个罗马，是世界上正确信仰、真正虔诚的最后的唯一避难所。这些主意提高了和扩大了16世纪古罗斯思想家的历史视野，并且使他们心中充满了对俄国命运的忐忑不安的思想。那时在他们的心目中，祖国有了新的崇高的意义。俄罗斯僧人菲洛费在给伊凡雷帝的父亲瓦西里大公的上书中说："虔诚的沙皇注意这事吧！两个罗马衰亡了，第三个——莫斯科屹立着，可是不会有第四个罗马了。我们全体教会在你的强大王国中现在以笃信宗教而在普天之下闪耀着光芒,其光亮胜过太阳;所有东正教王国结集在你的独一无二的王国之中;在整个地球上,只有你是基督教沙皇"。[6⁶]在帝都,东正教信仰被不信神的伊斯兰教徒马赫麦特的诱惑所作弄,而神父们的教导在我们罗斯更加发出光芒:我们16世纪的典籍家是这样写的。而这样的观点成为有教养的古罗斯社会的信仰,甚至还渗透到人民群众之中,并且引出了一系列有关圣人和圣物从两个衰亡了的罗马逃到新的第三罗马,逃到莫斯科国的传说。15—16世纪在我们这里有关先知安东尼(罗马人)带着圣物在石头上从海上漂流到诺夫哥罗德;关于梯赫文圣母神像奇迹般地从拜占庭东方迁到罗斯等传说就是这样形成的。况且,从业已破坏的东正教东方来到罗斯的人请求给予施舍或者避难,使俄罗斯人的民族自信心更为坚定。在费奥多尔·伊凡诺维奇统治时期,帝都的东正教宗主教叶列米亚到莫斯科来乞求施舍,他在1589年封莫斯科大主教约夫以全罗斯宗主教的头衔,因而最终巩固了俄国教会早已完成的对康士坦丁堡东正教宗主教区的等级分划。看来似乎来此的这位宗主教曾偷听了16世纪俄罗斯人的心声:他向莫斯科沙皇陈述的关于在莫斯科建立总主教区的话同菲洛费的思想是如此地接近:"的确,你神灵附身,这种思想是从上帝那里传给你的;腐朽的罗马因异端而衰落,第二罗马——康士坦丁堡被伊斯兰教徒的子孙、不信神的土耳其人所占领,你拥有的是伟大的俄罗斯王国,第三罗马;你以笃信宗教超过了所有的人;唯有你在全世界可以称作基督教的沙皇"[6⁶]。

全世界思想的黯然失色 所有这些现象和印象非常独特地影响了俄罗斯教会团体。到17世纪初,它已使宗教盲目产生自信;但是这种自信并非由宗教所培养,而是由东正教罗斯的政治成就和东正教东方的政治不幸所造成的。东正教罗斯是世界上基督教真理、纯正东正教的唯一拥有者和保持者这一思想，是这种自信的基本动因。从这一思想出发，通过概念的某些重新组合，民族自负就产生了这样的信念，即罗斯所信奉的基督教（连同其地方性特点，甚至连同其本地的理解水平）是世上唯一真正的基督教，除俄国外，没有也不可能有其他的纯正东正教[6*]。但是按我们的教义，基督教真理的保护者不是什么地方性的而是全世界的教会，它不仅把生活在一定时间和一定地方的信徒团结在自己周围，而且把所有信徒，不管他是谁和生活在何地结合在自己的周围。当俄国教会团体认为自己是真正教义的唯一保持者时，地方的宗教意识被它认为是基督教真理的标准，即全世界教会的思想被一个地方教会封闭在狭小的地域之内；全世界的基督教意识被某地和某时的人们禁锢在狭隘的视野之中。我认为，基督教[7]教义体现在一定形式之中，表现为一定仪式，是为了便于直接的理解；基督教教义以文本表达出来是为了学习教规并在实践中去实现。随同宗教意识及其动力——以信仰武装起来的理智——的成就，对教义文本的理解和教规的实践深化和完善起来。宗教思想借助于仪式、文本和规则，可以深入教义的奥秘，逐渐充分了解它们，并用以指导宗教生活。我要重复一下，这些仪式、文本和规则并非教义的实质，可是按宗教观点和教育的特点，它们在每个教会团体中又紧密地同教义结合在一起，成为每个教会团体的宗教世界观和宗教情绪的形式，很难同内容分开。可是，如果它们在一定的团体内被歪曲或偏离了教义的始初标准，那么也有办法把它们纠正的。全世界教会的宗教意识就是检查和改正的手段，就是为纠正每个地方教会团体对基督教真理的认识，地方教会的偏向可由教会权威给以纠正。但当东正教罗斯认为自己是唯一拥有基督教真理时，对它而论，这种检查方法已不复存在。俄国教会团体认为自己是全世界的教会，它不能容许对自己教会的信仰和仪式由外部力量来加以修正。当俄国东正教会的智者开始持这种观点时,一种思想就在意识中巩固了,即认为俄国地方教会拥有基督教全世界意识的全部,俄国教会团体为拯救信徒已领悟了需要领悟的一切,它不再需要向人学习,在信仰方面再也不需要从别人借鉴,而只是小心翼翼地保持已接受的宝贵财富。于是民族的教会习俗成了基督教真理的标准而代替了全世界意识。应该祈祷和信仰,正如父辈和祖辈那样,而后辈除不假思索地继承先辈的传统外,别无其他了[7]——这些就是俄国教会团体视为行为准则的东西。但是这个传统是一种停滞不前的、凝固的观点:承认它为真理的标准,就意味着否定宗教意识的所有运动,否定改正错误和缺点的可能性。自从有了这种认识之时起,俄国宗教思想的全部努力就在于不使基督教教义奥秘深化,不使自己吸收可能更准确、更全面和更重要的全世界宗教意识,而只是保住自己现存的宗教思想的地方蓄积,连同它的一切地方仪式,并使之免受来自外面的变动和不纯正的牵连。

传统和科学 宗教概念的这种意向和格调引出了两个重要后果[8*],它们同发生分裂紧密相关:(一)由地方古老传统传下来的教会仪式成了不可侵犯和不可变更的圣物;(二)俄国社会对理性和科学知识参与信仰问题持怀疑和傲慢态度。这一科学,在其他基督教社会中已经繁荣起来——于是在罗斯的人们开始思考——科学并没有把那些社会从异端中拯救出来,理性之光并没有阻止那里的信仰趋于暗淡。人们模糊记得,世俗科学的根子隐藏在异端的希腊—罗马国家,我们厌恶地想,这一科学仍然是由这种恶劣土壤的肮脏液汁所滋养的。因此,每当想起关于修辞和哲学的希腊智慧时,嫌恶和畏惧感就笼罩了古罗斯人:所有这一切都是自行其是的罪恶头脑干的事。在古罗斯一则教导中,我们读到:"谁爱几何学,在上帝面前就是亵渎了上帝；而这些心灵的罪孽就是学习天文学和希腊书籍。按自己的智慧，信徒很易陷入各种错误认识之中；要爱好愚蠢胜过智慧，不要去寻觅高于自己的东西，不要去体验比自己深的东西，而是接受上帝给你准备的教育，并且掌握它。"教规经常被写在学校的习字贴上："弟兄们，不要高谈阔论！如果问你，懂不懂哲学，那就回答：不传播希腊的粗制滥造的东西，不读天文学家的空泛谈论，不同聪明哲学家在一起，不把哲学放在眼里；学习神赐的法律书籍，尽可能清除我有罪心灵的罪孽。"[8a] 就是这样的观点培养了无知的过分自信："尽管不学单字，而且不学理智——古罗斯典籍家写到自己时说——不学辩证法、修辞学和哲学，可是自己却有基督的理智。"古罗斯教会团体就是这样失掉了自新的手段和甚至进行自新的推动力的[8*]。

民族教会的自负 我已经叙述了直到17世纪的古罗斯教会团体中已经确立的观点。在其朴素的思想体系中，这是民间的观点，不过也包括未出家和出家的普通神职人员大众在内。在当权的教秩制度中，这些观点没有表现得这样粗浅，但不知不觉地也成了教会情绪的一部分。我们的"当局"在同外来的希腊高级神职人员，甚至宗主教共事时，机警地密切注视其每一活动，带着豁达的宽恕精神当场向他指出他部分偏离莫斯科所采用的礼拜仪式的地方："我们不用这种仪式，我们真正的东正教基督教会不采用这种仪式。"他们用这一行动支持了自己的仪式比希腊人的优越的意识，并对此举洋洋得意；他们用有关仪式的争吵来打断宗教仪式的进行，已不去考虑在祈祷者中会引起骚乱。俄罗斯人对教会仪式的眷恋毫不足奇，他们在其中受到教育：他们在其中需要看到的与其说是俄罗斯宗教感的本质的或长期的病痛，不如说是民族—心理的必然性，宗教观点的自然—历史条件。而这只是民族历史岁月的特征。古罗斯教会的本质毛病在于它认为自己是世上唯一的真正的正宗信仰，自己对于所崇拜对象的观点是非常正确的，宇宙的创造主是俄国自己的上帝，再不属于任何人，而且别人也不知道，因之用自己本地的教会代替了全世界的教会。它洋洋得意地满足于这种见解，认为自己地方教会的一套仪式是不可侵犯的神圣东西，而自己的宗教观点是礼拜的规范和对礼拜仪式的修正。这些看法同在国内的所作所为凑在一起就加强了它的慷慨激昂的性质。

国家的新措施 我们看到，从新王朝统治时起，我们开始采取了政治和经济的新措施，其目的是装备国防和国家经济。国家在感到需要引进新的技术手段后，聘请了很多外国人，路德派教徒和加尔文派教徒。诚然[9]，聘请他们是为了训练士兵、铸炮、建设工厂，所有这些很少涉及道德观念，更少涉及宗教观点。可是古罗斯人由于自己的具体思维方式不习惯于辨别日常生活中的各种关系，所以不会也不愿把生活的不同方面区分开来。如果德意志人统率了俄罗斯作战士兵，教他们德意志的作战技能，那么，他们应该也和德意志人那样穿着打扮，刮胡子，并且接受德意志的信仰，抽烟，星期三和星期五喝牛奶，而摒弃自己古代的宗教虔诚。但俄罗斯人的良心和理智处于本国的古制和德意志居留地之间。所有这些到17世纪中叶就引起了俄国社会的异常惊恐和怀疑，且这种情绪在每个场合都显露出来了。1648年，当年轻的阿历克谢沙皇准备结婚时，在莫斯科忽然出现了传闻，说不久以后古时的笃信宗教就要结束，将要实行新的外国习俗。在这种情绪中，修正教会仪式和礼拜书文本的企图对于不安的和胆怯的教会团体来说，显然是对信仰本身的蓄意侵犯[9]。事情是这样发生的，主张作这一修正的是教会首脑，他按自己的性格能把这种事情引导到非常紧张的程度。宗主教尼康在1652年获得这一显要职位，他本身值得我们在论述分裂的起因时给予一点注意。

宗主教尼康 1605年他出生于农家,因为识字而成为乡村牧师,但由于生活的种种情况,很早成为出家人,在北方修道院中经受了隐居生活的严峻考验,锻炼自己,具有了对人们起巨大影响的能力,得到了沙皇的无限信任,很快获得了诺夫哥罗德大主教的显赫职位,最后,47岁时成为全俄罗斯宗主教。在[10]17世纪的俄国人中,我还不知道有谁比尼康更伟大,更独具一格。但是很难立刻理解他:这是一个有着相当复杂的性格,首先是不平衡的性格的人。在心情安宁的时刻,在日常生活中,他严厉、变化无常、好发脾气,尤其是自尊心很强。可是这还不是他的真正的、本质的特征。他能够给人巨大的道德上的影响,而在自尊心很强的人们是不可能做到这一点的。在斗争中他因残酷无情而被认为是凶恶的,可是所有的仇恨都使他感到苦恼,如果他注意到人们愿意直接接近他,他又轻易地饶恕了他们。尼康对顽固不化的敌人非常残酷。当他见到人们的眼泪和痛苦时,他又忘记了一切。对他而论,行善,帮助弱者或亲近的病人,与其说是尽牧师的职责,不如说是出于慈善天性的本能爱好。按他本人的智慧和道德力量,他是个大精明人,愿意并能干大事业,但是只是大事业。人们能干好的一切小事,他都比别人干得坏;但他想干和能干那个谁也不能干的事,不管那是些善行还是蠢事。1650年他对诺夫哥罗德叛乱者的行为,即为了开导叛乱者,他让自己毒打了他们;后来,在1654年莫斯科瘟疫流行期间,当沙皇不在首都时,他把沙皇的家庭撤出,以免他们受到传染,表明他非常勇敢和镇静;可是他在生活琐事上、日常瞎扯时则又沉不住气;一瞬间的印象会发展为整个情绪[10]。在最艰难的时刻,他有创造性并要求思想完全动员起来;他注意琐事,为琐事准备掀起大的轰动事件。他被判罪,被遣送到费拉本托修道院后，他从沙皇那里得到一些小礼品，但是，当一次沙皇送给他许多优质的鱼时，他却反而抱怨并用责难来答复，为什么沙皇没有给他送蔬菜、葡萄酱和苹果。他在心情良好时，机智、敏锐，但他感到委屈和受到刺激时，就失去一切分寸，把现实当作狂怒中臆想出来的稀奇古怪的勾当。在监禁中，他为患病者治病，但他不能自制地以自己能治病的奇迹去刺痛沙皇，他给沙皇送去一份治愈的病人的名单，并对沙皇的使者说，据说他有话，把你的宗主教职位撤了，然后给使者一杯药："去治病人。"尼康[11]属于能平静地忍受可怕痛苦的人，但因小小的刺痛却要辱骂人，并且陷入失望之中。他的缺点往往是坚毅可又自制力不强的人的缺点：他不甘寂寞且怕宁静，不能耐心地等候；他经常会焦急担心，他向往勇敢的思想或者远大的事业，甚至简直同敌对的人吵架。这像一面风帆，它只在暴风雨中才是它自己本身，而在风平浪静时则像挂在桅杆上的一块无用的破布[11]。

第五十五讲

俄国教会在尼康担任宗主教时的状况——尼康的全世界教会的主张——他的革新活动——尼康用什么来促使教会分裂？——对天主教的恐惧心理——对早期旧教徒的赞美——对上面所述的简评——人民心理上的旧教因素——教会分裂和教育——教会分裂对西方影响的促进作用

俄国教会的状况 尼康[2]几乎[1]还在风华正茂、精力充沛的年龄就当上了俄国教会的宗主教。他卷入了汹涌澎湃而又混浊不清的漩涡——各个不同方面的追求、政治谋略、教会争执和宫廷阴谋的漩涡之中。国家正准备同波兰打仗，同它清算从动乱时期以来拖下来的旧账，制止天主教在波兰旗帜掩护下向西部罗斯的攻击。为了在这场斗争中赢得胜利，莫斯科需要新教徒，需要他们的军事技术和工业知识。对于俄国教会上层来说，有两个方面要操心的事：必须鼓动沙皇政府同天主教徒进行斗争，同时又必须遏制沙皇政府对新教徒的过分热心。在死水一潭的教会生活中，在这些操心事的压抑下，出现了某些活动的征兆。俄国的宗教界在准备斗争的时候，警觉起来了。它匆忙使自己振作起来，整顿一番，聚集力量，更仔细地察看自身的缺点：公布了严格的准则、反对民间的迷信和多神教的习俗、反对节日里胡作非为的活动、反对打架斗殴和低级下流的娱乐场所、反对神职人员的酗酒和愚昧、反对祈祷仪式的杂乱无章。人们尽可能迅速地扫除垃圾，因为这些垃圾是650来年随着教会财富的积累而同时堆积起来的。人们开始寻找同盟者。如果国家需要德意志的工匠,那么教会就感到需要希腊或基辅的教师。同希腊人的关系在改善:现在在莫斯科,不顾从前那些对希腊人的五花八门的虔诚信仰所采取的怀疑和鄙视的观点,承认希腊人是严格的东正教徒。同东方教会上层的交往活跃起来了:一些带着禀呈和建议书的东方教会上层人士愈加频繁地来到莫斯科;人们也愈加频繁地从莫斯科往东方向希腊的大主教们就教会的需要和疑难请教。俄国的独立教会怀着十分崇敬的心情对待康士坦丁堡的教会,就像对待自己过去的总主教辖区一样;在莫斯科,人们悉心听取东方宗主教们的意见,就像听取全世界教会的声音一样;没有东方宗主教们的同意,任何重大的宗教疑难都解决不了。希腊人接受了莫斯科的邀请。正当莫斯科在希腊东方寻找光明的时候,希腊东方也正向莫斯科授意,让它成为东正教的东方的光明的源泉,成为整个东正教世界的宗教启蒙圣地和发祥地;让它创办高级神学校和开办希腊语印刷所。也正是在这一时期,人们抱着轻信态度采用基辅学者的著作和各种设施。但是把所有这些精神力量聚集起来比把它们联合在一起并使之协调一致地工作要容易一些。基辅的学者和有学识的希腊人以目空一切的贵客身份来到莫斯科,他们以自己高超的学识使主人感到羞愧。像莫罗佐夫和勒季谢夫这样一些宫廷中拥护西方文化的人一方面重视作为工匠的德意志人,同时又殷勤款待作为教会师长的希腊人和基辅人。这些西方文化的拥护者曾经帮助过尼康的前任宗主教约瑟夫。宗主教约瑟夫同沙皇宫廷牧师斯捷凡·沃尼法齐耶夫一起也遵循革新的方向,他张罗着办学校、翻译和出版教育书籍;为了把正派的思想和风尚灌输到人民群众中,斯捷凡从俄国的四面八方罗致了有声望的传道士和牧师——来自下诺夫哥罗德的伊凡·涅罗诺夫、来自科斯特罗马的达尼尔、穆罗姆的洛金、尤里耶维茨-波沃尔斯基的阿瓦库姆、罗曼诺夫-鲍里索格列布斯基的拉扎尔。尼康也同这一伙人来往周旋，同时脑海里默默地打量着这些人——自己未来的头一批敌人。但是勒季谢夫由于崇尚学术被人看作有持异端的嫌疑，而沙皇的宫廷牧师，也是沙皇的恭顺的谏者，一位外貌和善谦逊的人，在第一次冲突时他就当着沙皇的面把宗主教和整个最高宗教会议斥责为豺狼和强盗，还说在莫斯科国根本就没有上帝的教会。为此宗主教请求沙皇按1649年法典处理，把那些恶意诽谤大教堂和使徒教堂的人判处死刑。于是后来这个牧师挑选的助手就不再听从自己首领的话，他们同他说话时总是"恶声恶气，抱着敌意"，干脆就大骂一通，并为同一个俄国上帝怀着无法控制的狂热劲冲向宗主教和所有创新说的人，连同提出他们写的新书，他们的主张、办法和教师，不管他们是德意志人、希腊人还是基辅人。如果那位宫廷牧师说的教会是指教会的教秩纪律和祈祷仪式，那么他说的在莫斯科国没有上帝的教会就是对的。因为这里呈现出一派不讲仪式、不讲秩序和规矩的景象。甚至那些笃信上帝的、信守教规的俄国教徒，也对在寺庙中长时间站着感到枯燥乏味。神职人员为了讨好这些教徒，于是擅自采取一种速成的祈祷方式，结果教徒们念祈祷文和唱圣歌时声调不一致，各行其是，或者读经师在朗诵经文，教堂助祭则做祈祷，而牧师就大声呼喊，结果什么也听不清楚，只好照祈祷书把规定的全部内容读完唱完了事。通过《百章决议》的教会会议曾严格禁止这样七嘴八舌的祈祷仪式。但是神职人员并不理会会议的决定。光凭这种不成体统的做法就足以给那些破坏教规的神职人员以纪律处分。宗主教遵照沙皇的命令于1649年就此事召开了一次教会大会，但是由于担心神职人员和世俗人员的抱怨，这次大会反而批准了那种不成体统的做法。1651年，在一次新的教会大会上，由于拥护教规者的不满，大会被迫重新作出决定，以便达成一致的意见。教会的高级牧师害怕自己教区的信徒，甚至害怕自己的下属神职人员，而教徒群众根本不把自己的牧师放在眼里，因此后者在那些变化无常的影响的压力下左右为难，只好怀着一种对所立法规的茫然不知所措的心理紧跟着国家执政当局[2]。

全世界教会的主张　在这个被各方面的潮流搅浑了的教会浊流中，尼康提出了一个关于全世界教会同俄国各地方教会关系的明确主张并且带着这个主张登上了宗主教的宝座。假如他使这一主张注入更多的严肃内容，那么他的精神力量是会使人感到惊讶的。他执掌了俄国教会的管理大权，坚决果敢地恢复了俄国教会同希腊教会的协调一致，从而消除了两者所有的那些不一的特有的仪式。启示他意识到这种一致关系的必要性是没有问题的。17世纪愈益频繁访问莫斯科的东方宗教上层，带着责备的口吻向俄国教会的教区牧师们指出了这些特有的仪式是地方性的标新立异，会使各地区的东正教教会之间的一致关系遭到破坏。在尼康登上宗主教职位前不久，发生了一起说明存在这种危险的事件。在阿陀斯山，所有希腊寺院的僧侣召集了一次会议，宣布用两个指头划十字是异端，他们焚烧了莫斯科的祈祷书，因为这些书是这样规定的，他们还想把一个被搜出藏有这些书籍的长老烧死。可以猜测出迫使尼康最关心巩固俄国教会同东方教会，俄国宗主教同全世界宗主教们亲切交往的个人动机。尼康知道，前任宗主教约瑟夫及其志同道合者的毫无生气的改革努力不能使俄国教会摆脱它不愉快的处境。他亲眼看到，全俄总主教在宫廷舞台上是一个可怜的配角；他根据自己的经验知道，一个顽强的人可以轻易地把年轻的沙皇玩弄于股掌之中。尼康想到自己，一个宗主教，可能像他的前任一样，成为某个狂妄自大的沙皇宫廷牧师手中的玩偶，在前任宗主教任期快结束时，那位宫廷牧师就天天等着他下台,每当他想到这些,他那火爆的自尊心就愤怒起来。处在莫斯科使徒高位的尼康一定会感到自己孤单,因此他从外国,从全体基督教会的东方去寻找支持,从与东方那些地位相同的人的紧密团结中寻找支持,因为对莫斯科教会来说,理解关于全世界教会这一概念尽管有困难,但全世界教会的权威,对于虔诚而胆小,但又是专制的莫斯科心灵来说,还是某种吓人的东西。尼康习惯于借助想象力,详细制定任何一种主张和仔细分析吸引他的任何一种感情,因此他忘记了自己在下哥罗德的摩尔多瓦故乡,而想使自己成为一个希腊人。他在1655年一次教会会议上宣称,虽然他是俄国人,是俄罗斯人的儿子,但是他的信仰和信念是希腊的。同一年,在乌斯宾斯基教堂做完庄严的祈祷之后,他当着全体祈祷者的面摘下自己头上的俄罗斯僧帽,戴上希腊僧帽,但是这样做引起的不是会心的微笑,而是强烈的抱怨,被看成是向全体信徒的挑衅,因为在俄国教会中,使徒们遵照圣灵的启示背叛了一切。尼康甚至还想要一个希腊式的神座。1658年,处于尼科里斯克大街的希腊修道院的修士大祭司亲自同修道院主持僧一起"为宗主教阁下做了希腊式的食物",为此他们俩各得了半卢布银币,相当于现在的七个卢布。由于尼康得到莫斯科权力范围以外的力量的支持而稳住了自己的地位,他不仅想成为莫斯科和全俄罗斯的宗主教,而且想成为普天下的宗主教之一,并想要独立自主地行事。他想给"伟大君主"这一封号以实际意义(由于有这个封号他就同沙皇平起平坐了),这是傲慢引出来的篡权行经呢,还是沙皇不小心赏赐给"自己挚友"的恩典——这两者反正都一样。尼康不仅把神权同皇权摆在平等的地位,而且让它高踞于皇权之上。当他被人斥责为教皇主义时,他爽朗地回答说:"教皇做了好事为什么不应该尊重呢?在罗马教廷那里,最高使徒是彼得和保罗,而教皇在他们那里供职。"

尼康向俄国教会的全部过去提出挑战，正如他向俄国的周围现实挑战一样。但是他不想同所有这一切进行争执：因为在一个拥有永恒的和全世界思想的人面前，一切暂时的和地区性的东西一定会消失。整个任务在于建立俄国教会同其他各地东正教教会的完全协同一致的关系，在那里，他作为全罗斯的宗主教，在全世界教会的高级教秩中间，将能够占有适当的地位[3]。

他的革新活动 尼康以其常有的赤诚和热情着手恢复这种协同一致的事业。在他登上宗主教宝座的时候，他用授予他权就能办好教会事务的庄严誓言来笼络大贵族政府和人民，他得到了教会的某种独裁权。他成了宗主教之后，一头钻进藏经殿中呆了许多天，分析研究那些旧书和有争议的经立。在藏经殿里，他找到了一份1593年东方宗主们签署的在俄国建立总主教制的文告。在这文告中他读到：莫斯科的宗主教，作为所有其他信奉东正教的总主教的兄弟，在各个方面都应该同他们协同一致，应该在自己教会的范围内杜绝任何的标新立异，因为标新立异往往是教会纠纷的原因。当时，尼康一想到俄国教会是否容许任何背离东正教的希腊教义的行为时就感到非常恐慌。他开始研究并把斯拉夫语文本的宗教信条和希腊语文本的加以核对，但他到处都发现了文字的变动和同希腊语文本不相符的地方。他意识到自己的职责就是支持同希腊教会的协同一致，于是他决心着手修改俄国的祈祷书和教堂仪式。他是从这件事开始的：1653年，在大斋戒期之前，他没有召开全体会议，而是凭着自己的权力给各个教堂发下一道教令，规定在诵读圣叶弗廖姆·西林的著名祈祷文时要叩几次头，而且他还指示要用三个指头划十字。后来[4]他抨击当时俄国的圣像画家，因为这些人在画圣像时背离了希腊的模式，采用天主教写生画家的手法。稍后，在西南地区僧侣的协助下，他用新的基辅圣诗合唱取代了古老的莫斯科圣诗齐唱；他还定出一个前所未有的规矩——在教堂发表自己的布道演讲。在古罗斯，人们曾经用疑惑的眼光来看这样的讲经布道，把它看作是布道者自命不凡的表现，认为宣读圣父的训诫才是合乎规矩的。但是为了不拖延教堂祈祷[4]的时间，通常不宣读这些训诫。尼康本人喜欢宣读自己写的布道词并长于此道。按照他的启示和仿照他的榜样，那些外来的基辅人也开始在莫斯科的教堂里布道，有时甚至讲一些时兴的题材。信奉东正教的俄国人的社会意识由于这些标新立异而陷于窘境是不难理解的，而且即使没有这样的事，他们在情绪上也是惶惶不安的。尼康的发号施令向俄国东正教会表明：迄今为止，东正教徒们既不会祈祷，又不会画圣像，而神职人员也不会很好地主持祈祷仪式。宗教分裂运动最早的首领之一，大司祭阿瓦库姆生动地描写了这种窘况。在发布了关于大斋戒期顶礼膜拜的命令之后，阿瓦库姆写道："我们集合起来，心里在想：我们已经看到，冬天来临了，心儿发冷了，两腿也哆嗦起来了。"[5]当尼康着手修改祈祷书时，这种窘况更加剧了，虽然这事尼康是通过沙皇本人主持下有大贵族杜马出席的1654年教会会议来进行的：会议决定在印刷教会书籍时根据古代斯拉夫和希腊语经书来进行修改。在古代罗斯，祈祷书与圣书的差别不大。因此尼康主办的事就出现了一个问题：难道圣书上也有错？在这以后俄国教会中还有什么是对的呢？由于宗主教一阵一阵地，大声喧嚷地发布一个接一个的命令，同时又让社会对这些命令毫无任何思想准备，并且对那些违抗命令的人采取严厉措施——这些就更增加了惊惶不安的气氛。对看不惯的人剥光衣服，臭骂一通，诅咒一番，毒打一顿——这些就是权势大地位高的宗主教常用的手段。他甚至也这样对待科洛姆纳主教帕维尔，因为在1654年会议上帕维尔反对过宗主教本人：于是宗主教不经教会法庭审判就剥夺了帕维尔的主教职位,帕维尔被送去"狠揍一顿",并流放外地,后来疯了,默默无闻地死去。当时有人曾说到尼康怎样反对新的圣像绘画。1654年,正当沙皇出征的时候,宗主教命令在莫斯科挨家挨户进行搜查,到处(甚至在一些名门贵族家里)取走新画的圣像。那些被取走的圣像被挖去了双眼,然后被送往全城,同时宣读命令,威胁要严惩所有画这类圣像的人。此事过后不久,莫斯科开始流行鼠疫,发生日蚀。莫斯科人非常不安,他们纷纷聚在一起,痛斥宗主教,他们说,鼠疫和日蚀是上帝对辱骂圣像的尼康的渎神行为进行的惩罚。他们甚至打算把反对崇拜圣像的人加以杀害。1655年在东正教的一个礼拜天,在乌斯宾斯基教堂,宗主教在两位东方宗主教——一位来自安提俄克,另一位来自塞尔维亚,他们当时正在莫斯科——出席的场合,举行了一次庄严的祈祷。尼康在做完圣餐仪式发表一通有关崇拜圣像的讲话之后,又做了一次激烈的反对俄国的新圣像绘画的发言,他扬言要把所有今后绘制或家中藏有新圣像的人革除教门。这时,有人把收集的圣像呈递给他,他把每一张圣像给大家看,然后使劲把它们一张张摔在铁板地面上,把它们摔得粉碎。最后,他命令把有纰漏的圣像全部烧掉。一直在恭听宗主教说话的沙皇阿列克谢,走到他身边,轻声说道:"不,神父,你不要吩咐把它们烧掉,你最好命令把它们埋进地里。"

尼康促使教会分裂 最糟糕的是[6],尼康对那些习惯的教堂规矩和礼仪是毒害灵魂的以及新的规矩和礼仪是专门拯救灵魂的信念,完全证实不了那种反对旧的教堂规矩和礼仪的残暴行为是正当的。正如在有关修改经书的问题提出以前尼康本人曾用两个手指划十字一样,在修改经书之后,他在乌斯宾斯基教堂也准许两呼和三呼阿利路亚。在尼康当宗主教的末期,在一次同屈服于教会的敌对者伊凡·涅罗诺夫就有关旧经书和新修订的经书的谈话时他说道：……旧经书和新经书都是好的，你愿意哪种经书就照那种经书去教堂祈祷好了……这就是说，问题不在于仪式，而在于同教会权力的对抗。在1656年会议上，涅罗诺夫及其同伙受到谴责不是因为用两个指头划十字或读旧经书，而是因为他不服从教会会议。问题从仪式转到强制人们服从教会权力的教规上。1666—1667年召开的会议要旧教徒按这个教规进行宣誓。于是事态有了这样的意义：教会当局规定了广大教徒不习惯的仪式，那些不顺从的人被革除教门不是因为他们依恋旧仪式，而是因为他们不服从；但是仍让那些表示忏悔的人重新入教，并允许他保持旧的仪式。这很像军营中的预告警报，它使人养成一种随时处于战备状态的习惯。但是这种顺从教会的考验是教区主教们对本教区教徒的宗教良心的戏弄。大司祭阿瓦库姆和其他人并没有在自己身上找到这种随机应变的心术，所以他们成了分裂教派的先驱。如果事情一开始尼康就向整个教会宣布他对屈服的涅罗诺夫所说的话，那么就不会有分裂了。尼康之所以对促成分裂起了很大作用，是因为他对那些必须注意的人缺乏了解，他对自己的第一批敌对者（涅罗诺夫、阿瓦库姆以及自己过去的朋友）估计太低。这些人不仅是有声望的布道者，而且也是民间的鼓动家。他们主要根据圣父们的学说，特别是雄辩家约翰的学说——《马加里特》（他的《训世集》的名称）表现出他的训世才能。涅罗诺夫在下诺夫哥罗德传道的时候，身边从不离《马加里特》这本书，他在教堂讲坛宣读这本书，讲解它的教义，他甚至在大街上和广场上向一群群的听众宣讲。我们不知道，在这些圣经诠释的即兴宣讲中有多少神学的涵义，但是毫无疑义，人们的热情是很高的。涅罗诺夫无情地揭露了人世间的种种恶行，僧侣们好酒贪杯，艺人们遭灾受难，甚至揭露督军们的滥用职权。为此他不只一次遭到鞭打。在他当了莫斯科喀山教堂的首席神甫之后，整个首都居民都到那里去看他主持礼拜仪式,神殿和庙堂的台阶上,甚至窗台上都站满了人;沙皇亲自带领全家常来听他讲经布道。沙皇宫廷牧师僧侣团中的一些人也像涅罗诺夫。宫廷的威望和赏识使得这些人忘乎所以,举止粗鲁。这些僧侣在尼康当总主教之前就习惯于对他随随便便,现在他们对他说话还是粗野无礼,在会议上侮辱他,向沙皇告发他。宗主教用酷刑来回敬他们。穆罗姆的大司祭洛金在一位地方督军家里给督军夫人祈祷祝福时问她:是不是脸上擦了白粉。受委屈的主人和客人们纷纷开口说:你,一个大司祭,恶意诽谤白色颜料,如果没有这些白色颜料就画不成神像。洛金反驳说:如果画神像用的各色颜料涂到你们的皮肤上,你们是不会喜欢的;救世主本人,圣母和所有圣人要比自己的神像高贵得多。后来这个督军向莫斯科告发洛金恶毒诽谤救世主、圣母和圣人的神像。尼康对这一荒诞不经的事不作了解,便逮捕了洛金,这也是对这位大司祭过去指责他骄傲自大,目中无人的一种报复。尼康把个人的恩怨带入教会的事业中,从而使自己作为一个牧师的威信大受影响;他用受苦受难者的花环美化了自己的敌人,把这些人驱赶到俄国的各个地方,让那些偏僻的角落充满这些有本事的散播旧教的人。这样一来,尼康说明不了自己的独裁专权是有道理的,他也没有处理好教会的事务,反而把它们搞得一塌糊涂。政府当局和宫廷上下消灭了大自然慷慨赋予他的精神力量。他也没有给自己的牧师活动带来任何革新的、改革的东西。他修改过教会书籍,改革过教堂仪式,但仅有这点是远远不够的。校订并不是改革,如果校订修改的东西被一部分神职人员和社会人士当作新教义而且引起宗教界的骚乱,那么这首先是尼康及整个俄国教秩制度的过错:为什么他要搞这样的事?本来他应当知道,这样做会有什么结果,他也应该知道,几百年来,如果俄罗斯的牧师们没有教过本教区的教徒区别教义和两呼阿利路亚,那么他们究竟干了些什么。尼康并没有用任何新精神和新方针来改革教会的规章制度,而只是用教会的一种形式替代另一种形式。他对全世界教会的主张理解得很狭隘,是从分裂主义的角度来理解,从表面仪式方面着手的,虽然为了这个主张也干出了一件轰动一时的事情。尼康既未能把更广泛的全世界教会的观点灌输到俄国教会的意识中去,又没有用全世界教会大会的某个决议来加强这个观点。他把指责他的东方宗主教们当面斥责为苏丹的奴隶、流浪汉和小偷,从而结束了自己的整个事业;虽然他热衷于全世界教会的统一,但是他却分裂了本国的地方教会。被尼康绷得紧紧的俄国教会的主弦——因循守旧的宗教感情——绷断了,它又反弹回来狠狠地打到他自己身上和赞同他事业的俄国教秩制度上。

对天主教的恐惧心理 尼康除了自己的行为方式外,还拥有两种辅助手段来同旧教的冥顽不化进行斗争。但在他为自己事业造成的形势下,这两种辅助手段却卓有成效地反而使得旧教备受欢迎[6]。第一,尼康最亲密的助手和他教会革新活动的执行人是一些知名的南俄罗斯的学者,在莫斯科,人们知道这些人同波兰天主教界有密切交往;或者是一些像曾经提到的阿尔谢尼这样的希腊人,改信耶稣教的游方僧。此人过去是天主教徒,据说还是个异教徒,他是尼康信赖的经书校对者,是尼康从索洛维茨感化拘禁所带出来的。正如当时人们谈到此人时说的,他是一个"被流放的、背弃了黑暗罗马教廷的修道士"。但是在引进宗教上的新颖事物的同时,还招来了小俄罗斯人和希腊人对大俄罗斯人的尖酸刻薄的指责埋怨。基辅的僧侣(也叫霍霍人,正如当时人们所说的,也叫"碰不得")每走一步都对大俄罗斯社会,特别对神职人员,吹毛求疵,评头品足,幸灾乐祸地责备大俄罗斯人愚昧无知;他们喋喋不休地硬说大俄罗斯人不懂文法,不懂修辞以及其他学校的文化知识。西麦昂·波洛茨基从莫斯科乌斯宾斯基教堂的讲坛上庄严宣称:在俄国,大仁大智者是不会到处躬身下拜的,俄国的教义十分怪僻,它竟然蔑视上帝赐予的智慧。他在谈到那些敢于自称为导师,但在任何时候任何地方都没有当过学生的愚昧无知的人时说:"这些人确实不是导师,而是让人受苦受难的灾星。"所谓愚昧无知的人首先是指莫斯科的神甫。这些责难在保持古代罗斯虔诚信仰的人中间产生了一个个令人不安的问题:他们是果真如此愚昧无知吗?这些外来的学校文化知识对保护交给俄国教会的宝藏真的是这么需要吗?由于外族人纷至沓来,就是没有上面说到的事,整个社会也已经充满惊惶不安和疑虑重重的情绪了,何况现在又加上民族尊严受自己的东正教兄弟的凌辱。最后,在1666—1667年的宗教会议上,俄国和东方的主教们痛斥了1551年《百章决议》会议承认的用两指划十字的做法和其他仪式,同时还庄严宣告:"出席上次会议的神甫们轻率地以自己的愚蠢当作聪明来卖弄。"这样一来,17世纪的俄国教秩制度就让俄国教会的古训古礼受到了全面责难。而这些古训古礼对当时大部分俄罗斯人来说是具有全世界意义的。信奉东正教的俄罗斯人的头脑受到上述宗教自满心理的熏陶和培养,同时在情绪上又这样惊惶不安,因此陷入了窘境;对于这种窘境是不难理解的。当使人不解的教会改革之谜底刚被解开,那种窘困心理就引起了分裂。外来的希腊人和西部罗斯的学者参与教会革新的活动(这些学者因与天主教有联系而受到怀疑),硬要求别人接受天主教西方繁荣昌盛的科学、紧跟西方新事物之后出现的宗教上的新事新制、政府盲目偏爱的那些看来无用的来自天主教西方的东西,因而从那里招来许多持异端邪说的人并让他们吃饱喝足,——所有这一切使俄国平民百姓推测:教会的标新立异是天主教秘密宣传搞出来的，尼康和他的希腊人与基辅人助手是罗马教皇的工具，因为教皇想再次把信奉东正教的俄国人民天主教化。

对早期旧教徒的赞美 只要看一眼旧教文献的初期著作就足以使人看到[7*]，正是这些印象和担心支配着第一批分裂派斗士及其后继者。在这些著作中有两份呈文占有显著地位，一份是修道士萨瓦季于1662年递呈沙皇阿列克谢的，另一份是索洛维茨寺院反对尼康革新的僧侣于1667年呈递沙皇的[7a]。在尼康任宗主教期间，出版修订过的经书的人使拥护未修改的旧经书的教徒难堪的是：后者不懂得文法和修辞。修道士萨瓦季为回答这一情况在给沙皇的呈文中谈到新经书修订者时写道："我的君主啊！我敢起誓，他们造反了，他们在毁掉经书；他们不久前才开始陷入迷途，但他们那零碎不全的文法知识和碰不得的外来人竟使得他们丧失了理智。"尼康的宗教革新由于东方希腊教会上层的赞同而得到肯定，但是希腊人早就在俄国社会中引起人们对希腊正教纯洁性的怀疑。为了回答向希腊权威求教的做法，索洛维茨寺院的呈文指出，希腊教师自己都不会"按规矩"——即恰如其分地在额上划十字，他们也不戴十字架；他们本来应该向俄国人学习崇敬上帝，而不是来教训俄国人的。教会的革新者让人相信，俄国教堂的仪式是不对的。但是因为这个呈文把仪式和教义混在一起并站在维护俄国教会的古制的立场上，它写道："当今新教义的传播者教给我们闻所未闻的新教义，好像我们是些不知道有上帝的摩尔多瓦人和车累米西人似的，看来我们还得再受一次洗礼，还得把神的侍者和显圣者从教堂中抛出去。这些外国佬说我们到现在为止还不知道什么是基督教，他们就是这样来嘲笑我们的。"显然，教会革新刺痛了俄国宗教界情绪中一根最敏感的弦，刺伤了俄国民族和宗教的自信心。大司祭阿瓦库姆是一位早期的旧教徒，是分裂派的热情斗士，他最忠实地解释分裂运动的基本观点和动机。在这位旧教斗士的行动方式和著述中，表现了在此之前已形成的古罗斯宗教宇宙观的全部实质。阿瓦库姆把西方的新风俗和新书看作是使罗斯在宗教上遭灾受难的根源。他在一篇文章中感叹道："啊，可怜的罗斯呀！为什么你需要那些天主教的风俗习惯和德意志人的行为举止呢？"他也认为，那些应召到罗斯来教导它的人民和解开其宗教上疑惑的东方教会的导师，本身就需要罗斯的教导和启迪。阿瓦库姆在自传中描绘了1667年在审判他的教廷上出现的少见的激烈场面，以及他本人在东方宗主教们在场时的表现。那些宗主教对他说："大祭司，你顽固不化：我们整个巴勒斯坦，以及塞尔维亚人、阿尔巴尼亚人、罗马人、波兰人，都用三个指头划十字，唯独你顽固地坚持自己的意见，用两个指头划十字；这样做是很不应该的。"阿瓦库姆反驳说："全世界的导师们啊！罗马早就陷落了，波兰人同它一起完蛋了，而且他们至死仍旧是基督徒的敌人；在你们那里，东正教是五花八门的，由于土耳其马赫麦特的暴行，你们已变得虚弱不堪，从今以后你们来我们这里学习吧，我们这里的专制政体是上天赐予的。在尼康这个叛教者出现之前，我们的东正教纯洁无瑕，我们的教会安然无恙。"这位被告说完这一席话后就走到大理院门边，侧身躺了下去，还说："你们坐一坐吧，我要躺一躺了。"这时有人笑了起来，说："大司祭是个大傻瓜，他不尊敬宗主教们。"阿瓦库姆接着说，"对基督来说我们是傻瓜。你们高贵，我们低贱；你们强大，我们弱小。"阿瓦库姆对于指导早期教会分裂的首领们的基本思想是这样表述的："虽然我脑子不灵，又没有学问，但是我知道，圣父们赐给教会的一切都是神圣的、纯洁的；我要把这一切坚持到死。正如我所知道的，我不会长命百岁，但是在我们之前就规定好了：愿圣父们所赐的一切永生永世长存人间。"[76] 17世纪的一些事件使古代俄国的宗教宇宙观呈一种非常虚弱的兴奋状态和具有片面的趋向，这种宇宙观的这些特征后来完全转化成了分裂，成了分裂运动的宗教宇宙观的基础[7*]。

对上面所述的简评　这就是我所阐述的宗教分裂的起源。现在让我们来再次回顾一下上面观察到的情形，以便弄清这一事实及其意义。

罗斯和拜占庭遭受外敌入侵带来的灾难[8]，使俄国教会与世隔绝，削弱了它同东方东正教教会的交往。这种情况在俄国宗教界模糊了关于全世界教会的思想，俄国教会成了代替全世界教会的唯一教会，有关俄国教会的思想代替了关于全世界教会的思想。于是，全世界基督教意识的权威被地方的、民族教会古制的权威所替代。闭塞的生活促使俄国教会的实践中积累下许多地区性的特点，而对地方性教会的古制的过高评价又赋予这些特点一种神圣不可侵犯的意义。西方影响带来的日常生活上的诱惑和宗教的危险性，使俄国宗教界警觉起来，在宗教界领导人中产生了一种需要——即集聚力量迎接斗争，环顾四周，整理内部，在其他东正教团体的协助下加强自己，并为此目的而同它们更加密切地联合起来。大约在17世纪中叶，那个濒于绝境的关于全世界教会的思想，就这样在俄国的优秀人士中间活跃起来。这个思想在尼康宗主教那里表现为一种迫不及待的狂热行动，其目的在于从仪式上使俄国教会同东方教会接近起来。无论这一思想本身，还是产生这种思想的环境，特别是实现这种思想的办法，在俄国教会中都引起了惶惶不可终日的惊恐情绪。关于全世界教会的思想使得俄国教会离开它那平静的宗教自满状态，摆脱那种民族的、宗教的自负心理。对习以为常的仪式所进行的狂热而又令人愤慨的迫害，使民族自尊心受到侮辱，而没有使惊惶不安的心灵有所醒悟，也没有使人们改变自己的习惯和偏见；

人们观察到，推动这种改革热潮的首先是天主教的影响，但是当人们猜测到摧毁本国古制的阴险毒辣的黑手是从罗马伸出来的时候，这种观察就使得人们头脑中充满了令人丧魂落魄的恐怖感[8]。

组成旧教的人民心理要素 因此，作为一种宗教情绪和对西方影响的抗议，分裂的产生起因于国家和教会中的改革运动遇到了教会仪式在人民心理上所起的作用，遇到了对俄国教会在基督教世界的地位所持的民族观点。从这些方面来说，分裂是一种人民心理上的现象，仅此而已。在组成旧教的人民心理要素中必须区别三种基本成分：（一）教会方面的自负心理。由于这种自负心理我们的正教才变成为民族独有的东西（全世界教会的民族化）；（二）神学思想的因循守旧和胆怯心理。这种神学思想不善于吸取新的外来知识的精华，反而害怕这种精华，把它当作卑污的天主教妖术（恐天主教症）；（三）宗教感情的惰性。这种感情不善于摆脱习以为常的激发自己、表现自己的方法和形式（多神教的仪式）。但是，当旧教徒因本教区的牧师们对天主教影响有眷恋之意而拒绝服从他们时，分裂运动的抗议的和反教会的情绪就变成为一场宗教的骚乱。在1667年莫斯科教会会议上，因旧教徒反抗教会牧师们的合乎教规的权力，俄国教会上层人士同两位东方宗主教一起，把不顺从的教徒革出了东正教的教门。从这时起，分裂就成了现实，它不仅是一种宗教情绪，而且形成了一个脱离了占统治地位的教会的特殊宗教团体。

教会分裂和教育 这场分裂很快就影响到俄国教育的进程，也影响了西方影响所造成的环境。西方影响给造成分裂的反动力量以直接的推动，而分裂又反过来间接推动了它所攻击的学校教育。希腊和西部罗斯的学者硬说俄国人民的愚昧无知是分裂的根本原因。现在人们开始想要办真正的正规学校了。但是这种学校应该是哪一类型，属哪一派别的呢？在这里，分裂使过去因误会而汇合在一起的各种观点分道扬镳。当眼前站着外来的异端者、站着罗马教皇的徒子徒孙和路德派之流的时候，为了同这些人做斗争，人们亲切殷勤地请来了希腊人、基辅人，以及说希腊语的叶皮凡尼·斯拉维涅茨基和说拉丁语的西麦昂·波洛茨基。但是现在自己家里却出现了异端者，出现了因教会主张天主教新制而与它脱离关系的旧教徒，以及信奉圣体显灵日的天主教教义的崇祀五谷的教徒。在莫斯科，说拉丁语的西麦昂·波洛茨基被认为是这种异端的主谋人。于是爆发了一场热烈的争论，争论的内容是关于对两种语言的态度，以及哪种语言应当成为正规学校教育的基础。这两种语言当时不仅有不同的文法和词汇，而且表现了两种不同的教育制度、敌对的文化、不可调和的宇宙观。拉丁语是"自由的学说"，是一种"探索的自由"，是神示录对约翰·波戈斯洛夫教堂的教民们所说的研究自由；这是既符合人的高级精神生活的需要，又符合人的日常生活的需要的科学。但是希腊语是"神圣的哲学"，是文法学、修辞学、辩证法——这些都是用来通晓上帝启示的辅助性科学和辅佐手段。当然，爱好古希腊语文的人占了上风。在费奥多尔统治时期，为了保卫希腊语文化，有人写了一篇文章，文章一开头就提出问题和回答问题："对我们来说是学习文法、修辞、哲学、语言学和赋诗技巧从而懂得圣书有用呢，还是不学习这些学科从而糊糊涂涂地祀奉上帝和理解圣书上的智慧有用些呢？——俄罗斯人最好是学习希腊语，而不是拉丁语"[9a]。照这篇文章说，学习拉丁语肯定是有害的，它有两大危害性：如果狡猾的耶稣会士听到莫斯科接受这种学问，就一定会带着自己那些不易明白的三段论法和"腐蚀灵魂的论点"偷偷地进来，到那个时候，大俄罗斯又要重现小俄罗斯的遭遇了；当时在小俄罗斯"几乎所有的人都成了天主教与东正教的合并派教徒,只有少数人仍信奉东正教"。如果后来在人民中间——特别是"憨厚朴实的人"中间——听说有拉丁语的训练,这位作者写道,我不知道会有什么好结果,"只有请上帝来消灾祛难吧"。1681年,在尼科里斯克大街的莫斯科印刷所开办了两个班级的学校,一个班级学习希腊语,另一个班级学习斯拉夫语。领导这所印刷学校的是久居东方的修士祭司季莫费伊和两位希腊教师。学校招收了30个来自不同等级的学生。1686年学生人数达到233人。后来,又成立了高级学校,即斯拉夫语—希腊语—拉丁语书院。它是1686年开办的,也设在尼科里斯克大街的扎伊科诺斯帕斯克寺院内。希腊人利呼达弟兄被任命为这所书院的领导人。印刷学校似乎成了书院的初级部,它的高年级学生转入书院。1685年,波洛茨基的学生西尔维斯特·麦德维杰夫向执政的公主索菲娅呈递了一份还在沙皇费奥多尔时期拟定的书院特权书(或称书院章程)。章程的某些条款表明了书院的性质和任务。书院为所有等级的人敞开大门并给所培养的人以公职。只准俄国人和希腊人担任校长和教师职务;信东正教的西部罗斯学者只有由可靠的笃信宗教的人的证明才能担任这些职务。严格禁止聘请操其他外国语的家庭教师,禁止在家里收藏拉丁语、波兰语、德语的书籍以及其他异教徒的书籍并学习它们。书院监视这一切,就像监视东正教徒中进行异教宣传一样;书院对恶毒诽谤东正教的被告加以审判,而有罪的人为此遭受火刑。对整个东正教东方来说,它长时间为在莫斯科培植自由的学术而进行的种种活动,其结果却是开办了一所宗教—警察学校,这所学校成了教会学校的原型。书院虽然保卫着东正教不受一切欧洲异教徒的影响,但是它没有预备学校,所以它不可能通过自己在教育上的影响渗透到人民群众中去,而且它对教会分裂也没有危险。

教会分裂对西方影响的促进作用 教会分裂是由于西方的影

响所引起的，但这一分裂对促进西方的影响又起了比较强烈的作用。[96] 尼康掀起的宗教上的风浪，远没有波及整个俄国的宗教界。分裂是在俄国神职人员中开始的，这场斗争最初只在俄国统治阶层和一部分宗教界人士中间进行；这一部分人士全神贯注在对尼康改革宗教仪式所采取的反对立场上——这是来自下层白僧侣和黑僧侣中传教布道者所持有的立场。在最初，不是整个宗教统治阶层都支持尼康。科洛姆纳的主教帕维尔在流放时就指出，还有三位像他一样笃信古代宗教信仰的上层僧侣。只是随着宗教上的争论从仪式转到教规方面以及随着这场争论演变成教区教徒反抗教区牧师的问题之后，宗教上层中才逐渐取得一致。当时在宗教统治阶层中，所有的人都明白，问题不在于笃信古礼制还是虔信新礼制，而是在于：像科洛姆纳的主教帕维尔一样，是待在一个没有教徒的主教讲坛上呢？还是同没有讲坛的教徒走在一起。社会上的广大群众同沙皇一起对这件事采取两重性的态度：根据服从教会的义务接受宗教革新，但由于这位宗教革新者的排他性和行为方式而对他又不采取赞赏的态度；另一方面，对受这位革新者的宗教偏执狂迫害而牺牲的人则深表同情，但对那些反尼康的头脑僵化的敌对者所采取的狂妄行动则不表示赞同，因为他们是针对人们习惯于看作宗教道德制度的支柱的政府当局和各个机构的。在大司祭洛金被免去教职的时候，他从身上脱下道袍道衣，当着尼康的面骂骂咧咧地从大门外朝供台吐唾沫，又从身上撕下衬衣摔向宗主教——教会会议上的这一幕不能不使老成持重的人思考一番。有思想的人极力思索问题的实质，以便给自己的良心找到一个教区牧师没有给予的支撑点。勒季谢夫这位热心科学之父同早期一位为信仰旧教而受难的乌鲁索娃公爵夫人说：有一件事使我感到困惑——我不知道，你是不是在为真理而忍受苦难。他也可以问问自己，是不是有人为了真理而在折磨他们。教堂助祭费奥多尔,这位早期主张教会分裂的斗士,甚至在监狱中自我斋戒,为的是想知道:古礼制中有哪些是错的,新礼制中有哪些是对的。在这样一些心有疑虑的人中,一部分人走向了分裂,大部分人却安于昧着良心,仍旧诚心诚意地忠实于教会。但他们把教会同教会上层人物分开,他们用习惯的表面尊敬的态度来掩饰自己对教会上层人物采取的完全冷漠的态度。国家统治集团内的人物是比较坚决的。在这里人们一直记得,教会的头头想成为高于沙皇的人,这个头头在1666年全世界教会法庭上曾侮辱莫斯科最高权力的执掌人。人们认为,除了动乱之外,从这个教会上层那里是没有什么可期待的。他们默然地怀着共同的心绪决定让教会上层自行其是,但是他们决心不许他们实际参与国家管理。古代罗斯神职人员在政治上扮演的角色就此结束,这个角色他们总是排练得不好,演出时就更差了。这样就消除了一个阻挠西方影响取得成功的主要障碍。因为在这场宗教—政治危机中,沙皇和宗主教的争端被许多条不可捉摸的纽带同尼康掀起的教会动乱缠在一起,所以可以把这场教会动乱对神职人员的政治作用所产生的影响看作是分裂对西方影响的间接效劳。分裂也给西方影响比较直接的效劳,因为它削弱了后来妨碍彼得大帝改革的另一个障碍所起的作用,彼得大帝的改革是在西方影响下进行的[9*]。在整个俄国社会,甚至在它的特别容易受西方影响的领导圈子内,普遍存在一种对西方的怀疑态度,本国的古制还没有失去魅力。这种情况延缓了改革的进程,削弱了革新者们的活动能力。教会分裂损害了古制的权威,结果为了古制而掀起了一场反教会的骚乱,因与教会联系的原故这也是一场反国家的骚乱。大部分俄国宗教人士这时看到,这个古制能够养成多少不良的感情和习气,对古制的盲目依恋会有多大的危险。曾经在本国古制和西方之间还摇摆不定的改革运动的领导人,这时却以轻松的心情更坚定更勇敢地走自己的路。在这方面，教会分裂对改革者本身起着特别强烈的作用。1682年，在拥立彼得为沙皇之后，旧教徒为了古制和旧信仰又一次发动骚乱（即7月5日在格兰诺维大殿的一场争论）。在彼得的心目中，这场骚乱就像他童年得到的印象一样，铭刻在心一辈子。他在思想上把本国的古制、宗教分裂和骚乱这几个概念密切地联系在一起：古制就是分裂，分裂就是骚乱，因此，古制也是骚乱。由此可以了解，这几个概念的这种联系使彼得这位改革者对本国的古制会采取一种什么样的态度。

第五十六讲

沙皇阿列克谢·米哈伊洛维奇——费奥多尔·米哈伊洛维奇·勒季谢夫

我们已经看到了17世纪俄国社会中进行的各种运动。现在我们要来看一看当时领导俄国社会的人了。这样做对于充分进行观察是很必要的。在使俄国社会动荡不安的对立潮流中,一种潮流是让社会复古,而另一种潮流则推动社会向前——向着一个人所不知的、异国的、模糊不清的远方。这些对立的影响产生了各种混乱的感情和情绪,并把它们在社会上散布开来。但是在某些站在社会前列的人的身上,这些感情和追求即朗化了,变成了自觉的思想和演变为实际的任务。但是这样一些有代表性的典型人物将帮助我们更加全面地认清培养他们的生活内容。在这些人物身上完整地汇合着和突出表现着他们那群人的利益和特性。这些利益和特性一方面在每天的日常生活中消失,另一方面又像一些分散的和无能为力的偶然事情一样时不时地出现在普通人的身上。我请求你们只注意少数几位领导改革运动的人,因为这场改革运动为彼得的事业做了准备。在这几人的思想上和他们提出的任务中,最明显地表现出了这一准备工作的重要结果。正是他们的思想和任务,作为彼得的前辈们的遗训,直接渗入到他的改革纲领中。

沙皇阿列克谢·米哈伊洛维奇 在这些前辈中[1*],彼得这位改革者的父亲无疑是首屈一指的[1a]。在这个人物身上,反映出了改革运动的第一个时期——当时这场运动的首领们还没有想过要同自己的过去决裂和摧毁现存的东西。沙皇阿列克谢·米哈伊洛维奇在改革运动中采取了一个符合对此事的观点的姿态：他一只脚牢牢地站在本国东正教的古制一边，而拾起另一只脚跨过古制的界线之外；这位沙皇就这样一直处于这种犹豫不决的中间状态。[16] 他是同这样一代人一起长大的，最初，贫穷迫使这代人怀着关注和惶恐的心情不时地打量着异教的西方，渴望在那里找到摆脱国内困境的办法，同时又不放弃笃信宗教的古制的思想、习惯和信仰。这是我国唯一的进行这样思考的一代人，因为从前人们不这样思考，以后也不再这样思考了。以往的人甚至害怕从西方引进各种舒适设施，为的是不让它们可能加害于父辈和祖先的道德遗教，因他们不愿放弃作为神圣之物的祖训。后来，在我国有人开始甘愿忽视这一祖训，以便从西方引进的舒适设施更加合乎口味。沙皇阿列克谢及其同龄人珍视东正教的古制并不亚于自己的祖辈，但是有时他们却相信，可以穿着德意志人的长袍，甚至可以看看外国的开心取乐的事，看看"喜剧演出"，同时又要保持必要的感情和思想的纯洁不受侵扰，以便怀着虔诚的敬畏心理思考是否可能破坏星星出来之前的洗礼节前夕的斋戒期。

　　沙皇阿列克谢出生于 1629 年。他学完了古罗斯教育的全部课程，或者如当时所说的，学完了全部语文学科。按当时的教育制度，他五岁多就开始学习宗主教的主事遵照爷爷宗主教菲拉列特的命令为孙子特意编写的识字课本。这是本古罗斯的著名课本，内有各种封号、圣贤名言、简短的教义问答等等。正如当时莫斯科宫廷通常所做的那样，王子是由莫斯科一个衙门的主事官来教育的。一年之后由读识字课本升级阅读晨昏祝祷辞，大约过了五个月学习圣诗集，再过三个月开始学习《使徒行传》，又过了半年就开始学习写作。在他八岁多的时候，宫廷唱诗班的司礼官开始教唱八重赞美诗歌集，有乐谱的祈祷书籍。学完这些以后又过了八个月左右转到学习"用颤音唱的歌曲"，即礼拜时热情奔放地唱的教堂赞美歌，这是音调上难度高的赞美歌曲。十岁时，王子训练结束，他学完了古罗斯古典文科学校的全部课程。结果是：他已经能够在做礼拜时敏捷地朗诵经文，能够在唱诗班里同朗读圣经的神父一起，按古代俄国教会的音律相当成功地唱出颂歌和教堂赞歌。与此同时，他还极端缜密地研究了教堂的祈祷仪式，在这一点上他可以同任何一个修道院或寺庙的经师见一高低。大概，前一时期有一位王子曾经这样做过。但是阿列克谢是在另一个不同的时代受教育的，这个时代的人的头脑中顽强地受到一个模糊要求的撞击，即要求向前迈进，向着希腊甚至拉丁智慧的神秘领域迈进。然而以往几个世纪的虔信上帝的俄国读书人，却畏畏缩缩地避着它们划着十字。德意志人带着自己新发明出来的技巧，先来到俄国的军人队伍中，然后又钻进王宫的儿童室内。阿列克谢还在孩提时代，他手中拿着的"玩具"是德制的小马、德制的"纸牌"、用三个铜戈比和四个小钱（相当于我们今天的一个半卢布）在奥沃谢市场小摊上买来的图片，甚至还有德意志工匠彼得·萨尔特为王子制作的儿童铠甲。当王子大约十一二岁时，他已经有了一个小藏书室，这主要是爷爷、叔伯们和教师赠送的图书，共计十三卷。这些大部分是圣书和祈祷书，但其中也有立陶宛印刷的文法书、天文学和立陶宛出版的某种词典[1B]。除此以外，王子的一位主要教师是大贵族鲍里斯·伊凡诺维奇·莫罗佐夫。他是俄国最早一批迷恋西欧文化的大贵族之一[1Γ]，他把直观教学法纳入王子的教学大纲中，通过德意志人绘的插图来教王子熟悉某些事物；他还把另一些更加出格的新玩意儿带进莫斯科宫廷，他让王子和其弟弟穿上德意志人的服装。

在成年时期，沙皇阿列克谢高度体现了一位忠于古制的古罗斯人的优秀品质和对有益而有趣的新事物的浓厚兴趣的完美结合。他是笃信上帝的典范，是循规蹈矩的、很有分寸的和恪守教义的虔诚信奉上帝的典范，这种虔诚信仰是经过古罗斯宗教感情千锤百炼产生的。阿列克谢在祈祷的艺术和斋戒的方式上能够同任何一个僧侣比比高低：每逢星期日、星期二、星期四和星期六的大斋戒期以及圣母升天斋戒期，沙皇每天只吃一顿饭，而且他的饭食是白菜、乳蘑和浆果——所有这些菜都不放油，每逢星期一、星期三和星期五在所有斋戒期他就什么也不吃不喝。在教堂里他有时连着站五六个小时，平均叩上千次头，而在某些日子他甚至叩一千五百次头。这是古罗斯的一个循规蹈矩的祈祷者，他在拯救灵魂的壮举中把肉体上的磨炼同宗教感情的凝聚匀称而完整地结合起来[1ᴀ]。这种虔诚心对阿列克谢的国家观念及日常生活态度产生强大的影响。阿列克谢虽是一位权力有限的沙皇的儿子和继位人，但他本人却是一位十足的专制统治者，他认为沙皇的权力是至高无上的，这种看法是古代莫斯科社会熏陶出来的。在沙皇阿列克谢的言谈话语中经常提到伊凡雷帝的话："上帝赐福寡人，信赖寡人对四方百姓进行统治和审理。"但是沙皇的专制权力的意识在表现出来时，常被他那虔诚的平易近人和深沉的谦逊态度所缓和（他总是力图不忘自己是个凡人）。在沙皇阿列克谢身上没有伊凡雷帝[1*]的毛病，他没有丝毫的自以为是，没有丝毫的斤斤计较的、疑神疑鬼的、心胸狭窄的权势欲。阿列克谢在写给自己的一位督军的信上说："用怜悯心、热心肠做任何事和匍匐在上帝面前（谦逊恭谨）比靠用武力和声誉（目空一切）要好得多。"这种把权力和平易近人结合一起的做法帮助了沙皇同大贵族和睦相处，他让大贵族参与他的专制统治并和他们分享权力；和他们团结一致共同行动是他的习惯和常规，而不是什么牺牲或者是对环境作出痛苦的让步。1652年他写给尼基塔·奥多耶夫斯基公爵的信上说:"朕,伟大的君主,每天都向造物主和他最纯洁的圣母以及所有圣人请求,愿天主恩赐朕——伟大的君主,也恩赐你们——全体大贵族,愿天主的子民和朕同心同德贤明地治理一切吧。"

现在还保存着沙皇阿列克谢的一个就某一点说极有代表性的便条——这是在大贵族杜马的一次会议上打算要讲的内容的简要提纲。这份材料说明,沙皇是如何准备参加会议的:他不仅记下哪些问题要提交大贵族们讨论,而且还拟定好自己该说的内容,如何解决某个问题。他对一些事亲自核实,记下一些数字;有一件事他还没有考虑好意见,也不知道大贵族们会说些什么;有另一件事他还拿不定主意,如果有人表示不同看法,他就放弃自己的意见;但是对某些问题——如涉及简单的正义和公务的良心——他就有主见而且在会议上要坚持自己的看法。传闻阿斯特拉罕的督军把他们抓获的信东正教的俘虏给了加尔梅克人,沙皇决心写信给这位督军,"既严厉又仁慈",信上说,如果这一传闻是真的,那就对他处以死刑或者至少砍去一只手并流放到西伯利亚去。这个便条最明白不过地描述了沙皇对自己的顾问们的朴实和直率的态度以及非常注意履行自己的政务。

在另一些情况下,社会的风尚和观念也克制地容忍沙皇的善良秉性和种种偏爱。在古罗斯,一个有权势的人很容易忘记他并非世上唯一的人,他并不知道自己的意志所能达到的限度,超过这个限度就是别人的权利,以及人人都应遵守的礼节。古罗斯的虔诚只有相当有限的活动范围,它支持宗教感情,但不大节制意志。由于阿列克谢天生是活泼的、敏感的和好动的人,所以他常有脾气急躁的毛病,容易失去自制力,往往开口就骂人,动手就打人。[2]有一回,正是同尼康关系紧张的时刻,在耶稣受难日,就在教堂里,被宗主教的傲慢激怒了的沙皇因教堂仪式同尼康争吵起来,他用莫斯科有势力的人,其中也包括宗主教本人,常骂人的话痛骂了一顿。他把尼康骂为乡巴佬、……崽子。还有一回,沙皇在心爱的萨瓦·斯托罗热夫寺院(这是他不久前修复好的),举行了纪念该院的奠基圣徒和庆祝该院重新修复的仪式,出席的有安提俄克宗主教马卡里。在庄严的晨祷时,读经僧用平常的呼声开始诵读圣徒传:"圣父,赐福吧……"沙皇这时从椅子上跳起来,大声喊道:"你说什么,你这个乡巴佬,……崽子,说什么'圣父,赐福吧'?宗主教就在这儿,你要说:主啊,赐福吧!"在做礼拜时,沙皇就在僧侣中间走来走去,教他们读这个那个,如此这般地唱;如果他们读错了,唱错了,他就骂骂咧咧地纠正他们。他的表现就像是个唱诗和读经的总管和教堂的主持,他亲自把蜡烛点燃、熄灭、弹掉烛花;在祈祷时他不时地同站在身边的外来的宗主教说话,他在寺院里就像在自己家里一样,好像没有人在注视着他[3]。无论是善良的天性,也无论是位尊的想法,还是想成为一位虔诚和规矩的人的努力,都没有使沙皇超越他臣民中最粗野的人。宗教道德的感情撞在粗野的气质上而碰得粉碎,甚至内心的美好活动表现出来的却是下流行为。

  沙皇的暴躁脾气[4*]经常是因为见到违反道德的丑事,特别是见到自吹自夸的言谈、目空一切的举止而爆发的。吹牛夸口的人总要被他羞辱一番:这就是沙皇在日常生活中的监管活动。1660年,霍凡斯基公爵在立陶宛被击败,几乎丧失尽两万人的军队。沙皇问大贵族杜马该怎么办。沙皇的岳丈——一个从未出过征的大贵族——伊利亚·米洛斯拉夫斯基突然声称,如果君主恩准,让他统帅军队,他会很快把波兰国王俘虏回来。"你,——沙皇朝他喊了起来,——一个出身低贱者,骨瘦如柴的小老头,胆敢胡吹乱吹自己有什么军事才能!你过去带兵的时候打过什么胜仗?"沙皇说着说着从座椅上跳了起来,给老头一记耳光,揪着他的胡子,三拳两脚把他从杜马推了出去,然后使劲在他身后把门砰的一声关上[4a]。沙皇经常对说大话和莽撞的人大发雷霆,可能,甚至还动了拳头,如果被剋的人就在身边,而且他一定要骂个够。沙皇阿列克谢是一个骂人专家,他骂人的话是很讲究的。这种骂人话只有充满怒气但又不记仇的好心肠的俄国人才会骂得出来。萨瓦·斯托罗热夫寺院的司库尼基塔神父喝醉了酒,同站在寺院里的射击军士兵打了起来,把他们的十人长(军官)揍了一顿,还吩咐手下人把他们的武器和衣服扔出寺院的大门。沙皇被这种行为激怒了,据他自己承认,"难过极了,堕入五里雾中"。他忍无可忍,于是给那个狂暴的僧侣写了一封措辞严厉的信[46]。这封信的起款很有特色:"全罗斯的沙皇和大公阿列克谢·米哈伊洛维奇致上帝的敌人、仇恨上帝的歹徒、出卖基督的叛徒、毁灭显圣者大厦的暴徒、撒旦的同谋犯、该死的仇敌、无用的小丑和凶恶的老奸巨猾的恶棍司库米基塔。"但是帝王的怒火与沙皇常有的这一思想——世上的人谁在上帝面前没有过失呢,在上帝的审判席上,无论沙皇还是他的臣民,人人都是平等的——相撞便被粉碎了。在震怒的时刻,阿列克谢无论对自己还是对有过失的臣民,都极力不忘记他是个人。沙皇在写给司库的信上说:"撒旦的天使,你要知道,在这里你的荣誉对于你个人以及对于你的魔鬼父亲都是有用的、可贵的,但对朕,一个有罪的人,它就像过眼的云烟一样。你还要知道,在上帝和你面前,朕是否可贵,朕的高尚思想是否可贵,……到时候朕连上帝也不惧怕。"这位专制君主可以把米基塔神父像一粒尘土一样从地面上吹掉,但他接着写道:他本人将含着热泪请求显圣者圣萨瓦的宽恕，请求保护自己不受坏脾气的司库的伤害："在人生的某个时刻，上帝将审判朕和你，除此以外，朕没有什么可用来保护自己不受你的伤害的。"阿列克谢的性格一方面是和善与仁慈，另一方面是这种对臣民人格的尊重，两者对本国人和外国人都留下了令人难忘的印象，使得他博得了"最温和的沙皇"的称号。外国人惊佩不已的是：这位沙皇对自己的已习惯于完全奴化的臣民虽然拥有无限的权力，但却不侵犯任何人的财产，也不伤害任何人的生命，剥夺任何人的荣誉（这是奥地利使节马耶伯格说的话）[4B]。其他一些人的不良行为之所以使他心情沉重，主要是因为人们让他承担他所讨厌的责任——惩罚这些人的不良行为。他的愤怒是容易止住的，一下子爆发出来就马上平息下去，不再进一步采取威胁性的拳打脚踢的方法，而且沙皇总是首先去向受害者道歉和与他和解，极力安慰他，劝他不要生气。沙皇患肥胖病，有一次他叫来一位德籍"医生"给自己放血，当他开始感到轻松些以后，就根据同其他人分享种种快乐的习惯，建议自己的达官显贵也做同样的减肥手术。只有沙皇外婆家的亲属大贵族斯特列什涅夫一人不同意这样做，借口说自己的年纪大了。沙皇发火了，揍了老头一顿，还说："怎么你的血比我的还宝贵？还是你认为自己比所有的人都好？"但是不久，沙皇甚至不知道，对受辱的人该说些什么甜言蜜语，该送些什么礼物，才能使他不生气并忘掉所受的屈辱[4Γ]。

阿列克谢喜欢他周围所有的人都高高兴兴，心满意足。使他最难忍受的是这样一些想法——想到会有人对他不满，对他抱怨，想到他使某人受到屈辱。他第一个减少莫斯科宫廷中规定的严格而刻板的礼仪，因为这些礼仪使宫廷中的各种关系变得实在令人受不了和十分紧张。阿列克谢还屈尊同廷臣取乐，随随便便地到他们家里作客，邀请他们进宫参加晚宴，给他们灌酒，亲切地了解他们的家庭情况。善于了解别人的境遇，了解他们的苦乐，把他们的苦乐放在心上——这是沙皇性格中最好的品质。为尼基塔·奥多耶夫斯基公爵的儿子去世和奥尔金-纳肖金的儿子逃亡国外，沙皇给他俩分别写了慰问信。这些体贴入微的信是必须读一读的。读这些信是要看看这种深刻同情别人痛苦的能力，甚至能够把一个变化无常的人提到何等谦逊恭谨和道德上富于同情心的高度〔4*〕。

1652年，尼基塔·奥多耶夫斯基公爵在喀山当总督的儿子，差点就在沙皇面前死于热病。沙皇写信安慰死者的老父，他信上写道："你，朕的大贵族，不要过分悲伤，如果不能不悲伤和哭泣，要哭的话，只能适当地哭哭，不要震怒了上帝。"信的作者不仅详细叙述突然的死亡和倾注对死者父亲的慰问之情；在写完信之后他忍不住又加上几句："尼基塔·伊凡诺维奇公爵，不要悲伤，指望上帝吧，信赖朕吧！"1660年，奥尔金-纳肖金的儿子，一个很有前途的青年人，因为外国教师讲的许多有关西欧的事把他搞得晕晕乎乎，结果逃往国外。父亲被弄得狼狈不堪，悲痛欲绝，他亲自向沙皇报告这一不幸事件并请求解职。沙皇极善于理解这类情况，给老头写了一封亲切的信，在信中保证他不会受到沙皇本人的迫害。沙皇写道："你请求把你解职；为什么你要提出这个请求呢？朕认为，你是因为过分悲痛才这么做的。是你的儿子干的蠢事，这有什么可奇怪的呢？他这样做是因为缺乏头脑。他是个青年人，他想看一看这大千世界，开开眼界；像鸟儿一样飞到这里飞到那里，等它飞够了之后就会飞回自己的巢里，你的儿子会想到自己的窠和自己的精神寄托，他很快就会回到你的身边的。"〔5〕

沙皇〔6*〕阿列克谢·米哈伊洛维奇是一个最善良的人，是俄罗斯光荣的灵魂。我同意把他看作古罗斯的优秀人物，至少我不知道还有另一个会给人留下较好印象的古罗斯人——但并非指其统治而言。这是一个相当消极的典型。在他身上发展的那些品质的起因是人的天性和教养,因为这些品质在每天的日常生活中具有这样的价值,给家庭各种关系注入如此多的光和热。但是沙皇阿列克谢一方面有道德上的同情心,另一方面却缺少道德上的毅力[6a]。他热爱人们,极愿人们事事如意,因为他不希望他们用自己的悲哀和抱怨来驱散他个人的安宁和欢乐,如果可以这样来形容的话。在他身上有许多精神上的追求奢侈逸乐的东西,爱好财富,因为财富会引起愉快的感觉。但是他不大善于也不大喜欢坚持什么事或贯彻什么事[6*],正如他不善于也不喜欢同别人做斗争一样。除了有才干和正直的人以外,他还把一些他瞧不起的人安排到重要职位上。一些不抱成见和没有偏爱的观察家得出了极不协调的印象,根据这些印象形成了对沙皇的总的看法:这是一位极善良、极英明的君主,如果他不听那些糊涂的和愚蠢的谋士们的话就更好了。在沙皇阿列克谢[7]身上没有任何好战的东西;他很少有兴趣和能力去推动人们前进,督促他们,指挥他们,虽然有时喜欢亲手"制服"他们,即痛打一顿疏忽大意的或敷衍塞责的仆役。当代人,甚至外国人,都承认他有天生的丰富才华:敏感和好奇心帮助他博得当时最出人头地的博学多才的美誉,他不仅在神学方面有广博的知识,而且在世俗方面也见多识广;人们在谈到他时,说他"熟悉哲学方面的许多知识";一时的灵感,片刻的需求,也会唤起一种想法,提出新的问题。这种勃发的感情表现在他对文学创作的嗜好上。他喜欢舞文弄墨,写得很多,比伊凡雷帝以后任何一位古罗斯沙皇都要多。他试图叙述自己的征战经历,甚至在诗歌创作中这样做,现在还保存着他写的几行作者可能当作是诗的句子。他留下来最多的是给各种不同人物的书信。在这些书信中,透过他对日常人们关系的细微理解,对日常生活琐事和普通人的恰当评价,可以看到他许多忠厚朴实、心绪欢乐，但有时又是内心忧虑的东西。然而在这些书信中却见不到他那些果断的思想转折，也见不着他那些讥讽嘲弄——总之，伊凡雷帝书信中常有的那些东西，在他的书信中一点也没有露出来。沙皇阿列克谢的所有书信都是亲切可爱的、连叙带议的、有时是生动活泼的，但是一般而言，又是含蓄的、软绵绵的、晦暗的，而且是稍微有点甜味的。显然，书信的作者是一位讲究秩序，而不是讲究思想，讲究激情的人，因为激情可以为了一种想法去破坏秩序；他热衷于一切美好的东西，但除了虚无缥缈的东西以外，为的是无论在自己身上还是自己的周围都不破坏宁静的平衡。他的智能的性质和内心的气质异常准确地反映在他那胖胖的，甚至是臃肿的躯体上——他的额头不高，面孔白皙，脸上长着漂亮的胡须，脸颊丰满而红润，头发呈淡褐色，面部轮廓柔和，有一对温和的眼睛。

就是这位沙皇却不得不处在最重要的国内外运动的急流中[7]。各个不同方面的——古老的和较新的、瑞典的、波兰的、克里木的、土耳其的、西部罗斯的、社会的、教会的——关系，在他统治时期中，好像故意地尖锐起来。这些关系相互遇到一起之后，便错综复杂起来，然后变成一个个紧迫的问题并要求得到解决。但不必遵守它们在历史上出现的先后顺序，在所有这些问题上面有一个基本问题，这是解决它们的共同关键：究竟是继续[8]忠于本国的古制呢还是向外国学习？沙皇阿列克谢以自己的方式解决了这个基本问题：为了不在新旧事物之间进行选择，他既不抛弃古制，也不拒绝新事物。习惯、血缘关系和其他关系把他拴在旧思想上，但国家的穷困、对一切好事物的向往、个人的同情心又把他拉到那些聪明而精力充沛的人们的一边，这些人为了人民的福利不愿再按旧的方式来处理各种事务。沙皇不阻挠这些革新者，甚至还支持他们，但一有犹豫就偃旗息鼓，一遇旧思想的坚决反对就鸣金收兵。沙皇因为醉心于时新的潮流,所以他在许多方面离开了古训的生活方式。他常坐德意志人的轿式马车,带着妻子去狩猎,领着妻子儿女去看外国人的杂耍和有音乐舞蹈的"喜剧表演"。他常在晚宴上把文武大臣和牧师灌得酩酊大醉,而且宴会上还有德意志人吹着喇叭,拉着风琴。他还给孩子们聘请西部罗斯有学问的僧侣当教师,他们教的东西远远超过日课经、圣诗集和八重赞美诗集,他们教王子们拉丁语和波兰语。但是沙皇阿列克谢不能领导新的改革运动,也不能给这个运动指出明确的方向,为运动罗致必需的人才,给这些人指明行动的道路和方法。他不反对摘取外国文化的花朵,但是他却不想在把外国文化培植在俄国土壤上的粗活中弄脏自己的手[8]。

但是,沙皇阿列克谢尽管有消极的性格,尽管对当时的问题采取心地善良而又踌躇不决的态度,然而他还是大大帮助了改革运动取得成就。他用自己那种对新事物经常是杂乱无章和前后不一的热情以及缓和和调节一切事物的本领,使俄国的胆小怕事的思想接受了外来的影响。他没有给改革提出指导性的思想,但他帮助了第一批改革者发表自己的主张,让他们能够感到自己是不受任何拘束的,让他们能够施展自己的才能,并为他们开辟了十分广阔的活动天地。虽然他不为改革出谋策划,也不指出改革的方向,但是他却造成了一种改革的情绪。

下面我们要认识一下改革派的一位活动家。他是沙皇阿列克谢最亲近的助手之一,在性格的基本特征上似乎很像阿列克谢,但在这些相同特性的配合上、总的气质和表现上,却又有着很大的差异!

费奥多尔·米哈伊洛维奇·勒季谢夫 费奥多尔·米哈伊洛维奇·勒季谢夫在阿列克谢·米哈伊洛维奇的整个统治时期,几乎都在沙皇的身边。他作为最亲密的御前侍臣,先是在宫廷主管部门供职,后来当了阿列克谢的长王子的管事和师傅(教养人)。他差不多是沙皇阿列克谢的同龄人，比沙皇大约年长四岁（出生于1625年），他比沙皇大约早三年去世（死于1673年）。对于局外的观察者来说，他很少出头露面：不往前突出自己，总是待在不显眼的地方，这已是他日常生活的一种习惯。好在当时有个人给我们留下了勒季谢夫的一份小小的言行录。这与其说像一篇传记，不如说像一篇溢美之词。其中有这位"仁慈厚道的大丈夫"（正如传记人称呼他的）生活和性格中的几个有趣的特点。他[10]是那些完全没有自尊心的少见而且有些怪僻的人中间的一位，与人们天生的本能和固有的习惯相反，勒季谢夫在基督的爱人如爱己的圣训中只做到前一半：因为他为了别人而不爱自己——这是一个完全符合福音教导的人物，他的左脸让人家打了，还让右脸也给人家打，而且很随便，既不夸口，也不计较，好像这是一种生理法则的要求，而不是俯首帖耳的表现。勒季谢夫不懂得什么是屈辱和报复，正如一些人不知道酒的味道和不明白怎么可以喝这样苦涩的东西一样[10]。有个曾经受过勒季谢夫恩惠并在他帮助下在基辅书院受到教育的名叫伊凡·奥泽罗夫的人，后来成了他的敌人。勒季谢夫是此人的顶头上司，但他不想使用自己的权力，而是企图用持续的恭顺态度和善意关怀来缓和此人的敌对态度；勒季谢夫到他的住所去，轻轻地敲门遭到拒绝后还再去。主人被这种坚持不懈的、令人不快的温顺恭谨态度弄得失去耐心，忍无可忍，于是让他进屋去，对他又是谩骂又是吼叫。勒季谢夫对谩骂不作回答，一声不响地离开了主人，然后又去他那里致意问安，好像什么事也不曾发生过。就这样一直继续到这位顽固的敌人去世为止。勒季谢夫把他安葬了，就像安葬好朋友一样。勒季谢夫由古罗斯从基督教汲取的全部道德精神中培养出自己最难得的、最合乎古罗斯人性格的高尚品德——温顺恭谨。同勒季谢夫一块长大的沙皇阿列克谢不能不对这样的人念念不忘。勒季谢夫利用自己受沙皇宠信的影响充当宫廷中的和事佬，消除敌对和冲突，抑制像大贵族莫罗佐夫、大司祭阿瓦库姆和尼康本人这样一些有势力的、傲慢而执拗的人。勒季谢夫之所以容易充当这样一个困难的角色是因为他善于讲真话，不得罪人，对谁也不用个人的优越地位来吹胡瞪眼。他与名门望族和达官显贵的虚荣心格格不入，他痛恨斤斤计较官位等级的做法，他拒绝了沙皇因他教养王子而授予他的大贵族职位。这样一些品格的结合给人造成了一种罕见的理智和不屈不挠的道德坚定的印象。照奥地利使节马耶伯格的看法，勒季谢夫还不满四十岁，但在理智上超过了许多老年人。而奥尔金-纳肖金认为勒季谢夫是沙皇阿列克谢的侍臣中最坚强的一个人。甚至哥萨克人因为他正直和平易近人都希望他来做他们的沙皇的总督，"小俄罗斯的公爵"[11]。

勒季谢夫站在改革运动的一边对这场运动的成功是十分重要的。由于他具有古罗斯生活的最好原则和古训，他懂得这种生活的贫穷和匮乏，所以他站在改革派活动家的最前列，而这种活动家所主张的事不可能是坏事，也不可能没有成效。他最先仗义执言反对我们上面说的祈祷仪式上的胡作非为。他比沙皇阿列克谢时期任何人都更关心在基辅学者帮助下在莫斯科建立教育机构的事。在这方面他甚至起了首倡者的作用。虽然勒季谢夫每时每刻[12]都得到沙皇的青睐和受到沙皇的完全信任，但他并没有成为横行一时的人，他也不是冷漠对待他周围各种活动的旁观者。他参加了各种各样的活动，有些是受委派的，有些是自己倡议的，他主管许多衙门，1655年他有一次还成功地执行了一项外交使命。哪里有需要善后处理的事，哪里有改善事态的要求，勒季谢夫总是到那里去，给人以帮助，提出请求和建议；他欢迎任何一种革新的要求，而且往往自己提出这种要求，在这以后他就立即回避开，退居第二线，为的是不让办事人员缩手缩脚,他对任何人都不横加阻挠。他是一个爱好和平和心怀善意的人,他厌恶敌意和仇恨。他与同时代的杰出人物——奥尔金-纳肖金、尼康、阿瓦库姆、斯拉维涅茨基、波洛茨基和睦相处,尽管他们性格不同,观点各异。在神学主张和经书的争论方面,他极力劝阻旧教徒和尼康的门徒,不让他们发生宗教纠纷。他在自己家里安排辩论会,阿瓦库姆辩论时"同叛教分子对骂",特别是同西麦昂·波洛茨基对骂,一直骂到筋疲力尽,如痴如狂的地步〔12〕。

如果相信如下的报道:关于制造铜币的主张是勒季谢夫提出来的,那么就必须承认,他在政务上的作用已远远超出他供职的宫廷主管部门。但是,勒季谢夫一生的真正事业并不是确切意义上的国务活动,他给自己选择了一项相当困难,但不大显眼和更多自我牺牲的事业——为受苦受难和贫穷困苦的人类服务。他通过这项事业给人们留下了对自己的怀念之情。

传记作者转述了他那种服务精神的几个令人感动的事例。1654年勒季谢夫随同沙皇出征波兰时,他沿路收容乞丐、病人和伤残者,让他们坐到自己的车上,结果因车上拥挤而他自己却不得不坐到马背上去,尽管他有多年的脚疾。在沿路的城市和乡村,他为这些被收容的人安排临时病院,在那里给他们吃喝,用自己的钱和皇后赞助的钱为他们治病。在莫斯科,他同样吩咐人把躺在大街上的醉汉和病人送到特别收容所,在那里一直养着他们治好疾病和恢复健康,而为那些医治不好的病人和年老体弱的人还建立了养老院,这也是由他出钱来办的。他花费大量的钱从鞑靼人那里赎回俄国俘虏,帮助住在俄国的外国俘虏以及因欠债而被囚禁的犯人。他的博爱品德不是只来自对孤立无援者的同情心,而是来自一种社会正义感。勒季谢夫还办了一件慈善事业:他把自己在阿尔扎马城郊的土地赠送给了该城,因为市民需要这些土地,但又买不起,虽然有一位愿出高价的买主向勒季谢夫提出相当于现在一万四千卢布的钱来买这些土地。1671年，勒季谢夫听说沃洛格达遭受饥荒，他就送去一车队的粮食，这些粮食好像是某些虔诚的基督徒托付他为追荐亡魂去散发给乞丐和穷人的，后来他变卖了自己一部分衣服和用具，把相当于现在1.4万卢布的钱送给了这个遭灾的城市。显然，勒季谢夫不仅懂得别人的贫困，而且也明白社会制度的弊端，大概他是第一个积极表明自己对农奴制的态度的人。传记作者描写了他关心自己的家仆，特别是关心农民的事迹：他极力使农民能负担得起劳役和代役租，他用贷款来支助农民的生产经营。他在出卖自己的一个村子时，降低它的价格，但他迫使买主发誓：不得加重农民的劳役和代役租。他临终前让所有的家仆都得到自由，并且恳求自己的继承人——女儿和女婿——一件事：为超度他的亡灵要尽可能善待遗赠给他俩的农民。他说："因为他们是我们的弟兄。"

我们不知道[13]，勒季谢夫对待自己农民的态度对社会产生了什么印象，但是他的慈善事业显然对于制定法律是不无影响的。在阿列克谢的继承人统治时期，曾经提出了一个有关教会—国家慈善事业的问题。根据沙皇的敕令，在莫斯科，对靠施舍度日的乞丐和穷人进行了清理，将真正孤苦伶仃的人用公款安置在为此而设立的两个收容所内，而对那些身体好的人则安排各种不同的工作。在1681年召开的教会会议上，沙皇建议宗主教和各地主教在所有的城市设立这样的安置所和收容所，出席会议的神父们采纳了这一建议。因此，一位有影响的慈善家的个人创举奠定了一整套从17世纪末期起陆续出现的教会慈善机构体制的基础[13]。当时改革派国务活动家的活动之所以特别重要，是因为他们个人的意图和个人的努力正变成立法问题，而这些问题又发展成为政治方针或者演变成为国家的设施。

第五十七讲

阿法纳西·拉夫连季耶维奇·奥尔金-纳肖金

沙皇阿列克谢的所有近臣中，一个突出人物就是17世纪莫斯科最杰出的国务活动家阿法纳西·拉夫连季耶维奇·奥尔金-纳肖金。

好一个17世纪的莫斯科[1]国务活动家！这个用语本身看来可能是滥用了现代的政治术语。国务活动家——这意味着发达的政治头脑，观察、了解和指导社会活动的能力，对当代问题有独到的见解，有深思熟虑的行动纲领，最后，还有进行政治活动的某种广阔的天地——要具备这一系列的条件，但我们在旧莫斯科国内却完全不习惯于一定要以这些条件的存在为前提。是的，在17世纪以前，在莫斯科专制君主的国家内的确没有见过这些条件，在他们的宫廷中也很难寻找到国务活动家。当时国家事务的进程是由已定的制度和国君的意志来指导的。个人的智慧藏在制度的背后，人只是国君意志的工具；但是，制度也好，国君的意志也好，都处于习惯、传统的最有力的影响之下。但在17世纪，莫斯科的国家生活开始给自己铺设另外的道路。旧的习惯，已定的制度开始动摇起来，开始对智力、对个人的力量有了强烈的需求，而为了全国普遍的利益，沙皇阿列克谢·米哈伊洛维奇的意志准备服从任何一种有力量的和有善良意愿的智力[1]。

阿法纳西·拉夫连季耶维奇·奥尔金-纳肖金 我说过，在17世纪的俄国社会中，沙皇阿列克谢[2]造成了一种改革的情绪。被这种情绪所感染的国务活动家中，应首推沙皇阿列克谢的最杰出的近臣、当时改革意图的昭示者阿法纳西·拉夫连季耶维奇·奥尔金-纳肖金[2]。对我们来说，这位活动家是双倍异乎寻常的人物，因为他为彼得大帝的改革进行过双倍的准备。首先，17世纪莫斯科国务活动家中，没有任何人像他那样提出过这么多后来为彼得所实现的改革的主张和改革计划；其次，奥尔金-纳肖金不仅按新方式采取行动，而且亲自建立一个活动的环境。从他的出身来说，他并非来自那个他必须在其中有所行动的社会。在莫斯科国内，旧名门世家的大贵族阶级曾经是培育政治活动家的享有特权的阶层。这个大贵族阶层对众多的外省服役贵族一贯是瞧不起的。奥尔金-纳肖金可能是第一个来自外省的服役贵族，他为自己铺设了一条通往这个高傲的显贵圈子的道路，而随他之后接踵而来的是他在外省的弟兄们，他们很快就冲破了大贵族阶级的严密的队伍。

　　阿法纳西·拉夫连季耶维奇[3*]是普斯科夫一个小地主的儿子；普斯科夫县和邻近的托罗佩茨县是姓纳肖金的整个家族的世居之地。这个家族的祖先是16世纪莫斯科宫廷的一位著名的官员[3a]。我们这里说的阿法纳西·拉夫连季耶维奇就是来自这个自从这位先人死后败落下来的家族。还在沙皇米哈伊尔时期阿法纳西就出名了：他不止一次地被任命参加外事委员会，去同瑞典谈判划定边界。在阿列克谢统治的初期，奥尔金-纳肖金就被公认为是国内著名的活动家和莫斯科政府的勤勤恳恳的仆从。这就是为什么1650年普斯科夫暴动时期骚乱者想杀死他的原因。在莫斯科军队平息这场暴乱中奥尔金-纳肖金表现了极大的干劲和能力。从那个时候起他就步步高升了。当1654年同波兰开战的时候，他被委派担任一项特别艰巨的任务：他必须带领少量部队保卫莫斯科国同立陶宛和利沃尼亚接壤的边境。他出色地完成了承担的任务[36]。1656年同瑞典开战，沙皇亲自出征到里加城下。当莫斯科军队夺占利沃尼亚在道格瓦河上的一个城市——科肯加乌津（即曾经属于波洛茨克王公的俄国古城库克诺斯）之后，奥尔金-纳肖金被任命为这个城市和其新夺取的城市的督军。担任这一职务时，奥尔金-纳肖金做了几件非常重要的军事和外交方面的事情：保卫边境、夺取利沃尼亚的小城镇、同波兰当局公函来往。任何一项重要的外交事务没有他参与就干不成。1658年，经过他的努力，同瑞典缔结了瓦利耶萨尔停战协定，停战的条件超出了沙皇阿列克谢本人的期望[3в]。1665年，奥尔金-纳肖金作为督军坐镇自己的老家普斯科夫。最后，他又为莫斯科政府干了一件最重要、最艰巨的差事：他在同波兰全权代表进行了八个月的令人筋疲力尽的谈判之后，终于于1667年1月在安德鲁索沃同波兰缔结了停战协定，结束了长达三十年的对双方都是灾难性的战争[3г]。在这些谈判中，纳肖金表现出了很多方面的外交机智和善于同外国人周旋的本领，他不仅从波兰人那里争得了斯摩棱斯克和谢维尔斯克地区以及小俄罗斯东部，而且还争得了小俄罗斯西部的基辅及周围地区。安德鲁索沃停战协定的缔结抬高了奥尔金-纳肖金在莫斯科政府中的地位，使得他在外交界享有轰动一时的声誉。纳肖金在干所有这些事的同时，也就在仕途的阶梯上快步高升了。按出身来说，他虽然是一个省城的服役贵族，但自从缔结上述协定之后，他就被晋升为大贵族，被任命为外交事务衙门的主管，拥有"护卫沙皇玉玺和掌管国家重大外交事务大臣"这一赫赫有名的封号，也就是说，他成了国家的首相。

这就是奥尔金-纳肖金的仕途经历。他的故乡普斯科夫在他的命运中具有某种意义。与利沃尼亚接壤的普斯科夫地区，自古以来就与邻近的德意志人和瑞典人密切交往。纳肖金过去熟悉外国人并且同他们有私人交往，这使得他能够仔细地观察和研究与俄国靠近的西欧国家。这种事之所以容易做到是因为奥尔金-纳肖金在青年时代曾经有幸受到良好的教育。据说,他懂得数学、拉丁语和德语。由于职务上的需要使他熟悉了波兰语。这样,他很早就扎扎实实地受到的训练使他能担当莫斯科国同西欧交往中的国务活动家的角色。他的同僚谈到他时说:"他知道德国的事务,也知道德国人的风俗习惯。"对外国制度的仔细观察和把它们同本国制度相比较的习惯使纳肖金变成了热心崇拜西欧和严厉批评本国生活方式的人。这样他就摆脱了民族的闭塞性和排他性,练出了一种特殊的政治思维能力:他在我国第一个宣布了这样一条规则,"好人向外国、向外由人,甚至向自己的敌人学习是不必难为情的"。他死后留下了许多有关各种政治问题的公文、公务报告、给沙皇的奏章、奏折。这是一些既可说明纳肖金本人,又能说明当时改革运动的非同寻常的文件[3*]。可以看出,这些文件的作者是一位健谈的人,也是一位思路敏捷的笔杆子。无怪乎连敌人都承认,奥尔金-纳肖金善于"舞文弄墨",文笔流畅[4]。他还有另外一个出色的优点——即有一个机敏的、顽强的和见多识广的头脑,善于迅速把握住一定的情势并按自己的方式把各种瞬间出现的情况协调起来。他是一位能够设计出许多出其不意的独特政治方案的大师。要同他辩论是很难的。因为他善于思索和随机应变,所以有时也使那些同他谈判的外国外交家失去耐性,他们抱怨难于同他打交道。在外交上他运用雄辩术,从不放过对方微小的纰漏和任何前后矛盾的地方。他能在瞬间抓住疏忽大意和眼光短浅的对方的把柄,使对方狼狈不堪,有时他又使对方暗示的纯洁意图大扫其兴。有一次,同他谈判的波兰使节曾为此对他表示不满。在奥尔金-纳肖金那里,这种高超的智力常与不平静的心灵与用别人不合情理的话来挖苦对方的习惯结合在一起。他认为自己的天职就是为真理和为健全的理性而唠叨，他甚至把这样做当作最大的乐事。在他给沙皇的禀呈和奏章中[5]，有一个调子响得最刺耳：所有这些禀呈和奏章都充满了对莫斯科人和莫斯科国家制度的不绝于耳的、经常是愤愤不平的抱怨声[5]。奥尔金-纳肖金对所有的事——政府机关和衙门作风、军事体制、社会风气和种种观念——总是牢骚满腹，心怀不满。他那很少获别人同情的喜怒哀乐，给他在莫斯科社会中造成一种难堪的模棱两可的处境。他对西欧制度的偏爱[6]和对本国制度的指摘，使同他接近的外国人高兴，但是这些外国人却傲慢地认为他是他们那些风俗习惯的"相当聪明的模仿者"。正是这一点使他在本国人中间树敌太多，给了在莫斯科仇视他的人以嘲笑他的口实，把他叫作"外国佬"。他那种模棱两可的处境还由于他的出身和性格而不断加强。本国人和外国人都承认他是智力超群的人，有这样智慧他一定会前程远大[6]，因此，他刺伤了许多对手的自尊心，何况他走的并不是一条由出身规定的通常的道路，而且他那生硬的和有些好斗的性格缓和不了这些冲突。纳肖金在莫斯科政界是个外人，作为政治上的一名新手，他不得不通过战斗来取得自己的地位，因为他感到每向前走一步都增加他的敌对者的人数，特别是在莫斯科的大贵族显贵中间。这样一种地位练出了他那特有的在敌视他的社会中立身处世的方式。他知道[7]，不喜欢举止傲慢的沙皇是他唯一支柱，因此，为了力求保证自己不失去这个支柱，他就在沙皇面前以一种胆小怕事的不爱出头露面的样子，以一种谦虚恭谨到自卑自贱地步的样子来掩饰自己，以免遭到敌人的攻击。他对自己的差使总是评价很低，但是他也不把自己的显贵政敌的职务看得更高些，而且他还到处抱怨他们。他写信给沙皇说："与所有的人相比，谁也没有像我这样为了陛下的事业而受人憎恨"，他把自己称为"一个名誉扫地的、受人憎恨的小人，一个没有地方可低下那罪恶脑袋的小人"。由于遇到各种困难和同那些有势力的政敌发生冲突,他请求沙皇解除他这个不称职的、无能的仆人的职务,因为这样的人只能使国家利益受到损害。"因为我,陛下的奴仆,而使陛下的事业受人憎恨"——他在写给沙皇的信上说,同时请求沙皇"把自己的令人憎恶的奴仆扔到一边去"。但是奥尔金-纳肖金知道自己的价值,关于他的谦虚可以这样来表达;这是超乎骄傲之上的故意做作的谦虚恭顺。但是这种谦虚并不妨碍他认为自己简直就是个不合时宜的人:"假如我合乎时宜,那么现实就会爱我了"——他在写给沙皇的信上抱怨别人对他普遍不怀善意时说[7]。杜马会议的代表听到他的报告和主张就反感,因为"这些人看不见真理之路,他们的心里充满了嫉妒"。他在给沙皇的信上谈到大贵族显贵同他这些非名门出身的人相比在政府中占有优越地位时,他的行文用语听起来完全是挖苦讽刺。"对杜马成员来说,我是个谁也不需要的人,对国家大事也是不需要的……由血缘近的大贵族中的人来办这些大事是适当的,因为他们是名门世家出身,交游广、朋友多,在各方面都有广泛的影响,又善于立身处世;而我敬献给陛下的只是我的赤胆忠心。由于我愚不可及,我不敢担当重任。"

沙皇[8*]长期以来坚定不移地支持这位任性而又暴躁的行家,耐心地听他那枯燥无味的埋怨和责难。沙皇劝他相信,不必害怕,他不会被出卖给任何人的。沙皇用罢官贬黜来威胁同奥尔金-纳肖金交恶的他的政敌,同时给他以很大的行动自由。因此奥尔金-纳肖金就有机会不仅表现自己的行政和外交才能,而且制定自己的政治蓝图,甚至局部实现它。他在给沙皇的禀呈中多数是否定现存的东西或者同政敌进行辩论,而阐述自己纲领的情况较少。但是在他的公文中可能汇集了大量的主张和方案。对这些主张和方案适当地和切实地进行加工,就可能成为并且一定会成为国内外政策长期起指导作用的基础。

纳肖金极力坚持的第一个思想就是在各个方面都效法西方，做什么事都"以别国为榜样"[8a]。这是他的改革计划的出发点，但是向别人学习并不是精芜不分。他曾经多次说过："外国的风俗习惯和我们有什么关系，他们的衣着不适合于我们，而我们的穿戴对他们也不合适。"他是少数崇拜西欧的人中间的一位，这些人想到了什么是可以借用的，什么是不需借用的，他们寻求把全欧的文化同民族的独自特点协调起来。后来纳肖金不能容忍莫斯科的行政当局的作风和习惯，因为它们的活动过分为私人恩怨和私人关系所左右，而不是以某个活动家去办的国家大事的利益作为指针。他写道："在我国，人们喜欢某件事或痛恨某件事，并不看这件事是什么，而是看干这件事的是什么人：有人不喜欢我，所以他们也就瞧不起我做的事。"当沙皇因纳肖金与某个有嫉妒心的显贵关系不好而对他表示不满时，纳肖金回答说，他没有个人的恩怨，但是他"为君主的事业忧心如焚，当我看到有人对君主的事业玩忽职守时，我的良心不让我沉默不语"。因此，问题在于事，而非在于人——这就是纳肖金遵循的第二条准则。他主要是搞外交的，当时的人，甚至外国人，都公认他是第一流外交家；至少，他大概是迫使外国人尊重俄国人的第一位国务活动家。沙皇阿列克谢的御医，英国人科林斯干脆把纳肖金称为不亚于任何一位欧洲大臣的伟大政治家[8б]。然而纳肖金也尊重自己的事业。照他的话说，外交是国家的主要职能，而且只有够格的人才能从事外交方面的工作。他写道："品行端正的和挑选来从各个方面扩大国家利益的人应该把全部心思集中到国家的事业上，而这就是外交事务衙门的事业。"

纳肖金对莫斯科外交政策的任务有自己的计划和独特的看法[8в]。当一些孕育着莫斯科国同波兰和瑞典之间不调和的敌对关系的最微妙的问题——小俄罗斯问题、波罗的海沿岸地区问题——直截了当地提出时,他不得不采取行动。各种情况使得纳肖金陷入这些问题引起的种种关系和冲突的漩涡之中。但是他在这漩涡中并没有晕头转向:在许许多多错综复杂的事物中他善于把重要的东西同喧嚣的东西区别开来,把诱惑人的东西同有益的东西区别开来,把幻想的东西同可以实现的东西区别开来。他看到,就莫斯科国家当时所处的地位和拥有的手段而言,小俄罗斯问题——即西南罗斯同大俄罗斯合并的问题——是国家不可能完全解决的问题。这就是他何以倾向于媾和,甚至同波兰[8*]紧密结盟的原因。虽然他清楚地知道,正如他所表述的,"波兰人是很靠不住的、冷酷无情的和反复无常的",但是他期望通过同波兰人结盟而得到各种好处。顺便说说,他希望土耳其的基督教徒即摩尔多瓦人和瓦拉西亚人听到这一结盟的消息之后,会脱离土耳其,那时,所有居住在多瑙河直到大俄罗斯边境的被敌对的波兰所分开的东方教会的后代,就会汇合成为一个人数众多的并受到信奉东正教的莫斯科沙皇庇护的基督教民族,同时,瑞典人那些只在俄国同波兰发生纠纷时才能使用的阴谋诡计就会自然而然停止下来。1667年,纳肖金在对来莫斯科签署安德鲁索沃条约的波兰使节发表的令人鼓舞的谈话中,发挥了这样的夙愿:假如居住在亚得里亚海到德意志海[1]和到北冰洋的我们这些国家内并且几乎都说斯拉夫语的各个民族都联合起来,那么所有斯拉夫人会得到多么大的荣誉;将来我们两个国家率领所有斯拉夫人,在一个强国范围内联合起来,那么这两个国家会是多么的显赫。

纳肖金一方面忙着张罗同世敌紧密结盟,甚至梦想从王朝方面把波兰联合在莫斯科沙皇或者他的儿子的统治之下;另一方面在莫

---

1 这里指的是波罗的海。——译者

斯科的对外政策方面也进行了急剧的改变。他有自己的一套见解来说明事态进程中进行这样的改变是有道理的。在他的眼里,小俄罗斯[9]问题暂时还是次要的事。他写道,如果契尔克斯人(哥萨克人)背叛,那么他们有资格受到保护吗?确实,随着东部小俄罗斯的合并,这个问题的主要结扣就在解开了。莫斯科在第聂伯河上游和中游牢牢站住了脚跟,波兰对它来说也就不再是危险的了[9]。而且,如果在国与国之间不背信弃义,不破坏安德鲁索沃停战协定,那么就不能永远把暂时割让的基辅保持住并兼并西部小俄罗斯。然而纳肖金是一位难能可贵的外交家,他具有外交家的良心和品质,这种品质是当时外交界不乐于容忍的。如果没有真理,那他什么事也不愿去干:"宁可结束我罪恶的一生永远安息,也比那违背真理干事要好。"因此,当哥萨克首领多罗申科带领西部小俄罗斯脱离波兰归顺土耳其苏丹,后来又臣服莫斯科沙皇之后,纳肖金对莫斯科提出是否可以接纳多罗申科为臣民的质询所作的回答是:坚决抗议这种破坏条约的行径。他甚至对向他提出这样一类质询表现出粗暴的愤慨情绪。按照他的意见,事情应该这样进行:让波兰人自己理智地权衡自己的利益和莫斯科的利益之后,为了巩固俄波联盟反对异教徒以及为了安抚乌克兰,自愿把基辅,甚至把整个西部小俄罗斯让给莫斯科,"而不能就此事蛮横无理地写信给波兰"。还在安德鲁索沃达成停战协定之前,纳肖金就劝说沙皇,同波兰国王"必须恰如其分地和解",条件要适当,不要让波兰人以后一有机会就进行报复。"得到波洛茨克和维帖布斯克后,如果波兰人固执己见,那就不要这两个城市。"在有关同波兰紧密结盟的必要性的禀呈中,纳肖金突然冒出一个不经心的暗示——为了巩固俄波联盟,可以放弃整个小俄罗斯,而不仅仅是它的西部地区。但是沙皇极力反对自己宠臣的这种胆怯畏缩的情绪,并且非常强烈地表示愤慨。沙皇回答他说:"朕取消这一条款并命令把它删去,因为这一条太不像话了,而且还因为在这一条款中朕获得一个半头脑——一个是坚定的,半个是随风摆的。狗不配吃一块东正教的面包(波兰人不应当拥有西部小俄罗斯):只不过那不是因朕的意志,而是因违背教规而干出来的。如果两块神圣的面包都让狗得到——哎呀,做出这种事的人将怎样来自圆其说呢?他将得到的报答是阴森的地狱、酷烈的火焰和不堪忍受的苦难。人啊!同皇朝一起走中间的道路吧,怎样开始就怎样结束吧,既不偏左,也不偏右;愿主与你同在!"〔10〕。这个固执的人向自己君主的虔诚叹息屈服了,而过去有时他干脆不听君主的。于是他牢牢抓住另一块东正教面包,在安德鲁索沃从波兰人手中把东部小俄罗斯和西部小俄罗斯的基辅夺了过来。

关于在莫斯科和波兰的同心协力的领导下所有斯拉夫人联合起来的主张是纳肖金的一首政治田园诗。作为一个务实派的国务活动家,他最关心的是比较实际的利益。他的外交目光注视着四面八方,到处仔细察看或者关切地筹划着有利于国库和人民的新收益。他致力于同波斯、中亚、希瓦以及布哈拉建立贸易关系,装备派往印度的使团人员,他还注视着远东,注视着中国,打算在阿穆尔河地区建立哥萨克殖民区〔11〕。但在这些开拓活动中,占第一位的当然还是他心目中的那块最靠近的西部地区,波罗的海。他更多考虑的是国民经济方面的问题,而对民族和政治方面则考虑较少。因为他懂得波罗的海对俄国具有工商贸易和文化上的意义,所以〔12*〕他的注意力就更加集中到瑞典,也就是利沃尼亚。照他的看法,利沃尼亚是无论如何要搞到手的,因为他指望通过搞到利沃尼亚为俄国的工业和沙皇的国库取得巨大的利益。由于沙皇阿列克谢对这位国务活动家的主张甚感兴趣,所以他也就把眼光注视到这一方面,张罗着收回俄国过去的管辖地,取得"海上停泊处"——纳尔瓦港湾、伊凡哥罗德海港、奥列舍克港以及整个涅瓦河流域连同瑞典的小城堡坎齐（尼延尚茨堡，后来彼得堡就是在这个地方建立起来的）。但是在这里，纳肖金看问题的视野要广阔得多：他证明，不要因为区区小事而忽视主要目标，纳尔瓦、奥列舍克都是些不重要的据点；必须直接通向大海，取得里加，因为里加的码头开辟了一条通往西欧的最近的航路。缔结反瑞典的俄波联盟，为的是从瑞典那里把利沃尼亚夺过来——这是纳肖金萦绕心头的念头，也是他外交政策的灵魂。为了这一目的，他忙着同克里木汗缔结和约，同波兰紧密结盟，不惜放弃西部小俄罗斯。他的这个念头并没有实现；但是彼得大帝却完全继承了他父王的这位大臣的这些主意。

但是，纳肖金的政治视野并不局限于外交政策问题。他对莫斯科国的内政管理制度也有自己的看法，他对那种管理机构以及管理办法都很不满意。他反对莫斯科管理方面占统治地位的不必要的清规戒律。在这里，下属执行人员办任何事情都得受上层中央机关的种种限制性的监督，执行机关只是一个接受上面发号施令的盲目工具。纳肖金要求给执行人员某种行动自由。他写道："不要什么事情都等君主的敕令，每个地方需要的是督军的审理"，也就是说，需要按照沙皇全权代表本人的主见采取行动。他指出了西方的榜样。在西方，懂行的统帅率领军队，亲自给下属将领发号施令，而不是事无巨细都要求首都发指令。"无论什么地方凡耳闻目睹，都必须采取紧急措施"——他写道[12a]。然而，他在要求执行人员独立自主采取行动的同时，又要求他们承担更大的责任。行政当局不应该按命令、按惯例和陈规旧习来行事，而应该根据对当时情况的判断来采取行动。纳肖金把这种建立在行动者亲自判断基础上的活动叫作"先见之明"。粗暴的强制手段作用很小。"有先见之明的措施胜于任何的强制；问题在于有先见之明的措施，而不在于有许多人；

人数很多，但没有采取行动的人，还是无济于事；例如一个瑞典人较之所有邻国的国王，是少数，但他采取了行动，就比他们占优势；谁也不敢剥夺一位采取行动的人的意志；卖掉一半军队，同时买回一个采取行动的人，这还是比较合算的"。最后，我们在纳肖金的行政活动中看到一个最使我们对他产生好感的特点，这就是：在严格要求和讲究办事效率的同时，他在莫斯科行政管理中对下属无比关怀，对手下人员富有同情心和人情味，爱惜他们的力量，尽力使他们处于花费最少精力为国家带来最多好处的状态[12*]。俄国骑兵和顿河哥萨克在道格瓦河流域被征服地区同瑞典作战的时候，掠夺和折磨当地居民，虽然这些居民已经向莫斯科沙皇宣誓效忠。纳肖金当时以督军身份坐镇库克诺斯，他对这种强盗般的战争方式愤怒到了极点，由于破产居民的揭发控诉，他悲天悯人。他写信给沙皇说，他不得不派援派去攻打敌人，也攻打本国的掠夺者。"我宁愿看到自己身上伤痕累累，只要无辜的人们不遭受这样的血洗，我宁愿在监牢中终生禁锢，只求不生活在这个地方，不见到人们蒙受如此残忍恐怖的灾难。"[13]沙皇阿列克谢最能赏识这位大臣的这种品质。在1658年的诏书中，沙皇在提升纳肖金为杜马贵族时，称赞他"让饥者有饭吃，让渴者有水喝，让贫者有衣穿，对作战人员和蔼可亲，但对鼠窃狗盗之徒则揪住不放"。

这就是纳肖金的行政观点和行政手段。他曾经多次尝试在实践中运用自己的一些主张。对西欧生活所作的观察使他意识到莫斯科国家管理体制中的一个主要缺点，这就是，这种管理体制的唯一目的是剥削人民的劳动，而不是发展国家的生产力。国民经济的利益被作为牺牲品服从国库的目的，政府把它只当作国库财源的补充手段。纳肖金经常谈到发展莫斯科国的工业和商业的言论就是从上述意识出发的。恐怕他比其他人更早地具有这样的思想：国民经济本身应该是国家管理的最主要课题之一。纳肖金是俄罗斯最早一批政治经济学家中的一位。但是为了使工业阶级能更有成效地进行活动，就必须把它从行政衙门的压迫下解放出来。纳肖金在治理普斯科夫时试图在这里采用他的城市自治计划[14]，这个计划是"以外国为榜样"，即以西欧为榜样的[15]。这是17世纪莫斯科地方管理史上唯一的特殊事例，它甚至连一点儿戏剧性都没有，倒是鲜明地表现了计划的倡导者纳肖金本人以及他不得不进行活动时所采取的方式方法。

1665年3月，奥尔金-纳肖金这位新督军到普斯科夫上任。他在这个城市遇上了一种可怕的混乱现象。他看到在工商市民之间有着深仇大恨："最好的"、最富裕的商人利用自己在城市社会管理中的势力，在征税和办理公务手续方面欺侮"中小商人"；他们"凭自己的意志"来办理城市事务，不让社会其他阶层的人知道；中小商人由于竞争和衙门办事不公而破产；因为与德国交界，许多货物不缴税进出普斯科夫；贫穷的商贩因为没有周转资金，秘密地以承包方式向德国人借钱，收购比较便宜的俄国货物，然后作为自己的货物出售，确切些说，是把货物转交给自己的委办人，自己则安于微不足道的佣金，"一点儿糊口钱"，而那些委办人则借此狠狠压低俄国货的价格，从而大大损害了真正的富商，而他们因借了外国人的钱无力偿还，最终自己还是破产了。纳肖金到任后不久就向普斯科夫工商市民提出一整套办法。普斯科夫的地方自治官和一些头面人物在地方自治厅（市参议会）召开"全民大会"，十分热心地讨论纳肖金提出的办法。在会议上，在督军参加下制定了"市政自治章程"，这是一个用十七项条款阐述普斯科夫城及城郊社会管理的特殊章程，它得到莫斯科的同意并受到沙皇的仁慈嘉奖。沙皇嘉奖督军的工作和热忱，也表彰了普斯科夫地方自治官和全体普斯科夫人"召开一次很好的大会和举办各种公益活动的热忱精神"。

章程最重要的条款涉及工商区社会管理和审判制度的改革，以及调整对外贸易——普斯科夫边区经济生活中的这根最活跃的神经。普斯科夫城的工商区从自己人中选出了15人来管理经济，任期3年，其中5人每年轮流在地方自治厅主持城市事务。这些"选出的地方自治的代表"的工作主要是城市经济管理，监督酒类销售，征收关税和监督普斯科夫人同外国人的贸易往来；这些人也对普斯科夫人在贸易和其他事务方面进行审判；只有最严重的刑事罪、叛国罪、抢劫罪和行凶杀人罪才受督军审理[16]。这样一来，普斯科夫的总督就自愿让出很大一部分权力给城市自治机关。遇有特别重要的城市事务，由选出轮流主事的5个人同其余10个人一起会商，甚至召集工商市民的头面人物开会。

纳肖金认为俄国贸易的主要缺点在于："俄国人在做买卖方面一个比一个差"，他们不坚定，不习惯于一致行动，容易受制于外国人。这种不稳定的主要原因就是资金短缺，互不信任和缺少有利的贷款。普斯科夫章程有关同外国人贸易的条款，目的就在于消除上述缺点。资金短缺的商人"根据买卖的性质和与人熟悉的程度"分归给大的富商，由后者来监督他们的买卖。地方自治厅从市政基金中拨出一些钱贷给贫穷的商人来收购俄国的出口货物。为了同外国人做生意，普斯科夫城郊从1月6日和5月9日开始举办两次为期两周的免税交易。在这两次交易开张之前，许多小商人在与他们联系的富商的支持下用得到的借款收购出口货物，并在地方自治厅进行登记，然后把货物转交给自己的主管人；这些主管人根据所收货物付给他们收购费，以便他们在下一次开市之前再去采购货物；同时主管人还在这收购价格上给他们"一些补贴价"，以便他们"糊口"；主管人把委托的货物按高价出售给外国人之后，再付给自己的账户应交纳的"全部利润",即合伙红利。商界的这种组织结构应当把对外贸易的资金周转集中在少数有财有势的人手中,因为他们才能把本地货物维持在应有的高价格上。

这样一些特殊的贸易伙伴协作关系,目的是希望贸易界上层同广大工商市民能够友好地接近起来,也就是说,目的在于消除纳肖金在普斯科夫见到的那种社会敌对关系。账目结算只能以两方——贷方和借方——双双获利为基础,资金雄厚的商人给资金短缺的合伙者以好的赚头,而后者不破坏前者所开的价。重要的是:这些合伙组织是受市管理局管辖的;市管理局对缺少资金的人来说是借贷银行,也是为他们的贷款人实行监督的机构:普斯科夫城及附属于它的城郊地区的工商社团,可以通过自己的司法行政机构来指导整个普斯科夫边疆区的对外贸易。但是社会的争吵妨碍了改革的成功。普斯科夫贫穷的工商业人员把新的规定当作沙皇的恩惠,但是"殷实富裕的人"、富豪、城市大亨却抗拒这个新规定,并得到了首都的支持。可以设想,莫斯科的大贵族和官场多么"仇视"纳肖金采取的措施:在莫斯科,人们把他的办法只看成是对督军和行政长官固有权利和惯例的粗暴侵犯,看作是有利于那些纳税的市民老粗的措施。纳肖金任总督的八个月内不仅考虑好了复杂改革的主张和计划,而且把执行这一改革的烦琐细节都规划妥当——这确是令人惊讶的。纳肖金在普斯科夫的继任者霍凡斯基公爵是一个狂妄自大的大贵族特权的卫道士,正如当时在莫斯科对他所称呼的,一个"牛皮大王"、废话连篇、吹牛夸口的家伙。用沙皇阿列克谢的话来说,对这种人,"人人都把他叫作傻瓜蛋"。他向沙皇禀报纳肖金在普斯科夫的事业时,说沙皇尽管对这位公爵有自己的看法,但还是把纳肖金的这一事业废除了;沙皇对自己的弱点做了让步,即根据最后印象决定了事情。

纳肖金既不喜欢对敌人让步，也不喜欢对敌对的环境屈服。他是如此地相信自己在普斯科夫的改革，以至于陷入自我陶醉之中；尽管他有批判的头脑，——一个通过研究别人错误而使自己冷静下来的头脑。他对普斯科夫市政自治章程怀有希望：如果普斯科夫的这些"市政权利在人民中被提出来和规定下来"，那么其他城市的居民有鉴于此就会抱有希望，他们也会享受到同样规定的权利。但是在莫斯科作出的决定却急转直下：普斯科夫城不应该有特殊的地方制度，"只在普斯科夫一地不应有这样的章程"。但是1667年，在纳肖金成了外交事务衙门的主管之后，他在自己当时制定的新贸易条例的前言中，还是不放弃自己心爱的事业。尽管它是完全没有效果的，但纳肖金仍重复着自己在普斯科夫的主张。这就是：由莫斯科的关税衙门和市政地方自治厅拨款给缺少资金的商贩，让贫穷的商贩和大富商合作来维持俄国出口货物的高价，等等[17]。在这个新条例中，纳肖金在拟定俄国工商业计划方面又向前跨进了一步。早在1665年，普斯科夫的工商市民就在莫斯科请愿，要求在一切事情上由一个衙门知照他们，而不是让他们在莫斯科的各个衙门之间来回奔走，白白地受屈辱，倾家荡产。在新贸易条例中，纳肖金提出了一个设立特殊衙门的想法：这个衙门既管理商人，又作为使他们免受其他国家侵害的在边境城市的保卫机关，同时还作为他们在所有城市的保护和申诉机关，使他们不受各地督军的迫害。这个商务衙门后来成了彼得大帝建立的莫斯科市政管理局或者城镇管理署的前身，管理全国所有城镇的工商市民。

以上就是纳肖金的改革计划和所作的试验[18]。他那些意图的广度和新颖程度以及他多方面的活动，足以令人惊叹不已：这是一位富有成果的人才，他对事物的看法直率而朴实。纳肖金无论走到国家管理机构的哪个部门，他都严厉批评那里建立的规章制度，都提出程度不同的明确的改革计划。他进行过几次军事方面的改革试验，指出军事体制中的缺点，而且还提出了一个改革军事体制的方案。他认为城镇贵族骑兵部队完全不适于打仗，认为必须用受过外国体制训练的、由步骑"差丁"（即征集的义务兵）组成的民军团来取代骑兵部队。显然，这是顺便道出了关于从各等级征集义务兵编成正规军的想法[18]。莫斯科无论想出什么新玩意——在波罗的海还是在里海建立海军，开办国际邮务，兴建培植从国外订购的奇花异木的美丽花园，无论任何一项新事物，都一定是奥尔金-纳肖金所主张的或由他设计的。有个时候在莫斯科流传着这样一个谣言，似乎他用地方分权削弱首都衙门对地方管理机关的监护权的办法来修改俄国的法律，改组整个国家。纳肖金同衙门的监护权斗争了整整一生。非常令人遗憾，他没有做完他能够做到的全部事情，他那毫不让步的执拗性格使他过早地结束了自己的国务活动[19]。在对外交政策的任务的看法上，纳肖金同沙皇并不完全一致。这位安德鲁索沃条约的倡议者始终是有分寸的外交家，他坚定地主张执行这一条约，也就是说，他主张可以把基辅还给波兰，然而沙皇认为这样做是不允许的，简直就是一种犯罪行为。这种意见分歧使沙皇逐渐对自己的宠臣冷淡下来。1671年他奉命同波兰再次进行谈判，谈判中他所需做的就是破坏自己的事业，破坏一年前他用誓言来签署的同波兰缔结的条约。纳肖金拒绝执行这一使命。1671年12月2日，沙皇当着所有大贵族的面把奥尔金-纳肖金"宽厚地解职并明白无误地让他摆脱一切世俗浮华"。他把自己免职的这一天记下来留作纪念。于是1672年2月，普斯科夫克雷佩茨荒郊修道院院长塔拉西把阿法纳西·奥尔金-纳肖金剃度为僧，取名安东尼[20]。僧人安东尼一生的最后岁月所操劳的世俗琐事，主要是他在普斯科夫建立的老弱病残收容所。他于1680年去世。

奥尔金-纳肖金[21]在许多方面走在彼得大帝的前面。他第一个提出了许多主张，而这些主张都由彼得大帝这位改革者实现了。他是一位大胆自信的官僚，懂得自己的身价，但同时他又是一个对下属关怀备至的、心地善良的人，具有精力充沛和办事认真的才能；在所有的事务中他首先关注的是国家的利益，全国普遍的福利。他不安于墨守成规，他到处都敏锐地看出现存制度的缺点，认真考虑消除这些缺点的办法；他才思敏捷地推测出成为当务之急的种种任务。由于他具有刚强的求实的理性，所以他从不提出遥远的目标和过分广泛的任务。虽然他在各个不同的活动领域能够应付自如，但他仍极力利用拥有的手段来处理任何一件事。虽然他喋喋不休地谈论现行制度的种种缺点，但他却不涉及这一制度的基础，他想对这一制度作局部的调整。阿列克谢时代的模模糊糊的改革意图首先在他的脑海中开始具有一个个清晰的方案和形成一个有条理的改革计划；但是这不是一个要求全盘改变的治本的计划，因为奥尔金-纳肖金远不是一个冒失的改革者。他的改革纲领归根结底是三个基本要求：改善政府机构和改进公务纪律、选拔办事认真和能干的管理人员，以及通过发展工商业以增加人民财富的办法来增加国库的收益和国家的收入[21]。

我在开始这一讲时曾经提到我国在17世纪可能出现一位国务活动家。如果你们仔细想想变化无常的情况，想想各种想法、感情，想想上述国务活动——远不是一般头脑和性格的人的活动——所经历的全部波折，想想奥尔金-纳肖金同他周围环境的斗争，那么你们就会明白，为什么在我们国家里，这样一些幸运的偶然事例是太罕见了。

勒季谢夫和奥尔金-纳肖金 尽管勒季谢夫和奥尔金-纳肖金的性格和活动不相同，但有一个共同的特点使他们很近似：他们两人都是当时的新人物,每人都从事着崭新的事业,一位在政治方面,另一位在道德方面。在这一点上他们不同于沙皇阿列克谢。阿列克谢的所有智慧和心灵都扎根于古罗斯的古制,他只拿新事物消遣解闷而已,用这些新事物来装饰自己的环境或者调节自己的政治关系。勒季谢夫和纳肖金善于在这古制中找到新的东西,发现它那尚未触动和未被利用的许多手段并为全国普遍的福利而调动这些手段。他们并不用西方的样板和科学知识来反对本国的古制,而是用它们来保卫它非常重要的基础,使它不受自身的影响,不受对它狭隘和僵硬的理解的影响,(在人民群众中形成这种理解是由于国家和教会的糟糕透顶的指导所造成的),还使它不受把它的基础弄得死气沉沉的陈规陋习的影响。

纳肖金作为一名外交家,坚持不懈地和好吵闹地贯彻这样一个主张:对外的——外交上和军事上的——成就,如果没有国内体制的改善作准备和支持,那么这些成就是不牢靠的;对外政策应该服务于国家生产力的发展,而不是耗尽它的生产力;家财万贯的宫廷大臣勒季谢夫对自己这位充满激情的朋友的主张加以补充,他以自己的行动方式温和地开导人们,如果没有完备的社会生活的重要条件,那么经济上的成就也是无足轻重的;他还开导人们,什么是建立在正义基础上的社会各阶级的关系,什么是没有被虚构的仪式和迷信弄模糊的文明的宗教道德感情,以及什么是乐善好施的慈善事业——它不是只表现在个人的偶然的热情迸发之中,而是形成了一种社会的机构。

勒季谢夫和纳肖金虽然在战场上是单枪匹马的战士,但他们并不是在荒无人烟的地方大声疾呼,因为他们两人都牢牢保持着古制的形式和感情,一位为寺院奠基,另一位却在寺院了结一生。然而他们的主张,虽然为同时代人半懂非懂,半承认半否认,但还是流传到下世,帮助人们了解古老罗斯政治生活和宗教道德生活的种种颠倒的现象[22]。

第五十八讲

瓦西里·戈利琴公爵——改革的准备和改革的纲领

瓦西里·戈利琴公爵 彼得大帝的先驱者中最年轻的一位是瓦西里·戈利琴公爵[1*]。但是他却远比那些最年长的人脱离现实得多。当他还是一个青年的时候,在沙皇费奥多尔时代的执政圈子中,他就是一位著名人物了。当索菲娅公主在长兄死后成为国家的掌权者时[1a],戈利琴就成了最有声势的人物之一。酷爱权力而又受过教育的公主不能不注意到这位聪明的、有学识的大贵族,而戈利琴公爵也以私人的友情把自己政治上的升迁同这位公主联系在一起。戈利琴是一个热诚崇拜西方的人,为此他抛弃了许多祖传的罗斯古制。像纳肖金一样,他能流利地说拉丁语和波兰语。在他那宽敞的莫斯科宅邸(外国人认为是欧洲最富丽堂皇的住宅之一)中,一切布置都是西欧式的:大厅内窗户之间的间壁摆着大镜子,墙上挂着镶有金边的绘画、俄国和外国君王的画像和德制的地图;天花板上绘有星系图;房间里陈设着许多做工讲究的钟表和寒暑表。戈利琴有一个藏书丰富的图书室,内藏俄语、波兰语和德语的手抄的和印刷的书籍[16];图书室内,在波兰语和拉丁语的语法书之间摆着基辅的编年史[1]、德国的几何学、从波兰语翻译过来的古兰经,四本有关喜剧创作的手抄本,还有尤里·谢尔别宁(克利尚尼奇)的一本手稿。

---

1 此处原文为《编年史家》(《Летописец》)。——译者

戈利琴的宅邸是那些来到莫斯科的有学识的外国人聚会的地方。主人对这些外国人的殷勤好客，大大超过了莫斯科其他一些喜爱外国东西的人。他甚至也接待耶稣会士，而其他俄国人是不能容忍这些人的[1*]。理所当然，这样一个人物只能站在改革运动的一边——也就是只能属于拉丁派、西欧派，而不是利呼达兄弟派¹。

戈利琴公爵是奥尔金-纳肖金在主持外交事务衙门方面的后继者之一，他发展了自己前辈的许多主张。在他的推动下，1686年同波兰缔结了永久和平条约。根据这一条约莫斯科国参加了同波兰、日耳曼帝国和威尼斯结盟反对土耳其的联合斗争。这样莫斯科国家就参加了欧洲列强的共同行动，为此波兰就永远确认根据安德鲁索沃停战协定暂时让给莫斯科的基辅和其他地区归莫斯科所有。在内政问题上，戈利琴公爵远远走在过去那些改革派人士的前面。还在沙皇费奥多尔时代[2]，他就是受权制定改革莫斯科军事体制计划的委员会主席。这个委员会建议俄国军队采用德国的军事体制并废除门第制（1682年1月12日法）。戈利琴不断地向大贵族谈到教育他们子弟的必要性，他说服他们同意把自己的子弟送到波兰学校去，建议他们聘请波兰家庭教师来教育他们的子弟。毫无疑义，在他的头脑中涌现出广泛的改革计划。很可惜，我们所知道的只是涅维尔这个外国人记下的这些计划的片言只语和模糊不清的随笔。涅维尔是一位波兰使节，1689年在索菲娅和戈利琴垮台前不久才来到莫斯科。涅维尔同戈利琴公爵会面，同他用拉丁语谈论当时的政治事件，特别是英国革命，因此这位波兰使节能够从他那里听说到有关莫斯科事态的某些情节，而且他细心地收集莫斯科有关这位公爵

---

1 利呼达兄弟派是指希腊派，希腊利呼达兄弟当时在俄国从事宗教和教育活动。——译者

的传说和情报〔2〕。

戈利琴〔3〕特别关心莫斯科军队的问题,因为他不止一次地指挥过军队,所以清楚知道这支军队的缺点。照涅维尔的话说,他想让贵族到国外去学习军事技术,因为他想用优秀的士兵来代替义务征集的而且不适于军事的农民,而战争时期这些农民的土地一直没有耕种,所以他想向农民征收适当的人头税来代替他们的无效军役。这就是说,排除充斥贵族军团中的由奴仆和纳税人组成的征集来的义务兵。与奥尔金-纳肖金的想法不同,这支军队保留着严格的贵族等级成分,有正规编制,受贵族出身的学过军事训练的军官指挥。在戈利琴的思想上,军事技术的改革是与社会经济的变革连在一起的。戈利琴想从解放农民开始来改造国家,把农民耕作的土地交给他们,但利用每年的赋税使沙皇,即国库能有收益。据戈利琴统计,这样做可使国库的收入增加一半以上。有些事外国人是打听不到的,他们也解释不了实行这种土地税的原因。因为贵族一直保有继承的义务军役制,所以大概能通过国家向农民征收土地代役租来增加贵族薪俸的金额,这种薪俸金额应该作为地主失去从农民〔3〕那里取得的收入和农民得到土地的一种补偿。因此,按照戈利琴的计划,赎回农奴劳动和农民份地的办法是由服军役的土地所有主以提高了的军役薪俸的形式从国库取得源源不断的收入来代替大笔赎金完成的。与此同时,地主不受法律限制任意剥削农奴劳动的做法被一定的国家土地税所代替。这类解决农奴制问题的想法,在戈利琴之后过了不到一个半世纪,又开始回到俄国国家社会意识中来。有关这位高官的计划涅维尔还听到了不少别的情况,但是这个外国人并没有转述所听到的全部内容,他只限于一般的、多少有点田园诗般的评论:"假如我要把我知道的有关这位公爵的一切都写出来,那么我就永远结束不了;只稍说说这些事就足够了,他想使荒漠地区住上人,让贫穷人发财致富,让蛮夷之徒变成真正的人,让胆怯者变成勇士,让牧羊人的窝棚变成石头砌成的宅院。"当你读着涅维尔在报道莫斯科维亚时所写的一个个故事的时候,你会对"伟大的戈利琴"(这是作者对他的恭维[4])的改革意图的勇气惊叹不已。但是这个外国人断断续续地、无内在联系地表达的这种改革意图说明,它的基础是一个广泛的,而且显然是相当周密的改革计划,这个计划不仅涉及行政制度和经济制度,而且涉及国家的等级制度,甚至还涉及国民教育。当然,这是一些梦想,是与亲近的人们的家常聊天,而不是立法的方案。戈利琴公爵的各种私人关系不让他甚至有机会实际着手制定自己的改革意图,因为他把自己的命运同索菲娅公主联系在一起,所以他也同她一起垮台,他没有参与彼得大帝的改革活动,虽然他是彼得最近的一个前辈,而且本来能够成为后者的一个好助手,如果不是最好的助手的话。

戈利琴计划的精神在立法方面[5]反映不很充分:放宽了因债务而沦为奴仆的条件,废除了谋杀亲夫者活埋和恶语伤人者处死的刑律。不能把对旧教徒加强惩办措施完全算在索菲娅公主政府的账上,因为那是教会当局司职的事,国家管理部门通常不得不充当惩办工具。在这以前,在旧教徒中间,宗教迫害训练出了一批狂热而残忍的信徒,照这些狂热分子的话说,成千上万误入邪途的人为了拯救自己的灵魂把自己烧死,为了同样目的,教区牧师把宣扬火化殉身的教士也烧死。索菲娅公主的政府曾用贵族来吓唬狂暴的射击军,在这位公主用射击军和哥萨克来恐吓贵族的可能性出现之前,她对沦为农奴的农民不能有任何作为。但是要否认戈利琴的一些主张参与了国家生活是不正确的;这种参与作用不应在新的法律中,而应在索菲娅公主七年统治的普遍性中去找寻。沙皇彼得的姻亲和内兄库拉金公爵(而且也是索菲娅公主的政敌)在自己的札记中对索菲娅公主的统治做了十分出色的评论[5]。"索菲娅·阿列克谢耶芙娜公主一开始执政，就勤于政务，审判严明，百姓满意，在俄罗斯国家内还从来没有过这么英明的统治；经过她掌权七年之后整个国家进入了一个繁荣时期，贸易倍增，各行各业竞相出现，开始恢复拉丁语和希腊语的科学知识……当时黎民百姓喜气洋洋"。库拉金关于繁荣时期的描述显然也被涅维尔的报道所证实，他谈到，在木头建筑的莫斯科城（当时估计有近五十万居民）内，隶属于戈利琴的衙门的建筑物就有三千多幢石头房子[6]。如果认为索菲娅本人以自己的行为方式迫使政敌对自己的政绩歌功颂德，那是太不谨慎了。[7]索菲娅公主是个胖胖的、不漂亮的、品行不端的姑娘，她长着一个笨拙的大脑袋，粗糙的脸颊，腰身又粗又短，在她二十五岁时看上去就像一个四十岁的妇女。为了权势她不惜丧失良心，为了强烈的性欲她不知廉耻；但是，通过无耻的阴谋诡计和血腥罪行夺取了政权之后，她作为一位具有"伟大智慧的"公主和"伟大的政治家"（库拉金语），由于需要证明自己的篡权是合情合理的，她能够听取自己的首席大臣和"风流情郎"（这也是一位具有"伟大智慧和人人爱戴"的人）的建议[7]。戈利琴的周围是一些完全忠实于他的助手，他们都是些不出名的，但办事认真的人，诸如涅普留耶夫、卡索戈夫、兹米耶夫、乌克兰因采夫；戈利琴同这些人一起取得了库拉金所说的那些政绩。

戈利琴公爵和奥尔金-纳肖金 戈利琴公爵是奥尔金-纳肖金的直接继承者。前者作为另一代的人，受到不同的教育，在改革计划方面他比自己的前辈走得更远。戈利琴既不具备纳肖金的智慧，也没有他的治国才能和办事认真的习惯，但在书本知识上却比他有学问，戈利琴做得比他少，但考虑得比他多。戈利琴那种不太囿于经验的主张更大胆更深入地渗透到现存的制度之中，触及这个制度的基础。他的思维活动离不开关于国家、国家的任务、社会的结构和组织之类的一般问题。无怪乎在他的藏书中有一本《关于国民生活或者关于改善压在百姓身上的各种事情》的手稿。他不像纳肖金那样满足于行政和经济的改革，他还想要扩大教育和信仰自由以及准许外国人自由进入俄国，改善社会制度和道德风尚等。他的计划比纳肖金的方案更广泛、更大胆，但是却平和得多。他们两人作为相连两代人的代表人物，是我国 18 世纪以前出现的两种类型的国务活动家的表率。所有其他的国务活动家或者是纳肖金式的，或者是戈利琴式的。纳肖金是彼得时期务实派活动家的始祖，但在戈利琴身上可以明显看到叶卡捷琳娜时代自由派的和有点好幻想的大臣的特征[8]。

我这就结束对彼得大帝改革的准备所作的述评，现在请允许我把上述的内容加以总结。

改革的准备和改革的纲领　我们已经看到，改革的准备工作是多么的动摇不定。17 世纪的俄国人每向前跨进一步就停下来想一想，他们干出了些什么，步子是不是跨得大了一些。可以这样来形容 17 世纪俄国社会在文化上的步伐：一瘸一拐地向前走，一边思虑重重，一边胆怯地朝后看。他们每走一步都要深思熟虑，所以走的距离比他们自己想的小得多。改革的想法是由于他们对国家防御和国库收入的需要而产生的。这些需要要求对国家体制、经济生活以及组织国民劳动进行广泛的改革。在这几个方面，17 世纪的人只限于小心翼翼地试探和犹豫不决地借鉴西方。但是就在这些试探和借鉴当中，他们也常常争吵不休，骂来骂去，同时在争论时他们对一些事情也想了想。他们在军事上和经济上的需要同他们祖训的信仰和根深蒂固的习惯，同他们历来的偏见，发生了冲突。原来他们需要的比他们能够做到，想要做到和准备做到的要多得多。为了保证自己在政抬上和经济上的生存,他们必须改变自己的观念、感情以及整个宇宙观。因而他们陷入了落后于自己需要的人们的难堪境地。他们需要技术知识、军事技术和工业知识,但他们不仅没有这些知识,而且直到那时候还相信这些知识是不需要的,甚至是有罪孽的,因为这类知识不会使灵魂得救。在这场同自己的需要,也同他们本身,同自己的成见进行的双重斗争中,他们究竟取得了哪些成就呢?

为了满足自己的物质需要,他们在国家制度方面进行的成功改革不特别多。他们聘请了几千名外国人,有军官、士兵和工匠;在这些外国人的帮助下他们使大部分(也是很差的、缺少应有装备的部分)军队勉勉强强地走上正轨,还建立了几个工厂和兵器厂,然后又借助于这个稍加整编的军队和这些工厂,费了很大周折和气力,好不容易才把斯摩棱斯克和谢维尔斯克省这两个丧失的省份收复,勉强把一半自愿投向他们的小俄罗斯抓在自己的手里。这就是他们作出了七十年的牺牲和努力之后取得的全部重要成果!他们并没有改善国家制度,相反却使国家制度比以前更令人难以忍受了。他们放弃了地方自治,用各等级分离的做法加剧了社会的分裂,牺牲了农民劳动的自由。然而他们在同自身、同自己的习惯和偏见的斗争中,取得了几个重大的胜利,使以后几代人进行这种斗争变得容易得多。这是他们在准备改革的事业中立下的公认的功劳。与其说他们准备的是改革,不如说他们是在训练自己,培养自己的才智和良知去进行这一改革,而这是不易看出的,但却是比较艰巨的和必要的工作。现在我打算简单列举一下他们在智能和道德方面所取得的这些成果。

第一,他们意识到,需要知道的东西中有许多是他们不知道的。他们最难做到的是战胜他们自身,战胜自己的自尊心和自己的

358

过去。古罗斯的思想界对这些问题，即宗教道德秩序、良知和意志所应遵循的规矩、为服从信仰而使理智屈服，以及那些被看成是拯救灵魂的事情，是下了一番苦功夫的。但是古罗斯的思想界忽视了尘世生活的条件，把尘世生活看作命运和罪恶的合理王国，因此古罗斯思想无能为力地顺从地让这种生活受制于粗野的本能。古罗斯的思想怀疑怎样才可以降福于人世，值不值得降福于人世，照圣经上说，这个人世是处于灾祸的渊薮之中，因此注定要在灾祸中灭亡；它还相信，现存的日常生活秩序像世界秩序一样很少取决于人的努力，也像世界秩序一样是不变化的。但是来自国内外两方面的影响开始使这种相信日常生活秩序注定不变的信念发生动摇。国内的影响来自17世纪国家的动荡不定。动乱时期第一次重重敲打了俄国昏昏沉沉的社会意识，迫使一些善于思考的人张开眼睛看看周围的事物，用直接而清晰的目光打量一下自己的生活。在当时的作家——总管巴里津、书隶季莫费耶夫、赫沃罗斯季宁公爵——的著述中鲜明流露出可称之为历史思想的东西，流露出探究俄国生活条件和已形成的社会关系的基础的趋向，以便在这里找到人们遭受种种灾难的原因。动乱之后直到17世纪末，越来越增加的国家负担加强了这一趋向，同时孕育着在多次骚乱中曾经爆发过的不满情绪。在缙绅会议和同政府联席的特别会议上，选出的代表在指出各种不成体统的现象时，他们所提出的纠正现实的手段表现出他们对这一悲惨现实的深刻理解。显然，思想触动了，它试图带动停滞的生活，但是它所见到的并没有超出不可侵犯的现存制度。另一方面，西方的影响给我们带来这样一些观念，它们使人们的思想集中到尘世共同生活的条件和舒适环境上，而且提出改善这种条件应是国家和社会独自解决的重要任务。但是要做到这些就必须有知识（而这些知识是古罗斯没有的，并且也是被忽视的），特别需要研究自然界以及研究自然界可以用来为人的需求服务的东西，因此 17 世纪俄国社会对天文学的著作以及其他类似的著作有着浓厚的兴趣。政府本身是支持这种兴趣的，而且政府开始考虑开发国家尚未触动的自然财富，寻找各种矿藏，为此同样需要知识。一股清风甚至对像沙皇费奥多尔这样衰弱的人都产生了影响，他以酷爱各种科学，特别是数学而著称。西尔维斯特·麦德维杰夫证实，费奥多尔不仅关心神学教育，而且也关心技术教育。他把"各种工艺的行家"召集到自己的宫廷作坊中来，给他们优厚的薪俸，而且他本人也勤勉地观察他们工作。从 17 世纪末期起，关于必须有这样的知识的思想成了我国社会中先进人物的主导思想，对俄国缺少这种知识的抱怨已成了描述俄国状况的老生常谈的套话。你们不要以为这种意识或者这种抱怨马上就会产生效果——使人去掌握必需的知识，也不要以为这种知识既然成了首要的问题就立即会变成迫切的需要。远不是这么回事。在我国，着手解决这个问题人们总是要准备特别长的时间和特别小心谨慎。在整个 18 世纪以及 19 世纪的大部分时间里，人们曾经思考和辩论哪些知识对我国是适用的，哪些是有危险的。但是已经出现的对智力的需要很快就改变了对现存日常生活秩序的态度。一旦掌握这样的思想，即借助知识可以建立比现实生活要好的生活，那么对日常生活秩序不可改变的信念就开始崩溃，同时产生一种把生活安排得更好些的愿望。在人们来得及认识如何做到这一点之前，这一愿望就产生了；在人们来得及掌握这种知识之前，他们就对它深信不疑了。当时人们已开始察看现行制度的每一个角落，并且就像在一所年久失修的房子里一样，到处见到弃置破败、腐朽霉烂、垃圾成堆、无人看管的景象。从前看来似乎最牢固的生活的各个方面，不再使人相信它们是牢固的了。迄今为止，人们都认为自己是有坚定信仰的人，虽然这种信仰没有语法和修辞的知识也能了解基督的智慧。但是东方的祭司长帕伊西·里加利德却指出必须要有学校教育来同分裂进行斗争；俄国的宗主教约阿基姆重复他的话，在一篇反对教会分裂的作品中写道：许多笃信宗教的人，由于智能低下和缺少教育，倾向于分裂。就这样，智能、教育被认为是笃信宗教的支柱。外交事务衙门的译员菲尔索夫在1683年翻译了《诗篇》。这位小官员认为利用知识刷新教会制度是很有必要的。他写道："我们俄罗斯人是粗野的、没有学识的人民；不仅普通百姓，而且神职人员既不寻求真正的知识和智慧，也不热衷于圣经。这些人辱骂有学问的人，把他们叫作异端邪说之徒。"

照我的看法，在准备彼得大帝改革的事业中，道德上的主要成就就在于唤醒了对科学的朴素信念和借助科学修正一切所抱的轻信的期望。彼得大帝这位改革家在自己的活动中也遵循这一信念和期望。在彼得以后，每当我们为追逐西欧的成就弄得精疲力竭，心想我们这些人生来是不配享有文明的，而且还无情地自暴自弃的时候，正是那种信念在支撑着我们。

但是17世纪的人得到这些道德上的成就并非无益，这些成就使社会得到新的和谐。在这之前，俄国社会是靠国内的影响、自身的生活条件和本国自然资源的指向而生活的。当具有丰富经验和知识的外国文化吹向俄国社会时，它同俄国的秩序相遇便展开了一场斗争，激动了俄罗斯人，搅乱了他们的观念和习惯，使他们的生活复杂化，同时还使这种生活的进程加剧和不稳。早在17世纪，外国的影响就以大量的新观念和新的利害关系震撼着人们的头脑，从而引起了这种使俄国生活更加错综复杂的现象。在此之前，古罗斯社会的特点是它的道德—宗教结构的单一性和完整性。古罗斯人虽然社会地位千差万别，但其精神面貌彼此很相像，他们从相同的源泉吸取养料来满足自己精神的需要。大贵族和奴仆,识字的人和文盲都记得数量不同的经文、祈祷文、教堂赞美诗以及世俗的谈鬼说怪的歌谣、故事、古老的传说;他们都程度不同地了解各种事物,都程度不同地知道自己日常生活的基本信念。但是他们强调的都是同一种基本信念,都是在规定的时间内同样轻率地造孽作恶,都是在直接许可"干一切事"之前怀着相同的对神的恐惧心理去作忏悔和行圣餐礼。虽然古罗斯人的机械般的良知只有如此单调的细微变化,但就是这些变化帮助他们很好地相互了解,帮助他们形成有相同道德的芸芸众生;正是这些变化,不管社会上的争斗如何,在古罗斯人之间建立了某种精神上的协调一致,而且使一代代的人循环重复已经确立的模式。无论从木制农舍极平常的建筑设计中也加上沙皇王宫和大贵族府邸用的奇特雕刻和镀金上,还是从16—17世纪俄国写书人的奇妙叙述中,同样都显露出"头脑简单、智慧更贫乏的农村无知者"的简朴的、祖传的精神生活内容。西方影响破坏了古罗斯社会的这一道德完整性。西方影响并没有深入人民中间,但在社会的上层中,由于其自身地位为外来风尚敞开了大门,便逐渐取得了统治地位。正如一块不同部位加热不均的玻璃在破裂一样,由于西方影响在各个阶层渗透程度不同,俄国社会也发生了分裂。17世纪俄国教会发生的分裂是俄国社会在西方文化影响下这一道德分裂在宗教上的反映。当时我国出现了相互对立的两种宇宙观、两种敌对的观念和情感。俄国社会分裂成两个阵营——一个崇尚俄国的古制,另一个崇拜新鲜事物,即崇拜外国的(西方的)东西。留在东正教教会的院墙之内的社会统治阶级,开始对本国的古制采取漠不关心的态度,而主张教会分裂的人是拥护古制的;因此统治阶级比较容易受到外国的影响。被抛在教会院墙之外的旧教徒就更加坚决地仇恨外来的新事物,把它看作是破坏俄罗斯古代东正教教会的祸殃。一些人的那种漠不关心的态度和另一些人的这种仇恨心理就像两根新的发条插进了俄国社会的精神世界中，它们使社会的运动更加复杂化，把人们拉向四面八方。

必须承认个别人物积极参与传播改革的意图是这种意图得以成功的十分难得的条件。这些人是古罗斯最后一批优秀人物，他们最先表明了改革的意图或者支持过这种意图，因此他们给这种意图打下了自己的烙印。沙皇阿列克谢·米哈伊洛维奇唤起了对新事物和改善体制的普遍而又模糊的兴趣，但他同时没有脱离本国的古制。他宽容地赞扬改革的创举，同时使俄国人那种胆怯的思想亲近这些改革；他以自己的宽容态度让人们相信这些改革在道德上是没有危险的，让他们不要失去对自己力量的信心。大贵族奥尔金-纳肖金的特点是：既没有这样的宽容态度，也没有对本国古制的诚心的眷恋；他对俄国一切事物的不断埋怨只能引起人们的忧郁和沮丧，使人感到绝望。但是他那忠贞不渝的毅力令人不知不觉地为之神往，而他的英明睿智又使模糊不清的改革激情和主张具有如此简明清晰和令人信服的计划的形式，使人们愿意相信它的合理和可行，而它的好处也是非常明显的。由他的指示、设想和试验初步形成了一个完整的改革纲领，这是一个范围不广，但却相当清楚的改革行政和国民经济的纲领。另外一些不甚著名的人物补充了这一纲领，加进了一些新的要素或者把这一纲领推广到国家生活和人民生活的其他领域，这样，就把改革的事业稍稍向前推进了。勒季谢夫试图把道德的因素纳入国家管理之中，他提出了一个兴办社会慈善事业的问题。戈利琴公爵用幻想的言论谈到必须进行各方面的改革，这唤醒了满足于现存制度的统治阶级那无所作为的思想。

我对17世纪各种现象的评述就到此结束[9]。整个17世纪是为彼得大帝的改革作准备的时代。我们研究了各种事态，看到了许多受到17世纪新风尚培养出来的人物。但这些只是改革运动中最杰出的人物,在他们后面还有其他一些较为次要的人物:大贵族鲍里斯·伊凡诺维奇·莫罗佐夫、大贵族尼基塔·伊凡诺维奇·罗曼诺夫、大贵族阿尔塔蒙·谢尔盖耶维奇·马特维耶夫,一大批基辅学者,还有一位不受人注意的外来的流亡者尤里·克利尚尼奇。他们每一个人都站在改革的第一线和第二线,提出过某种改革的意向,发挥过某种新的主张,有时是一系列的新主张。如果从这些人来判断,那么在动乱不安时代的激昂社会意识中所积累起来的丰富多彩的改革主张是会让人惊叹不已的。这些主张迅速发展起来,既没有相互间的联系,也没有统一的计划,但是,如果把这些主张彼此作一比较,那么我们会看到,它们自然地形成一个相当完整的改革纲领,其中外交政策问题同军事、财政、经济、社会、教育等等问题交织在一起。下面是这个纲领的最主要部分:(一)同波兰和睦相处和结盟;(二)为夺取波罗的海东岸同瑞典做斗争、为夺取南部俄罗斯同土耳其和克里木做斗争;(三)把军队改建为正规军;(四)用两种税——即人头税和土地税——代替旧的庞杂的直接税;(五)发展对外贸易和国内的加工工业;(六)实行城市自治以利提高工商业阶级的生产率和收益;(七)连同土地一起解放农奴;(八)不仅开办带宗教性质的普通学校,而且开办适应国家需要的技术学校,——所有这些方面都按照外国的模式,甚至借助于外国的领导人。可以很容易地看出,这些改革任务总合起来就是彼得大帝的改革纲领:这个改革纲领早在这位改革者开始活动以前就已经具备了。17世纪莫斯科国务活动家的作用在于:他们不仅造成了这位改革者成长起来的环境和他耳濡目染的气氛,而且勾画出了他行动的纲领,在某些方面这个纲领大大超出了他所做到的事情[9]。

评　述

　　瓦西里·奥西波维奇·克柳切夫斯基在《俄国史教程》第三卷[1]一开始就阐述了几个基本问题，阐述"俄国历史的第四时期"——按作者的分期，这一时期从17世纪初起到1855年止。克柳切夫斯基用本《教程》的三卷书（即第三、四、五卷）来谈这一时期。正付印的《教程》的第三卷叙述了17世纪初有关外国干涉和农民战争的一些事件，以及17世纪俄国历史的一些最重大问题。

　　像在前面各讲一样，克柳切夫斯基的资产阶级自由派折中主义首先表现在解释历史进程的原因方面。克柳切夫斯基把新王朝的建立、国家疆土扩大到俄罗斯居民的边陲地区、服役贵族的政治影响的加强、农民的农奴化以及加工工业在国家经济中的作用的增长，看作是17世纪俄国历史进程的主要因素[2]。因此，克柳切夫斯基以一系列各种不同的因素——政治、地理和经济的因素来解释17世纪的许多现象。

　　克柳切夫斯基认为国际政治局势起着重大的作用："在任何其他国家的历史上，国家的国际地位未必对其内部制度起更重要的影响，而在我国历史上的任何时期，这种影响都没有像我们现在论述的时期那样明显地表现出来。"[3]

　　克柳切夫斯基正确地了解到，17世纪是俄国历史上一个特定的

1　以下简称《教程》第三卷。——译者
2　参看本书边码，第7页。
3　参看本书边码，第12页。

分期线。他同被称作"国家学派"的历史学家把彼得一世的改革看作一个转折时期的见解不同，认为这些改革早在17世纪就已经做好了准备。但是克柳切夫斯基却不能正确地揭示出表明俄国历史新时期的基本特征——全俄市场开始形成、资产阶级关系在国内的发生和阶级斗争的加剧（斯捷潘·拉辛领导下的农民战争、17世纪中叶的城市起义）。

在《教程》第三卷中，克柳切夫斯基实际上只谈了四个问题，即：（一）"动乱时期"及其意义；（二）俄国的国际地位；（三）国内局势和居民中一些阶层的状况和（四）作为派生现象的17世纪俄国文化发展的特点。

《教程》第三卷的前面四讲包含对17世纪初期外国干涉和农民战争这些事件的评价。克柳切夫斯基正确地认为，这些事件在其原因上与前一个时期相连，而在其后果上又与后一个时期相连。克柳切夫斯基在解释"动乱时期"的原因和结果时，也像在其他许多情况下一样，别出心裁地把有关"动乱"的社会原因的重要原理和推论同纯唯心主义的观念结合在一起。例如，他多次重复其前辈关于"在社会各阶级之间强行摊派专门的国家赋税"的观点，与此同时他又承认，由于被压迫阶层居民的困难处境和"上层阶级"力图加强自己的权力，国家的"赋税"制度造成了社会的纷争与不和。克柳切夫斯基把这些社会方面的原因从属于政治方面的因素和纯唯心主义的因素，好像这些因素在展开的事件进程中具有决定性意义似的；尤其是，他非常重视王朝方面的问题，认为人民不习惯于推举沙皇的主张，他们力求"复活灭亡了的皇族"，所以支持僭王[1]。

克柳切夫斯基力图把似乎引起"动乱时期"的各种不同的原因

---

1 参看本书边码，第59页。

结合在一起，这样做就使得他自己得出一个错误的论点：俄国社会的各个阶层顺序卷入事件之中。他把"动乱"的消除解释为社会各种力量联合的结果，因为这个社会见到自己的国家已处于覆灭的边缘。克柳切夫斯基不承认阶级斗争在社会历史上的进步作用；所以他有关"动乱时期"的观点仍然处于贵族资产阶级历史编纂学的传统公式——国家制度的"破坏"和"恢复"的公式的框框之内。

苏联的最新研究早就否定了克柳切夫斯基和 С. Ф. 普拉托诺夫关于 17 世纪初期俄国社会各个阶层逐渐卷入"动乱"的说法，指出农民战争和外国干涉所引起的一系列事件是由于最深刻的社会经济矛盾和残酷的阶级斗争造成的，因此，农民运动早在鲍里斯·戈都诺夫政府发生危机之前就已经开始了，根本不存在任何俄国社会各个阶层"顺序卷入"阶级斗争的情况。

克柳切夫斯基对"动乱"的看法基本上在他 19 世纪 80 年代的石印版教程中就做了阐述，这对普拉托诺夫的观点有着重要的影响。普拉托诺夫在自己的学术著作《16 至 17 世纪莫斯科国家动乱时期简史》[1] 中对自己的观点做了充分的阐述。尽管克柳切夫斯基提出的公式有明显的臆想性质，但是《教程》第三卷中有关 17 世纪初期事件的几讲，还是试图分析当时最复杂现象的一次最初的尝试，而在这些现象中阶级对抗受到重视。对沙皇费奥多尔·伊凡诺维奇、鲍里斯·戈都诺夫的描写，对 1610—1611 年决议和瓦西里·舒依斯基的宣誓文告的分析是极其有趣的。

现在克柳切夫斯基的许多论点已经过时了。苏联历史学界非常注意研究 17 世纪初期外国干涉和农民战争所引起的一些事件。И. И.

---

1 С.Ф. 普拉托诺夫的观点后来在他的学生 П.Г. 柳波米罗夫的著作《1611—1613 年下哥罗德民军简史》（莫斯科，1939 年）中进一步有所发挥。

斯米尔诺夫的专著研究了伊凡·鲍洛特尼科夫率领的起义的过程和动力[1]、俄国人民反对波兰和瑞典干涉[2]的斗争历史，以及建立第一次民军等问题[3]，都有专门的分析研究。

克柳切夫斯基在以后叙述17世纪俄国历史的基本问题时，试图详细描述一些有代表性的现象，照他的意见，这些现象一方面确定了此一时期历史状况的特点，而另一方面明确了社会生活中的变化。

从克柳切夫斯基的思想来看，"动乱时期"和新王朝的统治对俄国历史的后来进程有着深刻的影响。他正确地看到"统治阶级"成员中发生的重大变化，详尽地分析了大贵族阶层的衰落过程和门第制的逐渐废除以及服役贵族阶层作用的加强，这个服役贵族阶层取得了新的"旧的名门世袭大贵族阶级不曾有过的个人权利和社会权利"[4]。克柳切夫斯基认为"动乱"的直接后果是沙皇权力的削弱和缙绅会议、代表机构的作用的加强。但是在克柳切夫斯基的著作中，这些以精心选择的材料为基础的正确论点，却与他对社会阶级结构的完全错误的观点交织在一起。克柳切夫斯基同把"阶级"理解为一定的社会经济范畴的观点相距太远了。所以他给农民战争被镇压和外国干涉被消除之后封建统治者们的政策下了一个错误的定义，他把同一个阶级的两

1　И.И. 斯米尔诺夫：《1606—1607年伊凡·鲍洛特尼科夫起义》，国家政治书籍出版社，莫斯科，1951年。

2　Н.И. 波克罗夫斯基：《1608—1609年莫斯科国人民战争的开始》，载《国立顿河—罗斯托夫大学学报》，第6卷，第3册，顿河—罗斯托夫，1945年，第3—45页；И.С. 谢皮列夫：《1608—1610年莫斯科国家的解放斗争和阶级斗争》，皮亚蒂戈尔斯克，1957年；И. П. 沙斯科尔斯基：《17世纪初瑞典对卡累利阿的干涉》，彼得罗查沃德斯克，1950年；等等。

3　И. С. 谢皮列夫：《1611年第一次全国民军的组织》，载《国立皮亚蒂戈尔斯克师范学院学报》，第5卷，斯塔夫罗波尔，1949年，第171—188页；第6卷，1951年，第207—253页；等等。

4　参看本书边码，第9页。

个阶层——大贵族阶层和贵族阶层彼此对立起来,并把后者看作是"领导社会"[1]的一支独立的社会力量。克柳切夫斯基一方面认为在罗曼诺夫王朝的最初几个沙皇时期建立立宪统治是现实的,并且指出了到 17 世纪末期专制政权的加强,但另一方面他却没有看到,封建专制君主制的形成是与封建统治阶级追求建立强大的中央集权管理体制的努力相符合的。由于这个原故,克柳切夫斯基把沙皇政权看作一种超阶级的力量,硬说"新的执政阶级"——服役贵族阶层"同新王朝携手前进",而在 16 世纪,沙皇政权似乎是同"整个执政阶级"——大贵族阶级[2]——协同一致地治理国家的。

这样一来,克柳切夫斯基就把服役贵族的政治统治的出现看成是"动乱"的直接后果之一。但是这个贵族阶层却不能对国家的管理体制作出任何的改变。因此,他写道:"这个世纪之初各统治阶级更为关心根本法的制定,关心最高执政当局的立宪体制;而在这个世纪结束时,国家却依然没有任何根本法,没有调整就绪的最高执政当局,甚至连王位继承法都没有"[3]。

像在《教程》的前两卷一样,克柳切夫斯基认为,确定"俄国历史的第四时期"的基本事实之一便是国家领土的扩大(俄罗斯族政治上联合的完成和国家疆土扩展到俄罗斯平原的边界)。克柳切夫斯基把 17 世纪俄国外交政策的历史看作是"前一王朝统一政策的直接延续",看作是"为夺取当时莫斯科国尚未控制的这样一些俄罗斯领土"[4]而斗争的历史。

克柳切夫斯基详细地谈到了俄国当时面临的基本外交任务(乌克兰的重新合并和波罗的海问题),他认为这些任务是通过多次严酷

---

[1] 参看本书边码,第 7 页。
[2] 同上,第 7、72 页。
[3] 同上,第 83 页。
[4] 同上,第 92 页。

的长期战争来实现的,而这些战争引起了民间力量的过分紧张,同时还引起了一个结果——"以牺牲社会的自由来扩大国家的权力"[1]。

这样一来,克柳切夫斯基就把从社会—经济上发展国家的问题归属于地理和对外政策方面的问题。

与国家的对外任务相联系,克柳切夫斯基还研究了人民群众的地位。他认清了17世纪人民运动的社会性质,强调指出了社会不平等的加剧,但是他没有把这些同17世纪俄国发生的经济进程联系起来。照他的看法,人民运动是由于人民的无权和破产,当局滥用权力所引起的。在这一方面,《教程》中有好些地方已经过时了。20世纪初期的许多专门研究,已经涉及了人民群众社会经济地位的问题[2],苏联史学对这些问题已做了广泛的阐述。在Б. Д. 格列科夫、А. А. 诺沃西利斯基、А. А. 雅科夫列夫、В. И. 顺科夫等人的著作中,研究了农业、农民史和封建土地所有制等问题[3]。在П. П. 斯米尔诺夫、К. Н. 谢尔比娜、Н. В. 乌斯丘戈夫等人[4]的研究中阐明了城市、手工业、贸易和城镇工商居民的状况等问题。最后,К. В. 巴齐列维奇、М. Н. 吉霍米罗夫、П. П. 斯米尔诺夫等人[5]的专著反映

---

[1] 参看本书边码,第8、129页。

[2] Ю. В. 哥第耶:《17世纪莫斯科南部地区》,莫斯科,1937年;С. В. 维谢洛夫斯基:《(古俄罗斯)索哈赋税清册》,第1、2卷,莫斯科,1915年、1916年;А.И. 扎阿泽尔斯基:《17世纪沙皇的世袭领地》,莫斯科,1937年;等等。

[3] Б. Д. 格列科夫:《从古代到17世纪罗斯的农民》,第2册,莫斯科,1952年;А. А. 诺沃西利斯基:《17世纪世袭领地主及其经济》,莫斯科—列宁格勒,1929年;В. И. 顺科夫:《17世纪西伯利亚农业简史》,莫斯科,1956年;А. А. 雅科夫列夫:《17世纪莫斯科国家的奴仆制和奴仆》,莫斯科—列宁格勒,1943年。

[4] П. П. 斯米尔诺夫:《17世纪中叶以前的工商市民及其阶级斗争》,第1、2卷,莫斯科—列宁格勒,1947—1948年;К.Н. 谢尔比娜:《俄罗斯城市社会经济简史》,莫斯科—列宁格勒,1951年;Н.В. 乌斯丘戈夫:《17世纪卡马河盐场的制盐业》,莫斯科,1957年。

[5] К. В. 巴齐列维奇:《阿列克谢·米哈伊洛维奇的币制改革和1662年莫斯科起义》,莫斯科—列宁格勒,1936年;М. Н. 吉霍米罗夫:《1650年的普斯科夫起义》,莫斯科—列宁格勒,1935年。

了 17 世纪市民运动的历史。

克柳切夫斯基正确地指出了 17 世纪俄国地方管理和中央管理的集中过程，指出了不同社会阶层在法律上占有的不同特殊地位；他把农民农奴化的过程同缙绅会议停止活动直接联系起来。但是克柳切夫斯基并不认为这些问题是封建主统治阶级的政策的反映，他用政府的内部困难来解释这些问题，因为这个政府从战争的经验中感觉到"本国物质资料的匮乏，空前的军事软弱和国民劳动生产率的低下，以及无法使国民劳动产生效益"。[1]因此，在这种情况下，克柳切夫斯基提出国家的需求是决定人民整个历史发展的原因。

克柳切夫斯基发挥了如下的正确思想，即 17 世纪是"为彼得大帝的改革作准备的时期"，但与此同时他却毫无根据地认为：17 世纪只是在形成一种"改革的意图"。所以照他的看法，《1649 年会议法典》只是试图"规定"各个不同阶级的"地位和相互关系"[2]。然而克柳切夫斯基本人却宁愿承认，17 世纪制订的改革方案比后来彼得大帝实现了的改革要更加广泛[3]。

克柳切夫斯基认为国民经济的新结构同样是确定"俄国历史第四时期"来临的重要因素。虽然他承认这种因素的存在，但却没有指出它的实际意义。克柳切夫斯基对国民经济的"新结构"充其量不过看作是产品数量的增加："人民的劳动……在经济上扩大了范围：过去是在农业上开发国家，而现在增加了对工业的开发"[4]。

在本《教程》第三卷中克柳切夫斯基用很大的篇幅谈到所谓西方对 17 世纪俄国文化和意识形态的影响（第五十二——第五十八

---

1 参看本书边码，第 126 页。
2 同上，第 142 页。
3 同上，第 363、364 页。
4 同上，第 7 页。

讲)。他看到17世纪的俄国在发展上落后于西欧先进国家,但他却过分夸大了西欧对俄国文化的影响。俄国文化开始蓬勃发展的原因首先应以俄国社会经济发展中的进步来解释。

克柳切夫斯基有关"俄国历史第四时期"的前提条件和最初阶段的纲要,在很大程度上反映了"国家学派"历史学家的影响。但是与以往的资产阶级历史编纂学相比,克柳切夫斯基向前跨进了一步。他试图把"动乱时期"的结果和以后的国家发展过程直接相互联系起来,他还试图发挥关于彼得大帝时期实现的改革的前提条件日益成熟的见解。

像本《教程》的前两卷一样,克柳切夫斯基非常注意对历史人物的描述,力求在他们身上反映出时代的色彩。

对俄国著名的外交家和国务活动家阿法纳西·拉夫连季耶维奇·奥尔金-纳肖金的描述(第五十七讲),理所当然应当承认是这类描述中最好的描绘之一。同时对沙皇阿列克谢·米哈伊洛维奇和费奥多尔·米哈伊洛维奇·勒季谢夫的形象也写得生动有趣,但由于把他们太理想化了,所以,与其应该看作是真实表现他们的活动,不如看作是进行一种心理分析的试验。

较之《俄国史教程》的其他几卷,第三卷的特点可能是语言更加优美,格言更加明确和更加令人难忘。克柳切夫斯基在这一卷中研究的17世纪的俄国历史,过去一直是他在科学上关注的课题之一。

正如在准备俄国历史较早时期的几讲一样,克柳切夫斯基在编写《教程》第三卷时,利用了大量的研究性专门著作和各种刊印材料。他特别广泛地采用了有关17世纪历史的最重要的史料:当时一些人——巴里津·奥弗拉米、伊凡·季莫弗耶夫、卡迪列夫-罗斯托夫斯基、格里戈里·科托希欣、涅维尔、弗莱彻、若尔凯夫斯基、列伊坚费利斯、马耶伯格等——的笔记以及年代记和文件资料。在专门学术论著中克柳切夫斯基尤其经常利用拉特金、米留科夫、普拉托诺夫等人在19世纪末发表的大量研究性著作。

*　　　　　*　　　　　*

克柳切夫斯基用他在19世纪80年代在莫斯科大学讲课的石印版讲稿作为《俄国史教程》第三卷的基础。与《教程》的第一、二卷不同，作者利用的不是一种石印本，而是好几种，因为这些石印本是内容不同的讲课笔记（在不同年代把讲课内容石印下来），而且克柳切夫斯基还对它们做了大量的补充和修改。在《教程》第三卷准备付印时，作者从1906年年初到1907年秋对《教程》草稿进行了加工，同时广泛利用了瑟索耶夫石印本的材料。这本教材的名称是：《俄国近代史（1613—1855年）,正教授瓦西里·奥西波维奇·克柳切夫斯基的讲稿，莫斯科1888年瑟索耶夫版，共317页》[1]。

我们接触到了瑟索耶夫石印本，其中有克柳切夫斯基在准备《教程》第三卷付印时作的修改。石印本的前面72页现存国家列宁图书馆，克柳切夫斯基档，卷宗夹5，卷3；从第73页到第160页

---

[1] 石印版的前120页放在《教程》第三卷中。这一节的内容如下：

第四时期（1613—1855年）。第三时期的主要事实。第三时期的新事实。上述事实的相互联系。第四时期的三个阶段：第一阶段、第二阶段、第三阶段。

罗斯的动乱时期。（一）引起动乱的原因。沙皇费奥多尔·德米特里王子被杀。鲍里斯·戈都诺夫——沙皇。（二）对动乱时期各种事件的评述：a）大贵族上层卷入动乱；6）大贵族中层和服役贵族上层卷入动乱；в）服役贵族下层卷入动乱；г）全国下层阶级卷入动乱；д）哥萨克帮卷入动乱。

对第四时期事件的评述。新王朝。动乱的直接后果：（一）新的政治概念；（二）国家制度；（三）立法。

新王朝时期莫斯科国家的国际地位。莫斯科国家对外政策的任务。西南罗斯。卢布林合并。卢布林合并的政治后果。卢布林合并对西南罗斯在民族—宗教方面的后果。小俄罗斯问题。新王朝拥有的手段。

17世纪莫斯科国家国内活动的总方向。管理制度的变化。等级的结构。农民农奴身份的起因。缙绅会议。国家的经济。对国内事态的不满。西方影响的起源。军事和工业上的革新活动。引进西欧的舒适设施和娱乐消遣活动。17世纪人们的改革主张。

现存莫斯科苏联科学院历史研究所，克柳切夫斯基档，卷宗夹 19。

克柳切夫斯基还相当广泛地利用了巴尔斯科夫石印本的材料。此教程的名称是:《俄国近代史教程，B. O. 克柳切夫斯基，1883—1884 学年，共 322 页（巴尔斯科夫版）》[1]。作者的石印版文稿现存苏联科学院历史研究所，列宁格勒档案馆，克柳切夫斯基档（第 197 档，案卷 1）。我们还接触到了这本《教程》的学生笔记；在此笔记石印之前克柳切夫斯基做了一些修改（现存国家列宁图书馆，克柳切夫斯基档，卷夹 9，共 458 页）。

克柳切夫斯基还根据尼古拉耶娃石印本对《教程》第三卷做了几处不大的增补。此教材名为《俄国史讲义，B. O. 克柳切夫斯基正教授，1885—1886 年，尼古拉耶娃版，共 251 页》[2]。

[1] 收入《教程》第三卷的总共 93 页。这一部分的内容是：俄国历史第四时期（1598—1855 年）的主要现象。评述动乱时期的各种事件。动乱的起因。动乱的后果。新的政治概念。立法。外交政策。社会的内部状况。管理体制。各等级的结构。缙绅会议的衰落。国家经济。对国内事态的不满。17 世纪外国对俄国的影响；军事和其他方面的"革新"。对"革新"开始反击。俄国教会分裂的起因。彼得大帝的先驱者:（一）沙皇阿列克谢·米哈伊洛维奇，（二）大贵族 А. Л. 奥尔金-纳肖金，（三）В. В. 戈利琴公爵。

[2] 石印本从俄国历史第三时期（1462—1613 年）开始到彼得一世时期结束。收入《教程》第三卷的是 125—213 页。

这一部分的内容如下：

十四，动乱时期。引起动乱的导火线。动乱的主要原因。评述动乱时期的各种事件。

十五，俄国历史第四时期（1613—1855 年）的主要现象。推选米哈伊尔为沙皇。

十六，动乱的后果：a）新的政治概念；б）新的政治事实；高层执政阶级成员中的变北。国家的体制。立法。

十七，莫斯科国家因西南罗斯的命运而采取的对外政策。

十八，国家的内部状况。管理体制。

十九，各等级的结构和缙绅会议的命运。

二十，国家经济。

二十一，西方的影响。不满情绪。西方影响的起因。西欧影响和东方拜占庭影响之间的关系。军事—工业上的革新活动。引进日常生活的舒适设施和娱乐消遣活动。对书本知识的需求。学校教育的成就。

二十二，反击西方影响的开始。俄国教会分裂的起因。

二十三，17 世纪人们的改革主张。

372　作者的石印版文本保存下来的仅有前面16页（现存苏联科学院历史研究所，克柳切夫斯基档，卷宗夹19）。

没有弄清楚克柳切夫斯基引用《Ек. Ал.》时指的是哪种讲稿笔记[1]。

石印本中所有这些片断之间相接的一个环节是草稿本（标题为《第三卷草稿本》）。现存苏联科学院历史研究所，克柳切夫斯基档，卷宗夹1。草稿本有442页是作者编了号的（15×22.5厘米开本；第86—190页是16.5×25厘米开本），增补页未计在内。文稿是不同时间写的（从1906年1月26日到1909年12月8日）。页边上有许多引文出处和对《教程》的几种石印版本的相应地方所作的索引；对各个版本的补充性说明。《教程》第三卷包括草稿本的前面142页。其余各页包含在《教程》第四卷中。

克柳切夫斯基准备《教程》第三卷付印时作的几处增补，现放在科学院历史研究所克柳切夫斯基档，卷宗夹13和14里面。这里还保存有第一版的几页清样（第1、2、29页），上面有作者对排版错误的修正（卷宗夹9）。卷宗夹5里有《教程》的草稿材料。

作为本版《俄国史教程》第三卷的基础的是作者生前完成的1908年版[2]。1908年版有个别几个地方克柳切夫斯基在清样上做了改动，以前各版没有这些改动。注释中有些主要段落是克柳切夫斯基借自讲稿的石印本的，个别注释取自石印本和草稿本的材料，但《教程》第三卷的最后版本并没有包含这些材料。注释最为详细的是有关卢布林合并的后果和西南罗斯的各种宗教团体。

---

[1] 这里说的"没有弄清楚"的符号《Ек. Ал.》在注释的其他地方多次出现，有时是用《Ел. А.》、《Е. А.》、《ЕА.》等符号，符号后面的数字表明页数。翻译时仍保留这些"没有弄清楚"的符号。——译者

[2] 《教程》第三卷在1912年、1917年、1923年、1937年再版。

在转述本书文字及其各种版本，以及指出材料来源和文献名称时，编者遵循瓦西里·奥西波维奇·克柳切夫斯基《俄国史教程》第一、二卷的注释中所阐明的体例。

*　　　　*　　　　*

《俄国史教程》第三卷由 B.A. 亚历山德罗夫和季明编辑，第三卷的注释也是由他们撰写的。

注　释

第四十一讲

〔1〕 第四十一讲最初以《近代俄国及其历史序幕》的名称发表在《俄罗斯思想》杂志上（莫斯科，1907年，第10、11册）。

在《俄国史教程》第3卷的草稿本中（下称：草稿本；现存苏联科学院历史研究所手稿部，克柳切夫斯基档，卷宗5），克柳切夫斯基在写《俄国史教程》第3卷时根据草稿本材料补充了几段石印版教程的文字，在本讲前面有如下一段文字："你们从所说的内容可以看到，我国历史经历千辛万苦，迂回曲折才通过走向社会自由的道路。社会自由是由人所共知的个人权利和政治权利所组成的。

在社会中，自由是随着这些权利的取得而不断巩固的。通常这些权利不是整个社会（删去了：'各个阶级'）突然地、同时取得的。这些权利首先为上层阶级所享有。它们自愿地，但经常是不得已地与普通老百姓分享所取得的好处。在这里，讲演人大概利用了关于太阳上升的比喻，因为上升的太阳首先照亮了山的顶峰，光线从顶峰逐渐照到低处。简单地说，主人通常比自己的仆人自由，就是在他们失去控制仆人为其服役的权利之后很长时间内，他们也不承认仆人同自己是平等的。解放通常先于平等。"

〔在这一页的反面有克柳切夫斯基作的记号〕，
"关于动乱时期的历史。

（一）共同福利的思想是在顺序发展的联盟、家庭、氏族、部落、伙伴关系、邻里关系、等级、人民、国家的上面形成的。这很像水中投了一块石头而形成的连续更替的同心圆圈。

（二）动乱的形成是因为有各种利害关系，即各种各样的欲望：个人的、家族的、阶级的、部落的，甚至宗教的；正是这些欲望的不可调和促使它们变成各种不同的主张。

（三）舒伊斯基是半个沙皇（〔放在〕缺少主见者之列）。

（四）封邑制的活动，由经济上〔变成〕为国家的赋役。

评述1682年国家的状况时——要谈到服役贵族阶级、财政、土地税册和人口登记、服役人员花名册"。

〔2—2〕 这是作者在《教程》第3卷准备付印时根据草稿本加上的文字。

〔3—3〕 这是作者在《教程》第3卷准备付印时根据Я. 巴尔斯科夫石印的重校版本〔下称：巴尔斯科夫石印版〕《俄国近代史教程》加上的文字。

〔4*—4*〕 这是作者在《教程》第3卷准备付印时根据草稿本加上的文字。

〔4ª〕 作者在《教程》第3卷准备付印时删去了草稿本中下面的一句话："……偶尔得到或多或少权力的官厅工匠在穿着制服上是有所区别的……"

〔5*—5*〕 这是作者在《教程》第3卷准备付印时根据草稿本加上的文字。

〔5ª〕 草稿本中有以下这样一段描述："（债务和利润——同样的簿记；最初数学计算有一个错误，）这些事实的对比可能引起历史观察家（观察世界历史现象者）的惊奇。无论这些现象以其纷繁多样和明显可见的偶然性怎样使人感到困惑，但观察家仍然从这些现象中得出如下（振奋人们思考的）印象：他遇到的是某种符合人类智慧的本质、要求和期望的合理的、合乎规律的东西，而不是某些不合理的（自发的）势力的任意的（盲目的）狂妄行为。我要指出有两种这样的观察：第一，可以看出，在生活的某些领域的成就同另一些与前者相适应的、更接近的领域的损失是同时发生的；第二，这些成就是通过牺牲人民的福利和社会自由才取得的。

"这一时期的基本事实。

"历史发展的一般规律：

"（一）随着人民活动能力的加强和这种活动范围的扩大，人民对自身力量的认识提高了，而这种认识是政治自由感的源泉；

"（二）随着某些人头脑中知识和见解的积累，随着他们视野的扩大，对自己个人力量的认识提高了，而这种认识是国民人身自由感的源泉。

"我国历史这一时期新事实的相互关系。

"（一）领土扩张影响到国家政权对社会的关系。我国的疆土愈扩大，人民的内部自由就愈受到限制。人民活动的加强压制着人民中对自身力量的认识（删去："这就是说，人民站得更高了"）。在广阔的领域进行的活动扩大了政权的规模，但却减弱了人民羽翼的上升力，就好像一阵旋风，使风筝飞不起来。

"（二）管理和社会的相互关系。

"17世纪大贵族阶级在世系上和经济上的衰落，首都服役贵族阶级的加强。这两个阶级的公务是由1682年1月12日法律规定的。根据1722年官职等级表，服役贵族从有军功的人员中得到补充。权利和特权的加强：服役领地和世袭领地的等同；对奴仆和农民的统治；服役义务的减少；1785年文告所规定的各等级的政治权利；尼古拉一世时期社会的代表制度（В.О. 克柳切夫斯基：《俄国史简明教本》〔下称：克柳切夫斯基：《教本》〕，第3版，莫斯科，1903年，第152—155页）。服役贵族〔变成〕官僚。服役贵族独立成比大贵族更有特权的新的贵族阶级。这样一来，管理机构愈不贵族化，统治阶级的特权就愈增加得多；与管理的民主化相伴而来的是社会不平等的加剧。统治阶级在国内的地位与管理机构的社会成分不符合（括号中有"成反比例"几个字）。

"（三）国民经济。国民经济与社会制度的关系。采矿业和家庭手工业，土地、森林和水源的开发；小手工业；缺少大的加工工业，大的制造工业。经济的技术装备很差，国家的自然资源、水道和矿藏没有开发。17世纪关于这种工业的设想和彼得大帝对此的关注。

"人民劳动在经济发展中最重要的时间同他们在政治上受到限制的时间是相符合的：约在17世纪中叶农民处于受奴役的地位和彼得大帝时期奴仆同农民混在一起；叶卡捷琳娜二世时期农民受奴役的情况进一步扩大和加剧。

"（四）人民精神上的发展对国家制度的关系。影响一直发生作用，它愈来愈扩大，包罗愈来愈大的利益集团，而且愈益地渗入到17世纪的人民之中，彼得一世时期的军队和国民经济、叶卡捷琳娜二世时期的各种主张、亚历山大一世时期的政治生活的各种形式。如此广泛地引进丰富多彩的西欧文化是否使我国的国家制度接近了这种文化的基础——平等和自由了呢？彼得一世和阿列克谢、叶卡捷琳娜二世、亚历山大一世和尼古拉一世。

"我们越广泛地利用西欧文化的成果，我们与这种文化对自由和平等的基本追求的距离就越大。随着吸收西欧形式的政治生活和国民生活，国家（删去："和社会"）的性质和内部制度就愈变成亚洲式的（愈少欧洲式的）。

"（五）政治制度有时（按其精神它完全不符合该文化的性质），在我们这里这种文化的形式是同西方输入我国的大量知识和思想成反比例而建立起来的（删去："无论思想或人。国家的要求在调动人民力量时不是提高这种力量，而是消耗它。一个糟糕的社会和糟糕的政府）。

"人民的力量在其发展过程中经常落后于国家面临的任务，人民的财富——物质财富和精神财富——不是随着经常出现的国家需要而不断增长的。

"由于社会的冷漠和各种关系的不协调，政府就觉得自己总是有权力的，从来不感到自己是负有责任的。这是政府独断专横的两个条件，它的独断专横常被从上面建立起来的专制体制的虔诚言辞所掩饰。

"人民在经济上的劳动生产率得以发展是由于损害了劳动者的法权地位"。

〔5⁶〕 作者在《教程》第3卷准备付印时删去了草稿本中下面的文字："……在国外。1617年莫斯科商人对政府的答复和学校……（Ел. А. 44），这一情况成了整个时期的一面有特殊标志的旗帜。我们不止一次地观察到一种单调的现象，它像有规律的间歇热一样反复出现。"

〔5ᴃ〕 作者在《教程》第3卷准备付印时删去了草稿本中下面的文字："……和唯一的情况——约翰·波哥斯洛夫教区的信徒。"

〔5ᴦ〕 作者在《教程》第3卷准备付印时删去了草稿本中下面的文字："强迫，强制性的赋税成了享有特权的国家生活的最活跃的推动力，成了最令人垂涎的诱惑物，成了一种机械般的催化剂和促使人们为国效劳的鼓舞力量。但是在人民无权和受歧视的情况下政府感到自己脚下有一块坚固的基地，所以它就把人民的现成资财挥霍浪费到自己的事业和异想天开的事情上，但花费之后又不加以补充，因此它就愈来愈失去自己的基地，正像一位糟糕的庄稼汉一样，他粗枝大叶地耕种把全部地力耗得一干二净，但他又不恢复地力；还说：这点地力也够我用一辈子了。这样，专制政体一方面用自己对外成就和国内装饰闪烁的光亮使社会眼花缭乱，自己也被弄得头晕目眩；另一方面还使政府养成在对外政策上自以为是的进取心和对内政策疏忽大意的草率作风，同时它又用虚幻的力量和地主、官吏独断专横的压迫使民气处于呆滞状态（软弱无力状态，就像病人在医生那儿处于麻醉状态一样），但是这种状态有时被那些大大小小的，而且总是混乱不堪的骚动所中断。"

〔5ᴧ〕 作者在《教程》第3卷准备付印时删去了草稿本中下面的文字："……结果在西欧文化的形式下形成了完全非欧洲型的政治生活和国民生活。"

〔5°〕 作者在《教程》第3卷准备付印时删去了草稿本中下面的文字："……而人民并不知道,当西方和东方发生的事件使那些有着各种不同特性的与其迥然不同的部落和部族同他们拴在一起时,该怎样对待他们。人民艰难地耗费大量钱财来夺取它们和管理它们,从而使自己的福利受到损害,同时他们也没有力量使这些部落、部族在道义上服从自己,结果他们得到的不是合作者,而是敌人。在这一漫长时期中,俄国很像这样一个人:他吃的东西超过了他的胃能消化的程度。"

〔5*〕 作者在《教程》第3卷准备付印时删去了草稿本中下面的文字："这就是为什么这一时期对研究者造成一种黑暗时期的沉重印象,但在这个时期内,两个鲜艳夺目的形象——彼得大帝和普希金——正像海岸边孤零零礁石上的灯塔一样,奇迹般地穿过了那片茫茫黑雾。

"国家并不创造文化,只是保证文化发展的必要条件,保障外部的安全和内部的秩序,个人自由和社会自由。文化这是人民自身创造力和生命力的事业。这种创造力和生命力是由一个个的人和一个个局部的联盟,在各种各样的活动场所——经济的、科学的、文学的、艺术的、创造财富的场所——中贡献出细微的,不停顿的和协调一致的力量才形成的。但是,人民的这种能力,这种创造性劳动的能力不是从天而降的、即兴而发的灵感(或者是突然落到头上的大雪):这种能力是连绵不断、世代相承的积极活动和许多代人的辛勤劳动培育出来的,它使人民的日常生活、风俗习惯、整个生活方式都适应于自己"。

〔6—6〕 这是作者在《教程》第3卷准备付印时根据草稿本加上的文字。

〔7*—7*〕 这是作者在《教程》第3卷准备付印时根据草稿本加上的文字。

〔7ª〕 作者在《教程》第3卷准备付印时删去了草稿本中下面的文字："现在加以对比的事实碰到一起很像历史的自相矛盾的现象,它又一次把我们带到有各种见解的领域:必须在政治意识的某些缺陷中找寻对这类相撞现象的解释。当人们的关系形成种种矛盾和误会的时候,——这是个可靠的征兆,表明人们对某些事情还没有全面想到,还没有完全相互了解,也不完全了解自己的情况。"

〔7б〕 Б. Н. 奇切林:《论人民代表制》〔下称:奇切林〕,莫斯科,1866年,第363页。

〔8*—8*〕 这是作者在《教程》第3卷准备付印时根据巴尔斯科夫石印版及对其补充的文字加上的。

〔8ª〕 Г. К. 科托希欣:《论阿列克谢·米哈伊洛维奇统治下的俄国》〔下称:科托希欣〕, 第 2 版, 圣彼得堡, 1895 年, 第 3 页。

〔8⁶〕《巴里津·奥弗拉米故事集》, 载《俄罗斯历史丛书》, 圣彼得堡, 1891 年〔下称:巴里津:《历史丛书》〕, 第 13 卷, 第 481 栏。

〔8ᴃ〕 当代人关于僭王德米特里的故事汇编, Н. 乌斯特里亚洛夫编辑出版〔下称:乌斯特里亚洛夫:《故事汇编》〕, 第 3 集, 圣彼得堡, 1832 年, 第 232 页。

〔8ᴦ〕〔С. М. 索洛维约夫:《自古以来的俄国史》〔下称:索洛维约夫:《历史》〕, 第 5 版, 莫斯科, 1887 年, 第 6 卷, 第 409 页, 注 137〕。

〔8ᴅ〕 索洛维约夫:《历史》, 第 6 卷, 第 382 页。

〔8ᴇ〕 Н. М. 卡拉姆津:《俄罗斯国家史》, 埃涅尔林格编辑出版〔下称:卡拉姆津〕, 圣彼得堡, 1842 年, 第 10 卷, 注 2; 乌斯特里亚洛夫:《故事汇编》, 第 1 集, 圣彼得堡, 1831 年, 第 218、219 页〔Supplementum ad Historica Russiae Monumenta, Ⅱ. No 3〕。

〔9*—9*〕 这是作者在《教程》第 3 卷准备付印时根据草稿本加上的文字。

〔9ª〕 А. 波波夫:《斯拉夫和俄罗斯著作及文章……选集》〔下称:《文章选集》〕, 莫斯科, 1869 年, 第 285 页; 卡拉姆津: 第 10 卷, 第 5 栏,《伊凡·米哈伊洛维奇·卡迪列夫-罗斯托夫斯基王公的故事》, 载《俄国历史丛书》, 第 13 卷〔下称:卡迪列夫-罗斯托夫斯基:《历史丛书》, 第 13 卷〕, 第 620、708 栏;《伊凡·季莫菲耶夫书隶编的年鉴》, 载《俄国历史丛书》, 第 13 卷〔下称:季莫菲耶夫:《历史丛书》, 第 13 卷, 第 289、292 栏〕。

〔9⁶〕〔弗莱彻:《论俄罗斯国家》(下称:弗莱彻), К. М. 奥鲍连斯基译, 第 98 页〕。

〔10—10〕 这是作者在《教程》第 3 卷准备付印时根据巴尔斯科夫石印版加的文字。

〔11*—11*〕 这是作者在《教程》第 3 卷准备付印时根据草稿本加的文字。

〔11ª〕〔科托希欣, 第 2 页〕。

〔12〕《文章选集》, 第 284、285 页〔卡迪列夫-罗斯托夫斯基:《历史丛书》, 第 13 卷, 第 562、563、630、631 栏〕。

〔13*—13*〕 这是作者在《教程》第 3 卷准备付印时根据巴尔斯科夫石

印版加的文字。

〔13ª〕〔弗莱彻，第 23 页；乌斯特里亚洛夫：《故事汇编》，第 1 集，第 3、4 页；季莫菲耶夫：《历史丛书》，第 13 卷，第 477 栏］。

〔13⁶〕《选集》，第 285、287 页；巴里津：《历史丛书》，第 13 卷，第 478 栏。

〔13ᵇ〕 索洛维约夫：《历史》，第 8 卷，第 4 版，莫斯科，1883 年，第 38 页〔季莫菲耶夫、巴里津、卡迪列夫-罗斯托夫斯基：《历史丛书》，第 13 卷，第 339、340、345、477、563、620、630、631、708 栏〕；С. Ф. 普拉托诺夫：《16 至 17 世纪莫斯科国动乱时期简史》〔下称：普拉托诺夫：《简史》〕，圣彼得堡，1899 年，第 210 页及以后。

〔13ᴦ〕《选集》，第 287 页；季莫菲耶夫，巴里津：《历史丛书》，第 13 卷，第 331、477、478 栏；卡拉姆津，第 11 卷，注 28。

〔14〕〔季莫菲耶夫：《历史丛书》，第 13 卷，第 330 栏］。

〔15*—15*〕 这是作者在《教程》第 3 卷准备付印时根据草稿本和巴尔斯科夫石印版加的文字。

〔15ª〕 科托希欣，第 2 页；《关于僭王的另一篇故事》，载《莫斯科俄国历史和古籍研究协会年鉴》〔下称:《研究协会年鉴》〕，第 16 册，莫斯科，1853 年，《史料》，第 6、7 页。

〔16〕 С. Ф. 普拉托诺夫：《作为史料的有关 17 世纪动乱时期的古罗斯故事和小说》〔下称：普拉托诺夫：《故事》〕，圣彼得堡，1888 年，第 139 页，注 3。

〔17*—17*〕 这是作者在《教程》第 3 卷准备付印时根据草稿本和部分根据巴尔斯科夫石印版加上的文字。

〔17ª〕 卡拉姆津，第 10 卷，注 397；《研究协会年鉴》，第 16 册，第 7—9 页；普拉托诺夫：《故事》，第 146 页。

〔17⁶〕 草稿本中以下是作者写的笔记："每个原因都因时间和地点的情况而复杂化，同时发展成孕育动乱的一系列条件：

……俄罗斯国家达官显贵们的愤怒（索洛维约夫：《历史》，第 8 卷，第 61、80 页）。

——自己给自己立一个沙皇（索洛维约夫：《历史》，第 8 卷，第 17、18 页）。

——只是不知道鲍里斯是对自己人做了让步呢还是自己开始了。

——推选鲍里斯的官方文书的谎言(索洛维约夫:《历史》,第8卷,第13、16—17页)。

——一个化了装的傀儡——人们把他的尸体丢进篝火。(他)用波兰的布景富丽堂皇地、喧喧嚷嚷地扮演着沙皇。

——对鲍里斯又增加不少诬蔑诽谤(索洛维约夫:《历史》,第8卷,第65页)。

——《大权在握的执政者》(普拉托诺夫:《简史》,第195页)。

——推翻伪德米特里一世的原因(索洛维约夫:《历史》,第8卷,第189页及以后)。"

〔18—18〕 这是作者在《教程》第3卷准备付印时根据 B. 瑟索耶夫石印版《俄国历史教程》〔下称:瑟索耶夫石印版〕加上的文字。

第四十二讲

〔1—1〕 这是作者在《教程》第3卷准备付印时根据瑟索耶夫石印版加上的文字。

〔2*—2*〕 这是作者在《教程》第3卷准备付印时根据巴尔斯科夫的局部重校石印版加上的文字。

〔2^a〕 索洛维约夫:《历史》,第8卷,第13、430页(注12)。

〔2^b〕《宣誓的场面》;季莫非耶夫:《历史丛书》,第13卷,第347栏。

〔3*—3*〕 这是作者在《教程》第3卷准备付印时根据草稿本加上的文字。

〔3^a〕〔《考古勘查团的文献资料》(下称:《考古资料》)〕,第2卷,第6、7期,圣彼得堡,1836年。

〔3^b〕〔关于莫斯科国家的多次骚动和破产……的编年史(下称:《新编年史家》),第2版,莫斯科,1788年,第48页;《新编年史家。莫斯科俄国历史和古籍研究协会年鉴》(下称:《新编年史家。年鉴》),第17册,莫斯科,1853年,《史料》,第46页〕。

〔3^в〕〔《所谓另一个故事》,载《俄国历史丛书》,第13卷(下称:《另一个故事》,载《历史丛书》,第13卷),第13栏〕。

〔4*—4*〕 这是作者在《教程》第3卷准备付印时根据巴尔斯科夫石印版和石印版补充材料加上的文字。

〔4^a〕 索洛维约夫:《历史》,第8卷,第79、80页。

〔5*—5*〕 这是作者在《教程》第3卷准备付印时根据草稿本和巴尔斯科夫石印版中简短的补充加上的文字。

〔5ª〕 索洛维约夫:《历史》,第8卷,第65页及以后。

〔5б〕〔Л.奥尔洛夫:《国王的金樽》,载《俄国历史和古籍研究协会讲座》(下称:协会讲座),第4册,Ⅱ,1913年,第39—41页〕。

〔5в〕 "社会情绪。狼嚎"。《群众和盖尔克曼关于俄国动乱时期的故事》〔下称:《群众故事集》〕,圣彼得堡,1874年,第108、119页。

〔5г〕〔乌斯特里亚洛夫:《故事汇编》,第1集,第45、46页〕。

〔5д〕〔索洛维约夫:《历史》,第8卷,第77、78、433页(注60)〕。

〔5е〕〔乌斯特里亚洛夫:《故事汇编》,第1集,第102、103页〕。

〔5ж〕〔《新编年史家》,第96、97页;《新编年史家。年鉴》,第71页〕。

〔5з〕 波军统帅若尔凯夫斯基关于莫斯科战争的笔记〔下称:若尔凯夫斯基〕,圣彼得堡,1871年,第9、10页。

〔5и〕〔索洛维约夫:《历史》,第8卷,第135页〕。

〔5к〕〔卡迪列夫-罗斯托夫斯基:《历史丛书》,第13卷,第622、710栏〕。

〔5л〕〔《另一篇故事》,载《历史丛书》,第13卷,第72栏;《考古资料》,第2卷,第44期;《国书和条约汇编》,第2部分第141号,莫斯科,1819年〕。

〔5м〕 作者在《教程》第3卷准备付印时删去了草稿本中下面的文字:"……告知:似乎在僭王的房间里发现了他同波兰和立陶宛'有关莫斯科国被破坏的'大量来往信件,但信件的内容他什么也没有谈,极可能是由于没有任何发现,甚至……"

〔6—6〕 这是作者在《教程》第3卷准备付印时根据保存在科学院历史研究所手稿档案室的个别笔记(克柳切夫斯基档,卷宗夹13)加上的一段文字〔下称:卷宗夹13或14〕。

〔7—7〕 这是作者在《教程》第3卷准备付印时根据巴尔斯科夫石印版加上的文字。

〔8*—8*〕 这是作者在《教程》第3卷准备付印时根据草稿本和部分根据巴尔斯科夫石印版重校本加上的一段文字。

〔8ª〕〔《库尔勃斯基王公故事集》,第2版,圣彼得堡,1842年,第179页〕;"未就此同全国和各城市进行商议";《新编年史家》,第103页;《新编年史家。年鉴》,第75页。

〔9—9〕 这是作者在《教程》第 3 卷准备付印时根据瑟索耶夫重校石印版加上的文字。

〔10—10〕 这是作者在《教程》第 3 卷准备付印时根据草稿本加上的文字。

〔11—11〕 这是作者在《教程》第 3 卷准备付印时根据瑟索耶夫石印版加上的文字。

〔12—12〕 这是作者在《教程》第 3 卷准备付印时根据草稿本加上的文字。

〔13*—13*〕 这是作者在《教程》第 3 卷准备付印时根据草稿本、巴尔斯科夫的和瑟索耶夫的重校石印版加上的文字。

〔13ª〕〔《穆汉诺夫文集》,莫斯科,1836 年,第 104 期〕。

〔13⁶〕 若尔凯夫斯基,第 76 页;索洛维约夫:《历史》,第 8 卷,第 296 页及以后〔《条约汇编》,第 2 集,第 199、200 期〕。

〔14*—14*〕 这是作者在《教程》第 3 卷准备付印时根据瑟索耶夫重校石印版加上的文字。

〔14ª〕《选集》,第 198、199 页;《历史文献》,第 2 卷,第 156 期,圣彼得堡 1841 年;《尼科诺夫抄本俄国编年史》,第 8 集,圣彼得堡,1792 年,第 111 页;索洛维约夫:《历史》,第 8 卷,第 231、232 页;卡拉姆津,第 12 卷,第 85、86 栏。

〔15*—15*〕 这是作者在《教程》第 3 卷准备付印时根据草稿本和瑟索耶夫重校石印版加上的文字。

〔15ª〕〔索洛维约夫:《历史》,第 8 卷,第 371 页及以后〕。

〔15⁶〕〔《新编年史家》,第 108—123 页;《新编年史家。年鉴》,第 76 页及以后;《群众故事集》,第 224、298、299 页〕。

〔15ⁿ〕〔《考古资料》,第 2 卷,第 57、58 期〕。

〔16*—16*〕 这是作者在《教程》第 3 卷准备付印时根据巴尔斯科夫石印版加上的文字。

〔16ª〕 索洛维约夫:《历史》,第 8 卷,第 295 页。

第四十三讲

〔1—1〕 这是作者在《教程》第 3 卷准备付印时根据巴尔斯科夫大部

分重新校订的石印版加上的文字。

〔2—2〕 这是作者在《教程》第 3 卷准备付印时根据卷宗夹 14 加上的文字。

〔3—3〕 这是作者在《教程》第 3 卷准备付印时根据巴尔斯科夫重校石印版加上的文字。

〔4〕〔《考古资料》，第 2 卷，第 6 期〕。

〔5〕〔《下诺夫哥罗德和弗拉基米尔的神奇幽灵的故事》，载《历史丛书》，第 13 卷，第 239 栏〕。

〔6—6〕 这是作者在《教程》第 3 卷准备付印时根据草稿本加上的文字。

〔7〕〔季莫菲耶夫：《历史丛书》，第 13 卷，第 454 栏及以后〕。

〔8*—8*〕 这是作者在《教程》第 3 卷准备付印时根据草稿本和巴尔斯科夫石印版中少量增补文句加上的一段文字。

〔8ª〕 季莫菲耶夫：《历史丛书》，第 13 卷，第 356、374 栏。

〔9—9〕 这是作者在《教程》第 3 卷准备付印时根据瑟索耶夫石印版加上的文字。

〔10—10〕 这是作者在《教程》第 3 卷准备付印时根据草稿本加上的文字。

〔11—11〕 这是作者在《教程》第 3 卷准备付印时根据瑟索耶夫石印版加上的文字。

〔12—12〕 这是作者在《教程》第 3 卷准备付印时根据草稿本加上的文字。

〔13—13〕 这是作者在《教程》第 3 卷准备付印时根据草稿本加上的文字。

〔14*—14*〕 这是作者在《教程》第 3 卷准备付印时根据瑟索耶夫重校石印版加上的文字。

〔14ª〕 В. Н. 拉特金：《古罗斯的缙绅会议，它的历史和组织……》〔下称：拉特金〕，圣彼得堡，1885 年，第 129 页〔И. Е. 扎别林：《米宁和波尧尔斯基》，莫斯科，1896 年，第 299、300 页，附录 17〕。

〔14ᵇ〕《选集》，第 203 页〔米哈伊尔·费奥多罗维奇于 1613 年 2 月 21 日被拥立为沙皇，他是在 1613 年 3 月 14 日正式同意登基的〕。

〔15—15〕 这是作者在《教程》第 3 卷准备付印时根据卷宗夹 13 加上的文字。

〔16*—16*〕 这是作者在《教程》第3卷准备付印时根据瑟索耶夫重校石印版加上的文字。

〔16ª〕〔约·霍尔西:《关于16世纪莫斯科地区的见闻录》,《供阅读的丛书》,第6期,Ⅵ,圣彼得堡,1865年,第22页〕。

〔16⁶〕《考古资料》,第3卷,第37号,圣彼得堡,1836年;普拉托诺夫:《故事》,第75页;〔季莫费耶夫,巴里津:《历史丛书》,第13卷,第465—468、479栏〕。

〔16ᵇ〕〔A. 马尔凯维奇:《米哈伊尔·费奥多罗维奇·罗曼诺夫被推选为沙皇》,《国民教育部杂志》,1891年,第9期,第203页〕。

第四十四讲

〔1—1〕 这是作者在《教程》第3卷准备付印时根据瑟索耶夫重新作了重大校订的石印版加上的文字。

〔1—2〕 这是作者在《教程》第3卷准备付印时根据草稿本加上的文字。

〔3*—3*〕 这是作者在《教程》第3卷准备付印时根据瑟索耶夫石印版加上的文字。

〔3ª〕〔巴里津:《历史丛书》,第13卷,第479栏〕。

〔4—4〕 这是作者在《教程》第3卷准备付印时根据草稿本加上的文字。

〔5*—5*〕 这是作者在《教程》第3卷准备付印时根据瑟索耶夫石印版加上的文字。

〔5ª〕《选集》,第198页;卡拉姆津,第12卷,第86、135栏,注354、562、563;索洛维约夫:《历史》,第8卷,第239、266页;В. О. 克柳切夫斯基:《古罗斯的大贵族杜马》〔下称:克柳切夫斯基:《大贵族杜马》〕,第3版,莫斯科,1902年,第378、379页。

〔5⁶〕 索洛维约夫:《历史》,第8卷,第180、181页。

〔6—6〕 这是作者在《教程》第3卷准备付印时根据尼古拉耶娃石印版加上的文字。

〔7*—7*〕 这是作者在《教程》第3卷准备付印时根据草稿本加上的文字。

〔7ª〕〔М. Ф. 弗拉基米尔斯基-布达诺夫:《罗斯法历史文选》〔下称:弗拉基米尔斯基-布达诺夫〕,基辅—圣彼得堡,1901年,第2分册,第

118页，第1款〕。

〔8*—8*〕 这是作者在《教程》第3卷准备付印时根据尼古拉耶娃石印版加上的文字。

〔8ª〕〔索洛维约夫：《历史》，第4版，莫斯科，1885年，第9卷，第48页〕。

〔8ᵇ〕 索洛维约夫：《历史》，第9卷，第59—61页。

〔9*—9*〕 这是作者在《教程》第3卷准备付印时根据草稿本加上的文字。

〔9ª〕 索洛维约夫：《历史》，第9卷，第367、370、372页。

〔9ᵇ〕〔索洛维约夫：《历史》，第9卷，第324页〕；克柳切夫斯基：《大贵族杜马》，第3版，第509、510页。

〔10—10〕 这是作者在《教程》第3卷准备付印时根据瑟索耶夫石印版加上的文字。

〔11—11〕 这是作者在《教程》第3卷准备付印时根据草稿本加上的文字。草稿本中以下是作者部分省去，部分放在《大贵族杜马和缙绅会议》一节中的一段文字："新拥立的沙皇米哈伊尔的权力结构具有双重性，就其来源和成分来看，它甚至具有两面性。它的实际来源是会议推举制，但它是在血缘承嗣制的掩饰下出现的。构成这一权力结构的这两个要素，在新王朝的前两个朝代，彼此一直在斗争着。在新沙皇被推举出来的最初时间内，在他到达莫斯科之前，以大贵族为首的选举会议，作为临时政府，在国内主宰一切。可是它不给自己选举的人定规章，而是恰恰相反。在谈判时从沙皇方面，即他的指导人方面，愈来愈坚定地发出一个命令式的调子：'朕登基为王乃应尔等请求，非出自朕之本愿。尔等选朕为全国之君主，曾自愿向朕宣誓效忠，承诺为朕效力，向朕直陈，和朕同心同德。如今到处抢劫杀戮，无法无天，实令朕忧心如焚。为此尔等应为朕分忧，务使全国秩序井然；尔等既亲自请朕为王，那尔等就应给朕各种统治手段，而不应将一切不必要之麻烦来加重朕的负担。'对谈判也使用了同样的调子。对会议代表说出的这些话有时是非常愤慨的，甚至声泪俱下。按对沙皇的关系来说，建制会变成一个执行会议，它对它授予权力的那个人负责。"

〔12—12〕 这是作者在《教程》第3卷准备付印时根据卷宗夹13加上的文字。

〔13—13〕 这是作者在《教程》第3卷准备付印时根据瑟索耶夫石印

版加上的一段文字。

〔14—14〕 这是作者在《教程》第3卷准备付印时根据草稿本加上的文字。克柳切夫斯基:《大贵族杜马》,第3版,第369页;索洛维约夫:《历史》,第9卷,第13—16页。

〔15—15〕 这是作者在《教程》第3卷准备付印时根据卷宗夹13加上的文字。

〔16*—16*〕 这是作者在《教程》第3卷准备付印时根据瑟索耶夫重校石印版加上的文字。

〔16ª〕《俄罗斯编年史全集》〔下称:《编年史全集》〕,第5卷,圣彼得堡,1851年,第64页。

〔16⁶〕 科托希欣,第104页。

〔17〕 塔季谢夫两篇有关女皇安娜朝代的笔记,载《早晨》(《Утро》)杂志文集,莫斯科,1859年,第373页;Beschreib, des Nord-und östichen Theils von Europa und Asia, Leipzig. 1730.

〔18—18〕 这是作者在《教程》第3卷准备付印时根据巴尔斯科夫重校石印版加上的文字。

〔19—19〕 这是作者在《教程》第3卷准备付印时根据卷宗夹13加上的文字。

〔20〕 在巴尔斯科夫石印版中接着记有如下一句:"全国推举的沙皇也应在全国的支持下进行统治";《选集》,第357页。

〔21—21〕 这是作者在《教程》第3卷准备付印时根据瑟索耶夫重校石印版加上的文字。索洛维约夫:《历史》,第9卷,第13、14页;奇切林,第370、373页。

〔22—22〕 这是作者在《教程》第3卷准备付印时根据瑟索耶夫重校石印版加上的文字。

〔23—23〕 这是作者在《教程》第3卷准备付印时根据草稿本加上的文字。

〔24*—24*〕 这是作者在《教程》第3卷准备付印时根据瑟索耶夫石印版加上的文字。

〔24ª〕〔亚当·奥列阿利:《霍尔施坦使节团旅游莫斯科国和波斯国……的详细记述》〔下称: A. 奥列阿利〕, П. 巴尔索夫译,莫斯科,1870年,第256、257页〕。

〔24⁶〕 科托希欣,第 4、104 页。

〔24ᵃ〕 索洛维约夫:《历史》,第 13 卷,第 4 版,莫斯科,1887 年,第 314、329 页;拉特金,第 253、254 页。

〔25〕 克柳切夫斯基:《大贵族杜马》,第 3 版,第 459、526、527 页。

〔26〕 索洛维约夫:《历史》,第 13 卷,第 301、302 页。

〔27*—27*〕 这是作者在《教程》第 3 卷准备付印时根据草稿本加上的文字。

〔27ᵃ〕 作者在《教程》第 3 卷准备付印时删去了草稿本中下面一段文字:"首都这个全国中心的陷落引起各个地方团体,其他各种力量,各个城市采取行动,它们纷纷选出全权代表,'优秀人士'去参加大会。"

〔28*—28*〕 这是作者在《教程》第 3 卷准备付印时根据巴尔斯科夫石印版和草稿本中的简短补充加上的一段文字。

〔28ᵃ〕〔《俄国历史研究协会论文集》,第 24 卷,圣彼得堡 1878 年版,参阅第 69 页〕。

29〕〔巴里津:《历史丛书》,第 13 卷,第 481、482 栏〕。

〔30—30〕 这是作者在《教程》第 3 卷准备付印时根据巴尔斯科夫石印版加上的文字。

第四十五讲

〔1—1〕 这是作者在《教程》第 3 卷准备付印时根据瑟索耶夫重校石印版加上的文字。

〔2*—2*〕 这是作者在《教程》第 3 卷准备付印时根据巴尔斯科夫石印版加上的文字。

〔2ᵃ〕〔《国书条约汇编》,第 2 部分,第 277 号〕。

〔3—3〕 这是作者在《教程》第 3 卷准备付印时根据瑟索耶夫石印版加上的文字。

〔4—4〕 这是作者在《教程》第 3 卷准备付印时根据巴尔斯科夫石印版加上的文字。

〔5—5〕 这是作者在《教程》第 3 卷准备付印时根据瑟索耶夫重校石印版加上的文字。

〔6—6〕 这是作者在《教程》第 3 卷准备付印时根据瑟索耶夫重校石

印版加上的文字。

〔7*—7*〕 这是作者在《教程》第3卷准备付印时根据草稿本加上的文字。

〔8—8〕 这是作者在《教程》第3卷准备付印时根据草稿本加上的文字。

〔9*—9*〕 这是作者在《教程》第3卷准备付印时根据草稿本加上的文字。

〔9ª〕 作者在《教程》第3卷准备付印时删去了草稿本中下面的一段文字:"十六世纪中叶,农奴制的绳索还紧紧捆住联合在一起的立陶宛和波兰,从这时起,农民大量涌向第聂伯河流域地区,使这里的哥萨克人数大为增加。"

〔9б〕 А. В. 斯托罗任柯:《斯捷凡·巴托里和第聂伯河哥萨克》〔下称:斯托罗任柯〕,基辅,1904年,第80页。

〔10—10〕 这是作者在《教程》第3卷准备付印时根据瑟索耶夫石印版加上的文字。

〔11—11〕 这是作者在《教程》第3卷准备付印时根据草稿本加上的文字。

第四十六讲

〔1*—1*〕 这是作者在《教程》第3卷准备付印时根据草稿本加上的文字。

〔1ª〕 索洛维约夫:《历史》,第10卷,莫斯科,1888年,第95、96页;(格鲁舍夫斯基,第118页)。

〔1б〕 斯托罗任柯,第310页等。

〔1в〕 作者在《教程》第3卷准备付印时删去了草稿本中下面的一段文字:"这样一种作用是由许多条件造成的,这些条件与卢布林合并的原因和结果同时发展。"

〔1г〕 草稿本中以下是作者在《教程》第3卷准备付印时省去的一段文字:"1610年,哥萨克响应基辅宗教界发出的保卫它的号召,把基辅东方礼天主教大主教辖区的行政长官淹死在第聂伯河中,因为这位行政长官阻挠东正教徒自由举行祈祷活动。"

〔1д〕 索洛维约夫:《历史》,第10卷,第85页。

作者在《教程》第3卷准备付印时删去了草稿本和瑟索耶夫石印版中的以下几大节:

385 "立陶宛罗斯的耶稣会教士[1]。在15和16世纪中，尽管天主教加强了宣传，但它在西南罗斯信奉东正教的居民中间的传播是很缓慢的。到16世纪末，在这里和在立陶宛，总共有七百座天主教堂，但东正教堂却有一万一千座。正如我们见到的，新教很快就把天主教这些微不足道的宣传痕迹扫得一干二净。维尔诺的主教瓦列利安·普罗塔索维奇·舒什科夫斯基对天主教传播缓慢和新教取得的成就甚感忧虑，于是把注意力放在不久前组织起来并取得重大胜利的天主教教团即耶稣会身上。就在实行卢布林合并这一年，议会结束后不久，瓦列利安·舒什科夫斯基主教把以副省督松涅利为首的五个耶稣会士召到维尔诺去；主教是从波兰把他们召去的。在波兰，这一教团成立于1564年。耶稣会士干起事来比波兰神职人员要顺手得多，他们仔细研究东正教俄罗斯人的宗教习惯和偏见，采用了一些新的方法。在维尔诺，他们建立了一个团体，即同仁会，并在同仁会下面办了一所不大的学校，过了不多久这所学校扩大为一所高级教会学校，即书院。耶稣会士主要用天主教祈祷仪式中那些惹人注目和富丽堂皇的东西来竭力影响信奉东正教的罗斯—立陶宛社会。他们在教堂里说经讲道非常令人着迷，使得听众都感动得哭了；他们还举行热闹而隆重的游行活动，编写很有学识的论战性的教义问答，进行公开的神学辩论，参加辩论的人对教义运用自如。

"罗斯—立陶宛的显贵们，主要是被来自东正教、新教、阿利安教、天主教各方的风吹得晕头转向的青年人，在倾听耶稣会士的宣讲时，他们挤满了大公国内迅速扩大起来的耶稣会学校的讲演厅。不久，耶稣会教团得到了波兰政府的强有力的支持，而在这以前，波兰政府对天主教会同包围它的新教、东正教等等异端的斗争采取的是漠不关心的态度。

"1586年波兰国王斯捷凡·巴托里去世，争夺王位的是瑞典国王约翰·瓦扎的儿子西基兹蒙德和莫斯科沙皇费奥多尔·伊凡诺维奇。但是因为莫斯科的使节空着手来参加选举会议，结果西基兹蒙德在选举中获胜，尽管在立陶宛有一大批人拥护费奥多尔。信奉新教的瑞典国王之子西基兹

---

[1] "对西南罗斯在民族—宗教方面产生的后果。卢布林合并产生了一系列别的后果，使得在查坡罗什形成的进行渔猎兼掠夺的兄弟会具有民族—宗教的意义。查坡罗什在民族和宗教上的作用自然是由下面一系列条件造成的（斯托罗任柯，第305页及以后，第315页，注2）。把哥萨克编册登记的做法使得他们成为一个得到许多重要权利的等级……"

蒙德在自己的母亲——波兰最后一位国王雅盖隆·西基兹蒙德·奥古斯特的胞妹——指导下,由耶稣会士教育。耶稣会士把他培养成了一个狂热的天主教徒。

"西基兹蒙德登上波兰王位之后,把耶稣会置于自己的庇护之下。当时在新教偃旗息鼓之后,天主教重新展开对背离国教的教徒以及东正教徒、新教徒的加紧攻击。

"瓦列利安主教号召耶稣会士亲自到立陶宛去同新教徒做斗争,后来耶稣会士轻而易举地就把他们解决了。对于罗斯—立陶宛的信奉东正教后来转信新教的贵族来说,这种教义与其说是一种深刻的信仰或者严重的宗教抗议,不如说是宗教的偏爱,是宗派主义的神学教权主义。但是要与东正教进行较量却困难得多,因为它在人民中因长期形成的深厚根基而有力量,因此耶稣会士采用各种行动来反对它。首先西基兹蒙德政府开始有计划有步骤地搅乱东正教的教会上层,给东正教的上层人士参加议会设置障碍,使他们失去物质上的待遇和收入。一些有功绩或逢迎献媚但完全不适于教会事务的贵族被任命担任待遇优厚的教职——即薪俸高而悠闲的职位。这些临时安置的牧师坐上了收益好的讲坛之后,就以自己不体面的行为和对教会事务的愚昧无知把广大教徒弄得鬼迷心窍。他们支配教会的财产就像摆弄自己的私物一样,让自己的子女和亲属挥霍这些财产,或者把它们给女儿做嫁妆。富裕教区的教士还养着军队来保卫自己的安全以及教会田产不被掠夺,教士本人还对左邻右舍搞突然袭击,甚至拦路抢劫,在教堂内搞打架斗殴——总之,这些教士的表现比当时最坏的地主还要坏得多。

"兄弟会。东正教上层的衰落引起东正教的世俗界为保卫教会而采取行动:在牧师们抛弃自己事业的时候,教徒们则极力抓住这项事业,开始建立各个宗教团体,即兄弟会。"这些兄弟会并不是当时的新现象:这种宗教团体作为庆祝教会节日和举办各种慈善事业的教区教民联盟,自古以来就有了。在俄罗斯北部沿海地区,甚至在古罗斯各地,这样的兄弟会与教区教民参加本教区寺庙的日常事务的活动常常联在一起,因此在寺庙中找到了支柱[1]。教区的教民选出(即雇请)牧师,同时还考虑到要有一位选出的教

---

[1] 下面是删去的:"选举——即雇请教会教士的做法在古罗斯对神职人员采取鄙视态度的情况下,在更换教区教职方面的选举制度中起主导作用。这种做法对教区全体教民来说,是一项比为农村羊群雇佣一个牧羊人稍微重要一点的行动。"

会长老；在农村教区中，教民参与本教堂的事务活动同世俗的管理合在一起。但是法人仍然是教区的教堂。西部罗斯的许多兄弟会从16世纪末期起就起来保卫东正教；它们过去以这样的教区联盟的形式存在，现在则稍有变化，扩大了自己的任务和活动范围。但在这种变化中，不是所有的事都清楚，恐怕也不是所有的事都正确。经过改造的第一个宗教团体就是里沃夫兄弟会。根据里沃夫市民和圣母升天大教堂长老的请求，宗主教约阿基姆来到里沃夫城，他通过自己的祝福仪式确认了这个兄弟会并批准了一个使它拥有广泛权力的章程。这一章程有这样一条规则：任何自愿者——无论是本地居民或外地居民——均可参加本兄弟会；因此它就不再是一个教区的宗教团体了。承认它有权开办学校，购买印刷设备，建校舍、印刷作坊和诊疗室。因此这样的宗教团体就被承认为法人。宗主教批准这些权利的同时，还用四位宗主教和七位全世界教会的圣父联名宣誓对破坏权利的人加以威胁，不管他们是谁，即使是主教（或者俗人）也罢。宗主教把这一切变成自己独揽一切的权力，使自己享有全世界创教人的权威，——何况他是在别国的教区里干这件事，因为他是安提俄克的宗主教，而加利奇罗斯属于康士坦丁堡宗主教辖区。在这份文件中既反映了当时东方的希腊教会上层对法律的认识水平格外低下，同时也反映了他们对俄国教会那种习以为常的轻视态度。大约过了三年，康士坦丁堡宗主教叶列米亚为包庇自己那位同胞的篡权行径，就追认里沃夫兄弟会原有的权利，甚至还给予新的权利。里沃夫兄弟会变得高踞于本教区的寺庙之上，甚至超过了当地主教辖区的权力：它变为直接从属于宗主教的直属东正教事务管理局的宗教团体，取得了总的教会监督权，直至对当地主教的监督权，当地主教应对该兄弟会选入圣母升天大教堂的牧师祈祷祝福，不得有任何推诿。在这一章程中甚至还有一条威胁性条款：赋予兄弟会对教区主教享有无限扩大的权力，并且声称：如果主教违法，大家应把他当作真理的敌人一样加以反对。兄弟会的教会权威扩大到全城，甚至整个地区；兄弟会的学校具有进行宗教教育的垄断权，禁止其他团体办的学校在里沃夫存在。里沃夫兄弟会宣称自己第一个有权揭露任何不照章行事的行为；'本人责成——宗主教指示说——各地所有的兄弟会都服从里沃夫兄弟会。'在东正教徒中间，里沃夫兄弟会被改造成某种不寻常的地方性世俗机关，享有教会上层的广泛权力。在章程中，以同样的建制规模简单规定了里沃夫兄弟会属下的兄弟会的权利：任何兄弟会在本城及城郊和乡村中应像教区的监督祭司一样，监视神职人员和俗人的行为，向主教告发任何违法行为；兄弟会可以把不顺从的兄弟像卑鄙小人和明显违反教规者一样逐出教会。这样一种超教区的慷慨施与是东方希腊教会上层对东正教的罗斯所采取的令人愤懑态度的一种表现，这种事态在西南罗斯的一半地区表现得特别露骨。从东方来这里主要参加聚会的神职人员，专横跋扈，为所欲为，恬不知耻地拿自己的祈祷仪式去做交易。

"帝都的宗主教们被认为是西罗斯教会的最高教区的牧师（主教辖区），自从这些宗主教们同莫斯科大主教区分开之时起，就一点儿也不关心那里的事，也不知道那里的情况；他们死抱住既得利益不放，对于那里形成的对他们的看法——如说他们来这里只是为了掠夺和散布不和——千方百计加以辩解。

"宗主教叶列米亚并不比自己的前几任好：当他从莫斯科顺路到立陶宛之后（在莫斯科人们曾利用他来设置莫斯科第五个东正教宗主教衔），据当时西南地区东正教实力人物承认，他以自己轻率的或者带私心的指示在当地教会关系中造成很大的混乱，然而里沃夫兄弟会的成员对他和在他之前到过里沃夫的安提俄克宗主教这俩人都大为感谢，因为他们批准了该兄弟会享有的权利。

"关于教会合并的主张。我不再谈兄第会在当时西南罗斯的精神生活和教会道德生活中所起的一般作用了，现在我只联系西南罗斯造成教会上层分裂的各种条件，来谈谈这些兄弟会。西南地区的兄弟会对西南罗斯的东正教曾经效力很多。在这些兄弟会里面，集中了在普遍衰落中保存下来的最优秀的道德力量。但是在动乱时期，正当人们倾向于盲目行动，不再清楚意识到自己的目的和预见到自己行为的后果的时候，良好的动机可能产生非其所愿的结果，而用不很正当的手段却可取得所希望的结果。教会的一些兄弟会也曾有过这样的情形：尽管它们有备受赞扬和启蒙者的功劳，但由于与主教们交恶，所以它们给西南地区东正教教会带来了新的紊乱因素[1]。耶稣会士预见到了这些探索活动，因此事先为它们准备好了一条道路。

---

1 下面是删去的一段文字："甚至以东正教实力人物著称的世俗豪绅巨贾，如奥斯特罗日斯基大公爵、斯库明公爵，也像东正教教会的善良牧师一样，照奥斯特罗日斯基所形容的，悲叹基督教会的衰落，他们决心从合并中寻找拯救它的手段。"下面是写在页边上的几句："这同样是一个误解，因为是教会拯救信徒，而不是相反。"

无论怎样令人奇怪,教会合并的计划是天主教领导人不止一次想到的那些天主教宣传的灵活转折之一[1]。这一合并计划出于估计到信东正教的俄国人民宗教意识水平不高。俄国人民在自己的教堂中最珍视希腊的祈祷仪式和斯拉夫的祈祷语言,但他们却不大懂得东正教的教义、教规和教会管理体制。宣传教会合并的人决定让信东正教的人保留自己的祈祷礼仪和惯用的祈祷语言,但是在信仰的教义和教会管理体制方面则要他们服从以罗马教皇为首的天主教。这样一来,教义和表达教义的仪式就被认为是可以分开的,从而把它们用于各不相同的宗教意识:一方面用它们来对待黎民百姓的良心,另一方面则用于享有特权的人。

"教会合并及其后果。可以相信斯卡尔加的话,他在所写的书的第二版中让人相信,这本书给许多俄国人开了眼界;的确,这本书不能不使人产生深刻的印象:这本书不仅对俄国教会提出有力的批判,而且它也是一个使教会摆脱可悲处境的现成的行动纲领。无疑斯卡尔加促进了人们意识中已忘却的有关统一思想的复苏。但是当时的人却把这些归咎于批准兄弟会章程的东方总主教们。里沃夫的主教格杰昂·巴拉班因当地兄弟会具有无限的权力而简直无法生活下去,所以他第一个开始想到同罗马(教会)合并。当时西部罗斯一位东正教的实力人物——大人物斯库明老实承认康士坦丁堡总主教是使里沃夫主教格杰昂背叛的主要罪魁,他用自己的发号施令把东正教的西部罗斯搅得混乱不堪。从那时起,即从 16 世纪 80 年代末期起,关于合并的主张取得很大的进展。各方面的人物都抓住这次合并,想通过合并给自己捞到多方面的好处。这里的人心很不齐,各个方面从合并中各有所求。天主教徒在合并的条件中最珍视天主教的教义和教皇的主导作用,他们把西部罗斯的改宗看作吸引对罗马教廷比较重要的东部罗斯(即莫斯科罗斯)转向天主教的一个手段。

"现在有关合并的老问题又一次提到议事日程上来。不久就有了一个很聪明的合乎语言规范的答案。1577 年,在维尔诺用波兰语发表了一篇论著,标题是:《论上帝的教会在唯一牧师领导下的统一和论希腊教会回避这个统

---

[1] 下面是删去的增补的文字:"在过去试图进行的调解活动中,谈的问题是有关西方教会和东方教会的联合。现在却打算把罗斯的西南地区的教会同西方天主教会联合起来,但是这种地方性的局部联合只能是归并,是从属,而不是调和。全世界的教会和地方教会的合并"。马卡里:《俄国教会史》,第 9 卷,圣彼得堡,1879 年,第 105、106 页;索洛维约夫:《历史》,第 10 卷,第 24 页。

一》。这本书的作者是哲学博士、当时维尔诺著名的教会雄辩家彼得·斯卡尔加。

"现在我不阐述这部结构复杂的论著的全部内容,我只指出作者那些对于过了十九年才完成的教会合并计划有直接关系的主张。此著作的基本思想是:对俄国教会来说,如果不同罗马教会联合,那么它就不可救药了。作者向地主和教会执掌希腊教义的大主教们发出友善的、悲天悯人的呼吁,号召联合起来并同有学识的天主教徒对话,因为天主教徒能够当面告诉他们应该怎么办;作者建议大家为俄国人翻译各种书籍,因为这些书籍会有助于俄国人更清楚地看到有关本国教会的真相。斯卡尔加也想向俄国人说明这一真相。他指出了损害俄国教会制度的三大缺点:第一,教士们都结婚:对家庭的关注使他们都成为拉家带口的人,不注意教区的职责,也不注意在罗斯正全面崩溃的科学;第二,俄国教会用斯拉夫语[1]。这是死的语言,谁也不懂它,任何一国人民都不说它,用这种语言不能表达任何科学的概念。狡猾的希腊人欺骗了心地善良的罗斯,使它接触不到自己的语言,从而陷入愚昧无知的境地,因为只有用希腊语和拉丁语才能懂得科学和宗教,而在世上任何一个书院过去都不曾今后也不会用任何其他语言教神学、哲学和其他科学。教会语言的统一使散居世界的天主教徒之间易于在信仰上进行交流;由于信仰希腊教义的人们之间没有共同的教会语言,所以他们就不可能进行这样的交流[2]。

"俄国教会的第三个缺点是俗人干预教会事务,这种干预贬低了神职人员的等级。本来可以料想,为了在俄国教会建立秩序,作者将建议消除他指出的这些缺点,使用未婚的神职人员,在祈祷仪式中使用希脂语来代替不科学和难懂的教会斯拉夫语,恢复教会上层应有的不依靠俗人的独立性。但是彼得·斯卡尔加提议同罗马教会合并,并且根据这样的条件,基辅都主教由教皇,而不是由总主教来授予封号。俄国人接受罗马教会宣释的教义并承认罗马教廷的最高地位,也就是说,承认教皇的最高地位;教堂的

---

[1] 这里指的是由古斯拉夫语演变的教会斯拉夫语——译者。

[2] 下面是删去的:"因为罗马把拉丁语赠送给天主教,所以在整个天主教世界,科学就繁荣昌盛;因为狡猾的希腊人给斯拉夫人举行洗礼时,把自己的希腊语隐瞒起来不让斯拉夫人知道,所以在整个斯拉夫世界愚昧无知就统治地位。因此,俄国人应该首先掌握拉丁语,应当摈弃自己在教会中的指导者——希腊人。而为了掌握拉丁语和拉丁语的著作,就必须接受天主教,因为科学与教会有分不开的密切关系。"

仪式仍如过去，因此，仍用过去的教会斯拉夫语。这些条件连俄国教会的一个缺点也没有消除。斯卡尔加的理由和结论很不一致。但是这并不是逻辑上的矛盾，而是外交上使用的含糊其辞的手法。不言而喻，教会合并不是问题的解决，而只是为转向天主教作准备。

"斯卡尔加提出的条件是临时性的让步，目的是削弱东正教徒中会发生的抗拒。以这些条件为基础的计划并不新颖，当时佛罗伦萨会议（这次会议试图把整个东方教会同西方教会联合起来）的事业并未获得成功，在罗马曾有人打算用地方性的局部合并来代替全世界的教会合并，只让西部罗斯同罗马实行教会联合；并且在15世纪下半期，曾为此目的做过几次尝试。这几次尝试都没有成功，当时制订的合并计划，只是这些尝试中的一次而已[1]……

"以上就是斯卡尔加那本书的内容。这本书不仅批评了俄国的教会，而且是现成的行动纲领，借助这些行动俄国教会就可以摆脱可悲的处境[2]。这本书对东正教社会产生了这样大的作用，以致主要热心于东正教事业的康斯坦丁·奥斯特罗日斯基同其他东正教的富商巨贾竟买下了该书的全部发行册数，后来斯卡尔加又出了第二版。东正教事业的那些热心人在仔细阅读斯卡尔加的计划后，竟不知不觉地开始接受他的主张并且产生这样一个想法：其实罗马教皇的庇护可能使教会得到整顿，只要这种庇护不要求作出过大的宗教牺牲。康斯坦丁·奥斯特罗日斯基本人开始倾向于这一想法。东正教教会的某些上层人物也接受这个想法，因为这些人还有自己的打算：他们想摆脱波兰政府强使他们所处的那种逆来顺受的地位，还想在政治上，正如在物质上一样，同天主教的主教们平起平坐。这些东正教的主教是：卢茨克和奥斯特罗格的主教基里尔·杰尔列茨基，弗拉基米尔-沃林的主教伊帕季·波切伊，甚至还有西南地区东正教上层的首领、基辅都主教米哈依尔·罗戈扎。1596年，这些人在布列斯特—立托夫斯克举行了一次著名的会议。会议立即分裂成两个敌对的阵营——东正教派阵营和合并派阵营。由康斯坦丁公爵（后来他改变了主意）领导的东正教派宣布：剥夺支持合并的主教的教职；而合并派则以革出教门来回敬他们。宗教合并会议就此结束。西南罗斯的东正教教会分裂了。波兰政府开始热心支持合并派的斗

---

[1] 作者的想法仍未结束。

[2] 在页边上附有一笔："从一开始〔人们〕把这个纲领当作天主教书院的宗派主义著作〔对待〕。莫托维拉的批驳。"

士。公国的上层社会以及新教界和东正教界很快都卷入了合并。在罗斯—立陶宛贵族阶层中新教的气氛被一扫而光;在这里,合并开始成功地吸引着一些有头脑的人,但这些人后来又改变了主意,想回到东正教教会。与此同时,这个服役贵族阶级却被合并所提供的政治上和日常生活中的好处所诱惑:因为合并给服役贵族子弟有机会进入设备齐全的耶稣会学校;波兰政府对转到合并一边的僧侣给以种种荣誉。这样一来,不仅整个新教界,而且大部分罗斯—立陶宛的东正教服役贵族都逐渐转到了合并一边,然后通过合并开始转而信奉天主教。服役贵族家族在接受天主教教义的同时还吸收波兰的政治风尚,他们逐渐波兰化,渐渐忘掉了自己东正教的罗斯—立陶宛祖先的传统[1]。这对波兰国来说是一大收获。研究17和18世纪波兰历史的时候,我们在编年史的每页上都见到一些著名的和有才干的人物的名字,他们长时间同在波兰所处的不利环境做斗争为波尽力效劳[2]。这些人物是:维什涅韦茨基家族、扎斯拉夫斯基家族、蒂什凯维奇家族、霍德凯维奇家族、扎莫伊斯基家族、萨彼加家族、恰尔托雷伊斯基家族——所有这些人都是东正教罗斯—立陶宛天主教化了的服役贵族的后裔,他们的祖先或者是留里克家族,或者是格季明家族,或者是曾在西南罗斯当过立陶宛或罗斯王公的古老的罗斯大贵族。

"西南罗斯的东正教界在同波兰和天主教斗争时受服役贵族阶级和兄弟会的领导;现在随着兄弟会的垮台"[3],它就没有领头人了,于是开始寻找可以依靠的本国的另外一支力量,后来查坡罗什哥萨克曾是这种力量。哥萨克人参加了同波兰进行的民族的、宗教的斗争,他们手拿武器奋起保卫东正教和本民族。这一件事几乎是与布列斯特-立托夫合并同时开始的。勇敢的乌克兰哥萨克人纳里瓦伊科举起了为宗教信仰而战的义旗(?)。许多反抗波兰地主的乌克兰哥萨克和奋起争自由的海达马克(即农奴)都汇集到这面旗帜下来。纳里瓦伊科的人带着火与剑走遍了整个沃林。大约在同一时间,查坡罗什人由于受到这一成功经验的鼓舞,在他们的头领洛鲍达率领下也举行了起义。这样,就开始了一系列的哥萨克起义,在17世纪的

---

1 Д. И. 伊洛瓦伊斯基:《俄国历史》,第4卷,莫斯科1899年第2版,第288页;В. Г. 利亚斯科龙斯基:《基尔奥姆·列瓦勒·德·鲍普兰及其关于俄罗斯南部的历史地理著作》,基辅,1901年,第6、7页。

2 在页边上有一句:"靠别人的力量过活。"

3 索洛维约夫:《历史》,第10卷,第1章:《哥萨克的无法无天》。

整个前半期，这些起义此起彼伏。这些哥萨克起义的旗帜有两面：正面和反面——正面上写着："东正教会和俄罗斯民族"，反面是："《给农夫自由，把波兰地主及其管家和走狗扫地出门》。17 世纪紧接着纳里瓦伊科和洛鲍达起义的是巴夫柳克、古尼亚和奥斯特拉尼查等人的暴动。最后，这一系列的起义以 1648 年波格丹·赫麦尼茨基发动的大骚乱而告终。这就是 1569 年卢布林合并引起的一系列民族的、宗教的后果。"[1]

在有一页上删去了下面一段："他让我们注意西部罗斯的历史。但是我谈这段历史只限于弄清这个问题产生的条件。在引起这个问题的事件一开始这些条件就已揭示出来。1648 年，小俄罗斯注册部队的一个百人长（即连队指挥官）发动查坡罗什反对波兰立陶宛王国。起义反对自己主人，波兰地主和波兰化的俄国地主的小俄罗斯农民，一致支持这位百人长；注册哥萨克也站到了波格丹·赫麦利尼茨基一边，于是形成了一股强大的力量。赫麦尼茨基同这股力量一起，经过大约 5—6 个月，便控制了几乎整个小俄罗斯。什么是波兰立陶宛王国，小俄罗斯在其中占有何种地位，波兰地主是怎样在小俄罗斯出现的，小俄罗斯的哥萨克是如何产生的，为什么乌克兰的农民也加入哥萨克人的起义——要看清 1648 年小俄罗斯运动的起源，必须弄清这些问题。"

〔1°—1°〕草稿本中代替这段文字的是作者在《教程》第 3 卷准备付印时省去的一段文字："1620 年，哥萨克首领萨加伊达契内派人来向莫斯科君主说明自己的效劳，即他和整个查坡罗什军队正在攻打君主的敌人，掠夺克里木的兀卢斯，但当时莫斯科同克里木的关系很好，于是人们便仔细询问哥萨克首领派来的人：波兰人侵犯了他们的宗教没有？哥萨克人回答说：波兰国王对他们从来没有任何侵犯。1625 年，基辅都主教约夫的表现更坦率一些，当时由于他派去保卫基辅不受合并派侵犯的查坡罗什人杀害了基辅市长，他本人正受到缉拿惩办的威胁。都主教请求莫斯科国君把小俄罗

---

1 在这页的下面有个附记："小俄罗斯神学思想所掌握的论战性和揭露性的方针，不得不同小俄罗斯的神学教义以及全部论据和策略一起转到大俄罗斯一边。虽然大俄罗斯不需要这个方针，但是它却通过宗教学校而出现，并作为一种传统和残余继续到现在。揭露性神学是宗教书院的一门特殊课程，而且它被人十分热心地推广。如果这种热心的收效越小，那么作为同历史阴影的斗争，这种热心就越受人尊敬。但是，这些赞扬者似乎更多的是极力使自己相信自己的信仰，而不是说服自己的论敌放弃信仰。有时候必须骂人，为的是给自己壮声势。"

斯置于自己的管辖之下，因为除了君主的庇护之外，他们已无安身立命之地。都主教得到答复说：这个想法在他们自己中间还没有肯定下来，如果肯定下来——就'同意'"。

〔1*〕〔索洛维约夫：《历史》，第 10 卷，第 218 页〕。

〔1³〕〔索洛维约夫：《历史》，第 10 卷，第 222 页〕。

〔2—2〕 这是作者在《教程》第 3 卷准备付印时根据瑟索耶夫重校石印版加上的一段文字。

〔3*—3*〕 这是作者在《教程》第 3 卷准备付印时根据草稿本加上的一段文字。

〔3ª〕 索洛维约夫：《历史》，第 11 卷，莫斯科，1880 年，第 3 版，第 222 页。

〔3ᵇ〕《历史丛书》，第 8 卷，圣彼得堡，1884 年，第 31—32 页。

〔4—4〕 这是作者在《教程》第 3 卷准备付印时根据巴尔斯科夫石印版加上的文字。

〔5—5〕 这是作者在《教程》第 3 卷准备付印时根据瑟索耶夫重校石印版加上的文字。

〔6—6〕 这是作者在《教程》第 3 卷准备付印时根据卷宗夹 14 加上的文字。

〔7—7〕 这是作者在《教程》第 3 卷准备付印时根据巴尔斯科夫石印版加上的文字。

〔8—8〕 这是作者在《教程》第 3 卷准备付印时根据草稿本加上的文字。

〔9—9〕 这是作者在《教程》第 3 卷准备付印时根据巴尔斯科夫石印版加上的文字。

第四十七讲

〔1*—1*〕 这是作者在《教程》第 3 卷准备付印时根据草稿本加上的一段文字。作者的引文（E. A. 49）属下的一段文字。

〔1ª〕 作者在《教程》第 3 卷准备付印时删去了草稿本中下面的文字："首先政府需要有更多的意志统一和行动能力。由此要加强立法活动以及加强作为立法活动的结果的中央集权。"

〔2〕〔《编年史全集》，第 5 卷，第 65 页〕。

〔3*—3*〕 这是作者在《教程》第 3 卷准备付印时根据瑟索耶夫石印版的增补内容加上的文字。

〔3ª〕〔弗拉基米尔斯基-布达诺夫,第 2 分册,第 178、179 页,第 98 款〕。

〔4—4〕 这是作者在《教程》第 3 卷准备付印时根据草稿本加上的文字。

〔5—5〕 这是作者在《教程》第 3 卷准备付印时根据瑟索耶夫石印本加上的文字。

〔6*—6*〕 这是作者在《教程》第 3 卷准备付印时根据草稿本加上的文字。

〔6ª〕〔参看第四十四讲注释:16⁶,17〕。

〔6⁶〕 索洛维约夫:《历史》,第 10 卷,第 145 页。

〔6ᵇ〕〔《总主教尼康关于 1649 年法典的意见……》(下称:尼康)。俄国考古协会俄罗斯和斯拉夫考古分会的札记,圣彼得堡,1861 年,第 2 卷,第 426 页〕。

〔6ʳ〕 "但是这一想法可能是由私人的请求或地方自治会议(恐怕不是 1645 年的会议)的申请引起的";拉特金,第 206、207 页;试比较《考古资料》,第 4 卷,第 27 期。

〔7*—7*〕 这是作者在《教程》第 3 卷准备付印时根据瑟索耶夫重校石印版加上的文字。

〔7ª〕《1649 年法典抄本的勘误一览表》,载《考古研究所文集》,第 2 册,H. B. 卡拉乔夫主编,圣彼得堡,1879 年,第 23 页。

〔8*—8*〕 这是作者在《教程》第 3 卷准备付印时根据草稿本加上的文字。

〔8ª〕《委员会 11 月 13 日的报告》,载《考古资料》,第 4 卷,第 32 号(第 46 页);〔尼康,第 424 页〕;克柳切夫斯基:《简明教程》,第 119 页。

〔9—9〕 这是作者在《教程》第 3 卷准备付印时根据瑟索耶夫石印版加上的文字。

〔10*—10*〕 这是作者在《教程》第 3 卷准备付印时根据草稿本加上的文字。

〔10ª—10ª〕 草稿本中代替这段文字的是作者在《教程》第 3 卷准备付印时省去的一段文字:"根据决议的直接指示,号召由莫斯科和其他省城选出的人来参加'全体会议'。这就是说,所谓参加'全体会议'的意思就是选出的人襄助杜马委员会成员进行法律增补工作。选出的人……"。

〔10⁶〕 作者在《教程》第 3 卷准备付印时删去了草稿本中下面的文字:

"……作为明白人,他们能够向它指出法律上的纰漏,申述自己的需要和匮乏。这些不仅要向委员会申述,而且要纳入地方的呈文。然后委员会就这些呈文向君主和杜马报告……"。

〔10ᵃ—10ᵇ〕 草稿中代替这句话的是:"人数不少于348人。"

〔11*—11*〕 这是作者在《教程》第3卷准备付印时根据草稿本以及少量利用巴尔斯科夫石印版加上的文字。

〔11ᵃ〕 Н. П. 扎戈斯金:《沙皇阿列克谢·米哈伊洛维奇大公的法典以及1648—1649年的缙绅会议》,喀山,1879年,第229页;〔尼康,第519页〕。

〔11ᵇ〕《选集》,第211页。

第四十八讲

〔1—1〕 这是作者在《教程》第3卷准备付印时根据草稿本加上的文字。

〔2*—2*〕 这是作者在《教程》第3卷准备付印时根据草稿本加上的一段文字。接下去一段文字有一个脚注〔(Е. А.,第51页)〕。

〔2ᵃ〕 Б. Н. 奇切林:《17世纪俄国的地方机构》〔下称:奇切林:《地方机构》〕,莫斯科,1856年,第267页。

〔3*—3*〕 这是作者在《教程》第3卷准备付印时根据瑟索耶夫石印版加上的文字。

〔3ᵃ〕《研究协会年鉴》,第3册,Ⅲ,莫斯科,1849年,第6—8页。

〔4*—4*〕 这是作者在《教程》第3卷准备付印时根据草稿本加上的文字。

〔4ᵃ〕 "政权的性质";奇切林:《地方机构》,第338页。

〔5—5〕 这是作者在《教程》第3卷准备付印时根据草稿本加上的文字。

〔6〕 索洛维约夫:《历史》,第9卷,第346页及以后。

〔7*—7*〕 这是作者在《教程》第3卷准备付印时根据草稿本以及少量利用瑟索耶夫石印版加上的文字。克柳切夫斯基:《教本》,105—107页。

〔7ᵃ〕 "'固巴'区同县不相符合";奇切林:《地方机构》,第269、461页。

〔7ᵇ〕 "1702年以前";奇切林:《地方机构》,第452页。

〔7ᵛ〕 奇切林:《地方机构》,第482、483页。"关于督军为贿赂事惩办头人。1679年11月27日管理机构的简化和取消'固巴'〔机构〕"《俄罗

斯帝国法律大全》〔下称:《法律大全》〕,第1集,第1卷,第679号;第2卷,第779期。

〔8*—8*〕 这是作者在《教程》第3卷准备付印时根据巴尔斯科夫石印版加上的文字。

〔8ª〕《乌斯季扬斯克各乡的地方机构》,载《考古资料》,第3卷,第126号。

〔8ᵇ〕"从1677年起临时废除正头人";《法律大全》,第2卷,第714号;奇切林:《地方机构》,第405—407页。

〔8ᵂ〕《考古资料》,第1卷,第243期。

〔8ᴦ〕《法律大全》,第1卷,第331期(1663年1月4日),第508期(1672年3月5日);第2卷,第837期(1680年9月22日);索洛维约夫:《历史》,第9卷,第348页及以后。

〔9〕 科托希欣,第102、103页。

〔10〕 彼得·伊凡诺夫:《国家吏部档案库编目》——附有档案库保存的许多有趣文件的抄本〔下称:伊凡诺夫〕,莫斯科,1842年,附录,第71页,《比较研究协会年鉴》,第20册,莫斯科,1954年,Ⅲ,第26页。

〔11—11〕 这是作者在《教程》第3卷准备付印时根据草稿本加上的文字。

〔12—12〕 这是作者在《教程》第3卷准备付印时根据瑟索耶夫重校石印本加上的文字。克柳切夫斯基:《大贵族杜马》,第3版,第410页及以后;《K.A.涅沃林全集》〔下称:涅沃林〕,第6卷,圣彼得堡,1859年,第172、173页。

〔13〕 科托希欣,第96页。

〔14—14〕 这是作者在《教程》第3卷准备付印时根据卷宗夹13的材料加上的一段文字。

〔16〕 科托希欣,第70页。

〔16*—16*〕 这是作者在《教程》第3卷准备付印时根据草稿本并少量利用巴尔斯科夫石印版加上的文字。

〔16ª〕《1623年等级分离敕令》,涅沃林,第4卷,第262、263页,注678。

〔16ᵇ〕〔弗拉基米尔斯基-布达诺夫,第2分册,第168页,第81条〕。

〔16ᵂ〕 弗拉基米尔斯基-布达诺夫,第3版,圣彼得堡—基辅,1889

年，第 3 分册，第 20、21、160、161 页；《法律大全》，第 1 卷，第 1 期，第 20 章，第 1—3 款；《征兵和征税》载《研究协会年鉴》，第 3 册，Ⅱ，第 5 页。

〔17〕《考古资料》，第 4 卷，第 36 期（第 55 页）；弗拉基米尔斯基-布达诺夫，第 2 分册，第 175、176 页，第 91 条；第 3 分册，第 124—126 页；第 144—147 页。

〔18—18〕 这是作者在《教程》第 3 卷准备付印时根据草稿本加上的文字。

〔19*—19*〕 这是作者在《教程》第 3 卷准备付印时根据草稿本加上的文字。

〔19ª〕（А. Н. 泽尔查洛夫，第 1 卷，第 73 页；第 2 卷，第 219 页）。

〔19ᵇ〕〔《考古资料》，第 4 卷，第 101 号〕。

第四十九讲

〔1—1〕 这是作者在《教程》第 3 卷准备付印时根据草稿本加上的一段文字。

〔2—2〕 这是作者在《教程》第 3 卷准备付印时根据尼古拉耶娃石印本加上的一段文字。

〔3*—3*〕 这是作者在《教程》第 3 卷准备付印时根据草稿本加上的一段文字。

〔3ª〕〔弗拉基米尔斯基-布达诺夫，第 2 分册，第 165、166 页，第 78 款〕。

〔3ᵇ〕〔弗拉基米尔斯基-布达诺夫，第 3 分册，第 26、27 页〕。

〔3ᶜ〕 作者在《教程》第 3 卷准备付印时删去了草稿本中下面的文字："这意味着，付息押契重又变为做工抵偿的押契。我们不知道，当时无钱还债的债户的抵偿劳役是否有合法的定额（我们在 1649 年法典中见到有这样的定额），还是这种定额是以另外的方式——由法庭，由双方自愿的协议——来规定的。可能是后一种。在这种情况下，根据无钱还债的订押契者的服役押契进行结账一定会产生难以解决的争端和给审判造成困难。我们不知道 1560 年法律颁布以前的服役押契的形式。但是在这以后，大约从 16 世纪 70 年代起，服役押契就渐渐为人所知，它的形式直到 17 世纪最后

一二十年，在整整一百来年内没有什么变化。让我们举迄今发现的这类押契中最早的一个契约为例。它是在1596年写下的；人们知道的更早一些押契写得都很简单——根据大诺夫哥罗德法对1548年的押契注册簿加以简略叙述（B. O. 克柳切夫斯基：《俄国农奴制的起源》〔下称：克柳切夫斯基《农奴制的起源》〕，载《俄罗斯思想》，第8册，莫斯科，1885年，第22页）。

"这样一种刻板而单一的形式，如果没有法律的参与，是不可能自然而然确定下来的，虽然我们并不知道有这方面的敕令。在这一形式中，相当清楚地反映了从法律上制定押契奴仆制的过程。我刚刚谈到了订押契人义务服役偿付债务的许多不便之处，因为根据1560年法律，订押契人在赎身之前是交给债权人任意处置的。为了避免发生困难，于是签订了契约，根据此契约，自由人到债主宅院劳动一年可以得到借款（但在这一年内要放弃权利）并且通常在期满之后，甚至可能根据不成文的协议——默契（tacito consencu）（用罗马法的说法）借债人还是无力还债的人，到这时，有限期债务就变成了无限期债务。这种无限期债务作为一种人身义务应该因他所联系的人中之一死去而抵消，于是负债的奴仆得到自由，不必付清借款。这种契约在订押契者本人看来是有利的。正如在1560年法律中所见到的，订押契者本人在无力偿还债务时甚至同意成为完全奴仆。这样一来，为付息而服役变成了为偿还债务本身而服役，借债奴仆制变成雇佣费已提前支付的人身雇佣服役制。这就是说，服役押契时而有做工抵偿债务的性质，时而有付息债务的性质，但现在它本身却兼含有这两种性质，成了既是有息的又是做工抵偿服役的押契。但是有钱有势的人只关心自己：在同一本押契注册簿上记载了一份1596年（？）的服役押契，根据这份押契，有个叫奥西普的人叩请维里雅绍夫允许他'服役到主人去世'，而不是奴仆去世（临时承担义务）'。对主人来说，对订押契人的控制权成了（是）终生的，但对奴仆来说，受奴役地位可能成为传代的：如果奴仆死去但主人在世，与奴仆一起为奴的他的家庭成员或为奴时成的家，在主人去世以前一直是处于受奴役的地位。这条片面的规定一直占主导地位。后来，以奴仆服役到主人去世为条件的押契被认为是错误的。但是这条规定并没有使主人满足：他们想要把对订押契人的占有变为世袭的，为此目的他们用几个主人——父亲和儿子，三兄两弟的名义写下押契，主人方面蓄意扩大自己的权力范围。从押契规定的义务的实质来看，固定给某个人的押契奴仆，如果没有释放证，即没有废除旧的押契，不能转给另一个人。"弗拉基米尔斯基-布达诺夫，第2分册，第163—165页，注184；第3分册，第90—97页，注Ⅱ。

〔3ʳ〕〔弗莱彻，第45页〕。

〔4〕 卷宗夹13有1905年写成的前段文字的草稿："法律和实践的这些动摇表明，在17世纪最初二十年内，还没有制定出一个能使农民实际上从属于主人的关系固定下来的法律准则，从而把这种从属关系变成受契约束缚的关系。把这种从属关系和古罗斯的奴仆制的某些特点相结合，就找到了一种要寻找的准则。

"订契约的农民从属于自己的主人不是根据他居住的地方，而是依据契约的规定。在古罗斯，契约这个词用来称一种讲仪式的、象征性的或者书面性的文据，作为确定人对某物的权力。例如，地产的争执有时靠这样的仪式来解决：手中捧着圣像，头上或肩上放着草块或土块，在有争议的土地的田界上走动的仪式。某种文据固定下来的对物的权力使得主人对这件东西拥有契约权。在古罗斯，人也是用契约占有的对象。这种订契约者，用法律语言来说，就叫作奴仆（来自希腊语 χαλερός——艰难的、沉重的——奴仆劳动的特性）或奴婢；前一术语用于不自由的男人，后一术语用于不自由的女人。奴仆身份也就是罗斯最古老的一种契约规定的身份，这是对农民实行的农奴制产生之前几百年内确定下来的。正如希腊—罗马法中的奴隶制一样，我国法律中最初存在单一的奴仆制——免税奴仆制，即完全奴仆制。这种奴仆制是通过各种不同的方法形成的：（一）由俘虏而来的，（二）自由人因犯某些罪行被当局判决为奴仆的，（三）自由人自愿或被父母卖身为奴仆的，（四）自由人自愿充当别人的私人家仆，但没有保证仆役享有自由的契约。完全奴仆制是继承的、传代的，确切些说，对完全奴仆的权利是继承的，奴仆被束缚是传代的，即完全奴仆不仅自己从属于主人，正如古罗斯法律文献中所说的，从属于老爷，或者从属于主人的继承人，而且他把自己的从属身份传给在奴仆身份中出生的自己的子女。奴仆制在法律上的一个重要特征就是：奴仆身份不能依据奴仆的意愿而停止，奴仆只有根据自己老爷的意志才能摆脱受束缚的地位。但是自古以来在罗斯就存在一种从属身份，它是依照特殊条件由借贷而形成的：借债人住在债主宅院里或他的土地上，承担责任为债主服劳役代替付利息。与个人为付息服役的债务连在一起的借贷叫作抵押，在《罗斯法典》中，借债者本人叫作典押人，以后又叫作抵押者或抵押人。抵押制不被看作是一种契约规定的身份，也不认为是奴仆身份，因为抵押者一旦付清借款就可以根据自己的意志而中断抵押关系。15世纪结束以前的情况就是这样的。但是从这时起，由抵押制形成一种新式的奴仆身份——这种奴仆身份不是无条件的和终生的，即不是完全的，而是有条件的和暂时的。

"在古罗斯，债据这个名称是从犹太语'押契'一词借用来的；由与人身服役的义务连在一起的押契所造成的从属关系，在15—16世纪就叫作押契奴仆制，它又形成古罗斯的一种新式的契约身份，而契约本身，或者固定这种从属关系的文据，被称为付息服役押契或者服役押契。订押契的奴仆是借债人，他依照契约用在债主家进行的个人的必要劳务来付借款的利息；依照这种条件借的债就是他受束缚的根由。订押契的人只在某个规定时间内（最初是一年）有义务为主人服役，但在这个时间内他免于还债，没有自由——这就使他具有一种奴仆的身份。根据1597年4月25日法律，订押契的奴仆应该为债主服役直到主人去世，在这以后才得到自由，同时不必偿付自己的债务；但是如果订押契者不愿还债，债主也没有权利要求偿还借款。这条法律把押契奴仆制由付息服役变成为还债服役。"

还有第二种文本草稿（1905年8月）：

"奴仆制。订押契者的受束缚地位包括同他一起为奴的全家成员或者他为奴时安的家。作为个人契约，服役押契只让奴仆固定于一个主人，但此主人不能把对该奴仆的权利转让给别人，甚至也不能转交给自己的继承人。这就是说，押契奴仆制是传代的，但不是继承的。

"调节押契奴仆制的敕令同规定对逃亡农民搜捕时限的敕令在同一年内颁布。政府同时处理了这两个问题；在这两个问题之间有着内在的联系，甚至有着直接的关系。

"押契奴仆制是从借债人因无力偿还而变成无期债务的一年为期的借款产生的。农民的逃亡也是由于他们同样无力还债而出现的。这些农民希望利用自己的迁移权利，但没有钱偿还他们安家时以优惠条件所借的款项。借债人和农民两者都支付为主人义务劳动的债务利息。但他们劳动的主要差别在于：订押契的奴仆在主人的宅院内服役，而劳役租制的农民在主人的耕地上服役。但是在这里，奴仆也正走向劳役租制农民的地位。自古以来俄国的地主就有一个惯例：让人数众多的家奴中的一部分人去种地。这样的种地奴仆叫作农忙佣人或者叫杂役和后院佣人（住在宅院后面）。从16

世纪后半期起，农业居民从中部各省外流，使地主对劳动力的需求更紧张，上面说的几类奴仆在人数上也就愈来愈多了。在某些县，拥有这些耕地奴仆的农户占农村中私有地上农业人口的百分之二十五，甚至百分之三十。这些耕地奴仆中有许多是订押契的人。这样的奴仆定居在单独的大小村庄中，分给他们耕地和菜园，贷给他们牲畜、粮食，借给他们钱，为此他们交纳代役租——总之，让他们处于纯农民的条件中，甚至同他们也像同自由农一样缔结书面契约，而且往往遵照遗嘱让他们得到自由并有权终生使用拨给他们的地块。常有这样的情形：自由人根据押契条款到宅院来当奴仆，为的是经过一些时候成为同一地主的农民。（吉亚康诺夫，《史料》）〔大概克柳切夫斯基指的是 M. A. 吉亚康诺夫的著作《（16—17 世纪）莫斯科国农民简史》的附录（例如第 10 号），圣彼得堡，1898 年〕。这样，上述两种身份就互相接近了。这样一来，被安置在耕地上的奴仆，即订押契的奴仆，就成了丧失自己出走权的劳役制农民在法律上的样例。由押契奴仆制形成农民不自由的法律内容包含三个方面：（一）终生占有制（到占有者去世为止）；（二）古老的奴仆制；（三）放款人同意'弃权'，准确地说，同意农民的出走权。规定终身制的尝试。吉亚康诺夫的《史料》。"

〔5*—5*〕 这是作者在《教程》第 3 卷准备付印时根据草稿本加上的文字。

〔5ª〕 作者在《教程》第 3 卷准备付印时删去了草稿本中下面的文字："就其对俄国社会的后果来说，这是莫斯科罗斯最根本的法律之一"，拉特金，第 89 页；弗拉基米尔斯基-布达诺夫，第 3 分册，第 86—94 页；〔《历史文献》，第 1 卷，第 22 期，Ⅱ；第 2 卷，第 44、63、85 号；第 3 卷，第 92 期，Ⅰ〕。

〔5ᵇ〕 作者在《教程》第 3 卷准备付印时删去了草稿本中下面的一句："……并且抛弃和忽视某些多余的东西。"

〔5ᵃ〕〔卡拉姆津，第 11 卷，第 69 栏〕。

〔5ᵣ〕〔巴里津：《历史丛书》，第 13 卷，第 482、483 栏〕。

〔5ᵈ〕 M. 吉亚康诺夫：《关于莫斯科国纳税居民史的文件》，尤里耶夫，1895 年，第 1 册，第 17 号。

〔5ᵉ〕 作者在《教程》第 3 卷准备付印时删去了草稿本中下面的文字："……在其法律和经济地位上很像农民……"，B. O. 克柳切夫斯基：《俄国的人头税和奴仆制的废除》〔下称，克柳切夫斯基：《人头税》〕，载《俄罗

斯思想》，莫斯科，1886年，第9期，第74页。

〔5*〕 克柳切夫斯基：《人头税》，载《俄罗斯思想》，莫斯科，1886年，第10期，第4页。

〔5³〕《塔季谢夫论1607年敕令》；〔《古代俄罗斯丛书续集》，第1集，圣彼得堡，1786年，第175页，注"a"（下称：塔季谢夫：《伊凡雷帝法典》）；《历史文献》，第1卷，第221号，Ⅲ〕。

〔5ᴍ〕〔《历史文献》，第3卷，第92期，XXXⅢ；弗拉基米尔斯基-布达诺夫，第3分册，第15页及以下各页，XXXI〕。

〔5ᴷ〕〔《考古资料》，第4卷，第14期（第26页）〕。

〔6*—6*〕 这是作者在《教程》第3卷准备付印时根据草稿本加上的文字。

〔6ª〕 作者在《教程》第3卷准备付印时删去了草稿本中下面的文字："在某些情况下，明显地表现出参与者双方的相互关系以及他们相比之下的法律作用。"

草稿本中以下是作者省去的："然而有八分之七的农村纳税居民在经济上受教会和世俗土地占有主的支配。"

〔7〕〔И.波索什科夫：《贫富论》，波哥金编辑出版，莫斯科，1842年，第183页〕。

〔8*—8*〕 这是作者在《教程》第3卷准备付印时根据草稿本加上的文字。弗拉基米尔斯基-布达诺夫，第3分册，第152—155页。

〔8ª〕《掌管政府司法权的长官》。

〔86〕〔科托希欣，第117页〕。

第五十讲

〔1*—1*〕 这是作者在《教程》第3卷准备付印时根据草稿本加上的文字。

〔1ª〕 作者在《教程》第3卷准备付印时删去了草稿本中下面的文字："这些追捕活动是当时农奴制生活中常见的现象〔以下有三四个词书写潦草看不清〕……奴仆带走价值相当于当时四百卢布（以今天的钱计算不下四千卢布）的货币和破烂什物，1627年，沙茨克一个地主付钱给二十名哥萨克和一位军官，派他们去'追捕'。"

〔2—2〕 这是作者在《教程》第3卷准备付印时根据巴尔斯科夫重校

石印版加上的文字。

〔3*—3*〕 这是作者在《教程》第 3 卷准备付印时根据草稿本加上的文字。

〔3ª〕〔《条约汇编》，第 1 集，第 203 号，莫斯科，1813 年，第 641 页〕。

〔3⁶〕〔《条约汇编》，第 3 集，113 号〕。

〔3^в—3^в〕 这是作者在《教程》第 3 卷准备付印时加上用以代替删去的下面文字的："……在会议的三百四十名当选人员中，委派的人我们只见到两位御前大臣和四名莫斯科服役贵族，从签名来看没有一名普通居民。"

〔3г〕〔《条约汇编》，第 3 集，第 99 号〕。

〔3д〕 索洛维约夫：《历史》，第 8 卷，第 427 页。

〔4*—4*〕 这是作者在《教程》第 3 卷准备付印时根据草稿本加上的文字。

〔4ª〕〔拉特金，第 167、168 页〕。

〔4⁶〕 "1634 年会议——纳税人同意缴纳的特别税。补贴费"；奇切林，第 373 页；〔《条约汇编》，第 3 集，第 99 号〕。

〔4^в〕《条约汇编》，第 3 集，第 157 号。

〔5—5〕 这是作者在《教程》第 3 卷准备付印时根据卷宗夹 13 的材料加上的一段文字。

〔6*—6*〕 这是作者在《教程》第 3 卷准备付印时根据草稿本加上的文字。作者删去了草稿本中下面的文字："因此，会议代表制是这样的不稳定，它靠着国家的临时需要才维持着，而不是依据社会的政治意识，也不是凭借法律的保障，买卖人自己说起会议的必要性来是这样明确而简单，但他们提出这个问题不是依赖于政治逻辑，而是取决于诸如君主恩赐之类的偶然性。"

〔6ª〕〔《考古资料》，第 3 卷，第 81 号〕。

〔7—7〕 这是作者在《教程》第 3 卷准备付印时根据草稿本加上的文字。作者删去了草稿本中下面的文字："在神职人员微不足道的政治作用及其怯于民俗事务的情况下，随着农村居民选举代表的销声匿迹，在会议上，在工商市民中，只有几位势单力薄的代表表达出纳税的地方米尔的需要和利益。他们因为受到自己等级低的负担所压，屈从于人多势众的官宦和胡作非为的大贵族官僚政府。人民代表制的真正力量和共同福利的主张，很难突破由于细小的阶级利益所造成的总的意见分歧。1642 年会议——留下了出席会议官员的真正意见的唯一一次会议——的文件表明，在三十年内，新王朝的政府不仅不善于使动乱后的社会和谐地安顿下来，而且它本身就

是一个造成社会混乱的积极因素。这些意见之所以有价值还因为它们使我们衡量出不同阶级的相对文明水平。"

〔8*—8*〕 这是作者在《教程》第3卷准备付印时根据草稿本加上的文字。

〔8ᵃ〕《条约汇编》,第3集,第113期;〔索洛维约夫:《历史》,第9卷,第261页及以下各页〕。

〔9—9〕 这是作者在《教程》第3卷准备付印时根据巴尔斯科夫重校石印版加上的文字。

〔10—10〕 这是作者在《教程》第3卷准备付印时根据卷宗夹14的材料加上的文字。

〔11—11〕 这是作者在《教程》第3卷准备付印时根据草稿本加上的文字。

〔12*—12*〕 这是作者在《教程》第3卷准备付印时根据草稿本加上的文字。

〔12ᵃ〕 作者在《教程》第3卷准备付印时删去了草稿本中下面的文字:"1642年会议的纪录使我们看到破坏会议代表制的各种条件。"

〔13—13〕 这是作者在《教程》第3卷准备付印时根据卷宗夹14的材料加上的文字。

〔14—14〕 这是作者在《教程》第3卷准备付印时根据草稿本加上的文字。

〔15—15〕 这是作者在《教程》第3卷准备付印时根据卷宗夹14的材料加上的文字。

〔16—16〕 这是作者在《教程》第3卷准备付印时根据草稿本加上的文字。

〔17*—17*〕 这是作者在《教程》第3卷准备付印时根据草稿本和巴尔斯科夫石印版加上的文字。

〔17ᵃ〕〔索洛维约夫:《历史》,第9卷,第105—111页〕。

〔18〕 索洛维约夫:《历史》,第12卷,莫斯科,1880年,第126页。

〔19*—19*〕 这是作者在《教程》第3卷准备付印时根据草稿本加上的文字。

〔19ᵃ〕 作者在《教程》第3卷准备付印时删去了草稿本中下面的文字:"在某一次会议上,曾有人向政府宣称:把全国大会同这些会议混在一起是

政府政治上犹豫不决才干出的事。"〔代替删去的一段〕:"但是在这里,在沙皇阿列克谢时代,当缙绅会议无声无息的时候,政府碰上另一种对全国代表制更加广泛的理解,这种理解力不是扎根在统治阶级之中,而是根植在受支配的阶级之中,在那些于1642年会议上比别人更完整地表达了全国意识的代表之中。"

〔20—20〕 这是作者在《教程》第3卷准备付印时根据草稿本加上的文字。下面是作者省去的文字:

"缙绅会议的这种命运同17世纪我国社会结构有着密切的关系。我们从1642年会议的意见(纪录)中可以看到被选出的代表讨论的向他们提出的问题,但讨论的不是问题的全部内容,而只是问题涉及他们所代表的那些阶级的某个方面。

"缙绅会议的作用。

"1662年提出召开缙绅会议的想法与其说是一种正在形成的需要,不如说是已经消逝的回忆。这一想法之所以如此长久地保留在(首都的)工商阶级之中,是因为当时在不属农奴制的俄国社会成员中,这个阶级最有进取心,负担最重,特权最少,因此,它最有觉悟,最能理解什么是人民代表制。会议记录的某些用语是当时政府语言完全不习惯的,它们表明,这些人不是按1649年法典来思考,而是想得稍微广泛一些。但在莫斯科的政治现实中,从这个现实形成的时候起,全国性政府就没有一个牢固的基础。关于所有等级都参加选举会议的主意是动乱时期勉强想出来的。当全国没有从僭王的冲击下平静下来的时候,新王朝的政府及其所依靠的阶级、高级僧侣和贵族,都需要这样一个会议;但随着全国的平静,政府对这种会议的需要也就减弱下来。"

〔21—21〕 这是作者在《教程》第3卷准备付印时根据卷宗夹13的材料加上的文字。

第五十一讲

〔1*—1*〕 这是作者在《教程》第3卷准备付印时根据草稿本加上的文字。作者删去了草稿本中下面的文字:"……并担任'军职',可能被派去远征。在名册中没有人数众多的各省的服役人员,他们因职位名额不多只担任'守备'的、警备的职务;也没有随大贵族和服役贵族出征的奴仆和

差丁、招募的新兵，这些人靠同他们一起出征的主人或者（如果主人自己不去）派他们去出征的主人来供养。我们如果不算非建制的兵员（以及地方执勤部队），我们也会发现，根据预算表册，莫斯科的战斗（出征）民军拥有为数2.8万人的首都和各省城市的服役贵族，2.1万名射击军和哥萨克人以及1 600名外国人。此外还必须加上喀山特种军团，这个军团分散在受喀山宫廷衙门掌管的前喀山汗国和西伯利亚各城市和县城中，人数达1.5万名俄国服役人员和外国人……"〔在页边上有〕"根据米留科夫所著改写，第48页"；П.米留科夫：《18世纪头二十五年俄国的国家经济和彼得大帝的改革》〔下面简称：米留科夫：《国家经济》〕，圣彼得堡，1892年，第48、49页及以后。

〔1ª〕 "随心所欲的索要，强制性的摊派"，《编年史全集》，第4卷，圣彼得堡，1848年，第334页。

〔1⁶〕 作者在《教程》第3卷准备付印时删去了草稿本中下面的文字："还在16世纪，莫斯科就已经利用外国人的军事技术，供养着一支雇佣兵；但这是不可靠的武装。现在产生了一个想法：借助雇佣的教官来教自己那些非正规的民兵学习外国的军事制度。"

〔2—2〕 这是作者在《教程》第3卷准备付印时根据草稿本加上的文字。作者删去了草稿本中下面的文字："这个军团的使命是保卫有敌对的异族居民居住的和靠近敌国的边陲地区，所以它只能分出少量兵力去进行一般性的征讨。"

〔3〕〔雅科夫·雷伊坚费利斯：《给托斯坎特级大公科兹玛三世说莫斯科维亚的故事》（下称：雷伊坚费利斯），莫斯科，1905年，A.斯坦凯维奇翻译，第128页〕。

〔4*—4*〕 这是作者在《教程》第3卷准备付印时根据草稿本加上的文字。

〔4ª〕 科托希欣，第107页。

〔5〕〔《法律大全》，第2卷，第844号〕。

〔6*—6*〕 这是作者在《教程》第3卷准备付印时根据草稿本加上的文字。米留科夫：《国家经济》，第49—103页；《1632—1634年和1654—1655年两次战争的高昂代价》；米留科夫：《国家经济》，第65、78页。

〔6ª〕 "在沙皇米哈伊尔时代，在同波兰的第二次战争之前，进行了这种改组的第一次试验。"

〔6⁶〕"以及两万名城镇射击军。"

〔7〕 米留科夫:《国家经济》,第49、54页。

〔8—8〕 这是作者在《教程》第3卷准备付印时根据草稿本加上的文字。克柳切夫斯基:《教科书》,第127页。

〔9〕〔《法律大全》,第1卷,第1号,第13页;科托希欣,第72页〕。

〔10〕〔科托希欣,第74页〕;《射击军款及其对其他收入的关系》;《历史文献》,第5卷,第48号,圣彼得堡,1842年;米留科夫:《国家经济》,第55页及以后。

〔11—11〕 这是作者在《教程》第3卷准备付印时根据草稿本加上的文字。克柳切夫斯基:《教本》,第108页。

〔12—12〕 这是作者在《教程》第3卷准备付印时根据草稿本加上的文字。

〔13—13〕 这是作者在《教程》第3卷准备付印时根据草稿本加上的文字。

〔14—14〕 这是作者在《教程》第3卷准备付印时根据草稿本加上的文字。

〔15*—15*〕 这是作者在《教程》第3卷准备付印时根据草稿本加上的文字。

〔15ª〕 索洛维约夫:《历史》,第10卷,第133、140页。

〔15⁶〕 瑟索耶夫石印版,第105页。

〔15ᴮ〕《奥古斯丁·马耶伯格男爵莫斯科国旅游记》(下称:马耶伯格),莫斯科,1874年,第169、170页。

〔15ᴦ〕 作者在《教程》第3卷准备付印时删去了草稿本中下面的文字:404"……但是就用这一部分钱去采购货物,国库按九五折换算也是常常赢利的。"

〔15ᴅ〕 米留科夫:《国家经济》,第90页。

〔15ᴇ〕 A.拉波-达尼列夫斯基:《从动乱时期到改革时期莫斯科国直接税的征收》,圣彼得堡,1890年,第245—250页。

〔15ᴊ〕《16和17世纪梁赞边区的登记册》,B. H.斯托罗热夫编辑出版,第3分册,梁赞,1898—1904年。

〔16〕 巴尔斯科夫石印版中有作者说明本段文字的补充:"根据1631年〔创世纪7139年〕的敕令,每个切特维尔季的服役领地和世袭领地平均〔有〕八户农民和四户赤贫农,寺院和教堂的世袭领地平均为六户农民和三

户赤贫农"（尼古拉·叶拉金：《别列夫丛书》，第 2 卷，莫斯科，1858 年，第 286、287 页）。

在特维尔，根据 135—137 年（公元 1627—1629 年）登记册，属于世袭领地和服役领地的有 16 户农民和 32 户赤贫农，而不是 10 户农民或赤贫农，属教堂领地的有 12 户农民或 24 户赤贫农，而不是 7.5 户农民或 15 户赤贫农。1629 年，切尔登县不是按耕地，而是按索哈征税，每一索哈平均有 392 户。《考古资料》，第 4 卷，第 6 号，圣彼得堡，1836 年；"塔季谢夫把按户征税制说成是阿列克谢制定的"。塔季谢夫：《伊凡雷帝法典》，第 206 页注。

〔17*—17*〕 这是作者在《教程》第 3 卷准备付印时根据草稿本加上的文字。克柳切夫斯基：《教本》，第 129 页。

〔17ª—17ª〕 草稿本中代替本段文字的是："从 1630 年每一索哈征税 95 卢布起，然后课税在上下浮动中上升到 1663 年的 822 卢布，从而大大超过另外两种主要的税——赎俘税和驿站税。"

〔17⁶—17⁶〕 草稿本中代替本段文字的是："……每户税额为 1 卢布 30 戈比（相当于今天的 17 卢布）。"

〔18*—18*〕 这是作者在《教程》第 3 卷准备付印时根据草稿本加上的文字。

〔18ª〕 П. 米留科夫：《莫斯科国财政史的几个争论问题》，圣彼得堡，1892 年，第 83—88 页。草稿本中有以下几个小记："伍一税取自家仆（1662 年）、制作匠和买卖人；收税官（《法律大全》，第 1 卷，第 329 号）。总的负担（《编年史全集》，第 4 卷，第 335 页）。来自收入。莫斯科向各城市及城市贵族经商人征税委员会。制定税额和征收税金——两种特别措施。随心所欲的要求和按税额的五分之一。一千个小酒馆"（《考古资料》，第 3 卷，第 245 号；奥列阿利，第 260、261 页）。

〔19*—19*〕 这是作者在《教程》第 3 卷准备付印时根据卷宗夹 14 的材料加上的文字。

〔19ª〕 米留科夫：《国家经济》，第 59、60 页。

〔19⁶〕 雷伊坚费利斯，第 110 页。

〔20*—20*〕 这是作者在《教程》第 3 卷准备付印时根据草稿本加上的文字。

〔20ª〕 克柳切夫斯基：《教本》，第 130、131 页。

〔20⁶〕《法律大全》，第 1 卷，第 129 号。

〔20ⁿ〕"在马尔热列特时期，一卢布等于六个利维尔[1]"。马尔热列特：《俄国现状》，H. 乌斯特利亚洛夫译，圣彼得堡，1830 年，第 46 页；科托希欣，第 101 页；德一拉·涅维尔关于莫斯科国的笔记〔下称：涅维尔〕，《罗斯的古制》，第 11 期，1891 年，第 276 页〔涅维尔认为一卢布等于五个利维尔。《罗斯的古制》，第 9 期，1891 年，第 445 页〕。米留科夫：《国家经济》，第 96—105 页，附录Ⅰ，第 1—33 页。〔根据 1690—1691 年西伯利亚衙门的材料，每年从西伯利亚收入国库的各种皮毛价值 8 万到 10 万卢布。《中央国家古籍档案馆，西伯利亚（衙门）档案》，第 1110 卷，第 153—158 张〕。

〔20ᴦ—20ᴦ〕 草稿本中代替本段文字的是："相当于今天的 1 800 万卢布。显然，这份清单中未包括沙皇收入的皮货。"

〔20ᴨ〕 草稿本中代替这一数字的是："53.39%。"

〔20ᵉ〕 草稿本中代替这一数字的是如下一句："19.4%，其余 2.7% 是未定税额的征税和捐税。"

〔20ˣ—20ˣ〕 草稿本中代替本文字的是："只 6%。"

〔20ᶾ〕 作者在《教程》第 3 卷准备付印时删去了草稿本中下面的文字："（余额）为 95 000 卢布，几乎为所有各县整个预算的 8%。"

第五十二讲

〔1—1〕 这是作者在《教程》第 3 卷准备付印时根据草稿本加上的文字。

〔2〕 科托希欣，第 4 页。

〔3—3〕 这是作者在《教程》第 3 卷准备付印时根据草稿本加上的文字。下面是（E. A.，第 46 页）的参考材料。

〔4*—4*〕 这是作者在《教程》第 3 卷准备付印时根据草稿本加上的文字。（E. A.，第 64、65 页）参考材料。

〔4ᵃ〕〔《条约汇编》，第 3 集，第 90 号〕。

〔5—5〕 这是作者在《教程》第 3 卷准备付印时根据巴尔斯科夫石印版加上的文字。索洛维约夫：《历史》，第 11 卷，第 267、301 页。

---

1 利弗尔，法国旧时银币名称。——译者

〔6—6〕 这是作者在《教程》第3卷准备付印时根据巴尔斯科夫石印版加上的文字。〔Г. К. 科托希欣的著作是 C. M. 索洛维约夫出国到瑞典时发现的,于1840年由考古委员会首次出版〕。

〔7〕 科托希欣,第17、20、42页。

〔8—8〕 这是作者在《教程》第3卷准备付印时根据〔(E. A., 第68页)〕的补充材料加上的文字。科托希欣,第130、131页。

〔9—9〕 这是作者在《教程》第3卷准备付印时根据草稿本加上的文字。

〔10—10〕 这是作者在《教程》第3卷准备付印时根据草稿本加上的文字。

〔Ю. 克利尚尼奇的著作《关于统治术的谈话》,即《策略思想》,П. А. 别索诺夫出版时用的书名是《17世纪中叶的俄国》(下称:克利尚尼奇),第1集,莫斯科,1859年;第2集,1860年〕。

〔11—11〕 这是作者在《教程》第3卷准备付印时根据草稿本加上的文字。(E. A., 第72, 73页)参考材料。

〔12〕 克利尚尼奇,第1集,第110、147、150、173、215、218页。

〔13—13〕 这是作者在《教程》第3卷准备付印时根据巴尔斯科夫重校石印版加上的文字。克利尚尼奇,第1集,第42页。

〔14*—14*〕 这是作者在《教程》第3卷准备付印时根据巴尔斯科夫重校石印版加上的文字。

〔14ª〕 克利尚尼奇,第1集,第107、143页;第2集,第5页。

〔15*—15*〕 这是作者在《教程》第3卷准备付印时根据草稿本加上的文字。(E. A. 第77页)参考材料。

〔15ª〕 克利尚尼奇,第1集,第290页。

〔15б〕 克利尚尼奇,第1集,第176—178页。

第五十三讲

整个来说,第五十三讲的叙述文字与巴尔斯科夫石印版的相应章节接近。

〔1—1〕 这是作者在《教程》第3卷准备付印时根据巴尔斯科夫石印版的材料加上的文字。属于这段文字的大概有草稿本中的补充材料和一个附注〔(E. A. 第91页)〕,后来这个补充材料经过重新校订就作为第五十八讲的最后部分:"社会的道德分化。西方影响在俄国社会意识中激起的动荡

是最早的动荡之一,并且起了最深刻的作用。17世纪以前古罗斯社会的特点就是它的道德—宗教结构的单一性和完整性。古罗斯人虽然社会地位千差万别,但在精神面貌上彼此是很相像的,他们吸取相同的源泉来满足自己的精神需要。大贵族和奴仆,识字的和文盲都记得数量不同的经文、祈祷文、赞美诗以及世俗的谈鬼说怪的歌谣、故事、古老的传说;他们都程度不同地清楚懂得各种事物,都程度不同地清楚了解自己日常生活的基本信念;他们强调的都是同一种基本信念,都在规定的时间同样轻率地造孽作恶,都是在直接许可干一切之前怀着同样的对神的恐惧心理去作忏悔和行圣餐礼。虽然机械的良知只有如此单调的变化,但这些变化帮助他们很好地彼此了解,帮助他们成为有相同道德的芸芸众生;正是这些变化不管社会斗争如何,使他们之间建立起某些精神上的协调一致,并使更替着的一代又一代周期地重复着业已建立起来的模式。无论从木制农舍的极平常的建筑设计中也加上沙皇王宫和大贵族府邸用的雕刻和镀金上;还是从16—17世纪俄国写书人的奇妙的叙述中,同样显露出'头脑简单、智慧更贫乏的农村无知者'的简朴的、祖传的精神生活内容。西方的影响破坏了这……〔(EA,第86页)〕。从那时起,这种分裂延续了几个世纪,而且越来越厉害并具有各种不同的形式;首先必须确定这一分裂的开始时间。"

〔2—2〕 这是作者在《教程》第3卷准备付印时根据巴尔斯科夫石印版加上的文字。

〔3—3〕 这是作者在《教程》第3卷准备付印时根据卷宗夹14的附加材料加上的文字。

〔4〕〔季莫菲耶夫:《历史丛书》,第13卷,第463栏〕。

〔5—5〕 这是作者在《教程》第3卷准备付印时根据卷宗夹14的附加材料加上的文字。

〔6—6〕 这是作者在《教程》第3卷准备付印时根据草稿本加上的文字(E.A.补充材料,第97页)。

〔7〕《增补材料》;《法律大全》,第2卷,第1210期;《选集》,第368页;《雇佣外国人》,载《条约汇编》,第3集,第82期;《新的团队是如何组建的》,载《考古资料》,第3卷,第205期;《不同建制的队伍管理和正规团队的组织。1680年11月12日敕令》,载《法律大全》,第2卷,第844期。

〔8〕"新的建制——对军械修理工的训令(《法律大全》,第2卷,第

744、745期，1678年)。1680年派遣两万名长矛兵、雇佣骑兵和步兵、射击军出征克里木。最后，改革——1680年11月12日关于征召别尔哥罗德军区、谢维尔斯克军区、唐波夫军区以及其他官级的军役贵族当兵的敕令(《法律大全》，第2卷，第844期)和据此编制的清册(伊凡诺夫，《附录》，第71页)。"

〔9〕 索洛维约夫:《历史》，第9卷，第368、369页。

〔10〕〔《条约汇编》，第3集，第110期〕。

〔11*—11*〕 这是作者在《教程》第3卷准备付印时根据巴尔斯科夫石印版加上的文字。

〔11ª〕《关于商人维尼乌斯、阿克玛城和'奥廖尔号'轮船〔参阅〕》，载《历史文献补编》，第5卷，圣彼得堡，1853年，第47号;《普罗特瓦河上的阿克玛》;基里布格尔:《俄国贸易简述》，亚兹科夫译〔下称：基里布格尔〕，圣彼得堡，1820年，第166页。

〔12—12〕 这是作者在《教程》第3卷准备付印时根据草稿本加上的文字。以下有(E.A.，第44页)参考材料。

〔13—13〕 这是作者在《教程》第3卷准备付印时根据自己的文章《17世纪西方影响在俄国》，载《哲学和心理学问题》杂志〔下称：克柳切夫斯基:《西方影响在俄国》〕1897年，第36期(Ⅰ)，第154页。

〔14—14〕 这是作者在《教程》第3卷准备付印时根据巴尔斯科夫重校石印版加上的文字。

〔15—15〕 这是作者在《教程》第3卷准备付印时根据草稿本加上的文字。奥列阿利，第369、370页;〔《历史文献》，第3卷，第92号，XXVII、XXXVI；第225号;《条约汇编》，第3集，第116号〕。

〔16〕《法律大全》，第1卷，第85号;马耶伯格，第177页;基里布格尔，第196、197页;(戈鲁勃卓夫第348号)。

〔17〕〔《古代俄罗斯丛书》，第4集，第2版，莫斯科，1788年，第350、351页〕。

〔18〕 科托希欣，第128、129页。

〔19—19〕 这是作者在《教程》第3卷准备付印时根据草稿本加上的文字。(E.A.，第103页)补充材料。

〔20〕〔П.П.佩卡尔斯基:《彼得大帝时期的科学和文学》(下称：佩卡尔斯基)，圣彼得堡，1862年，第391、392页〕。

〔21〕 Н. Ф. 卡普杰列夫:《教会改革家尼康总主教及其反对者》,载《东正教评论》杂志,第1卷,1887年,第161、162页。

〔22〕 奥列阿利,第311页。

〔23〕《外交部档案》,第2号;《炼丹术士维纳伊斯》,载《历史文献》,第3卷,第239、304期。

〔24〕（索洛维约夫:《历史》,第12卷,第213页）。

第五十四讲

〔1*—1*〕 这是作者在《教程》第3卷准备付印时根据巴尔斯科夫石印版加上的文字。

〔1ª〕〔索洛维约夫:《历史》,第10卷,第146、147页〕。

〔2—2〕 这是作者在《教程》,第3卷准备付印时根据巴尔斯科夫石印版加上的文字。

〔3—3〕 这是作者在《教程》第3卷准备付印时根据巴尔斯科夫重校石印版加上的文字。

〔4—4〕 这是作者在《教程》第3卷准备付印时根据自己的文章《西方影响在俄国》(1897年,第39册（Ⅳ）,第764、765页)加上的文字。

〔5—5〕 这是作者在《教程》第3卷准备付印时根据巴尔斯科夫石印版加上的文字。

〔6*—6*〕 这是作者在《教程》第3卷准备付印时根据巴尔斯科夫石印版加上的文字。

〔6ª〕〔《历史文献》,第1卷,第280号〕。

〔6⁶〕《普斯科夫叶里扎罗夫寺院长老菲洛费伊致瓦西里·伊凡诺维奇大公的信》,载《东正教对话者》,第1集,1863年,第347页。

〔6ª〕〔《条约汇编》,第2集,第59期〕。

〔7—7〕 这是作者在《教程》第3卷准备付印时根据卷宗夹14的材料加上的文字。以下是（E. A.,第148页）参考材料。

〔8*—8*〕 这是作者在《教程》第3卷准备付印时根据巴尔斯科夫重校石印版加上的文字。

〔8ª〕《叶里扎罗夫大公寺院长老菲洛费伊致书隶米哈伊尔·格里戈利耶维奇·米休里的信》,载《东正教对话者》,5月号,喀山,1861年,第

84页。

〔9—9〕 这是作者在《教程》第3卷准备付印时根据巴尔斯科夫石印版加上的文字。

〔10—10〕 这是作者在《教程》第3卷准备付印时根据卷宗夹13的材料加上的文字。

〔11—11〕 这是作者在《教程》第3卷准备付印时根据卷宗夹13的材料加上的文字。

第五十五讲

〔1〕 在巴尔斯科夫石印版中有一节在所谈的问题上同第五十五讲相符合,这一节开始的一段文字作者在《教程》第3卷准备付印时省去了:"(E. A. 的补充材料,第109页)。在这里,西方的影响与来自另一方面的运动相遇。我们在研究分裂的起因时,会立即看到这一运动是由于俄国教会的需要而引起的,部分地是反对西方影响的;但是对立的西方在一桩共同的事业上,即教育上,是一致的,因此它们暂时彼此携起手来共同行动。"

〔2—2〕 这是作者在《教程》第3卷准备付印时根据草稿本加上的文字。

〔3—3〕 这是作者在《教程》第3卷准备付印时根据草稿本加上的文字。

〔4—4〕 这是作者在《教程》第3卷准备付印时根据巴尔斯科夫石印版加上的文字。

〔5〕 〔A. K. 鲍罗兹金:《大司祭阿瓦库姆。17世纪俄国社会的思想生活简史》〔下称:《大司祭阿瓦库姆》〕,圣彼得堡,1898年,附录,第94页〕。

〔6—6〕 这是作者在《教程》第3卷准备付印时根据草稿本加上的文字(《E. A.,第162、172页》补充材料)。

〔7*—7*〕 这是作者在《教程》第3卷准备付印时根据巴尔斯科夫重校石印版加上的文字。

〔7ª〕〔《校对员沙瓦季、沙瓦·罗曼诺夫和索洛维茨寺院修士的三件呈文》,Д. Е. 科尚奇科夫编辑出版,圣彼得堡,1862年〕。

〔7⁶〕〔《大祭司阿瓦库姆》,附录,第115、116页及以后〕。

〔8—8〕 这是作者在《教程》第3卷准备付印时根据卷宗夹14的材料加上的文字。

〔9*—9*〕 这是作者在《教程》第3卷准备付印时根据草稿本加上的文

字（E. A. 补充材料，第 172、173 页）。

〔9*〕（《КИТ.¹ 学校，51》）。

〔9⁶〕《1675 年 8 月 6 日沙皇阿列克谢敕令》；Н. Г. 乌斯特利亚洛夫：《彼得大帝统治史》，第 3 卷，圣彼得堡，1858 年，第 184、185 页。〔（K. T., 第 138、140 页及以后）〕

第五十六讲

〔1*—1*〕 这是作者在《教程》第 3 卷准备付印时根据 19 世纪 70 年代自己写的草稿（卷宗夹 13 的材料）加上的文字，内容接近于巴尔斯科夫石印版。下面是作者省去的文字："但是虔诚的谦虚恭谨抹去了沙皇阿列克谢性格中不稳定的方面（对大贵族的关系）"（Ел. Ал. 第 183 页）；《沙皇阿列克谢·米哈伊洛维奇书信集》，П. 巴尔坚诺夫编辑出版，莫斯科 1856 年版，第 225 页。克柳切夫斯基：《大贵族杜马》，第 3 版，第 456、457 页。

〔1ª〕 索洛维约夫：《历史》，第 12 卷，第 318—337 页；《俄国考古协会俄罗斯和斯拉夫考古分会的札记》，第 2 卷，圣彼得堡，1861 年，第 743、749 页。

〔1⁶〕 作者在《教程》第 3 卷准备付印时删去了卷宗夹 13 的材料中下面的文字："沙皇阿列克谢在他父亲统治的第十七年出生了，即他生于这样的时代：人们还没来得及消除由于僭位者而使国家遭到巨大破坏的痕迹以及……"

〔1ᵛ〕（戈卢勃卓夫，第 370、371 页）；И. 札别林：《特洛伊茨克的出征》，俄罗斯历史和古代文物研究学会学报，第 5 期，1847 年，杂俎栏，第 25、26 页。

〔1ᵍ〕 作者在《教程》第 3 卷准备付印时删去了卷宗夹 13 的材料中下面的文字："……是出于一般的好奇呢还是由于意识到自己的优越地位——反正都一样：因为他对自己培养的人具有很大的影响，所以他能帮助后者扩大对一切外来事物的兴趣。"

〔1ᵃ〕 作者在《教程》第 3 卷准备付印时删去了卷宗夹 13 的材料中下

---

1 "КИТ."一般应为 китайский（中国的）一词的缩写，但译成"中国学校"又与原文不符，只好照录。——译者

面的文字："〔他〕最珍视的是教堂祈祷的所有细节，破坏这一套祈祷礼仪就破坏了虔诚心境的完整性和价值。我们在一封致尼康的信中（当时尼康还是诺夫哥罗德的大主教），在谈到一些家常情况时，读到沙皇的私人请求：莫斯科没有总主教，多年来人们总是唱着：'万能的主啊，救救全世界的总主教们吧'以及其他，而你……请回信……给朕，伟大的圣徒，——沙皇恳求道——是应该这样唱呢还是唱别的。"

〔2—2〕 这是作者在《教程》第3卷准备付印时根据卷宗夹13的材料加上的文字。

〔3〕"这是避雷针"；巴维尔·阿列普斯基：《17世纪中叶安提俄克总主教马卡里俄国旅游记》，Γ. 穆尔柯斯译，莫斯科，1896年，第12册，第2章，第126页。

〔4*—4*〕 这是作者在《教程》第3卷准备付印时根据卷宗夹13的材料加上的文字。在这一材料中以下是作者删去的文字："（致奥多耶夫斯基的信）。但是，沙皇性格中一个主要缺点也出自具有这一优良特点的同一来源。就其本性而言，他倾向于密切依靠亲近的人，但他在挑选这些人时既不够严谨，对待这些人也不够果敢坚决。智力和道义感使他能够正确评价他周围的人；但是当这些人各自东西时，沙皇既无足够的力量指引他们走同一条路，也无足够的力量同一些人断绝关系而去支持另一些人。"

〔4ª〕〔马耶伯格，第168、169页〕。

〔4⁶〕《1652年》；索洛维约夫：《历史》，第12卷，第323、324页。

〔4ª〕〔马耶伯格，第115页〕。

〔4ʳ〕 作者在《教程》第3卷准备付印时删去了卷宗夹13的材料中下面的文字："当时即使沙皇对下属不赏识他表面上仍表现得温厚善良，这种做法不能防止人们的不良行为，反而鼓励了人们去干坏事。既然规定每天早晨沙皇要检阅御用饲鹰者，但沙皇却经常命令在检阅时迟到的人到池塘里去沐浴，洗完澡后沙皇就赏赐他们，召他们到自己身边，让他们吃得饱饱的。沙皇在一封信上写道：许多人故意不赶来参加检阅，他们说：'我们故意迟到，陛下就让我们痛痛快快洗个澡，还盛情款待我们'。"

〔5〕〔索洛维约夫：《历史》，第12卷，第326—328页；第11卷，第81—84页〕。

〔6*—6*〕 这是作者在《教程》第3卷准备付印时根据卷宗夹13的材料加上的文字。

〔6ª〕 在卷宗夹 13 的材料中以下是作者删去的文字:"如果可以这样来形容的话,这是一个没有骨气的人,性格软弱的人。"

〔7—7〕 这是作者在《教程》第 3 卷准备付印时根据卷宗夹 13 的材料加上的文字。

〔8—8〕 这是作者在《教程》第 3 卷准备付印时根据卷宗夹 13 的材料加上的文字。

〔9〕《仁慈厚道的大丈夫费奥多尔·尔季谢夫的传记》,《古代俄罗斯丛书》,第 18 集,第 2 版,莫斯科,1791 年,第 396—422 页。

〔10—10〕 这是作者在《教程》第 3 卷准备付印时根据 B. O. 克柳切夫斯基的论文《古罗斯的有识之士》〔下称:克柳切夫斯基:《有识之士》〕,载《神学通报》杂志,1892 年 1 月号,谢尔吉关厢印刷,第 89 号。

〔11〕〔马耶伯格,第 69、169、170 页;索洛维约夫:《历史》,第 11 卷,第 126、206、207 页〕。

〔12—12〕 这是作者在《教程》第 3 卷准备付印时根据草稿本的补充材料加上的文字。

〔13—13〕 这是作者在《教程》第 3 卷准备付印时根据他的论文《古罗斯的有识之士》的材料加上的文字,第 95、96 页。

第五十七讲

第五十七讲(除最后一节《尔季谢夫和奥尔金-纳肖金》以外)克柳切夫斯基早先是以论文形式发表的,标题为《А. Л. 奥尔金-纳肖金,17 世纪莫斯科的国务活动家》,载《科学言论》杂志,第 3 册,莫斯科,1904 年,第 121—138 页。

〔1—1〕 这是作者根据卷宗夹 14 的材料加上的文字。

〔2—2〕 这是作者根据巴尔斯科夫重校石印版加上的文字。

〔3*—3*〕 这是作者根据巴尔斯科夫石印版加上的文字。

〔3ª〕 巴尔斯科夫石印版中的一个注:"在卡利塔时期,德米特里·纳肖卡从特维尔来到莫斯科,好像他的玄孙是安德烈·奥尔金",《家谱集……》,载俄罗斯历史和古代文物研究学会学报,第 10 册,莫斯科,1851 年,第 198 页。

〔3⁶〕 В. С. 伊康尼科夫:《近臣大贵族 А. Л. 奥尔金-纳肖金》〔下称:

伊康尼科夫〕,《俄罗斯古制》,第 10 期,1883 年,第 29 页。

〔3ª〕《历史文献》,第 4 卷,第 118 号,圣彼得堡,1842 年。

〔3ʳ〕"从 1666 年 4 月 30 日到 1667 年 1 月 13 日的三十次会议之后,在第三十一次会议上";索洛维约夫:《历史》,第 11 卷,第 205—214 页。

〔4〕索洛维约夫:《历史》,第 11 卷,第 75 页。

〔5—5〕这是作者根据巴尔斯科夫石印版加上的文字。

〔6—6〕这是作者根据巴尔斯科夫石印版加上的文字。马耶伯格,第 37—39 页。

〔7—7〕这是作者根据巴尔斯科夫石印版加上的文字〔索洛维约夫:《历史》,第 11 卷,第 72 页及以后〕。

〔8*—8*〕这是作者根据巴尔斯科夫石印版加上的文字。

〔8ª〕索洛维约夫:《历史》,第 13 卷,第 111 页及以后。

〔8⁶〕沙姆伊尔·科林斯:《俄罗斯现状》,载《俄国通报》,1841 年,第 9 期,第 586、587 页。

〔8ᵌ〕〔索洛维约夫:《历史》,第 11 卷,第 86—87 页,第 192—194 页,第 205、206 页〕。

〔9—9〕这是作者根据巴尔斯科夫石印版及其补充材料加上的文字。

〔10〕索洛维约夫:《历史》,第 11 卷,第 220 页。

〔11〕伊康尼科夫,第 63 页。

〔12*—12*〕这是作者根据巴尔斯科夫石印版加上的文字。

〔12ª〕"(他)抱怨说,有势力的人出于仇恨不允许职小位卑者(各种主张)有所作为";索洛维约夫:《历史》,第 11 卷,第 72 页。

〔13〕〔索洛维约夫:《历史》,第 11 卷,第 54 页〕。

〔14—14〕这是作者根据巴尔斯科夫重校石印版加上的文字。

〔15〕"根据马格德堡法";索洛维约夫:《历史》,第 7 卷,第 4 版,莫斯科,1879 年,第 67、68 页。

〔16—16〕这是作者根据巴尔斯科夫重校石印版加上的文字。

〔17〕《条约汇编》,第 4 集,莫斯科,1828 年,第 55 号。

〔18—18〕这是作者根据巴尔斯科夫石印版加上的文字。

〔19—19〕这是作者根据巴尔斯科夫石印版加上的文字。

〔20—20〕这是作者根据巴尔斯科夫重校石印版加上的文字。

〔21—21〕这是作者根据巴尔斯科夫重校石印版加上的文字。

〔22—22〕 这是作者在《教程》第3卷准备付印时根据草稿本加上的文字。

第五十八讲

〔1*—1*〕 这是作者在《教程》第3卷准备付印时根据巴尔斯科夫重校石印版加上的文字。

〔1ª〕 在巴尔斯科夫石印版中以下是作者在《教程》第3卷准备付印时删去的文字：公主给戈利琴的信件中'对自己的心肝宝贝瓦申卡'[1]说的话太卿卿我我和过分热情："洋溢了。因此从这些信件看，对于他俩的关系（远不是兄妹般的关系）的性质是没有任何可疑的"；索洛维约夫：《历史》，第14卷，第4版，莫斯科，1890年，第56、57页。

〔1⁶〕 索洛维约夫：《历史》，第14卷，第91页。

〔2—2〕 这是作者在《教程》第3卷准备付印时根据巴尔斯科夫石印版加上的文字。涅维尔：《俄罗斯古制》1891年，第9期，第430、431页。

〔3—3〕 这是作者在《教程》第3卷准备付印时根据草稿本加上的文字。以下是（E.A.，第249页）的参考材料。涅维尔：《俄罗斯古制》，1891年，第11期，第265、276页。

〔4—4〕 这是作者在《教程》第3卷准备付印时根据草稿本加上的文字。以下是（E.A.，第250页）的参考材料。《阿弗里尔的评语》。

〔5—5〕 这是作者在《教程》第3卷准备付印时根据草稿本加上的文字。

〔6〕 Ф.A.库拉金大公的档案材料〔下称：库拉金〕，第1册，圣彼得堡，1890年，第50页；涅维尔：《俄罗斯古制》，1891年，第11期，第266页。

〔7—7〕 这是作者在《教程》第3卷准备付印时根据草稿本同时利用巴尔斯科夫石印版加上的文字。库拉金，第48、53、54页。

〔8—8〕 这是作者在《教程》第3卷准备付印时根据巴尔斯科夫重校石印版加上的文字。

〔9—9〕 这是作者在《教程》第3卷准备付印时根据瑟索耶夫的和巴尔斯科夫的重校石印版加上的文字。

---

1 瓦西里的爱称。——译者

人名索引

（索引中的页码为原书页码，即本书边码）

А

Аввакум, протопоп 阿瓦库姆（大司祭，分裂派首领）301, 306, 307, 311, 312, 330, 331

Август 奥古斯都（罗马皇帝）134

Авраамий 奥弗拉米（特罗伊茨寺院主持）60

Адашев, Алексей 阿达舍夫，阿列克谢（侍臣）130

Александра 亚历山德拉（见 Ирина, царица）

Александр 亚历山大（立陶宛大公）94

Александр I 亚历山大一世（皇帝）375

Александр II 亚历山大二世（皇帝）5

Алексей Михайлович 阿列克谢·米哈伊洛维奇（沙皇）71, 81, 82, 120—125, 131, 132, 151—154, 210, 216, 219, 224, 235, 238, 239, 242, 248, 251, 254, 264, 270—272, 274, 278—280, 285, 298, 307, 311, 319—331, 333—336, 340, 343, 345, 348, 351, 362, 370, 375, 401

Алексей 阿列克谢（王子，沙皇阿列克谢·米哈伊洛维奇之子）279

Альберт 阿尔贝特（条顿骑士团团长）99

Алябьев, Степан 阿利亚比耶夫，斯捷潘 282, 283

Анастасия Романовна 安娜斯塔西娅·罗曼诺夫娜（皇后，伊凡四世雷帝的元配）20, 134

Антоний 安东尼（见 Ордин-Нащокин, Аф. л.）

Арсений 阿尔谢尼（希腊人，莫斯科希腊—拉丁学校的领导人）277, 283, 309

Астон 阿斯东（公爵）263

Б

Базилевич, К. В. К. В. 巴齐列维奇 369

Баранович, Лазарь 巴拉诺维奇，拉

人名索引

Зар（切尔尼戈夫大主教） 280

Барсков, Я. Л.　Я. Л. 巴尔斯科夫　371

Басманов, П. Ф.　П. Ф. 巴斯曼诺夫　33

Баторий　巴托里（见 Стефан Баторий король польский）

Безобразов　别佐勃拉佐夫　34

Беклемишев　别克列米舍夫（服役贵族）　203

Боборыкины　波波雷金家族（大贵族）　72

Богдан　博格丹（见 Хмельницкий Богдан）

Бодотников, И.　И. 鲍洛特尼科夫（农民起义领袖）　47, 48, 367

Борис Федорович Годунов　鲍里斯·费奥多罗维奇·戈都诺夫（沙皇） 5, 20—27, 29—35, 38, 46, 49, 53, 57—59, 62, 64, 65, 69, 75, 78, 81, 85, 87, 159, 168, 366, 367, 378

Бульмерр　布里麦尔（英国工程师） 265

В

Варвара　瓦尔瓦拉（西基兹蒙德二世奥古斯都国王的妻子）　99

Василий II Васильевич　瓦西里二世·瓦西里耶维奇（莫斯科大公） 292

Василий III Иванович　瓦西里三世·伊凡诺维奇（莫斯科大公，伊凡四世雷帝的父亲） 219, 293

Василий (Васька)　瓦西里（瓦什卡，神甫） 188, 189

Василий Иванович Шуйский　瓦西里·伊凡诺维奇·舒伊斯基（沙皇） 20, 22, 29, 30, 35—40, 42, 44—47, 53, 57, 59, 63—65, 68—70, 75—80, 84, 85, 168, 169, 241, 367

Вильяшев　维里亚舍夫　396

Виниус Андрей　安德烈·维尼乌斯（荷兰商人，企业家） 265, 266

Винклер　温克勒（神甫） 29

Витовт　维托夫特（立陶宛大公） 96

Вишневецкие　维什涅维茨基家族（王公） 99, 104

Вишневецкий Адам　维什涅维茨基·亚当（王公） 112

Владимир I　弗拉基米尔一世（基辅大公） 292

Владислав I　弗拉季斯拉夫一世（波兰王子，后为波兰国王，西基兹蒙德三世国王之子） 34, 41, 42, 44, 46, 48, 54, 61, 77, 201

Волконский Гр.　沃尔康斯基（公爵，侍臣） 70, 134

Воротынские　沃罗登斯基家族（公爵） 64, 71, 77

Воротынский, И. М.　И. М. 沃罗登斯基（公爵） 62, 71

Выговский 维戈夫斯基（哥萨克头领）121

Г

Гедеон Балабан 格杰昂·巴拉班（里沃夫主教）388, 389

Гедиминовичи 格季明诺维奇家族（立陶宛—罗斯王公们的王朝）96, 101, 102, 391

Гермоген 盖尔莫根（宗主教）63

Годунов, Борис Федорович 戈都诺夫, 鲍里斯·费奥多罗维奇（见 Борис Федорович Годунов）

Годуновы 戈都诺夫家族（大贵族）23, 26, 32, 71

Голицын, В. В. В. В. 戈利琴（公爵, 17世纪俄国国务活动家）46, 62, 65, 84, 209, 254, 352—357, 363

Голицыны 戈利琴家族（公爵, 大贵族）34, 71, 77

Голосов, Л. Т. (Лучка) Л. Т. 戈洛索夫（卢奇卡, 服役贵族）282, 283

Горсей 霍尔塞（英国人）64

Грегори, Иоганн Готфрид 格列戈里, 约翰·哥特弗里德（宗教骑士团团长）272, 273

Греков, Б. Д. Б. Д. 格列科夫 368

Грибоедов 格里包耶多夫（书吏）134

Григорий (Гришка) Отрепьев 格里戈里（格里什卡）·奥特列皮耶夫（见 Лжедмитой I, самозванец）

Грозный 雷帝（见 Иван IV Васильевич Грозный, царь）

Гуня 古尼亚（哥萨克起义的领袖）115, 391

Густав II Адольф 古斯塔夫二世·阿多尔夫（瑞典国王）125

Д

Даннил 达尼尔（传教士）301

Делагарди 德拉加尔迪（瑞典统帅）40

Дельден 德里登（翻译员）276

Димитрий 德米特里（王子, 伊凡四世·雷帝的幼子）22, 25—27, 30, 32, 40, 58, 70

Димитрий 德米特里（王子, 沙皇米哈伊尔·费奥多罗维奇之子）238

Дионисий 季奥尼西（修士大司祭）60

Долгорукие 多尔戈鲁基家族（公爵）72

Долгорукий Юрий 尤里·多尔戈鲁基（公爵）243

Дорн 多恩（奥地利大使）276

Дорошенко 多罗申科（哥萨克头领）121, 342

Е

Екатерина II 叶卡捷琳娜二世（女

皇) 9, 14, 375

Ж

Желябужский, Иван А. 伊凡·A. 热利亚布日斯基 (服役贵族) 203

Жмайло Марк 日马伊洛, 马尔克 (人民起义领袖) 115

Жолкевский, Станислав 若尔凯夫斯基, 斯坦尼斯瓦夫 (波军统帅) 34, 44, 46, 370

З

Замойские 扎莫伊斯基家族 (公爵) 104

Заруцкий Иван 伊凡·扎鲁茨基 (顿河哥萨克首领) 46

Засецкий Иван (Ивашка) 伊凡·扎谢茨基 (伊瓦什卡) 282, 283

Захарьин, Р. Ю. Р. Ю. 扎哈里英 (大贵族, 罗曼诺夫家族的始祖) 64

Захарий 扎哈里 (大贵族) 64

Зборовский, А. А. 兹博罗夫斯基 (波军指挥) 109

Зеркальников 泽尔卡尔尼科夫 283

Змеев 兹梅耶夫 356

И

Иван Алексеевич 伊凡·阿列克谢耶维奇 (沙皇, 沙皇阿列克谢·米哈伊洛维奇之子) 238

Иван 伊凡 (沙皇, 彼得一世皇帝之兄) 82

Иван 伊凡 (王子, 伊凡四世·瓦西里耶维奇沙皇之子) 18

Иван III Васильевич 伊凡三世·瓦西里耶维奇 (莫斯科大公) 16, 39, 90

Иван IV Васильевич Грозный (Иван Грозный) 伊凡四世雷帝·瓦西里耶维奇 (伊凡雷帝), 沙皇 18, 19, 21—23, 25, 29—31, 33, 37—39, 49, 56—58, 64, 65, 71, 75, 90, 91, 120, 123, 125, 130, 131, 147, 148, 218, 238, 253, 262, 269, 293, 322, 328

Иван Данилович Калита 伊凡·达尼洛维奇·卡利塔 (莫斯科大公) 23, 64, 411

Иван Озеров 伊凡·奥泽罗夫 283, 330

Иванов (Костка) 伊凡诺夫 (科斯特卡, 教堂职员) 82, 83

Иеремня 叶列米亚 (康士坦丁堡宗主教) 293, 387

Иисус 耶稣 285, 286

Иоанн Ваза 约翰·瓦扎 (瑞典国王) 385

Иоанн Златоуст 雄辩家约翰 30

Иоаким 约阿基姆 (东正教宗主教) 360, 386

Иов 约夫 (宗主教) 22, 23

Иов 约夫 (基辅和加利奇都主教)

392

Иосиф 约瑟夫（修道士） 277

Иосиф 约瑟夫（东正教宗主教） 286, 301, 303

Ипатий Потей 伊帕季·波切伊（弗拉基米尔-沃林主教） 390

Ирина（Александра） 伊琳娜（亚历山德拉）,（皇后,沙皇费奥多尔·伊凡诺维奇之妻） 25

Исидор 伊西多尔（都主教） 292

К

Казимир Великий 卡齐米尔大帝（波兰国王） 97

Казимир Ⅳ Ягеллон 卡齐米尔四世·雅盖隆（波兰国王） 95

Карамзин, Н. М. Н. М. 卡拉姆津 20, 168

Карл Ⅸ 卡尔九世（瑞典国王） 40

Карл Ⅹ 卡尔十世（瑞典国王） 120, 121

Касогов 卡索戈夫 356

Катырев-Ростовский, И. И. 卡迪列夫-罗斯托夫斯基（公爵） 19, 21, 370

Клешнин 克列什宁 26

Кирилл Терлецкий 基里尔·杰尔列茨基（卢茨克和奥斯特罗格主教） 390

Кисель Адам, пан 基塞尔·亚当（波兰地主,波兰驻乌克兰专员）

111

Кобыла, А. И. А. И. 科贝拉 64

Косинский, Крыштоф 科辛斯基,克雷什托夫（乌克兰农民哥萨克起义领袖） 112

Коллинс 科林斯（英国人） 340

Конецпольский 科涅茨波尔斯基（波军统帅） 114

Котошихин, Гр. К.（Селицкий） Гр. К. 科托希欣（谢里茨基）（录事） 17, 21, 76, 81, 132, 154, 185, 215, 219, 225, 232, 235, 237, 238, 243—245, 254, 271, 370

Кочубей 科楚别依（伯爵） 10

Кошка, Федор 科什卡,费奥多尔（科什金大贵族世家的创始者） 64

Кошкины 科什金家族（大贵族） 64

Козт 科厄特（荷兰人） 264

Крижанич, Ю. И.（Сербенин） Ю. И. 克里尚尼奇（谢尔别宁） 237, 245—255, 353, 363

Кульва, Л. А. Л. А. 库里瓦（宗教改革家） 99

Куракин, Б. И. Б. И. 库拉金（公爵） 355, 356

Курбский, А. М. А. М. 库尔勃斯基（公爵） 70

Курбские, князья 库尔勃斯基家族（公爵） 71

Курменен 库尔门宁（法国大使） 124

Л

Лазарь 拉扎尔（传教士）301

Лаппо-Данилевский, А. С. А. С. 拉波-达尼列夫斯基 226

Латкин, В. Н. В. Н. 拉特金 370

Лжедмитрий I（Григорий Отрепьев）伪德米特里一世（格里戈里·奥特列皮耶夫，僭称王）27, 29, 32—36, 40, 70

Лжедмитрий II（Тушинский вор）, самозванец 伪德米特里二世（土希诺贼，僭称王）40, 59, 65, 84

Лейбниц 莱布尼茨 248

Леонтьев 列昂节夫（书隶）134

Лесли 列斯里（瑞典军指挥官）264

Лисовский 里索夫斯基（波兰军指挥官）116

Лихачев 利哈乔夫（服役贵族）131, 270

Лихуды 利呼达兄弟（希腊人，斯拉夫-希腊-拉丁书院领导人）315

Лобода, Григорий 洛鲍达，格里戈里（查坡罗什头领乌克兰人民起义领袖）391

Логгин 洛金（传教士）301, 308, 317

Лопухины 洛普欣家族（大贵族）72

Лыковы 李可夫家族（大贵族）77

Лютер Мартин 马丁·路德 98, 99

Любавский, М. К. М. К. 柳巴夫斯基 107

Любомирский 柳鲍米尔斯基（公爵）121

Ляпунов захар 扎哈尔·利雅普诺夫（服役贵族）44, 45

Ляпунов Прокофий 普罗科菲·利雅普诺夫（服役贵族，第一次民军首领）45—47, 59

Ляпуновы 利雅普诺夫家族（服役贵族）45

М

Магнус де ла Гарди 加迪，马格努斯·加布雷耳·德·拉（瑞典首相）243

Майерберг（Мейерберг）, А. А. 马耶伯格（梅耶伯格，奥地利外交家）270, 271, 325, 331, 370

Макарий 马卡里（安提俄克东正教宗主教）323

Малышев 马雷舍夫（服役贵族）139

Марселис 马尔赛利斯（荷兰商人，企业家）265

Марфа 马尔法修女（出家前为玛丽娅·费奥多罗夫娜·纳吉娅皇后，沙皇米哈伊尔·费奥多罗维奇之母）78

Матвеев, А. С. А. С. 马特维耶夫

（大贵族）273, 274, 280, 363

Матюшкин 马丘什金（服役贵族）224

Махмет 马赫麦特 312

Медведев Сильвестр 西尔维斯特·梅德维杰夫（索菲娅公主的心腹）254

Микулинские 米库林斯基家族（公爵）71

Милославские 米洛斯拉夫斯基家族（大贵族）72, 131

Милославский, И. Д. И. Д. 米洛斯拉夫斯基（大贵族）133, 153, 206, 224, 225, 324

Минин Кузьма Захарьевич 库兹马·扎哈里耶维奇·米宁（第二支民军首领）60, 62, 194

Милюков, П. Н. П. Н. 米留科夫 231, 235, 370

Михаил Рагоза 米哈伊尔·拉戈扎（基辅都主教）390

Михаил Федорович 米哈伊尔·费奥多罗维奇（沙皇）11, 17, 49, 54, 61—66, 69, 71—73, 75—81, 86, 87, 124—126, 129, 131, 132, 140, 147, 148, 151, 152, 157—160, 175, 191, 195, 199, 200, 210, 211, 216, 219, 220, 233, 234, 238, 239, 241, 253, 262—264, 266, 269, 271, 277, 335

Мнишек, Ю. Ю. 姆尼舍克（波兰大地主）40

Морозов, Б. И. Б. И. 莫罗佐夫（大贵族）121, 131, 133, 271, 274, 283, 301, 321, 330, 363

Мосальские 莫萨利斯基家族（大贵族）72

Мстиславские 姆斯季斯拉夫斯基家族（公爵）64, 71

Мстиславский, Ф. И. Ф. И. 姆斯季斯拉夫斯基（公爵）34, 60, 62, 77

Н

Нагие 纳吉伊家族（大贵族）22, 26, 34

Назарий Чистый 纳扎利·契斯蒂（书隶）222

Наливайко Северин 纳利瓦伊科·塞维林（哥萨克头领，乌克兰人民起义领袖）112, 391

Нарышкины 纳雷什金家族（大贵族）72

Нащока, Димитрий 纳肖卡，德米特里（纳肖金家族的奠基人）411

Нащокин 纳肖金（见 Ордин-Нащокин, Аф. Л.（Антоний），русский государственный деятель XVII в.）411

Нащокины 纳肖金家族（服役贵族世家）335

Невиль 涅维尔（波兰公使）235, 353, 354, 356, 370

Неплюев 涅普留耶夫 356

Неронов, И. И. 涅罗诺夫（传教士）301, 307, 308
Нестор 涅斯托尔（神父）268
Никита（Микита）尼基塔（米基塔，修道士）324, 325
Николаева 尼古拉耶娃 371
Николай I 尼古拉一世（皇帝）9, 10, 375
Никон 尼康（莫斯科宗主教）131, 133, 141, 237, 242, 243, 254, 279, 282, 285—287, 298—313, 316, 317, 323, 330, 331, 410
Новосельский, А. А. А. А. 诺沃西利斯基 368

О

Одоевский, И. И. 奥多耶夫斯基（公爵）134, 137, 139, 140
Одоевский, Н. Н. 奥多耶夫斯基（公爵）322, 326
Олеарий, Адан 奥列阿利，亚当（学者，霍尔施坦外交家）81, 266, 269, 270, 276
Ордин-Нащокин, Аф. Л.（Антоний）Аф. Л. 奥尔金-纳肖金（安东尼）(17 世纪俄国国务活动家) 121—123, 274, 280, 326, 331, 334—348, 350—354, 356, 357, 362, 370
Ордин, Андрей 奥尔金，安德烈（奥尔金-纳肖金家族的奠基人）411

Осип 奥西普 396
Остранин Степан（Остраница）斯捷潘·奥斯特拉宁（奥斯特拉尼查，哥萨克起义领袖）115, 391
Острожские 奥斯特罗日斯基家族（公爵）104, 112
Острожский, К. К. 奥斯特罗日斯基（公爵）100, 112, 388, 390
Отрепьев Грнгорий（Гришка）格里戈里·奥特列皮耶夫（格里什卡，僭称王，见 Лжедмитрий I）

П

Павел 保罗（使徒）304
Павел 帕维尔（科洛姆纳主教）306, 316
Павлюк（Карп П Гудзан）帕夫柳克（卡尔普·П. 古德赞，哥萨克起义领袖）115, 391
Паисий Лигарид 帕伊西·里加利德（东正教主教）360
Палицын Авраамий 巴里津·奥弗拉米（特罗伊茨基-谢尔基耶夫寺院总管）17, 24, 57, 60, 64, 65, 69, 87, 168, 359, 370
Пац 帕茨（基辅主教）99
Пенковы 平科夫家族（公爵）71
Петр 彼得（使徒）304
Петр I Великий 彼得一世大帝（皇帝）7, 9, 13, 14, 27, 76, 82, 128, 152, 153, 183, 210, 231,

235, 238, 248, 252, 260, 262, 272, 317—319, 335, 343, 349, 350, 355, 357, 360, 363—365, 369, 370, 375, 376

Петр Ⅲ 彼得三世（沙皇） 9

Петрей 彼得列伊（瑞典人） 18

Петр Могила 彼得·莫基拉（基辅都主教） 278

Платонов, С. Ф. С. Ф. 普拉顿诺夫 306, 370

Пожарские 波尧尔斯基家族（公爵） 73

Пожарский Дмитрий Михайлович 德米特里·米哈伊洛维奇·波尧尔斯基（第二支民军首领） 60—63, 73, 84, 194

Полоцкий Симеон 西麦昂·波洛茨基（诗人，学者） 256, 277, 279, 280, 310, 314, 315, 331

Посошков, И. Т. И. Т. 波索什科夫 183

Поссевин Антоний 安东尼·波塞文（耶稣会士，外交家） 183

Потоцкие 波托茨基家族（波兰地主） 104

Прозоровские 普罗佐洛夫斯基家族（公爵） 72

Прозоровский 普罗佐洛夫斯基（公爵） 134

Птицкий, Дамаскин 普季茨基, 达马斯金（乌克兰学者，翻译家） 275

Пушкин, А. С. А. С. 普希金 376

Р

Рагоци 拉哥赤（特兰西瓦尼亚公爵） 120

Радзивил Н. Черный 拉齐维尔, Н. 乔尔内（立陶宛大地主） 99

Разин Степан Тимофеевич 拉辛, 斯捷潘·季莫费耶维奇（农民战争领袖） 240, 266, 365

Репнин 列普宁（公爵） 131

Рейтенфельс, Я. Я. 雷伊坚费利斯 214, 234, 370

Рожинский 罗任斯基（公爵） 41

Романов, Н. И. Н. И. 罗曼诺夫（大贵族） 64, 274, 363

Романовы 罗曼诺夫家族（大贵族） 31, 32, 63—65, 77, 367

Ромодановский 罗莫丹诺夫斯基（公爵） 73

Ртищев, Ф. М. Ф. М. 尔季谢夫（侍臣） 223, 274, 278, 279, 283, 301, 302, 317, 319, 329—333, 351, 363, 370

Рюриковичи 留里克家族（罗斯王公和沙皇王朝） 30, 102, 391

С

Сабуровы 萨布罗夫家族（大贵族） 23, 71

Савватий 萨瓦季（修道士，索洛维茨修道院奠基人） 311

Сагайдачный, Петр Конашевич

人名索引　443

Сицкие　西茨基家族（公爵）77

Скарга Петр　彼得·斯卡尔加（神学家）388—390

Скопин-Шуйский, М. В.　М. В. 斯科平-舒伊斯基（公爵）40, 44—46, 62

Скумин　斯库明（立陶宛大地主）388, 389

Скуратов-Бельский Малюта　马柳塔·斯库拉托夫-别利斯基（杜马贵族）23, 25

Славинецкий Епифаний　叶皮凡尼·斯拉维涅茨基（乌克兰学者，翻译家）275—278, 314

Смирнов, И. И.　И. И. 斯米尔诺夫 367

Смирнов, П. П.　П. П. 斯米尔诺夫 368, 369

Смотрицкий Мелетий　麦列季·斯莫特利茨基（乌克兰学者，语法编纂人）278

Софья Алексеевна　索菲娅·阿列克谢耶夫娜（公主）83, 210, 238, 254, 280, 315, 352, 353, 355, 356

Стародубские　斯塔罗杜勃斯基家族（公爵）73

Стефан Баторий　斯捷凡·巴托里（波兰国王）91, 107, 111, 385

Стефан Вонифатьев　斯捷凡·沃尼法齐耶夫（大司祭）283, 301

Страленберг　斯特拉连伯格（瑞典人）76

Стрешнев　斯特列什涅夫（大贵

彼得·科纳舍维奇·萨加伊达契内（哥萨克头领）113, 114, 392

Салтыков, Б.　Б. 萨尔蒂科夫（大贵族）73

Салтыков, М.　М. 萨尔蒂科夫（大贵族）41, 44, 73, 75, 79

Салтыковы　萨尔蒂科夫家族（莫斯科的大贵族）77, 131

Сапега Иван　伊凡·萨彼加（波兰外交家）18, 116

Сатановский Арсений　阿尔先尼·萨塔诺夫斯基（乌克兰学者，翻译家）275—277

Салицкий　谢里茨基（见 Котошихин Гр. К., 录事）

Семен Бекбулатович　谢苗·别克布拉托维奇（喀山王子，伊凡雷帝的傀儡）25

Сербина, К. Н.　К. Н. 谢尔比娜 368

Сербенин Юрий　谢尔别宁·尤里（见 Крижанич Ю. И.）

Сигизмунд I　西基兹蒙德一世（波兰国王和立陶宛大公）95, 96, 99

Сигизмунд II Август　西基兹蒙德二世·奥古斯特（波兰国王和立陶宛大公）99, 100, 385

Сигизмунд III, Ваза　西基兹蒙德三世，瓦扎（波兰和瑞典国王）40, 41, 44, 46, 61, 84, 95, 385, 386

Сидорка　西多尔卡（助祭，僭称王）59

族）225, 325

Стрешневы 斯特列什涅夫家族（大贵族）72

Строгановы 斯特罗甘诺夫家族（企业家和地主）201

Сулима Иван 伊凡·苏里马（哥萨克起义领袖）115

Сунбулов 松布洛夫（服役贵族）45, 69, 70

Сунбуловы 松布洛夫家族（服役贵族）45

Суннерий 松涅利（耶稣会士）385

Сncoeв, B. B.瑟索耶夫 370

T

Тарас, Федорович 塔拉斯，费奥多罗维奇（哥萨克起义领袖）115

Тарасий 塔拉西（克雷佩茨荒郊寺院院长）350

Татищев 塔季谢夫（大贵族）73

Татищев В. Н. В. Н.塔季谢夫 30, 76, 132

Тетеря（Павел Т. Моржковский）捷捷利亚（帕维尔·T.莫尔日科夫斯基，哥萨克头领）121

Тимофей 季莫费伊（修士司祭，莫斯科印刷学校领导人）315

Тимофеев Иван 伊凡·季莫费耶夫（书吏，作家）25, 56, 65, 69,

262, 359, 370

Тихомиров, М. Н. М. Н.季霍米罗夫 369

Толстой, Ал. К. А л. К.托尔斯泰（俄国诗人和作家）

Толстые 托尔斯泰家族（大贵族）72

Трубецкой 特鲁别茨科伊（公爵）46, 60—62

Тучковы 图奇科夫家族（大贵族）71

Тяпкин, B. B.恰普金（17世纪莫斯科外交家）280

У

Украинцев, Е. И. Е. И.乌克兰因采夫 356

Урусова, Е. П. Е. П.乌鲁索娃（公爵夫人）317

Урусовы 乌鲁索夫家族（公爵）72

Ф

Фандам 凡达姆（军队指挥官）264

Фандергин 冯·德尔金[1] 276

Федор Алексеевич 费奥多尔·阿列克谢耶维奇（沙皇）82, 84, 126, 131, 152, 209, 210, 235, 238,

---

1 原文如此，正文为冯·节尔坚（Фон Дельден）。——译者

247, 254, 279, 280, 315, 352, 353, 359

Федор（Феодор）Иванович 费奥多尔（费奥多尔）·伊凡诺维奇（沙皇） 5, 17—23, 25, 26, 30, 31, 49, 57, 59, 65, 68, 77, 81, 91, 125, 159, 168, 293, 367, 385

Федор 费奥多尔（助祭） 317

Федор Никитич 费奥多尔·尼基季奇（大贵族，见 Филарет）

Федосья 费多西娅（沙皇费奥多尔·伊凡诺维奇之女） 25

Филарет 非拉列特（宗主教） 31, 62, 64, 75, 80, 84, 131, 140, 220, 320

Филипп I 菲利普一世（都主教） 292

Филофей 菲洛费（修士）

Фирсов 菲尔索夫（译员） 360

Флетчер, Дж. дж. 弗莱彻（英国大使） 21, 165, 370

X

Харитон 哈里顿（神甫） 189

Хворостинин, И. А. И. А. 赫沃罗斯季宁（公爵，政论家） 237, 241, 242, 262, 359

Хитрово 希特里沃 131

Хитрые 希特雷伊家族（大贵族） 72

Хмельницкий Богдан 博格丹·赫麦利尼茨基（哥萨克头领，乌克兰人民解放斗争的领袖） 92, 114—121, 200, 391, 392

Ходкевичи 霍德凯维奇家族（服役贵族） 99

Хованский, И. А. И. А. 霍凡斯基（公爵） 121, 324, 348

Холмские 霍尔姆斯基家族（公爵） 71

Хоткевич 霍特凯维奇（立陶宛统帅） 60

Христос 基督 19, 290, 312, 330

Ч

Чаадаев, А. А. А. А. 恰达耶夫 242

Чаадаевы 恰达耶夫家族（大贵族） 72

Чарторыйский, А. И. А. И. 恰尔托雷伊斯基（公爵） 100

Челяднины 切里亚德宁家族（大贵族） 71

Черный И. Радзивил 乔尔内·И. 拉齐维尔（立陶宛大地主） 99

Черкасские 切尔卡斯基家族（公爵） 77

Черкасский 切尔卡斯基（公爵） 32

Чета 切塔（鞑靼贵族） 23

Чириковы 契利科夫家族（大贵族） 72

Ш

Шальт Петр 彼得·沙里特（德国

工匠）321

Шаховской 沙霍夫斯科伊（公爵）45, 47

Шереметев, Ф. И. Ф. И. 谢列麦杰夫（大贵族）65, 121, 239

Шереметевы 谢列麦杰夫家族（大贵族）77

Шуйские 舒伊斯基家族（公爵）30, 33, 34, 64

Шуйский, Василий Иванович 舒伊斯基, 瓦西里·伊凡诺维奇（见 Василий Иванович Шуйский）

Шунков, В. И. В. И. 顺科夫 368

Шушковский, В. П. В. П. 舒什科夫斯基（维尔诺主教）385, 386

Щ

Щелкалов, В. В. 谢尔卡洛夫（书吏）33

Ю

Юрий 尤里（哥萨克头领，博格丹·赫麦利尼茨基之子）121

Юрьев, Н. Р. Н. Р. 尤里耶夫（大贵族）21

Я

Ягайло 雅盖洛（立陶宛大公和波兰国王）93

Ягеллоны 雅盖洛王朝（波兰王朝）98—101

Ядвига 雅德维加（波兰王后）93

Языков, И. М. И. М. 雅兹科夫（大贵族）131

Языковы 雅兹科夫家族（大贵族）73

Яковлев, А. И. А. И. 雅科夫列夫 368

Ян Казимир 扬·卡齐米尔（波兰国王）120

Ян Собеский 扬·索别斯基（波兰国王）280

地名索引

（索引中的页码为原书页码，即本书边码）

А

Австрия 奥地利 125

Адриатическое море 亚得里亚海 124, 341

Азов, г. 亚速（城）196, 198, 203—205

Александровская слобода 亚历山大罗夫村 20

Англия 英国 124, 267

Андрусово, м-ко 安德鲁索沃镇 336, 342

Арзамас, г. 阿尔扎马斯（城）332

Архангельск, г. 阿尔汉格尔斯克（城）267

Архангельская губ. 阿尔汉格尔斯克省 150

Астраханское царство 阿斯特拉罕王国 123

Астрахань, г. 阿斯特拉罕（城）266

Афон 阿陀斯山 303

Б

Балкинский п-ов 巴尔干半岛 123

Балтийское море 波罗的海 7, 91, 124, 267, 343, 349

Белая Русь 白罗斯（见 Русь Белая）

Белевский уезд 别列夫县 87, 88, 170

Белое море 白海 7, 267

Белозёрск, г. 别洛泽尔斯克（城）148

Белоруссия 白俄罗斯 119, 120, 121, 216, 239

Берестечко, м-ко 别列斯捷奇科镇 118

Болонья, г. 波伦亚（城）245

Боровск, г. 博罗夫斯克（城）278

Босфор, пролив 博斯普鲁斯海峡 106

Браслав, г. 勃拉斯拉夫（城）103, 104

Браславское воеводство（часть Подольской губ.）勃拉斯拉夫

督军辖区（波多利亚省的一部分）101

Брауншвейг, г. 布拉乌什维格（城）265

Брест-Литовск, г. 布列斯特-立托夫斯克（城）390

Бухара, г. 布哈拉 343

В

Вага, р. 瓦加河 265

Валахия 瓦拉几亚 123

Варшава, г. 华沙（城）106, 115, 120, 246

Великая Россия 大俄罗斯（见 Россия）

Великая Русь 大罗斯（见 Русь Великая, Московская）

Великий Новгород 大诺夫哥罗德（见 Новгород Великий, г.）

Великороссия 大俄罗斯（见 Россия）

Вена, г. 维也纳（城）245, 246

Венёв, г. 温纽夫（城）45

Венеция 威尼斯 124, 353

Византия 拜占庭 282, 291, 292, 312

Вильно, г. 维尔诺（城）111, 120, 385, 389

Висла, р. 维斯瓦河 116

Витебск, г. 维帖布斯克（城）342

Виттенберг, г. 符腾堡（城）99

Владимир, г. 弗拉基米尔（城）148

Волга, р. 伏尔加河 6, 40, 105, 111, 209, 222

Вологда, г. 沃洛格达（城）332

Волоколамск, г. 沃洛科拉姆斯克（城）61

Волынская губ. 沃林省 101

Волынская земля 沃林邦 93

Волынский край 沃林边区 106

Волынь 沃林 93, 101, 119, 121, 122, 391

Восток 东方 98, 123, 125, 245, 253, 257, 261, 277, 286, 291—294, 301, 303, 312, 315, 316, 376, 387

Восточная Европа 东欧 14, 92, 98, 101

Восточный Буг, р. 东布格河 103

Вотьская пятина 沃季行政区 91

Вязьма, г. 维亚兹马（城）217

Вятская губ. 维亚特卡省 150

Г

Галиция（Галицкая земля）加利奇亚（加利奇邦）97, 109, 239, 387

Галицкая Русь 加利奇罗斯（见 Русь Галицкая）

Галич, г. 加利奇（城）63

Германия 日耳曼 98, 99, 125, 243

Гермапская империя 日耳曼帝国 124, 353

Голландия 荷兰 124, 265, 266

Гродно, г. 格罗德诺（城） 120

Д

Дальний Восток 远东 343
Двина-Двица, р. 德维纳河（见 Западная Двина, Северная[1], 北德维纳河）
Дединово, с. 杰季诺沃村 266
Деулино, с. 杰乌里诺村 91
Днепр, р. 第聂伯河 91, 103—108, 119, 121, 341
Днестр, р. 德涅斯特河 122
Дон, р. 顿河 105, 106
Донец, р. 顿涅茨河 117
Дунай, р. 多瑙河 122, 341

Е

Европа 欧洲 124, 125, 246, 352
Елецкий уезд 叶列茨县 87, 88
Енисейск, г. 叶尼塞斯克（城） 265

Ж

Жванец, м-ко 日瓦涅茨镇 117

З

Загреб, г. 萨格勒布（城） 245

Запад 西方 11, 13, 98, 124, 201, 221, 242, 249, 253, 258, 259, 261, 263, 264, 266, 273, 280, 282, 310, 317, 318, 320, 337, 339, 357, 375, 376 即西欧
Зборов, г. 兹波罗夫（城） 117
Западная Двина (Двина), р. 西德维纳河（德维纳河）[2] 91, 336, 344
Западная Европа 西欧 9, 98, 255, 256, 261, 269, 270, 274, 275, 326, 336, 337, 343, 345, 361, 369
Западна Русь 西部罗斯（见 Русь Западная）
Западное Побужье 西布格河流域 103
Запорожская Сечь—Запорожье 查坡罗什赛切（查坡罗什） 90, 92, 107—109, 111, 112, 115, 119, 121, 239, 385, 391, 392
Зарайск, г. 扎莱斯克（城） 191, 217

И

Ивангород, г., крепость 伊凡哥罗德（城）要塞 91, 343
Израиль 以色列 69
Индия 印度 125, 343
Италия 意大利 245

---

1 西德维纳河今译道格瓦河。——译者
2 同上。——译者

К

Кавказский хребет 高加索山脉 7
Казанское царство 喀山王国 84, 123, 214, 402
Казань, г. 喀山（城）268, 326
Калуга, г. 卡卢加（城）41
Канев, г. 坎涅夫（城）103, 104, 106
Каневский округ 坎涅夫区 114
Канин Нос, мыс 卡宁角 265
Канцы（Ниеншанц）, г., крецость 坎齐（尼延尚茨堡）（城），要塞 343
Карцис, г. 卡尔基斯（城）120
Каспийское море（Каспий）里海 7, 91, 266, 349
Кащира, г. 卡希拉（城）45
Киев, г. 基铺（城）115, 116, 119, 121, 239, 275, 278, 283, 336, 341, 342, 349, 353
Киевская губ. 基辅省 101
Киевская земля 基辅邦 93
Киевский край 基辅边区 106
Киевская Русь 基辅罗斯（见 Русь Киевская）
Китай 中国 125, 343
Клушин, г. 克卢申（城）44
Ковно, г. 科夫诺（城）120
Козлов, г. 科兹洛夫（城）136, 239
Кола, р. 科拉河 267
Коломенский уезд 科洛姆纳县 192, 266

Коломенское, с. 科洛姆纳村 224
Конотоп, г. 科诺托普（城）121
Константинополь（Царьград）, г. 康士坦丁堡〔帝都，（城）〕106, 123, 292, 293
Копорье 科波利耶 91
Корела（Кексгольм）, г. 科列拉〔凯克斯哥尔姆，（城）〕91
Корсунь, г. 科尔松（城）104
Косва, р. 科斯瓦河 265
Кострома, г. 科斯特罗马（城）265, 301
Краков, г. 克拉科夫（城）34, 111, 120
Крым 克里木 105, 106, 109—112, 123, 124, 199, 235, 263, 392
Крыпецкая пустынь 克雷佩茨荒郊寺院 350
Кукейнос（Кокенгаузен）库克诺斯〔科肯加乌津〕336, 344

Л

Ладожское озеро 拉多加湖 91
Лебедянский уезд 列别姜县 215
Лена, р. 勒拿河 144
Ливония 利沃尼亚 24, 91, 120, 122, 336, 343
Литва（Великое княжество Литовское, Литовское государство）立陶宛（立陶宛大公国，立陶宛国）27, 32, 42, 90, 93—102, 106, 111, 112, 119—121, 214, 216, 239,

地名索引 *451*

241, 321, 324, 335, 379, 384, 385—387

Литовско-Русское княжество 立陶宛—俄罗斯公国 93

Лух, г. 卢赫（城）198

Львов 里沃夫（城）280, 386—388

Люблин, г. 卢布林城 100

М

Малая Россия 小俄罗斯（见 Россия Малая）

Малороссия 小俄罗斯 92, 110, 115—121, 126, 214, 239, 336, 340—343, 358, 391, 392

Медведица, р. 梅德维季察河 117

Мезень, р. 美晋河 265

Молдавия 摩尔达维亚 109, 110, 123

Монастыри 寺院 Андреевский под Московй 安德烈耶夫寺院（在莫斯科近郊）278, 279, 283

Братский в Киеве 布拉茨克寺院（在基辅）275

Заиконоспасский в Москве 扎伊科诺斯帕斯克寺院（在莫斯科）315

Иосифов (Иосифо-Волокодамский) 约瑟夫寺院（约瑟夫·沃洛科拉姆寺院）241

Киево-Печерский на Днепре 基辅-佩切拉寺院（在第聂伯河畔）275, 278

Кириллов на Новом озере 基里尔寺院（在新湖畔）178, 242

Новодевичий в Москве 诺沃杰维奇寺院[1]（在莫斯科）26

Новоспасский 诺沃斯帕斯克寺院 141

Саввин Сторожевский в Москве 萨文·斯托罗热夫寺院（在莫斯科）154

Соловецкий на Соловецком о—ве 索洛维茨寺院（在索洛维茨岛上）240, 311

Спасский в Москве 斯帕斯克寺院（在莫斯科）277

Троицкий (Сергиев) 特罗伊茨基（谢尔基耶夫）寺院[2] 17, 60, 233

Ферапонтов—в Белозерском крае 费拉庞托夫寺院（在别洛泽尔斯克边区）299

Чудов в Москве 楚多夫寺院（在莫斯科）276, 277

Москва, г. 莫斯科（城）10, 17, 18, 22, 23, 25—27, 32—34, 36, 40, 44, 46, 47, 49, 59—62, 64, 72, 75, 76, 79, 82—85, 91, 92, 109—

---

1 又译新处女庵。——译者
2 又译三一寺院。——译者

111, 115—125, 133—135, 137, 144, 147, 160, 165, 188, 192—194, 197—199, 201, 206, 208—210, 214, 219, 221, 224, 234, 235, 239, 240, 242, 246, 247, 251, 252, 256, 263—273, 275—281, 283, 286, 291—293, 296, 298, 300, 301, 303, 306, 308, 309, 314, 315, 332—333, 341, 342, 346, 348, 349, 353, 356, 382, 387, 392, 393, 403, 410, 411

Московия　莫斯科维亚　86, 125, 245, 354

Московская Русь　莫斯科罗斯（见 Русь Великая, Московская）

Московское государство　莫斯科国家　6, 10, 12, 13, 15—18, 30, 36—38, 40, 41, 43, 44, 48, 51, 52, 54, 55, 59, 61—63, 66—68, 70, 73, 76, 80—82, 86, 87, 89—92, 109, 110, 120, 121, 124, 125, 127, 128, 159, 190, 195, 210, 217, 220, 222, 226, 231, 242—245, 247, 248, 265—267, 271, 293, 302, 334, 335, 337, 340, 343, 345, 353, 368, 379

Мурман　摩尔曼（领土）　267

Муром, г.　穆罗姆（城）　301

Мценск, г.　姆增斯克（城）　152

Мценский уезд　姆增斯克县　87, 88

Н

Нарва, г.　纳尔瓦（城）　343

Нева, р.　涅瓦河　343

Неглинная（Неглинка）, приток р. Москвы　涅格林河（涅格林卡）（莫斯科河支流）　266

Немецкое море　德意志海　341

Нижний Новгород（Нижний）, г.　下诺夫哥罗德〔尼日尼,（城）〕　159, 301, 308

Новгород Великий, г.　大诺夫哥罗德（城）　59, 91, 220, 240, 293, 396

Новгородская область　诺夫哥罗德州　191

Новороссия　新俄罗斯[1]　7

Новосиль, г.　诺沃西耳（城）　152

О

Ока, р.　奥卡河　40, 266

Олонецкая губ.　奥洛涅茨省　150

Орда　帐（汗国）　23, 105

Орешек（Шлиссельбург）, г.　奥列舍克（士吕塞利堡）,（城）　91, 343

П

Палестина　巴勒斯坦　312

Переяслав, г.　佩列雅斯拉夫（城）

---

[1] 又译诺沃罗西亚。——译者

103, 104, 105

Переяславль（Залевский），г. 佩列雅斯拉夫利〔扎列夫斯基，（城）〕 148

Пермская губ. 佩尔姆省 150

Персия 波斯 109, 125, 209, 343

Петербург г. 彼得堡（城） 343

Петроков г. 彼得罗科夫（城） 99

Печора, р. 佩乔拉河 265

Поамурье 阿穆尔河流域[1] 343

Поволжье 伏尔加河流域 13, 91

Поганый пруд（в Москве） 波甘内池塘（在莫斯科） 266

Подляхия（зад. часть Гродненской губ.） 波德利亚希亚（格罗德诺省西部） 101, 112

Поднепровье 第聂伯河流域 102, 106, 239, 384

Подолня（Подольская земля） 波多利亚（波多利亚邦） 93, 119, 122

Подольская губ. 波多利亚省 101

Подольский край 波多利亚边区 106

Познань г. 波兹南（城） 111

Полтава, г. 波尔塔瓦（城） 13

Полтавская губ. 波尔塔瓦省 101

Полоцк, г. 波洛茨克（城） 111, 342

Польское государство 波兰国（见 Польша）

Польша（Польское государство, Речь Посполитая）波兰（波兰国，波兰立陶宛王国） 13, 24, 32, 40, 65, 70, 90—103, 106, 109, 111, 112, 116—126, 152, 196, 197, 199, 214, 216, 220, 223, 233, 235, 239, 243, 263—265, 274—276, 280, 300, 335, 336, 340—343, 349, 353, 363, 379, 384, 385, 391, 392

Прага, г. 布拉格（城） 246

Преображенское, с. 普列奥勃拉任斯科耶村 272, 273

Привислинье 维斯瓦河沿岸地区 103

Прусская земля 普鲁士邦 64, 134

Псков, г. 普斯科夫（城） 59, 253, 240, 336, 345—348, 350

Псковский край 普斯科夫边区 336, 346

Псковский уезд 普斯科夫县 335

Путивль, г. 普季夫里（城） 40, 45, 105, 106

Р

Речь Посполитая 波兰立陶宛王国（见 Польша）

Рига, г. 里加（城） 120, 336, 343

Рим, г. 罗马（城） 241, 246, 292, 293, 312, 313, 389, 390

Романов-Борисоглебский, г. 罗曼诺夫-鲍里索格列布斯基（城） 301

---

[1] 即黑龙江流域。——译者

Российское государство 俄罗斯国
（见 Русское государство）

Россия（Великая Россия, Великороссия） 俄罗斯（大俄罗斯） 6, 8, 9, 12—14, 16, 23, 24, 30, 31, 34, 76, 90, 98, 122, 235, 245—249, 251, 252, 254—259, 261, 265, 286, 293, 301, 305, 308, 310, 315, 332, 336, 340, 341, 343, 356, 359, 363, 365, 366, 368—370, 376

Россия Малая 小俄罗斯 315

Россия Поморская 俄罗斯北部沿海地区 386

Ростов（Великий）, г. 罗斯托夫（城）（大罗斯托夫） 148

Русская земля 俄罗斯国家 13, 16, 17, 31, 41, 51, 61, 75, 85, 90, 92, 119, 257, 268, 378

Русское государство（Российское государство, царство） 俄国（俄罗斯国, 俄罗斯王国） 53, 90, 190, 355

Русь 罗斯 16, 19, 20, 36, 42, 68, 92, 98, 104—106, 122, 144, 162, 164, 244, 248, 274, 275, 282, 283, 285, 291—296, 304—306, 311, 312, 322, 323, 327, 330, 345, 359, 362, 386, 389, 397, 398

Русь Белая 白罗斯 7

Русь Великая, Московская 大罗斯, 莫斯科罗斯 51, 104, 105, 118, 122, 164, 274, 389, 399

Русь, Галицкая 加利奇罗斯

Русь Западная 西罗斯 90, 92, 93, 95—97, 111, 300, 389, 390, 392

Русь Киевская 基辅罗斯 96, 102, 104

Русь Литовская 立陶宛罗斯 95, 98, 99, 102, 110, 385

Русь Малая 小罗斯 7, 118, 122

Русь Червонная 红罗斯 122

Русь Юго-Западная 西南罗斯 98, 100—102, 109, 340, 372, 387, 388, 390, 391

Рязанская обл. 梁赞州 191

Рязанский уезд 梁赞县 87, 227

Рязань, г. 梁赞（城） 40, 45, 46, 105, 111

С

Саксония 萨克森 265

Севастополь, г. 塞瓦斯托波尔（城） 14

Северная Двина（Двина）, р. 北德维纳河（德维纳河） 265, 268

Север 北方 210

Северный океан 北冰洋 341

Северская земля 谢维尔斯克邦 40, 62, 91, 93, 115, 121, 239, 336, 358

Сечь 赛切（见 Запорожская Сечь, Запорожье）

Сибирское царство 西伯利亚王国 84

地名索引 **455**

Сибирь 西伯利亚 125, 144, 214, 224, 247, 323, 402

Смоленск, г. 斯摩棱斯克（城） 41, 48, 59, 117, 216, 264

Смоленская земля（Смоленщина） 斯摩棱斯克邦 91, 93, 115, 121, 216, 239, 336, 358

Соликамск, г. 索利卡姆斯克（城） 265

Соловки, Соловецкие о-ва 索洛夫基，索洛维茨克群岛 277, 283

Сольвычегодск, г. 索尔维切戈茨克（城） 136, 239

Средняя Азия 中亚细亚 343

Стокгольм, г. 斯德哥尔摩（城） 243

Столбово, д. 斯托尔鲍沃村 91

Суздаль, г. 苏兹达尔（城） 188

Т

Талицк, г. 塔利茨克（城） 136

Тверь, г. 特维尔（城） 404, 411

Тверской уезд 特维尔县 88

Тевтонский орден 条顿骑士团 93, 99

Тобольск, г. 托博尔斯克（城） 160, 247

Томск, г. 托木斯克（城） 239

Торопецкий уезд 托罗佩茨县 335

Тула, г. 土拉（城） 40, 45, 105, 152, 265

Тульский уезд 土拉县 88, 192

Турция 土耳其 106, 110, 111, 121—124, 126, 199, 235, 353, 363

Тушино, с. 土希诺村 41

У

Углич, г. 乌格里奇（城） 22, 27

Украина 乌克兰 117—119, 121, 126, 239, 342, 368

Украйна 乌克兰 90, 93, 101—104, 107—109, 111—114

Украинское княжество 乌克兰公国 116

Упсал, г. 乌普萨尔（城） 244

Урал（Уральский хребет） 乌拉尔（乌拉尔山脉） 7, 91, 125

Устюг, г. 乌斯丘格（城） 136, 239

Устюжна, г. 乌斯丘日那（城） 265

Ф

Финский залив 芬兰湾 91

Флоренция 佛罗伦萨 270, 292

Франция 法兰西，法国 124, 125

Х

Хива, г. 希瓦（城） 343

Хортица, о. 霍尔季查岛 108

Ч

Червонная Русь 红罗斯（见 Русь

Червонная）

Черкасы, г. 契尔卡塞（城） 103, 106, 112

Черниговская губ. 切尔尼戈夫省 101

Черное море 黑海 7, 104, 106

Чудново, м—ко 丘德诺沃镇 121

Ш

Швеция 瑞典 13, 22, 24, 40, 76, 91, 120, 122, 125, 126, 152, 199, 223, 235, 264, 265, 335, 336, 340, 343, 363

Шексна, р. 舍克斯纳河 265

Шелонская пятина, часть Новгородской земли 舍隆行政区（诺夫哥罗德邦的一部分） 9

Ю

Юго-Западная Русь 西南罗斯（见 Русь Юго-Западная）

Югорский шар, пролив 尤格拉海峡 265

Юрьевец-Повольский, г. 尤里耶维茨-波沃尔斯基（城） 301

Я

Ям (Ямбург), г. 雅姆（城）（雅姆堡） 91

Яуза, р. 雅乌扎河 269